KB027174

언어치료 임상실습

이론과 실제

이윤경 · 배소영 · 권유진 · 김민정 · 박혜진 · 서경희
윤효진 · 이옥분 · 이은주 · 정경희 · 정한진 · 표화영 공저

학지사

머 리 말

언어병리학(또는 언어치료학)은 사람들이 경험하는 다양한 말 · 언어장애 및 의사소통장애에 대해 연구하고, 이를 평가하고 치료하는 과정을 공부하는 학문이다. 언어병리학(또는 언어치료학)을 전공하는 사람 중에는 학문적인 목적으로 공부를 하는 사람도 있겠지만, 많은 경우에는 전문적인 언어치료사가 되는 것에 그 목적을 두고 있을 것이다.

언어치료사가 되기 위해서는 다양한 기초지식과 전공지식을 갖추어야 함은 물론, 이론적 지식을 기반으로 실제 언어평가 및 치료 과정에 대한 훈련을 거쳐야만 한다. 때문에 언어치료사 자격증을 수여하고 관리하는 한국언어장애전문가협회에서는 언어치료사 자격증을 취득하기 위한 요건으로 언어임상관찰 및 임상실습을 필수과정으로 규정하고 있으며, 실습 시간에 대한 요건을 점차 강화하고 있다. 이에 따라 언어병리학(또는 언어치료학과)을 설치하고 있는 각 대학 및 대학원에서도 언어임상관찰과 임상실습에 관련된 여러 과목을 개설하고 실습 프로그램을 운영하고 있다.

이처럼 협회에서 언어임상실습을 강조하고, 각 대학 및 대학원에서 언어임상실습 과목이 운영되고 있음에도 불구하고 아직 참고할 만한 책이 많지 않아서 언어임상실습을 하는 학생들은 물론 실습을 지도하는 임상감독자들도 어려움이 많다.

이 책『언어치료 임상실습-이론 및 실제』는 학부 및 대학원 과정에서 언어임상실습과정에 있는 학생들과 임상실습을 지도하는 여러 임상감독자에게 조금이나마 도움이 되고자 하는 목적으로 고안되었다.

이 책은 크게 두 부분으로 구성되어 있다. 먼저 제1부 '언어임상실습의 이해'는 언어임상실습과 관련된 기본적인 내용들로, 언어임상실습(배소영), 언어임상관찰(서경희), 언어임상실습의 과정(이윤경), 보고서 작성(정경희, 윤효진), 언어치료 상담(이윤경)으로 구성되어 있다. 제2부 '의사소통장애 언어임상실습의 실제'에서는 의사소통장애를 언어발달장애(배소영, 권유진, 정경희), 조음음운장애(김민정), 실어증(이옥분), 마비말장애(이옥분), 유창성장애(이은주), 음성장애(표화영), 아동기 중복언어장애(이윤경), 그리고 청각장애를 동반한 말·언어장애(박혜진, 정한진, 서경희)의 8개 장애군으로 구분하여 초기 면담에서부터 언어평가, 장단기 치료 계획, 회기계획, 그리고 진전(종결)평가에 이르기까지 임상사례실습에 필요한 여러 정보를 구체적인 사례와 함께 제시하였다.

이 책은 처음 언어임상실습을 시작하는 학생들을 위해 언어임상실습 과정에서 요구되는 기본적인 내용을 이론적으로 소개하였을 뿐만 아니라 학생들이 임상실습에서 경함하는 크고 작은 문제에 대한 지침을 제공해 주고자 노력하였다. 각 장마다 제시되어 있는 '이렇게 해 보세요!' 부분에는 언어치료 실습학생들이 언어임상실습 과정을 통해 쉽게 범할 수 있는 오류를 제시하고 그에 대한 임상감독자의 조언을 제공하였다. 또한 제2부의 각 장에서는 대표 사례를 중심으로 언어치료의 과정이 어떻게 적용되는가를 제시하여 치료 경험이 없는 학생들에게 좀 더 실제적인 도움을 주고자 노력하였다.

현재 각 대학 또는 대학원마다 언어임상실습지도 프로그램이 개발되어 실시되고 있지만 아직 통합된 지침이나 방법에 대한 논의가 없어서 그 내용이나 형식에 차이가 많이 존재한다. 이 책의 저자들 사이에서도 크고 작은 부분에서 차이가 많이 있었으며, 책을 저술하는 과정에서 무엇을 기본으로 하여야 할지 결정하는 데에도 어려움이 많았다. 가능한 협회의 자격증 수여 규정과 임상수련 과정에서 제시된 내용에 최대한 충실하고자 노력하였으며, 그 외 세부적이고 구체적인 내용은 저자들이 여러 번의 논의 과정을 통해서 결정하였다. 이런 많은 노력이 있었음에도 불구하고 아직 각 장마다 통일되지 못한 부분이 많이 존재하며, 독자들의 의견과는 다른 부분도 있을 것이다. 이러한 부분에 대해서는 독자들의 아낌없는 충고와 제언을 부탁드린다.

2005년에 처음 계획된 책이 모양을 갖추어 출판되기까지 무려 5년의 시간이 걸렸다. 원고를 교정하는 그 기간 동안 협회의 자격증 수여 규정이 두 번 개정되었고, '언어치료사'라는 명칭도 '언어장애전문가'로 변경되었다. 그때마다 교정을 다시 해야 하는 어려움이 있었다. 원고를 써 주시고 책이 언제 출판되나 기다리셨을 저자분들께 죄송한 마음뿐이다.

마지막으로 출판을 허락해 주신 학지사 김진환 사장님과 기나긴 출판 과정을 인내로 기다려 주시고 완성된 책의 형태로 출판하는 데 큰 도움을 주신 출판부 김순호 차장님 이하 학지사 편집부 직원들께 감사를 드린다. 또한 최종 교정에서 도움을 준 한림대학교 언어병리학 박사과정에 재학 중인 허현숙 선생에게도 감사를 전한다.

2010년 10월
저자 대표 이윤경

차 례

제1부

언어임상실습의 이해

제1장

언어임상실습

1. 들어가는 글

1) 언어임상실습

언어치료사가 되기 위해 실습은 필수적인 과정이다. 자격이 갖추어진 언어치료사는 탄탄한 실습을 바탕으로 하여 탄생한다. 그러나 실습의 과정은 그리 간단한 일이 아니다. 한 사람의 언어치료사가 탄생하기 위해서는 수많은 지식 전달자와 여러 임상감독자의 노력이 필요하다. 물론 언어치료 실습학생은 실습 과정을 통해 자신이 알고 있는 지식을 적용하고 배우면서 언어치료사의 역할을 습득할 수 있어야 한다.

2) 의존적 언어치료 실습학생과 독립적 언어치료 실습학생

실습 과정은 학생을 의존적 언어치료사에서 독립적 언어치료사로 만든다(Dowling, 2001). 독립적 언어치료사란 감독자의 도움 없이 독립적으로 언어치료사의 역할을 수행할 수 있는 사람이다. 그런데 처음 언어치료 현장에 들어선 언어치료 실습학생을 상상해 보자. 어디서부터 무엇을 해야 할지 막막할 것이다. 자신이 알고 있는 지식만으로는 무언가 턱없이 부족하다는 느낌을 받을 것이다. 어떤 진단도구를 사용할지, 어떤 치료 목표를 세워야 할지, 실제 치료에서 계획대로 되지 않는다면 어떻게 해야 하는지, 보호자의 질문에는 어떻게 답해야 할지, 기록은 어떻게 해야 하는지, 새로운 프로그램은 어떻게 만드는지 등 아마 궁금함과 답답함의 연속일 것이다.

실습 초기에 매우 의존적이던 학생은 점차 독립적인 언어치료사로 변화하는데, 학생이 실습을 받은 정도, 학생 개개인의 능력에 따라 독립의 정도는 차이가 있다. 학부를 마쳤다 하더라도 아직 심화검사나 새로운 프로그램의 개발에서는 임상감독자나 1급 언어치료사 자격증을 가진 선배의 도움이 필요한 경우가 많다. 대학원을 졸업했다 하더라도 완전히 독립적인 언어치료사가 되기는 어렵다. 어느 정도 독립적인 언어치료사가 되기 위해서는 졸업 후 임상수련과정(Clinical Fellowship Year: CFY)을 마쳐야 한다.

3) 임상감독자

언어임상실습에서 임상감독자(supervisor)는 매우 중요한 사람으로 학생의 독립성을 증진시키는 데 주요한 역할을 담당한다. 임상감독자는 조력자이면서 언어치료사의 모델을 제시하는 사람이다. 언어치료사의 각 역할을 잘 수행할 수 있도록 도와주는 사람이 바로 임상감독자다. 학생의 독립성 정도나 실습 경험에 따라 임상감독자의 개입 정도나 감독 방법은 달라진다. 언어임상실습은 언어치료사로서 사회적 삶을 배우는 과정으로 단순한 지식 전달의 과정이 아니다. 독립적인 언어치료사가 되기 위해 언어치료 실습학생은 임상감독자를 여러 명 만난다. 그중 자신이 가장 닮고 싶은 언어치료사 선배를 임상감독자로 만날 수 있다면 더할 수 없는 행운일 것이다. 언어치료 실습학생은 임상감독자와 보다 인간적인 관계를 유지해야 한다. 임상감독자와의 교류를 통해 언어치료 실습학생은 자신의 동기를 계속 유지하고 자신의 잠재력을 발휘할 수 있어야 한다. 학생이 좋은 임상감독자를 만나고 좋은 임상모델을 보는 것은 실습의 첫 단추를 잘 끼우는 것이라고 할 수 있다.

4) 언어치료 실습학생의 임무

학생은 언어치료 실습학생의 책임을 다해야 한다. 아무리 좋은 실습 환경과 임상감독자가 있다 하더라도 실습학생이 자신의 임무를 다하지 않는다면 좋은 언어치료사가 탄생할 수 없다. 그러므로 언어치료 실습학생은 자신이 알고 있어야 하는 기초 지식과 전공 지식을 바탕으로 차근차근 실습 과정을 거쳐 독립적인 언어치료사가 되기 위한 준비를 어느 정도 해야 한다. 또한 언어치료사의 역할과 윤리를 잘 숙지하고 있어야 한다. 적절한 진단평가와 치료교육을 수행할 준비가 되어 있어야 하며, 실습 관련 기록을 잘 유지해야 한다. 또한 배우며 연구하는 태도를 유지하고 질문을 통해 배울 수 있어야 하며, 스스로의 임상 능력을 판단할 수 있어야 한다. 더불어 실습기관의 특성과 프로그램을 숙지하고, 시간을 잘 지키며, 전문가다운 태도를 유지해야 하며, 임상감독자와 긍정적인 관계를 유지하고, 동기와 흥미를 가지고 실습 과정을 진지하면서도 즐거운 마음으로 보낼 수 있어야 한다.

5) 실습의 형태

실습교육은 크게 언어임상관찰과 언어임상실습으로 나눌 수 있다. 언어임상실습은 치료교육 실습과 진단평가 실습으로 세분된다. 실습기관 장소를 기준으로 하였을 때는 학교 내 실습과 학교 밖 실습이 있다. 학교 밖 실습에는 병원, 학교, 복지관, 개인 언어치료실 등 다양한 형태의 언어치료 현장이 포함된다. 이밖에 보고서 작성, 발표, 회의 참석, 치료도구 개발 역시 매우 주요한 실습의 형태다.

임상감독자는 직접적 또는 간접적 방식으로 임상실습 과정을 지도한다. 때로는 임상현장에서 직접적으로 언어치료 실습학생에게 모델을 보여 주기도 하고 실습학생의 모습을 현장에서 기록하고 분석하여 피드백을 주기도 한다. 간접적으로는 녹음이나 녹화 방식을 통해 언어치료 실습학생에게 피드백을 주는 경우가 있다(McCrea & Brasseur, 2003). 녹음이나 녹화의 경우 현장감은 떨어지지만 언어치료 실습학생이 자신의 행위를 반추해 볼 수 있는 좋은 기회를 제공한다. 좀 발전한 언어치료 실습학생의 경우 자신의 실습 모습을 스스로 녹화 또는 녹음하고 분석하여 스스로를 발전시키는 기회를 가질 수도 있다.

6) 자격증과 언어임상실습

우리나라의 경우 2012년까지 민간자격증 시험이 실시되고 민간자격증에 의해 언어치료사 자격을 취득하고 유지하였으나 2011년 국가자격증제도의 법적 근거가 마련되었으며, 2012년 가을부터는 국가자격증 제도로 변환하게 된다. 이제 언어치료사 자격은 민간자격증에서 국가자격증으로 격상하여 위상이 높아지게 되었다. 민간자격증에서 국가자격증으로 변환에 있어 가장 큰 특징은 학부 졸업후 1급 자격을 가질 수 있게 되었다는 것이다. 또한 민간자격증에 비해 관찰 30시간, 치료 90시간으로 실습이 강화되는 것도 특징이다. 졸업 후 바로 1급이 되는 것은 아니며, 새로운 국가자격증이 시행되면 학부과정을 마치고 인증되는 기관에서 3년의 경력을 쌓아야 한다. 시험합격 등 필요한 자격요건이 갖추어지면 1급 자격을 취득할 수 있게 된다. 참고로 대학원에 진학할 경우 인증기관에서의 일정 경력기간으로 인정되어 전문성도 쌓고, 1급 취득에 도움이 될 것으로 전망한다. 참고로 미국의 경우는 현재 대학원 석사과정을 통해 언어치료사를 양성하고 있으며, 75학점을 이수하고 미국언어청각협회(American Speech-Language-Hearing Association: ASHA)가 언어치료사를 위해 정한 기준에 따라 400시간(25시간은 관찰, 375시간은 대학원 과정에서의 실제 실습)의 실습시간을 성공적으로 마쳐야 한다(Hedge & Davis, 2005). 그리고 대학원 졸업 후에는 졸업 후 임상수련과정(CFY)을 마쳐야 언어치료사가 될 수 있다. 언어병리학이 발전해 있는 미국과 비교해 볼 때, 아직 우리나라의 실습교육은 초창기로 임상관찰의 중요성이 상대적으로 부각되어 있기도 하다. 물론 문화적인 차이나 임상감독자가 부족하다는 현실을 고려한다면 이러한 것이 현재로서는 최선의 선택이라고 할 수 있다. 자격 있는 언어치료사 양성을 위해 실습은 점진적으로 강화되어야 한다.

[그림 1-1]은 실습을 하는 학생을 중심으로 실습과 관련된 주요 요소를 제시한 것이다. 언어치료 관련 지식과 임상감독자, 그리고 실습기관 및 프로그램의 특성

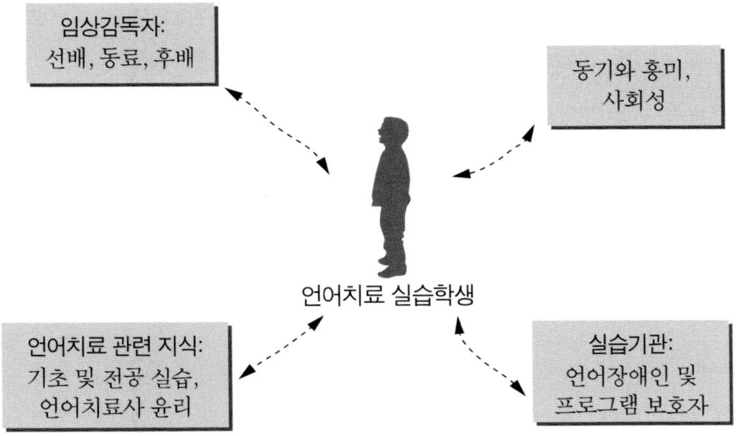

[그림 1-1] 언어임상실습 관련 요소

은 언어임상실습의 주요 요소다. 언어장애인을 포함하는 크리스마스 행사나 어린이날 행사에서부터 개별 대상자의 진단 · 평가와 치료 프로그램 참여, 회의 참석이나 발표 등 다양한 사건이 언어치료 실습의 장이 된다. 무엇보다 언어치료 실습학생의 동기와 흥미, 그리고 사회성은 전체 실습 과정을 효율적으로 이끄는 주요 요소다.

2. 언어임상실습

1) 기초 지식

언어임상실습을 위해서는 말 · 언어 · 의사소통과 관련된 학문에 대한 기초 지식이 있어야 한다. 언어 이해와 표현에 관계되는 해부생리학적 기초 지식은 언어장애를 이해하기 위한 기본이다. 뇌 및 조음 · 공명 · 발성 · 호흡 기관에 대한 이해가 필요하며, 말과 음성, 언어와 언어 발달, 청각과 의사소통에 대한 기초 지식도 언어장애를 이해하기 위해 필요하다. 언어를 구성하는 조음, 문법, 의미, 화용 및 담화에 대한 지식도 있어야 한다. 언어의 발달적 특성뿐만 아니라 기능적 특성에 대한 이해도 언어임상실습에 필요하다. 그리고 언어장애인을 대하기 위해 언어에 영향을 미치는 인지 과정 및 사회적 의사소통에 대한 기초 지식도 꼭 알아야 한다.

2) 언어장애 및 언어장애인의 이해

언어장애의 하위 유형에는 크게 음성장애, 조음음운장애, 언어발달장애, 신경말언어장애, 유창성장애가 있다(심현섭 외, 2010). 읽기장애, 지적장애나 자폐범주성장애, 청각장애, 구개열, 뇌성마비를 가진 유 · 소아나 성인의 경우에도 언어치료가 필요한 경우가 있다. 그러므로 각 장애에 대한 지식을 갖추는 일은 언어치료 실습을 위해 반드시 선행되어야 한다. 또한 각 장애의 특성에 대한 이해를 바탕으로 각 장애군의 사례 운영 흐름에 대한 이해가 필요하다. 적절한 치료 계획의 수립과 치료 결과 기록, 진단 · 평가 계획과 결과 분석 및 기록은 사례 운영에서 핵심적인 부분이다. 그러므로 장애 영역별 평가나 치료에 관한 지침서들이 일차 안내가 될 수 있으며(Landis, Woude, & Jonsma, Jr., 2004; Roth & Worthington, 2001; Ruscello, 2001), 개별 사례가 각 실습 장소에서 보호자나 교사, 의료 관련인 등과 연계해 어떻게 진행되는지를 살펴보아야 한다.

학부와 대학원에서 언어치료사가 되기 위해 이수해야 할 교과목은 기초, 전공, 실습으로 나눌 수 있다(부록 1. '언어치료사 자격증 수여 규정' 참조). 모든 과목을 수강할 수는 없겠지만, 전공 과목 중 기본적인 다섯 영역의 과목은 반드시 이수해야 한다. 본인의 실습기관에 적절한 과목은 어느 정도 미리 수강한 후 임상관찰을 시작하는 것이 좋다. 임상실습이라면 언어장애와 언어장애인에 대한 기본 지식 없이 실습하는 것은 더더욱 나쁜 태도다.

언어치료 실습학생은 관찰하거나 실제 치료실습을 할 언어장애인의 특성에 대해 미리 공부한 다음 치료에 임해야 한다. 매우 의존적인 실습학생이라면 임상감독자의 도움을 받아 장애에 대한 특성을 공부할 필요가 있으며, 관찰부터 시작하는 것이 좋다. 어느 정도 독립적인 실습학생이라면 주어진 진단 결과에 따라 치료 계획을 세우고 실시하는 것이 좋다. 꽤 독립적인 실습학생의 경우에는 스스로 해당 언어장애에 대한 최근 연구를 살피고, 적절한 심화 진단 · 평가 방법이나 치료 프로그램을 생각해 볼 수 있어야 한다.

3) 언어치료사 자격 요건

2012년 1월 현재 언어치료사 자격요건은 구 민간자격에 의하면 1급, 2급, 2급 준, 준으로 나뉘어 있었으나, 2012년부터 새로 시행되는 국가자격증의 경우 1급과 2급으로 나누어지게 될 전망이다. 학생들은 한국언어재활사협회의 언어치료사 자격증 수여규정을 확인하고 새로운 국가자격증 제도에 필요한 교과목을 이수하고 실습과정을 마쳐야 한다. 2012년 1월 현재 민간자격증에서 국가자격증으로의 변환기에 있으므로 입학년도에 따라 이수교과목과 실습과정이 상이할 수 있으므로 임상감독자와 학과 및 협회의 지도에 따라 자격을 갖추기를 권한다.

4) 실습 과정에서 배우는 것

보다 구체적으로 실습 과정에서 익혀야 하는 것들을 살펴보자. [그림 1-2]는 언어치료 실습학생이 실습 과정을 통해 익히게 되는 내용이다. 기본적인 실습교

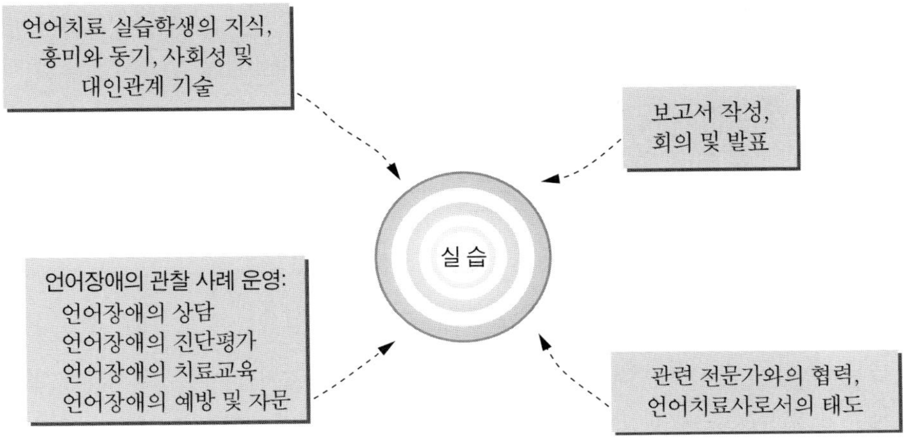

[그림 1-2] 언어치료 임상실습

육 내용은 동일하더라도, 각 개인의 독립성 정도에 따라 임상감독자의 지도 내용이나 지도 방법에는 차이가 있다. 학생은 독립성이 낮을수록 임상감독자의 직접감독과 모델 보여 주기가 많고, 독립성이 높을수록 임상감독자의 간접감독이 많다. 사례에 대한 경험이 많아지면 서면 또는 구두로 수정 사항을 요구받는 횟수가 줄어든다.

실습은 임상관찰에서부터 시작한다. 임상관찰 시간은 30시간으로 그리 긴 시간이 아니다. 그러므로 훌륭한 언어치료사의 사례를 관찰하는 것이 무엇보다 중요하다. 모델로 삼을 수 있는 언어치료나 진단 · 평가 현장을 관찰하는 것은 이후 언어임상실습에 좋은 밑거름이 된다. 종단적인 사례관찰도 사례의 이해에 도움이 된다. 직접관찰을 오래 하기 어려운 경우에는 비디오 관찰을 통해 종단적인 사례 흐름을 관찰할 수도 있다. 우리나라의 경우 시간적으로 관찰의 비중이 치료만큼 채택되어 있어 관찰을 통해 실습의 기초를 다질 수 있어야 한다. 또한 관찰 내용이나 방법도 임상감독자의 체계적인 지도에 따라 이루어져야 한다.

진단 · 평가 실습의 경우 대상 장애인의 특성에 적절한 공식 검사나 심화검사에 대한 이해가 선행되어야 한다. 특히, 대상인이 할 수 있는 과제를 구성하는 것이 매우 중요하며, 어떤 목적으로 평가를 하는지도 반드시 이해하고 있어야 한다.

치료실습의 경우에는 실현 가능하고 달성 가능한 목표를 세우는 것이 무엇보다 중요하다. 막연히 목표를 세우기보다는 근거에 기초한(evidence-based) 목표를 세워야 한다. 실습 초기의 언어치료 실습학생의 경우에는 임상감독자가 목표를 세워 줄 수도 있다. 실습이 진전된 경우에는 언어치료 실습학생 스스로 목표를 세우는 일이 중요하다. 그리고 측정 가능한 목표를 세우는 것도 잊지 말아야 할 사항이다. 회기 목표의 경우 '무엇을 어떤 조건에서 어느 정도로 수행할 수 있어야 하는지' 구체적으로 기술하는 것이 좋다. 동반장애의 특성을 고려하고 흥미나 동기가 유지되는 치료 과정을 이끌도록 해야 한다.

관찰, 진단 · 평가 및 치료교육 실습 시 보고서를 작성하는 일도 매우 중요하다. 이에 간결하면서도 정확한 보고서를 작성할 수 있어야 한다. 초보 언어치료 실습학생은 '작성–수정–재작성'의 과정을 여러 번 거쳐야 최종 보고서를 만들 수 있다.

이 밖에도 회의에 참석하거나 예방 및 자문 과정을 관찰함으로써 언어치료사의 역할을 실습 과정을 통해 직접 익힐 수 있다. 관련 전문가와의 협력 태도나 방법을 익히는 일도 중요하다. 무엇보다 언어치료 실습학생 자신의 실습에 대한 동기 유지가 실습 과정을 유익하게 하는 데 가장 중요한 요소다.

3. 언어치료 실습학생과 임상감독자

임상감독자와 언어치료 실습학생은 언어치료 실습의 성공을 위해 꼭 필요한 동전의 양면과도 같다. 임상감독자는 언어치료 실습학생이 언어임상실습 과정을 통해 독립성을 발전시킬 수 있도록 도와준다. 언어치료 실습학생은 임상감독자의 도움을 받아 언어치료사의 역할을 하나씩 배워 나간다. 실습 진전에 따라 임상감독자의 지도나 개입이 점차 적어지고, 언어치료 실습학생 스스로 각 역할을 수행할 수 있어야 한다. 다음은 언어치료 실습학생과 임상감독자의 역할을 문헌과 실습지도 경험을 참고로 정리한 내용이다.

1) 언어치료 실습학생의 역할

- 임상감독자로부터 임상실습 과정을 감독받는다.
- 동기(motivation) 유지를 위해 노력한다.
- 임상감독자로부터 전문가적인 태도를 배운다.
- 실습 진전도 및 독립성 정도를 임상감독자로부터 지속적으로 평가받고 발전시킨다.
- 임상감독자의 지도를 받으며 관찰실습을 하고, 언어장애인과 언어치료사 역할에 대해 이해한다.
- 임상감독자의 지도를 받아 장단기 치료 계획을 세운다.
- 임상감독자의 모델링에 따라 언어치료 및 진단실습을 실시한다.
- 치료도구 및 치료교육 프로그램을 개발한다.
- 임상감독자의 지도를 받으며 치료 효과를 효율적으로 평가한다.

- 임상감독자의 지도를 받아 언어장애를 진단 · 평가한다.
- 임상감독자의 지도를 받아 개별 심화검사를 실시한다.
- 임상감독자의 지도를 받아 각종 문서를 기록하고 정리한다.
- 언어치료 대상자에 대한 정보를 함부로 말하지 않는다.
- 임상감독자의 지도를 받아 구술 발표 능력, 보고서 작성 또는 편집 능력을 개발한다.
- 임상회의에 참가하고 발표한다.
- 임상감독자로부터 임상실습이나 자격증 취득 관련 협회의 규정이나 새로운 정보를 듣고 익힌다.
- 연구에 직 · 간접적으로 참여하여 연구 기술을 관찰할 기회를 얻는다.
- 지적받은 사항에 대해 최선을 다해 이해하고 수정하려고 노력한다.

2) 임상감독자의 역할

- 언어치료 실습학생의 임상실습 과정을 감독한다.
- 언어치료 실습학생의 동기 유도와 유지를 위해 노력한다.
- 전문가적인 태도를 갖도록 도와준다.
- 학생의 실습 진전도 및 독립성 정도를 지속적으로 평가하여 학생에게 알려준다.
- 관찰실습을 통해 언어장애인과 언어치료사 역할을 이해하도록 도와준다.
- 장단기 치료 계획을 세우도록 도와준다.
- 치료 과정에서 모델링을 통해 언어치료사가 될 수 있도록 도와준다.
- 치료도구 및 치료교육 프로그램을 개발하도록 도와준다.
- 치료 효과를 효율적으로 평가하도록 도와준다.
- 언어장애를 진단 · 평가하도록 도와준다.
- 개별 심화검사를 실시하도록 도와준다.
- 각종 문서를 기록하고 정리하는 것을 도와준다.
- 구술 발표 능력, 보고서 작성 또는 편집 능력을 개발하도록 도와준다.

- 언어치료 대상자에 대한 정보를 함부로 말하지 않도록 지도한다.
- 임상회의에 참가하는 방법을 알려 주고 발표 시 조력자 역할을 한다.
- 임상실습이나 자격증 취득 관련 협회의 규정이나 새로운 정보를 언어치료 실습학생이 알도록 도와준다.
- 연구에 직·간접적으로 참여하도록 유도하여 연구기술을 관찰할 기회를 제공한다.

3) 대인관계 및 사회성과 실습

언어치료사는 언어장애를 가진 사람, 보호자나 가족, 관련 전문가들과 함께하는 직업이다. 보호자나 가족은 언어치료 대상자와 함께 언어치료 서비스의 중심에 있어야 하는 사람들이다. 신경말·언어장애의 경우 신경과나 재활의학과 관련 전문인과의 협력이 필수적이다. 음성장애나 청각장애의 경우 이비인후과 관련 전문인과의 협력이 필요하며, 유창성장애나 언어발달장애의 경우에는 심리전문가나 소아과 및 소아정신과 관련 전문인과의 협력이 필요하다. 또한 구개열의 경우 악안면외과, 성형외과, 이비인후과 등 관련 전문인과의 협력이 필요하다.

치료를 받고 있는 대상이 유·소아나 청소년이라면 교사와의 협력도 필수적이다. 교육현장에서 가장 많은 시간을 보내고 가장 많이 언어를 사용하는 곳이기에, 언어장애에 대한 이해도를 높이고 각 대상자에게 최선의 서비스가 진행될 수 있도록 도와야 한다. 이처럼 언어치료를 원활히 진행하기 위해서는 많은 관련 전문인이나 가족을 만나야 한다. 언어치료 실습학생이 아무리 지식이 많고 외모가 뛰어나더라도 대인관계나 사회성이 좋지 못하다면 자격 있는 언어치료사가 될 수 없다. 임상감독자와의 협력도 언어치료 임상실습에서 매우 주요한 부분이다. 언어치료 실습학생은 함께하는 공동 프로젝트나 공동 사례 연구를 통해 사회성 및 대인관계를 증진할 수 있다. 임상감독자의 모델하에 자기 스스로의 사회성을 발전시켜야 한다.

4. 언어치료사의 윤리

언어치료사는 인간을 대상으로 언어치료 서비스를 제공하는 전문 직업인이다. 인간을 대상으로 하기에 더더욱 실습 과정이 중요하며, 짧은 기간에 실습 과정이 이루어질 수도 없는 것이다. 객관성을 유지하면서 한편으로는 언어치료 서비스 대상자가 가족이라는 마음으로 언어치료를 진행해야 한다. 부록 2에는 한국언어장애전문가협회가 정한 '언어치료사 임상윤리강령'이 제시되어 있다. 언어치료 실습을 하기 전에 언어치료 실습학생은 이 '언어치료사 임상윤리강령'을 잘 이해하고 있어야 한다.

→ 참 고 문 헌

심현섭, 김영태, 김진숙, 김향희, 배소영, 신문자, 이승환, 이정학, 한재순, 윤혜련, 김정미, 권미선(2010). 의사소통장애의 이해(2판). 서울: 학지사.

한국언어치료전문가협회(2008). 자격증 수여 규정 및 윤리강령.

Dowling, S. (2001). *Supervision: Strategies for successful outcomes and productivity*. Boston, MA: Allyn & Bacon.

Hedge, M. N. & Davis, D. (2005). *Clinical methods and practicum in speech-language pathology* (4th ed.). New York: Thomson Delmar Learning.

Landis, K., Woude, J. V., & Jonsma, A. E., Jr. (2004). *The speech-language pathology treatment planner*. Hoboken, NJ: John Wiley & Sons.

McCrea, E. S. & Brasseur, J. A. (2003). *The supervisory process in speech-language pathology and audiology*. Boston, MA: Allyn & Bacon.

Roth, F. P. & Worthington, C. K. (2001). *Treatment resource manual for speech-language pathology* (2nd ed.). Albany, NY: Singular Thomson Learning.

Ruscello, D. E. (2001). *Tests and measurement in speech-language pathology*. Boston, MA: Butterworth Heinemann.

제2장

언어임상관찰

독립적인 언어치료사가 되기까지는 수많은 실습 과정을 거친다. 일반적으로 실습은 관찰로 시작한다. 앞 장에서 두 가지 실습 형태인 임상관찰과 치료실습을 소개하였는데, 우리나라에서는 임상관찰을 무엇보다 중요하게 여긴다. 언어치료 실습학생은 관찰 '목적'으로 대상자의 진단 또는 치료 비디오 관찰을 하거나 언어치료 관찰 관련 과목을 수강하기도 하고, 특정 사례를 종단적으로 오랫동안 관찰하기도 한다. 우리나라 언어치료 실습학생들은 치료실습에서 독립적인 언어치료사가 되기 위한 준비를 하기도 하지만 '모범적인' 언어 진단 · 치료를 관찰하면서 더 많은 것을 배운다는 임상감독자들의 의견을 쉽게 들을 수 있다. 그만큼 우리나라에서는 계획적인 언어치료 관찰실습이 중요하다.

이 장에서는 하나의 과목인 관찰실습이나 때때로 이루어지는 관찰이라는 협의의 의미보다는 전체 언어임상실습 과정에서 계획적인 '관찰 목적'으로 이루어지는 모든 관찰을 포괄하는 넓은 의미의 '언어임상관찰'을 다룬다. 이에 따라 임상관찰의 정의 및 목적, 임상관찰 과정, 임상관찰 시 주의 사항, 임상관찰의 유형, 언어치료 실습학생 수준에 따른 관찰 방법, 관찰보고서 작성 방법을 살펴본다.

1. 언어임상관찰

1) 언어임상관찰의 정의

관찰(observation)은 인식을 하는 주체가 사물이나 대상을 능동적이고 목적의식적으로 주의 깊게 바라보는 행위다. 관찰은 주로 관찰 대상에 대한 정보를 파악하여 대상을 기술(description)하며, 관찰 계획을 수립하고 관찰 과정에서 이론을 적용하고 관찰 결과를 해석하는 과정을 거친다.

언어임상실습은 언어치료 실습학생이 평가, 치료, 상담에서 언어치료 대상자(client)나 그 가족을 직접 만나 이루어지는 과정이다. 따라서 이러한 실습은 충분한 지식 습득 이후에 시작하여야 한다. 반면에 언어임상관찰은 언어치료 대상자나 가족을 간접적으로 만나면서 이루어진다(ASHA, 2005).

언어임상관찰(clinical observation in speech-language pathology)은 임상감독자의 감독하에 언어치료 실습학생이 말 · 언어 진단평가, 언어치료, 상담, 회의가 이루어지는 동안 언어치료 대상자, 언어치료사, 그리고 진단 · 치료 활동과 행위를 주의하여 바라보는 것이라 할 수 있다. 또한 언어치료 대상자에 관련된 자료를 고찰하는 것과 같이 언어치료에 관련된 임상 하위 영역의 각 대상을 주의 깊게 바라보고 정보를 파악하여 기술하는 것도 포함한다. 관찰에서 이론을 적용하고 해석하는 과정이 필요하듯이, 언어임상관찰에서도 각 말 · 언어장애에 대한 선행학습이 필요하다. 임상관찰은 능동적으로 이루어져야 하므로 우연한 관찰이나 수업에서 관찰 목적 이외로 이루어지는 비디오 관찰은 언어임상관찰이라고 하기 어렵다.

2) 언어임상관찰과 언어치료사

언어치료사 자격증 획득을 위한 인정을 받기 위해서는 자격이 있는 임상감독자의 지도하에 관찰(supervised observation)이 이루어져야 한다. 한국언어장애전문가협회 규정을 살펴보면 언어치료 또는 언어병리 전공 학부생은 2급 또는 2급준 언어치료사 자격을 획득하기 위해서 30시간의 관찰을 해야 하며, 대학원생은 1급 자격 획득을 위해 15시간의 관찰을 성공적으로 마쳐야 한다. 또한 1급은 물론 2급과 2급준 자격증 취득 대상자는 반드시 1학점 이상의 임상관찰 과목을 이수해야 한다. 그리고 언어치료 실습학생은 보고서를 제출하여 사례관찰 보고서(부록 4 참조) 및 임상관찰 시간 누적표(부록 4의 참조)에 임상감독자의 확인 서명을 받아서 제출하여야 한다. 미국에서 대학원까지 마쳐야 할 400시간의 실습시간 중 25시간이 관찰시간이라는 점과 비교할 때, 우리나라는 학부의 실습시간 총 90시간 중 임상관찰이 30시간이고 대학원의 전체 실습시간 65시간 중 임상관찰이 15시간(학부 비전공자의 경우 120시간의 임상실습 시간 중 30시간)으로 언어치료사 양성 과정에서 임상관찰을 상대적으로 중시하고 있음을 알 수 있다.

언어임상관찰의 강의 목표는 "의사소통장애 유형별 진단 및 치료 정보에 대한 이론 학습과 적용, 이해, 비디오 사례관찰을 통한 말 · 언어 및 의사소통장애 이해, 그리고 기본적인 의사소통장애 진단 및 평가 결과 이해"로 설정되어 있다. 어느 대학원 과정에서는 '임상관찰'이라는 강의 목표를 "다양한 말 · 언어장애 진단 및 치료 상황을 관찰함으로써 진단 및 치료 방법에 관한 이론이 임상현장에서 어떻게 구현되고 있는가를 확인하여, 언어임상실습 전에 충분한 간접적인 임상적 경험을 갖게 하는 데 목표를 둔다."라고 밝히고 있다.

미국의 경우 대학에 따라 실습 교과의 분류나 교과명이 다르지만 기본적으로 임상관찰 교과가 마련되어 있고, 교과과정에 간접관찰에서 현장관찰까지 다양한 관찰을 할 수 있는 기회를 마련해 놓고 있다. 예를 들면, '언어임상관찰(observations in speech pathology)' '관찰 및 임상 방법(observation and clinical methods)' '현장관찰실습(supervised field observations)'이 있다. '현장관찰실습' 교과의 목표를 살펴보면 다음과 같다.

- 언어임상실습을 위한 준비를 한다.
- 언어임상실습 이전에 자격증 취득에 필요한 관찰시간의 일부를 제공한다.
- 보고서 양식에 맞추어 관찰기록을 하는 방법을 가르친다.
- 관찰시간을 정확히 기록하도록 가르친다.

• 전문가 행동과 임상가 태도를 가르친다.

우리나라에서는 숙련된 언어치료 실습학생 단계에서도 관찰을 계속하는 경향이 있다. 이는 언어임상실습에서 여러 언어장애 유형이나 대상을 충분히 경험하기 어려운 현재의 실습 체계와 임상감독자 부족 때문일 수 있다. 따라서 임상관찰이 중요하지만 직접 대상자를 만나는 언어임상실습과는 질적으로 다르므로 경험 및 자격이 있는 임상감독자 양성과 대학 교육과정의 발전으로 언어임상실습 과정을 점차 강화할 필요가 있다.

3) 언어임상관찰의 목적

앞에서 설명한 언어임상관찰의 정의 및 국내외 교육과정에서의 임상관찰 강의 목표를 토대로 언어임상관찰 실습의 목적을 정리하면 크게 두 범주로 나눌 수 있다.

먼저 언어치료 내용에 대한 목적을 들 수 있다. 언어치료 실습학생은 '면담–진단–치료' 과정을 관찰하면서 자격 있는 언어치료사의 전문가 행동과 언어치료사로서의 태도를 간접적으로 배우게 된다. 또한 언어치료 대상자를 이해할 수도 있다. 종단적인 임상관찰에서는 치료 대상자의 진전을 관찰하여 심화검사 개발 과정 및 치료 대상 연구 절차를 간접적으로 경험한다. 언어치료 실습학생은 의사소통장애 유형별로 이미 습득하였거나 습득 중인 '면담–진단–치료' 과정을 심화학습하면서 치료에 적용하는 과정을 간접적으로 이해한다. 또한 언어 진단 및 치료 목표는 무엇이고 목표에 따라 사용하는 치료 기법과 절차는 무엇인지를 구체적으로 알아가며 언어임상실습을 준비한다. 무엇보다도 자격 있는 언어치료사의 행동과 태도를 관찰하면서 전반적인 사례 운영, 관련 전문가와의 협력, 대인관계 기술, 전문가로서의 태도를 배우게 된다. 이것은 다른 교과과정에서 얻기 어려운 것으로 실습학생들에게 값진 경험이 될 것이다.

두 번째 범주로 언어치료사 자격에 관련된 목적을 들 수 있다. 언어치료 실습학생은 임상관찰에서 언어임상실습을 위한 준비로 간접적인 임상 경험을 할 수 있으며 자격증 취득에 필요한 관찰시간을 획득할 수 있다. 그리고 자격 있는 감독자의 지도하에 임상현장 관찰이 이루어진다면 현장에서 언어치료실의 운영과 언어치료의 실제를 경험할 수 있다. 언어임상관찰의 목적을 정리하면 다음과 같다.

〈언어임상관찰의 목적〉

- 의사소통장애 유형별 '면담-진단-치료'의 실제 임상현장 적용을 이해한다.
- 언어치료 대상자를 이해한다.
- 언어치료 대상자를 종단적으로 관찰하여 언어장애에 대한 이해를 높인다.
- 언어치료사의 행동과 태도를 안다.
- 언어임상실습을 하기 전에 간접적인 임상적 경험을 한다.
- 자격증 취득에 필요한 관찰시간을 얻는다.
- 언어치료임상 현장과 실제를 경험한다.

언어치료 실습학생이 임상관찰의 목적을 달성하려면 전문적인 지식을 충분히 갖추어야 한다. 그리고 임상감독자의 도움을 받아 의사소통장애 영역별로 체계적인 관찰 계획을 수립하고 임상관찰을 하여야 한다.

2. 언어임상관찰 과정

'언어임상관찰' 교과의 시간적 흐름은 크게 임상관찰 전 단계, 임상관찰 단계, 그리고 임상관찰 후 단계로 나눌 수 있다. 단계별로 하나씩 예를 든다면 '임상관찰에 대한 주의 사항 및 자격증 규정 설명, 임상관찰 및 관찰 사례 발표, 그리고 임상관찰기록지 및 관찰시간 요약지 제출'이 있다. 이를 자세히 살펴보면 [그림 2-1]과 같다.

1) 언어임상관찰 전 단계

언어치료 실습학생은 임상관찰을 하기 전에 임상감독자로부터 임상관찰에 대

임상관찰 전
- 기초적인 전문지식 준비
- 임상관찰에 대한 주의 사항 설명
- 협회 자격증 규정 설명
- 관찰 계획 수립(관찰 유형, 대상, 시간, 장소 결정)

↓

임상관찰
- 관찰 사례 정보 숙지
- 관찰 대상(언어치료사 또는 치료 대상자) 관찰
- 관찰기록(또는 사례관찰 보고서 직접 작성)

↓

임상관찰 후
- 전문지식 학습과 적용의 이해
- 사례관찰 보고서 작성 및 제출
- 사례관찰 보고서에 대한 피드백
- 관찰시간 누적표 기록
- 임상감독자 확인
- 사례관찰 보고서 및 누적표 관리

[그림 2-1] 언어임상관찰의 단계

한 주의 사항을 듣는다. 임상관찰 시 주의 사항은 '3. 임상관찰에서 지켜야 할 사항'에서 설명한다. 또한 한국언어장애전문가협회의 언어치료사 자격증 수여 규정을 듣거나 실습학생 스스로 협회의 규정을 찾아서 숙지한다. 이에 대해 1장과 이 장의 앞부분에서 자격증 취득을 위한 관찰시간을 설명하였다. 관찰 계획을 수립할 때는 의사소통장애 유형, 진단 · 치료 대상자(영 · 유아/아동/성인), 관찰 시기, 관찰 유형을 결정한다(임상관찰 실습 유형은 다음에서 자세히 설명한다). 의사소통장애 유형에 따른 실습학생의 전문지식 정도는 성공적인 관찰과 효과적인 언어임상 실습 준비에 가장 큰 영향을 준다. 따라서 언어치료 실습학생이 관찰 이전에 임상감독자의 조언에 따라 관련 전문지식을 쌓아 두면 관찰은 물론 언어임상실습, 그리고 실제 임상에까지 큰 도움이 될 것이다.

2) 언어임상관찰 단계

관찰시간 이전에 진단 또는 치료 대상자의 사례 정보를 임상감독자의 설명을 통해 숙지한다. 설명을 들으면서 기록을 충실히 하여 대상자의 의사소통 특성을 잘 이해하고 사례관찰 보고서에 대상자 정보를 기록하도록 한다. 간접관찰을 하는 실습학생이 직접 차트를 찾아보는 것이 아니라 임상감독자가 사례기록을 보고 설명해 줄 것이다. 언어치료 실습학생이 직접적으로 임상관찰을 하거나 앞으로 관찰 사례의 언어임상실습을 하게 될 예정이라면 임상감독자의 허락을 받은 후에 차트를 직접 볼 수 있는 경우가 있다. 처음으로 사례기록을 찾아보는 실습학생이라면 차트가 보관되어 있는 장소, 찾아볼 정보(언어장애 영역에 대한 각 장 참고), 그리고 기록해도 되는 사례 정보에 대하여 임상감독자의 지도를 받는다. 어떤 경우에는 진단 또는 치료가 끝나고 임상감독자가 언어치료 실습학생의 인상이나 의견을 묻고 나서 사례 정보를 알려 주기도 한다. 이때는 사전에 준비한 전문지식을 바탕으로 솔직하고 구체적으로 간단하게 대답하는 것이 좋다. 조금 숙련된 수준의 언어치료 실습학생은 관찰을 하면서 실시간에 사례관찰 보고서를 작성할 것을 권한다. 초보자라면 관찰 내용을 자세하면서도 항목별로 정리하여 기록한 것을 보며 보고서를 작성해도 좋다. 사례관찰 보고서 작성 방법은 이 장의 마지막 부분에서 다루고 있다.

3) 언어임상관찰 후 단계

관찰한 당일에 사례관찰 보고서를 작성하여 임상감독자에게 제출한다. 임상감독자는 관찰한 학생의 이름, 시간, 관찰 대상자 정보를 확인하고 보관한다. 실습학생이 사례관찰 보고서를 작성하여 제출하면 임상감독자는 제출 여부를 기록하고, 보고서 내용에 대하여 서면 또는 구두로 피드백을 제공한다. 초보 관찰자는 관찰보고서의 항목과 다른 내용이나 엉뚱한 내용을 기록하는 경우가 자주 있다. 이럴 경우에는 임상감독자가 각 항목에 대해 서면 또는 구두로 설명해 주거나 직접 고쳐 주게 된다. 임상감독자가 요구하면 실습학생은 원본을 수정하고 제출하여 임상감독자의 확인을 반드시 받도록 한다. 언어임상관찰의 목적에는 의사소통장애 유형별 진단 및 치료 정보에 대한 이론 학습과 적용, 이해 및 임상실습 준비가 있다. 언어치료 실습학생이 이 목적을 성취하기 위해서는 사례관찰 보고서를 작성할 때 의사소통장애 유형에 따라 필요한 전문지식을 찾아보고 학습해서 기록하여야 한다. 임상감독자의 확인을 받으면 관찰시간 누적표에 기록하고 임상감독자의 확인 서명을 받아 둔다.

3. 언어임상관찰에서 지켜야 할 사항

지금까지 임상관찰은 무엇이고, 왜 임상관찰을 해야 하며, 어떠한 절차를 통해 이루어지는지 살펴보았다. 이제 관찰을 할 때 언어치료 실습학생이 갖추어야 할 태도와 책임을 살펴보도록 하겠다. 언어치료 실습학생은 임상관찰을 하는 학생으로서의 윤리적인 책임은 물론 복장이나 인사하기와 같은 예절을 지켜야 한다. 더불어 또 다른 임상관찰의 목적인 전문가로서의 태도와 책임의 일부도 경험할 수 있다.

임상관찰은 대부분 학부 1~2학년생으로 이제 성인이 되는 시기에 시작하기 때문에 어쩔 수 없이 사회적인 경험이 적고 임상현장은 물론 의사소통장애인과 그 장애인의 가족에 대한 이해도 부족하다. 또한 실습학생은 자신의 뜻과는 다르게 실수를 하기 쉽다. 여기에서는 임상관찰을 할 때 언어치료 실습학생이 주로 하는 실수를 중심으로 언어임상관찰에서 지켜야 할 사항을 설명하고자 한다. 언어치료 실습학생은 임상관찰을 하기 전에 다음과 같은 사항을 숙지하고 지켜야 한다.

1) 언어임상관찰 과정에서 일반적으로 지켜야 할 사항

사례정보에 대한 비밀을 유지하고 함부로 말하지 않는다. 관찰 대상자의 이름이나 관련 사항은 담당 임상감독자와의 회의 또는 해당 사례에 대한 회의에서만 언급한다. 비디오나 일방경(one-way mirror)으로 관찰한 대상자를 외부에서 만났을 때 부주의하게 이름을 부르거나 마치 친숙한 사람인 것처럼 하는 경우가 처음 관찰을 시작하는 언어치료 실습학생에게는 있을 수 있다. 또는 대상자의 이름이나 구체적인 언어 특성을 말하며 모여서 수다를 떠는 실습학생들도 있을 수 있다.

물론 관찰할 때 임상감독자는 미리 대상자나 가족에게 허락을 받는다. 그렇더라도 상대방이나 가족은 관찰하는 실습학생을 알지 못한다. 따라서 전혀 모르는 사람이 부르거나 자신에 대해 이야기하는 것을 의아해할 수 있다. 단지 이름을 알고 있는 것을 이상하게 여긴다면 그나마 다행이지만 대부분의 사람은 그 기관에서 자신의 정보를 미숙한 언어치료 실습학생에게 유출하였다고 생각하고 신뢰하지 않게 된다.

사례정보가 적힌 보고서를 대상자 또는 가족이 통행하는 학교 언어치료 실습실 복도에 놓아 두거나 혹은 투명한 파일에 끼워 들고 밖에서나 대중교통을 이용하면서 노출시키는 경우도 있다. 그러므로 사례관찰 보고서에 대상자 정보가 간단하게 기록된다고 할지라도 공공장소에서의 노출은 피하고, 관찰보고서에는 대상자의 이름을 모두 쓰지 말고 한 글자만(예: '김○○') 기입해 둔다.

차트는 반드시 임상감독자의 허락을 받고 본다. 처음 관찰을 하는 실습학생은 임상감독자가 사례정보를 설명할 때 주의 깊게 듣고 잘 기록하도록 한다. 임상관찰 과정에서 설명하였듯이, 간접관찰을 하는 실습학생이라면 임상감독자가 사례기록을 보고 설명해 주므로 직접 차트를 열람하지 않는다. 앞으로 임상실습을 하게 될 사례를 관찰하고 있다면 임상감독자의 허락을 받은 후 사례기록을 열람할 수도 있다. 이 경우 차트를 열람해도 좋은 장소, 사례기록에서 찾아볼 정보, 그리고 기록해도 되는 사례정보에 대하여 임상감독자의 지도나 허락을 받는다. 또한 차트를 그냥 책상 위에 두고 올 것이 아니라 직접 임상감독자 또는 차트 담당자에게 돌려주어 확인을 받는 것이 필요하다.

관찰 계획을 수립할 때 의사소통장애 및 관찰 유형을 다양하면서도 계획적으로 할 수 있도록 임상감독자와 상의한다. 임상감독자는 특별한 사정이 없다면 언어치료 실습학생이 충분히 임상실습을 준비하고 2급 언어치료사로서 임상현장에서 당황하지 않도록 다양한 의사소통장애 유형을 관찰하도록 안내해 준다. 언어치료 실습학생 중에는 하나의 사례, 많아야 두세 사례만을 드문드문 관찰하거나, 반대로 지나치게 많은 사례를 한 회기씩만 관찰하거나, 하루에 너무 많은 사례를 관찰하는 경우가 있다. 이렇게 되면 상대적으로 임상관찰이 중요한 우리나라 실정에서는 임상현장에서 당황하게 되는 원인이 될 수 있다. 또한 숙련된 언어치료 실습학생이라면 관찰 계획을 수립할 때 앞으로의 진로 방향이나 희망 영역에 따라 임상감독자와 상의한다.

관련 전문지식을 미리 숙지한다. 임상관찰은 그냥 보이는 대로 기록만 하면 되는 것이라고 생각하는 실습학생이 있다. 그러나 언어치료 실습학생이 관찰해야 할 대상은 전문적인 언어치료사의 행동, 의사소통장애 대상자의 의사소통 특성, 전문적인 진단 · 치료 기법과 절차를 적용하는 치료 과정이므로 지식을 바탕으로 관련된 내용을 기록하고 분석해야 한다. 전문적인 지식이 부족한 언어치료 실습학생은 실제 이루어진 진단 · 치료 과정보다는 피상적인 치료사의 표정이나 치료 대상자의 언어 목표 이외의 행동을 기록하기도 한다(예: '치료사가 재미있게 아동의 관심을 유도하였다.'). 회기 목표가 "언어치료사 이야기를 들려준 후에 아동은 손인형을 사용하여 이야기를 회상하면서 연결어미 '-면서'를 다섯 번 사용하여 말할 수 있다."였을 때를 가정해 보자. 언어치료사 이미 목표 언어 형태인 연결어미 '-면서'에 대해 아동에게 직접 설명하고 목표 언어를 유도 산출하였는데도 언어치료 실습학생은 단지 "이야기를 길게 말해야 했는데 아동은 주저주저하였다."라고 모호한 문장으로 기록하기도 한다.

관찰시간이나 장소가 변경 또는 취소되면 임상감독자의 지시를 따른다. 대상자 또는 가족에게 임상감독자가 미리 관찰을 허락받지만, 연락이 미처 되지 않아 관찰시간 직전에 확인하는 경우도 있다. 또는 약속된 관찰시간에 실습학생이 찾아갔으나 대상자가 결석을 하기도 한다. 이때 언어치료 실습학생은 다음에 관찰을 할 수 있는지 공손하게 확인을 한다. 연속적으로 여러 사례를 관찰할 예정이었는데, 관찰 대상자가 결석한 시간에 무엇을 할지 임상감독자가 알려 주지 않는다면 그 시간에 무엇을 해야 할지를 확인한다. 많은 학생이 한 대상자를 동시에 그룹으로 관찰하는 경우, 갑자기 장소나 회기 절차가 바뀌면서 몇 명밖에 관찰하지 못하는 예도 있다. 그럴 경우는 먼저 언어치료 실습학생들이 의논하여 누가 관찰할 것인지를 결정하여 알려 주는 것이 좋다.

관찰할 때는 구체적이고 사실적인 목표를 가지고 세밀하게 한다. 관찰을 할 때는 구체적이고 사실적인 목표를 가지고 관찰할 내용과 방법을 미리 계획하도록 한다. 언어치료사의 행동 중에서도 치료 접근법의 적용이나 환자가 언어치료 활동에 집중하도록 유도하는 절차를 관찰하는 것이 좋다. 또는 언어치료 실습학생이 맡고 있는 사례가 단순조음장애라도 행동 문제를 조절하기 어렵다면 그것을 성공적으로 조절하면서 언어 목표를 진행하는 절차를 세심하게 살펴보는 것이 좋다.

언어치료사가 의도한 바를 파악한다. 앞에서 예로 든 목표인 "치료사가 이야기를 들려준 후에 아동이 이야기를 회상하면서 연결어미 '-면서'를 다섯 번 사용하여 말할 수 있다."를 생각해 보자. 언어치료사의 의도는 이야기 수준에서 연결어미를 사용하는 데 있었으나, 관찰 학생은 '이야기 듣기, 이야기 회상, 대화 차례 알기'라고 다른 의도로 이해하는 경우가 많다. 그러므로 언어치료사의 의도를 쉽게 파악하기 위해 치료 맥락을 주의 깊게 살펴보는 것이 필요하다.

참고자료가 될 수 있도록 관찰 사항을 기록한다. 기록은 객관적으로 하되 해석과 판단도 있어야 한다. 초기에는 치료 전체를 전사하듯이 기록하고 나서 이 기록을 다시 정리해서 보고서를 작성한다. 용지를 두 칸으로 나누고 언어치료사와 환자 행동을 있는 그대로 각 칸에 시간 흐름대로 기록한다. 진전된 수준의 언어치료 실습학생은 주요 언어 목표와 절차, 그리고 대상자 반응을 요약하면서 직접 보고서를 작성한다. 또한 배운 점과 느낀 점도 동시에 진술하듯이 기록하는 습관을 들인다.

임상감독자의 질문에 구체적이지만 간단하게 대답한다. 관찰 후에 임상감독자가 질문을 하기도 한다. 그러한 경우에는 사전에 준비한 전문지식을 바탕으로 솔직하고 구체적으로 간단하게 대답한다.

임상감독자에게 질문을 할 때는 언어 목표와 관련된 내용과 방법에 대하여 질문한다. 특히, 임상현장 관찰에서는 다음 시간의 치료에 지장을 주지 않을 정도로 질문을 간단하게 하고 다른 질문은 서면이나 이메일을 이용한다. 임상감독자의 부탁이 있을 때는 직접관찰이나 보조치료를 하는 언어치료 실습학생이 아니더라도 치료실 정리나 준비를 도와주면서 진단 · 치료 자료나 준비 과정을 익히는 시간으로 활용한다.

사례관찰 보고서나 관찰한 비디오는 관찰한 그날 제출한다. 관찰을 한 당일에 사례관찰 보고서를 제출한다. 비디오로 관찰하였다면 자료를 반드시 당일에 돌려주도록 한다. 임상감독자 확인과 서명을 받은 사례관찰 보고서와 관찰시간 누적표는 언어치료 실습학생이 개별적으로 서류철에 보관한다. 반드시 관찰시간 누적표에 기록된 사례관찰 보고서를 모두 보관하고 있어야 한다. 이는 이후 자격증 취득을 위한 서류 제출 시 필요하므로 졸업 후 자격증 취득 시까지 개인적으로 보관해야 한다. 임상관찰 과정에서 일반적으로 지켜야 할 사항을 정리하면 다음과 같다.

〈언어임상관찰에서 일반적으로 지켜야 할 사항〉

- 사례정보에 대한 비밀을 유지하고 함부로 말하지 않는다.
- 차트를 볼 경우 반드시 임상감독자의 허락을 받는다.
- 임상감독자와 상의하여 의사소통장애를 고르게 관찰할 수 있도록 관찰실습 계획을 세운다.
- 관련 전문지식을 미리 숙지한다.
- 관찰시간이나 장소가 변경 또는 취소되는 경우 임상감독자의 지시에 따른다.
- 관찰할 때는 구체적이고 사실적인 목표를 가지고 세밀하게 한다.
- 언어치료사가 의도한 바를 파악한다.
- 참고자료가 될 수 있도록 관찰 사항을 객관적으로 기록하되 해석과 판단도 있어야 한다.
- 임상감독자의 질문에 구체적이지만 간단하게 대답한다.
- 임상감독자에게 언어 목표와 관련된 내용과 방법에 대하여 질문한다.
- 사례관찰 보고서나 관찰한 비디오는 관찰한 당일에 제출한다.

- 사례관찰 보고서 및 관찰시간 누적표는 언어치료 실습학생 자신이 개별적으로 보관한다.

2) 언어임상관찰할 때 지켜야 할 예절

임상현장에 있는 언어치료사들이 곤혹스러운 표정으로 "관찰할 학생이 20분이나 늦게 와서 문을 여는 바람에 깜짝 놀랐어요."라고 말하는 경우가 있다. 여기에서는 당연히 알고 있을 것이라고 생각하지만 그 누구라도 실수하기 쉬운 평범한 예절에 대해 살펴보겠다.

관찰시간 20~30분 전에는 도착하여 관찰 준비를 마친다. 일방경으로 관찰을 하더라도 약속시간 20~30분 전에 도착하여 관찰 준비를 한다. 임상현장 관찰을 할 때는 낯선 기관에 처음으로 가게 된다. 따라서 미리 교통편을 알아 두고 교통체증을 고려하여 일찍 출발하여야 한다. 뜻하지 않게 늦어진다면 임상감독자가 업무나 치료를 시작하기 전에 연락하여 도착할 수 있는 시간을 알리고 임상감독자의 지시를 따른다. 늦게 도착하여 진단이나 치료가 이미 시작되었고 임상감독자의 별다른 지시가 없었다면 혼자서 관찰실에 들어가거나 이곳저곳을 기웃거리지 않고 임상감독자의 지시가 있을 때까지 약속된 장소에서 기다리도록 한다.

웃는 얼굴로 장소에 따라 목소리 크기를 조절하여 인사한다. 누구를 만나더라도 웃는 얼굴로 인사를 한다. 치료실 근처나 관찰실이라면 묵례를 하고 복도나 휴게실이라면 보통의 목소리로 인사하는 것이 좋다. 임상현장 관찰일 경우에는 상대방이 이름이나 소속을 물으면 주저하지 말고 바로 "저는 ○○이고, ○○대학교에서 언어병리학을 전공하는 언어치료 실습학생입니다. 언어임상관찰을 하고 있습니다."라고 분명하게 대답한다. 기관에 따라서는 임상감독자가 미리 언어치료실 내에서는 '언어치료 실습학생'보다는 '언어치료사'라고 소개해 달라고 부탁할 수도 있다. 가족의 허락이 있더라도 다른 사람들에게 언어치료 실습학생이 관찰하고 있다는 것을 드러내기 꺼리는 가족이 있을 수 있는 등 여러 이유가 있다. 그러므로 그럴 때는 "저는 ○○○이고 언어치료사입니다."라고 소개한다. 임상실습 기관에서 종단적으로 장기 관찰을 할 때 임상감독자가 관련 전문가들에게 소개하는 경우가 있다. 이때는 임상감독자의 소개하는 말을 들은 후 가볍게 "안녕하세요."라고 웃는 얼굴로 인사를 한다. 복도에서 큰 소리로 인사하거나 임상감독자를 부르지 않도록 주의한다. 언어검사실이나 치료실 내에서 관찰하는 동안에는 주의와 흥미를 가지고 바라보는 표정으로 관찰한다. 지나치게 엄숙한 얼굴이나 과장된 웃음으로 어색한 분위기를 만들지 않도록 해야 한다.

필기도구, 기록용지 및 클립보드(또는 책받침)를 미리 준비한다. "저, 종이 좀……, 볼펜 좀……." "종이 가지러 갔다 올께요." 이 말들은 처음 임상관찰을 시작하는 학생 중 한두 명에게서 듣는 말들이다. 임상감독자를 만나거나 관찰 또는 실습할 때 반드시 기록할 준비를 갖추고 있어야 하며 임상감독자의 지도 내용이나 관찰 내용을 기록하는 습관을 들이도록 한다. "나중에 기억해서 쓸 수 있어요."라고 말하는 학생도 있지만 관찰기록용 공책을 따로 마련해서 임상감독자의 말을 적어 놓으면 나중에 다시 찾아볼 수 있어 유용한 자료집이 될 수 있다.

소리 나지 않는 신발을 신는다. 언어치료실 주위는 소음이 있더라도 치료에 방해가 되지 않을 정도여야 한다. 그런데 갑작스럽게 실습학생의 뚜벅거리는 구두 소리나 슬리퍼 끄는 소리와 함께 의자 밀치는 소리들이 한동안 들리는 상황을 생각해 보자. 어쩔 수 없이 슬리퍼를 신었다면 소음을 줄여서 걷도록 해야 한다.

직접관찰이나 보조치료를 하는 경우에는 머리가 얼굴을 가리지 않도록 정리한다. 머리로 얼굴을 가리면 표정이나 조음기관의 움직임에서 읽을 수 있는 중요한 메시지를 상대방이 놓치기 쉽다. 또한 과도한 장식물이나 지나친 화장도 방해가 될 수 있다.

신발을 벗고 들어갈 수 있으므로 양말이나 스타킹을 준비한다. 여름에는 맨발에 샌들을 신고 다니기 쉽다. 우리나라 언어치료실은 신발을 벗고 들어가는 곳이 많으므로 이러한 경우에는 맨발이 멋쩍다. 그러므로 임상관찰이나 치료실습을 할 때는 양말을 준비하도록 한다. 임상관찰이니까 '설마 신발은 벗지 않겠지?' 하면서 가는 일이 없도록 한다. 또한 벗고 신기 어려운 부츠나 끈 샌들은 치료실 입구에서 오랫동안 신거나 벗는 동안 대상자, 가족, 임상감독자를 기다리게 하는 원인이 되기도 한다. 따라서 편안한 신발을 신고 가는 것이 좋다.

단정한 옷을 입고 노출이 심한 옷은 피한다. 짧은 치마, 반바지, 청바지보다 긴 면바지나 정장에 가까운 바지를 입는다. 관찰할 때는 바닥에 앉는 경우도 있다. 앉았을 때 무릎 위로 올라가거나 폭이 좁은 치마를 입은 상황은 상상만으로도 다른 설명이 필요 없을 것이다. 의자에 앉더라도 장시간 긴장한 자세로 앉아 있어야 하고 관찰 도중에 임상감독자의 지시에 따라 일어나거나 앉는 경우가 있으므로 가급적 편안한 옷을 입도록 한다. 앉았을 때 허리 부분이 상당히 노출되어 속옷이 드러나기도 하고 깊게 파인 셔츠나 블라우스 때문에 눈길을 어디로 두어야 할지 당황하게 하는 실습학생들도 있다. 이에 움직여도 노출이 없는 복장을 갖추도록 한다.

커피나 음료수를 들고 들어가지 않는다. 관찰실이 다른 사람에게 보이지 않는다고 해서 커피나 음료수를 들고 들어가는 것은 바람직하지 않다. 혹시 들고 들어갔다면 관찰을 마친 후에 마시고, 마시고 난 종이컵이나 캔은 반드시 치우도록 한다.

휴대전화를 꺼 둔다. 휴대전화는 되도록 꺼 둔다. 검사실이나 치료실 내에서 관찰을 하게 되면 진동이 울리면서 치료의 진행이 방해되는 경우가 자주 있으므로 반드시 꺼 둔다. 관찰을 하다가 수신된 번호나 문자를 확인하거나 문자를 전송하다가 다른 관련 전문가—병원에서는 의사나 간호사가 있을 수 있다—에게 무책임한 모습을 보이기도 하고, 관찰하지 못한 내용을 나중에 다시 확인하는 실수를 범할 수도 있다. 또 대상자의 가족이 관찰실에 들어오는 경우가 있을 수 있다. 그러므로 무엇보다도 전문가의 태도를 배우는 단계이므로 언제나 바른 자세로 집중해서 책임을 다해 관찰하는 모습을 유지하도록 한다.

관찰하는 동안은 자리를 이동하지 않는다. 개별 언어치료 시간은 보통 30~50분이고, 그룹 언어치료 시간도 50~60분인 경우가 많다. 그러므로 중간에 화장실에 다녀오거나 다른 사람에게 필기구를 빌리러 다녀오는 일이 없도록 미리 준비한다. 특히, 치료실 내에서 관찰을 할 때 더 잘 보기 위해 움직이는 학생들이 있다. 그러나 임상감독자가 움직이라고 지시하지 않는 이상은 좀 보이지 않더라도 같은 자리에 계속 앉아 있도록 한다.

졸거나 소곤거리거나 웃지 않는다. 졸지 않는 것은 기본적인 예절이다. 언어치료는 같은 길이의 비슷한 유형의 문장이 반복되거나 같은 절차를 반복하는 경우가 많다. 언어치료사나 대상자에게는 도전할 만한 난이도의 과제일지라도 처음 관찰하는 실습학생들은 따분하게 여길 수 있다. 왜 이러한 과제를 하는지, 대상자가 오류를 보였을 때 어떠한 절차를 적용하는지 관찰하려는 태도를 갖는다면 졸지 않을 것이다. 또한 궁금한 것이 있더라도 메모해 두었다가 관찰 후에 질문하도록 한다. 관찰 도중에 옆에 있는 실습학생에게 소곤거리면서 물으면 관찰에 방해가 되고 치료 장면을 놓칠 수 있다. 대상자 또는 가족이나 치료사가 웃는 상황이라면 같이 웃어도 좋지만, 그렇지 않은 상황에서는 혼자 웃지 않도록 주의한다.

관찰이 끝난 후에 임상감독자의 지시가 있을 때까지 기다린다. 관찰 후에 같은 자리에 앉아서 임상감독자가 끝났다는 말을 할 때까지 기다린다. 치료 대상자도 퇴실하지 않았는데 우르르 밖으로 나가지 말아야 한다. 또한 임상감독자가 부모상담 후에 관찰 내용에 대한 설명을 하거나 지도를 할 수 있으므로 반드시 기다렸다가 설명을 듣도록 한다.

언어치료실 또는 방문 기관에 있는 문서나 물건을 함부로 만지지 않는다. 임상관찰을 하면서 책에서 보거나 말로만 듣던 치료도구나 검사도구를 처음 보게 되는 경우가 많다. 그래서 신기한 마음에 손을 뻗어 하나씩 꺼내 만져 보거나 상자를 열어 보게 된다. 임상실습을 하게 되면 충분히 도구들을 접할 수 있게 되므로 조용히 기다렸다가 허용된 시간에 관찰하도록 한다. 또한 다양한 재활 서비스를 제공하는 치료실들이 있어서 문을 열어 보고 싶은 충동이 일어날 수 있다. 이런 경우도 반드시 임상감독자의 안내를 받은 경우에만 관찰을 하도록 한다. 치료실이나 검사실 주위에는 여러 보고서, 검사지, 안내서들이 있는 경우가 많다. 이용자들이 가져가도록 비치된 안내서라면 읽어도 좋지만 다른 검사지나 보고서는 눈앞에 있더라도 읽지 않으려는 태도가 필요하다. 더욱이 그냥 집거나 가져오지 않도록 한다. 관찰한 사례에 관련되고 임상감독자가 허락한다면 살펴볼 수 있다.

〈언어임상관찰에서 지켜야 할 예절〉

- 관찰시간 20~30분 전에는 도착하여 관찰 준비를 마친다.
- 웃는 얼굴로 장소에 따라 목소리 크기를 조절하여 인사한다.
- 필기도구, 기록지, 클립보드를 미리 준비한다.
- 소리 나지 않는 신발을 신는다.
- 직접관찰이나 보조치료를 하는 경우에는 머리가 얼굴을 가리지 않도록 정리한다.
- 신발을 벗고 들어갈 수 있으므로 양말이나 스타킹을 준비한다.
- 단정한 옷을 입고 노출이 심한 옷은 피한다.
- 커피나 음료수를 들고 들어가지 않는다.
- 휴대전화를 꺼 둔다.
- 관찰하는 동안은 자리를 이동하지 않는다.
- 졸거나 소곤거리거나 웃지 않는다.
- 관찰이 끝난 후에 임상감독자의 지시가 있을 때까지 기다린다.
- 언어치료실 또는 방문 기관에 있는 문서나 물건을 함부로 만지지 않는다.

4. 언어임상관찰 유형

앞에서 임상관찰은 무엇이고, 왜 임상관찰을 해야 하며, 어떠한 절차를 거치며 이루어지고, 언어치료 실습학생들이 어떻게 해야 하는지 알아보았다. 여기에서는 어디에서 무엇을 얼마나 관찰해야 하는지를 유형별로 분류하고자 한다. 언어치료 실습학생이 임상감독자의 도움을 받아 관찰 계획을 수립할 때는 학생의 실습 수준에 따라 임상관찰 유형도 결정해야 한다. 이제 임상관찰 유형을 시간, 언어임상 실습 하위 영역, 매개체 유무, 그리고 장소에 따라 나누어 살펴보겠다.

1) 시간에 따른 관찰 유형

시간에 따라서는 일회적 관찰, 간헐적 관찰, 종단적 관찰로 나눌 수 있다. 일회적 관찰은 특정 대상자를 한 회기 또는 몇 회기 동안 단기간 관찰하는 것이다. 이는 간격이 일정하지 않게 이루어지는 간헐적 관찰이나 특정 대상자를 주기적으로 계속 관찰하는 종단적 관찰과는 다르다. 임상관찰을 시작하는 학생은 여러 유형의 의사소통장애인을 일회적으로 관찰하여 의사소통장애 및 대상자에 대한 이해를 높일 필요가 있다. 종단적 관찰은 대상자를 비교적 긴 시간 동안 집중적으로 관찰할 수 있기 때문에 의사소통장애에 대한 이해를 높이는 데 유용할 수 있으며, 대상자의 말·언어 특성이나 치료 기법에서 나타나는 변화를 관찰하는 데 유용하다.

2) 언어임상실습 하위 영역에 따른 관찰 유형

언어임상실습 하위 영역에는 상담과 면담, 진단, 치료, 임상회의, 보고서 작성 등이 있다. 일반적으로는 진단이나 치료관찰이 임상관찰에 속한다. 나중에 논의할 중간 단계의 언어치료 실습학생 이전에는 진단과 치료를 중점적으로 관찰하게 되기 때문에 상담과 면담은 임상관찰 영역으로 간주하지 않는 경향이 있다. 상담과 면담 관찰이 사례 운영에서 귀한 정보를 얻는 근원이기에 진전된 단계의 언어치료 실습학생에게는 매우 중요하다.

세부적인 관찰 유형을 찾아보면 부모상담/면담관찰, 진단관찰, 개별치료관찰, 그룹치료관찰, 임상회의에서의 사례관찰, 그룹선별검사 관찰이 있다. 임상회의에서의 사례관찰은 사례회의에서 비디오 관찰을 통해 진단이나 치료를 관찰하거나 임상실습 워크숍의 사례 발표에서 비디오 관찰과 함께 보고서 고찰을 하면서 이루어지게 된다. 이 또한 진단이나 치료 영역의 관찰이 될 수 있다. 임상회의에서의 관찰은 실습학생들이 관찰하기에 적절한 사례를 중심으로 여러 사례를 모아 관찰할 수 있다는 장점이 있다.

그룹선별검사 관찰은 유치원, 학교, 기타 기관에서 집단으로 이루어지는 선별검사를 실습학생이 관찰하는 것을 말한다. 이러한 관찰은 실습학생이 정상 언어발달 아동이 많은 집단에서 선별검사를 실시하고 분석하는 과정을 집중적으로 볼 수 있다는 장점을 가지고 있다. 그러나 의사소통장애 아동이 있더라도 매우 적을 것이므로 언어장애에 대한 이해를 높이거나 사례 운영을 관찰하기에는 부족한 점이 있다.

요즈음의 치료 동향으로 그룹언어치료를 들 수 있다. 그룹언어치료 관찰에서 실습학생은 그룹언어치료의 운영을 생각해 볼 기회를 가질 수 있다.

3) 직접/간접관찰 유형

직접/간접관찰에는 치료 보조자로서의 직접관찰, 일방경을 통한 직접관찰, 비디오를 이용한 간접관찰, 오디오나 자세한 치료기록 고찰을 통한 간접관찰이 있다.

직접관찰에는 직접 대상자를 대하지는 않더라도 같은 공간에 실습학생이 들어가서 이루어지는 직접관찰이나 치료 보조자의 역할을 하는 관찰이 속한다. 간접관찰은 비디오 관찰을 예로 들 수 있다. 미국의 경우 관찰을 목적으로 언어치료 비디오테이프의 사용이 가능하다(ASHA, 2005).

처음 시작하는 언어치료 실습학생은 진단치료 사례 비디오 관찰과 같은 간접관찰로 출발하는 경우가 많다. 이후 차츰 직접관찰을 하게 되지만, 진전된 언어치료 실습학생이 되더라도 비디오 관찰은 다양한 의사소통장애를 간접적으로 경험하여 직접 경험하기 어려운 사례에 대한 준비를 도와주므로 유용한 수단이라고 할 수 있다.

4) 장소에 따른 관찰 유형

장소에 따른 유형은 대표적으로 대학교 언어임상실습 연구소의 관찰이 있다. 학교 임상연구소에서는 언어임상실습 대상자를 몇 개월 전부터 관찰하여 종단적인 관찰로 치료 대상자에 친숙해질 수 있다는 장점이 있다. 이외에도 오랜 기간 종단적인 관찰을 하면서 진단검사나 심화검사를 개발하고 실시하는 과정을 알 수 있고 대상자의 진전도를 사례 연구와 임상회의에 참여하면서 자연스럽게 알아갈 수 있다는 장점도 있다. 이러한 종단적인 관찰은 실습학생이나 심화검사 개발과 실시, 그리고 사례 연구를 할 수 있는 준비가 된 실습학생에게 적절하다. 더불어 대상자의 의사소통 능력 변화와 장단기 치료 계획에 따른 치료 과정의 변화를 살펴보기 위해 숙련된 언어치료 실습학생이 임상감독자의 지도를 받으며 참여할 수 있다.

실제 임상현장인 종합병원이나 개인병원-이비인후과, 신경과, 소아정신과, 재활의학과 소속의 언어치료실 또는 언어치료센터-에서의 관찰도 있다. 언어발달장애연구소 또는 청각재활연구소와 같은 연구소에서 이루어지는 관찰, 장애인종합복지관, 노인복지관, 사회복지관의 언어치료실에서의 임상관찰, 그리고 통합어린이집, 특수학교, 일반학교 특수학급, 특수교육센터와 같은 교육기관에서의 관찰도 있다. 이 밖에도 사설 언어치료실에서의 관찰이 있다.

이러한 기관에서는 특정 장애 범주나 연령의 대상자를 관찰할 수 있다는 장점이 있다. 예를 들어, 종합병원의 이비인후과 언어치료실이라면 청각장애, 음성장애에 수반된 말·언어장애가 있는 대상자를 주로 관찰할 수 있다는 장점이 있어서 의사소통 특성을 이해하는 데 도움이 될 수 있다. 반면에 외부 기관이기 때문에 오랜 기간에 걸친 종단적 관찰이 어렵다는 단점이 있다.

대학교 연구소 이외의 장소에서 임상관찰을 하기 위해서는 협회에서 임상감독기관으로 인정을 받은 기관에서 해당 기관의 언어치료사와 학교 임상감독자의 지도를 받으며 이루어져야 한다. 언어치료 실습학생은 개별적으로 이러한 기관을 방문하거나 문의하기보다는 학교의 규정을 살펴보고 학교 임상감독자의 지도를 받은 후에 관찰을 시작해야 한다.

5. 언어치료 실습학생 수준에 따른 관찰 방법

지금까지 임상관찰의 정의, 목적, 절차, 일반적 방법과 주의 사항, 관찰 영역과 장소에 대하여 논의하였다. 이제 누가 어떠한 단계로 관찰을 하면서 독립적인 언어치료사가 되기 위한 준비를 해야 하는지 살펴볼 것이다. 언어치료 실습학생을 임상관찰 학생, 시작 단계의 언어치료 실습학생, 중간 단계의 언어치료 실습학생, 진전된 언어치료 실습학생으로 수준을 달리하여 보았다.

각 단계는 독립적인 언어치료사가 되기 위해 갖춘 능력의 정도를 뜻하며 임상관찰을 시작하는 학년을 의미하지는 않는다. 즉, 진전된 언어치료 실습학생은 독립적인 언어장애전문가에 가장 가까운 능력을 가졌다고 볼 수 있다. 각 수준에 따라 언어치료 실습학생의 관찰 방법이 달라진다. 특히, 기록 방법과 관찰 대상에서 그 차이를 찾아볼 수 있다. 이 두 요소를 학생 수준에 따라 표로 나타내면 다음과 같다.

〈표 2-1〉 학생 수준에 따른 기록 방법과 관찰 대상

학생 수준	기록 방법	관찰 대상
임상관찰 수준	설명 듣고 기록	언어치료사, 치료 대상자
↓	↓ 일부 관찰 기록 ↓	↓
진전된 수준	실시간 기록	언어치료사, 치료 대상자, 치료 기법

1) 임상관찰 학생

임상관찰 학생은 막 관찰을 시작하는 학생을 말한다. 이 단계의 학생은 직접관찰보다는 비디오를 통해 간접관찰을 한다. 직접관찰은 1~2시간으로 간접관찰이나 직접관찰 모두 일회적인 관찰이 되기 쉽다. 관찰 전에 대상자에 대한 설명을 듣는다. 또한 진단 · 치료 목표, 기법, 활동에 대한 설명도 임상감독자에게 들어서

관찰하고 있는 진단이나 치료 과정을 조금이라도 이해하는 데 도움을 얻는다. 언어치료 실습학생으로서의 태도를 처음으로 갖게 되므로, 이 단계에서는 임상관찰을 할 때 도착할 시간, 기다리는 장소, 앉는 위치, 치료 후 나가는 시간과 같이 세세한 내용까지 모두 확인해 둔다. 또한 앞에서 설명한 임상관찰에서의 주의 사항을 기억한다. 그리고 관찰 사례에 대한 관련 전문지식을 찾기 어려울 수 있으므로 임상감독자의 도움을 받는다. 이 단계에서 가장 두드러진 점은 진단이나 치료에서 언어치료사 및 치료 대상자의 언어 행동을 중점적으로 관찰하는 것이다. 처음에는 언어치료사와 치료 대상자의 언어 행동을 동시에 관찰하기 어려우므로, 한 번은 언어치료사의 언어 행동을 집중적으로 관찰하고 한 번은 치료 대상자의 언어 행동을 관찰한다.

이 단계의 실습학생은 관찰을 하는 동안 관찰 내용을 될 수 있는 한 자세히 기록한다. 그리고 관찰 후에는 반드시 임상감독자에게 대상자의 반응에 대한 설명을 듣는다. 임상감독자의 설명을 기초로 관찰 후에 사례관찰 보고서를 작성한다. 관찰보고서의 '배운 점/느낀 점' 항목은 배운 점보다는 느낀 점을 위주로 작성한다. 이 단계에서는 실습학생들이 그룹으로 비디오 관찰을 하는 경우가 많으므로 임상감독자는 서면으로 보고서를 수정해 주며, 실습학생은 수정한 내용을 꼼꼼히 숙지해서 다음 관찰에서는 주의하도록 한다.

다음의 〈이렇게 해 보세요!〉에 제시된 내용은 실제 관찰을 시작한 한 실습학생이 작성한 '배운 점/느낀 점'의 예와 그에 대한 임상감독자의 조언을 제시한 것이다.

〈이렇게 해 보세요!〉

언어치료 실습학생의 작성 예	임상감독자의 조언
우선 선생님이 지적한 대로 도구가 적절하지 않았던 것 같다. ……(중략)…… 내가 느끼기엔 검사자의 말 속도가 빠른 듯했다. 그리고 옷 입히기를 하면서 아동에게 질문하기 등을 이끌어 낸(이 표현이 맞는지……) 모습이 인상 깊었다.	"질문하기를 유도하는 데 아동이 관심 있는 인형을 이용하여 집중하게 하였고, 그렇게 하여 치료 효과도 높아졌다는 생각이 들었다."와 같이 언어치료사의 치료 활동과 그에 대한 대상자의 반응을 중심으로 기록한다.

2) 시작 단계의 언어치료 실습학생

이 단계에서는 직접관찰의 비율이 간접관찰의 비율과 비슷한 정도로 높아진다. 또한 관심이 있거나 언어임상실습 사례와 유사한 사례를 간헐적으로 관찰하기도 한다. 언어임상실습을 준비하고 있는 학생들이 이 단계에 속하기 쉽다. 언어치료 실습학생은 관찰 전에 대상자 및 진단 치료 계획에 대한 설명을 임상감독자 또는 관찰 사례를 언어임상실습 중인 진전된 언어치료 실습학생으로부터 들을 수 있다. 임상감독자의 설명을 그대로 옮기기보다는 대상자의 의사소통 특성을 요약하여 핵심 내용만을 기록하려고 노력한다. 관찰하는 동안 궁금하였던 점 등은 임상감독자에게 질문하여 치료에 대한 정확한 정보를 얻는 것이 좋다.

관찰 후에 자신의 관찰 결과도 참고하지만 아직은 임상감독자가 설명해 주는 진단 · 치료 결과를 바탕으로 보고서를 작성한다. 보고서를 작성할 때는 느낀 점을 최소한 두 가지로 적어 본다. 임상감독자가 보고서를 수정한 후에 직접적으로 지도해 줄 수도 있다.

〈이렇게 해 보세요!〉

언어치료 실습학생의 작성 예	임상감독자의 조언
아동이 치료시간을 전혀 지루해하지 않는 모습이 신기했다. 아동과의 친밀감 형성이 얼마나 중요한지 알 수 있었다.	"아동은 자신이 접속사를 잘못 말하는 것을 인식하지 못하고 정확히 산출한 후에도 다시 잘못 말하곤 하였다. 아동이 관심 있는 그림 그리기를 하도록 유도해 주어 아동이 적극적으로 참여하는 것을 알 수 있었다."와 같이 대상자의 의사소통 특성과 그에 대한 치료 접근을 중심으로 관찰 기록한다.

3) 중간 단계의 언어치료 실습학생

중간 단계의 언어치료 실습학생은 언어임상실습을 하고 있거나 언어임상실습을 하기 위해 담당할 사례를 종단적으로 관찰하고 있다. 이때는 직접관찰의 비율이 높아지지만 다른 대상자에 대한 비디오 관찰과 같은 간접관찰도 계속 이루어진다.

관찰 전에 임상감독자가 허용하면 치료기록을 고찰하여 대상자 정보를 파악하는 연습을 한다. 또한 언어임상실습을 앞두고 있으므로 임상회의에 참여하게 되면 대상자에 대한 정보를 미리 들어 둘 수 있다. 또한 관련 문헌에서 필요한 정보를 스스로 찾으려는 노력을 한다. 그러나 아직은 임상감독자의 도움이 필요하다.

관찰을 할 때는 언어치료사와 치료 대상자의 언어 행동을 동시에 관찰한다. 그리고 사례관찰 보고서에 직접 기록하는 연습을 한다. 느낀 점보다는 배운 점을 전문용어를 사용하여 작성해 본다. 예를 들면, "명사 이름대기 수행 결과 11퍼센타일이고 '몰라요' 또는 '무반응'의 오류 반응이 높은 이 아동의 경우 기존 연구에서 청각장애나 단순언어장애 아동의 이름대기 패턴과 비슷하다는 것을 배웠다." 라고 기록할 수 있다.

〈이렇게 해 보세요!〉

언어치료 실습학생의 작성 예	임상감독자의 조언
아동이 검사를 잘 이해하지 못하였을 때 아동이 어려워하는 낱말보다 아동의 이름을 예로 들어 검사 방법을 이해시키는 절차를 배울 수 있었다. 옷 관련 어휘에서 '스타킹'은 아동이 일상생활에서 자주 쓰는 어휘가 아니라는 생각이 들었다.	"낱말합성검사에서 방법을 이해하지 못하자 아동의 이름을 예로 들어 검사 방법을 이해시켰다. '스타킹'이라는 어휘는 일상적인 어휘가 아니라서 언어발달 준거로는 부적절할 수 있겠지만 기능적인 면에서는 적절할 수 있다."와 같이 치료 대상자의 언어 행동이나 치료 행동을 전문적인 용어를 사용하여 기록한다.

4) 진전된 단계의 언어치료 실습학생

독립적인 언어치료사 이전의 단계로 주로 대학원생이 이 단계에 있다. 학부에서 언어치료학을 전공한 대학원생은 관찰을 단계적으로 거치지만 1~3단계를 빠르게 지나가고, 진전된 단계에서 상담 · 면담을 포함한 높은 수준의 관찰을 하게 된다. 이 단계에서는 의사소통장애 유형별 '면담-진단-치료' 정보에 대한 이론 학습과 적용을 더 심도 깊게 이해하고, 언어치료 대상자의 진전을 관찰하여 언어장애에 대한 이해를 높이며, 전문가적인 행동과 태도를 알아 가고, 임상현장의 언어치료실과 언어치료를 경험하여 임상관찰의 최종 목적을 거의 달성하게 된다. 비교적 성공적으로 언어임상실습을 하고 있는 언어치료 실습학생도 이에 속할 수 있다.

직접관찰은 언어임상실습을 하면서 오히려 줄어들 수도 있으며, 비디오 관찰과 같은 간접관찰을 이용하여 폭넓은 이해를 할 수도 있다. 이 단계에 있는 언어치료 실습학생은 언어치료사로서의 책임과 태도를 어느 정도 갖추게 되고, 언어장애에 대한 이해가 높으므로 학교 이외의 임상현장에서 이루어지는 관찰도 도움이 된다.

이 단계에서 언어치료 실습학생은 스스로 관찰사례 정보를 찾아보고, 전공 문헌에서 관련 자료를 찾아 진단·치료 과정을 예측해 보거나 이해를 높일 수 있는 시간을 갖는다. 그러나 정확한 이해를 위해서는 임상감독자로부터 약간의 도움을 받아야 한다. 진단과 개별 치료 영역 이외에도 상담과 면담, 부모교육, 그룹언어치료와 같이 다른 영역에 대한 관찰이 중요한데, 이것은 독립적인 언어치료사로서 각 임상 영역에 대한 준비를 충분히 하기 위함이다.

관찰을 할 때는 언어치료사 및 치료 대상자는 물론 치료 기법과 절차를 포함한 전반적인 치료 운영 과정을 관찰한다. 관찰을 하면서는 사례관찰 보고서를 직접 실시간으로 작성하는데, 이 단계에서는 가급적 배운 점을 많이 쓴다.

관찰 결과를 객관적으로 다른 사람에게 진술하기 위해서는 임상회의에서 발표하는 연습을 한다. 이때 비판보다는 대안을 제시하도록 한다.

6. 사례관찰 보고서 작성

마지막으로 사례관찰 보고서 작성 방법과 관찰보고서 문체에 대해 살펴보고자 한다. 언어치료 실습학생들이 처음으로 작성하는 언어치료 관련 보고서인 만큼 실수가 많을 것이다. 이 장의 뒷부분에 학생들이 작성한 사례관찰 보고서의 예와 수정의 예가 참고자료로 제시되어 있다.

1) 사례관찰 보고서 작성 방법

사례관찰 보고서는 기록자 및 날짜 기록, 대상자의 진단명, 의사소통 특성, 진단/치료 특성, 배운 점 및 느낀 점, 감독자의 코멘트로 구성되어 있다(부록 4 참조).

기본 정보 관찰자에는 치료 대상자나 임상감독자가 아니라 관찰하는 학생의 이름과 관찰기관을 쓴다. 관찰시간에는 관찰한 날짜와 시간을 정확하게 기입한다. 비디오 관찰일 때는 치료를 녹화한 날짜가 아닌 관찰한 날짜를 쓴다. 치료사와 관찰시간은 치료와 비디오가 녹화된 시간에 따라 달라질 수 있으므로 임상감독자에게 확인받은 후 기록한다.

진단 또는 치료(진단명) 관찰한 회기가 평가인지 치료인지 반드시 표시한다. 진단명은 뇌졸중, 지적장애, 청각장애와 같은 의학적 진단명이나 장애명이 아니라 '실어증' '뇌성마비를 동반한 언어발달장애' 또는 '청각장애를 동반한 언어발달장애' '단순언어장애'라고 언어적 진단명을 쓴다. 진단이 확실하지 않을 경우 앞으로 진단을 해서 이 진단을 선택할지 배제할지를 결정하라는 의미의 R/O(rule out)를 언어 진단명 앞에 붙여서 쓰기도 한다. 예를 들면, 'R/O 단순언어장애'라고 쓴다. 또한 영어 약자 표현인 TBI(traumatic brain injury: 외상성 뇌손상), CP(cerebral palsy 뇌성마비, 혹은 cleft palate 구개열), SLI(specific language impairment 단순언어장애), VPI(velopharyngeal incompetency 연인두 폐쇄부전)를 임상감독자가 말할 수도 있다. 이때 모르는 영어 약자라면 임상감독자에게 물어서 확인을 한다. 기록할 때에는 영어 약자로 쓰지 않고 전체 이름을 쓴다.

비어 있는 곳에 배경 정보를 간단하게 서너 줄로 기록한다. 임상감독자가 배경 정보를 "부모 보고에 의하면 ~라고 한다."라고 알려 줄 것이다. 가족이나 다른 의뢰처에서 수집한 정보라면 누구에 의한 보고인지를 밝히는 것이 중요하므로 잊지 않고 처음부터 "어머니 보고에 의하면 ~라고 한다."라고 적는 습관을 들인다. 언어 문제에 관련된 부분에 대해서도 간략하게 기술한다. 그리고 대상자의 발달력, 언어장애의 원인이라고 보고된 정보, 의학력, 교육력을 쓴다. 발달력은 대상자가 아동일 경우에 쓰고, 성인은 현재 언어 문제와 관련된 병력에 대하여 쓴다. 대상자가 이전에 받은 언어치료력이나 현재 받고 있는 언어치료 기관과 치료 기간도 기록한다.

관찰 대상인의 의사소통 특성 대상자의 말 · 언어 · 의사소통 능력을 의사소통 영역별로 기술한다. 특이한 사항이 없는 영역은 "음성과 유창성 영역에서 회기 동안 특이한 점이 관찰되지 않았다." 또는 "조음음운 영역에서는 회기 동안 문제점이 관찰되지 않았다."라고 기술한다. 조음에서는 주요 오류 말소리, 오류 형태, 말 명료도를 기술한다. 주로 아동이 보이는 언어 산출 및 이해 수준을 기능과 형식으로 서술한다. 예를 들면, "언어 표현은 복문을 산출하였으나 '-서' '-가지고'와 같은 일부 연결어미만을 사용하였다."라고 쓴다. 화용 또는 의사소통 기능은 낮은 수준에서는 초기 의사소통 기술인 모방, 행동 요구, 공동 주목과 같은 기능을 살펴 기술하고, 높은 수준에서는 주제 운용과 관련된 기술에 대해 간단히 쓴다.

주의할 점은 치료시간에 언어치료사가 한 말이나 아동이 한두 번 보인 언어 행동을 기록하는 것이 아니라는 점이다. 예를 들면, "언어치료사가 인형을 들자 아동은 바라보지 않고 '어거거'라고 말하였다." "창문, 자동차, 그릇이라고 이름을 말했다." 등은 아동의 부분적인 언어 행동이나 치료 특성에 써야 할 부분으로 전반적인 의사소통 특성이라고 할 수 없다. 의사소통 특성을 읽으면 그 대상자가 다른 사람과 어떻게 의사소통을 하는지 바로 상상할 수 있을 정도로 대표할 수 있는 특성을 간략하게 써야 한다.

또 주의할 점은 "애기 목소리 같다."와 같이 비전문적인 용어를 사용한 상식적인 기술은 피해야 한다. 이러한 경우에는 "음도가 높고 과대비성이 있다."라고 쓸 수 있다.

진단/치료 특성 관찰한 회기가 진단인지 치료인지 반드시 표시한다. 언어치료 실습학생이 초기에 많이 하는 실수는 치료에 사용한 자료나 활동을 먼저 쓰는 것이다. 예를 들면, '그림카드 보기' '세탁기 놀이' '자장면 주문하기'가 있다. 먼저 임상감독자의 설명을 듣거나 언어치료의 흐름을 살펴보며 발견한 언어 목표를 쓴 후에 절차와 아동의 반응을 기록한다. 언어 목표의 예로는 "어말종성 /ㄱ/이 포함된 낱말을 정조음한다."가 있을 수 있다.

아동의 반응은 객관적인 것과 주관적인 분석 결과를 모두 쓴다. 앞의 목표에 대한 객관적인 반응으로는 '10개 낱말에서 5개 정조음'이라고 기록할 수 있다. 구체적인 목표 언어 형태의 예를 쓰는 것도 좋다. 객관적인 결과와 주관적인 분석을 쓴 예로는 "아동이 여러 번 반복하자 10개 중 7개를 바르게 조음했으나 '박쥐' '학교'를 어려워하였다."가 있을 수 있다.

설명문으로 쓰기보다는 관찰보고서 예에 제시된 것처럼 언어 목표 및 활동에 따라 단락을 나누거나 번호를 붙여서 되도록 짧은 문장으로 기록한다. 의사소통 특성에서 쓴 것을 진단 및 치료 특성에 반복해서 쓰지 않도록 한다.

배운 점 및 느낀 점 검사나 치료를 관찰하면서 언어치료 실습학생의 입장에서 새롭게 배운 점과 느낀 점을 쓴다. 처음 관찰하는 학생들은 느낀 점을 위주로 쓰는 것이 좋다. 이러한 예로 "아동이 자연스러운 상황에서는 아직 낱말을 다르게 발음하였다. 이에 대해서는 좀 더 일반화가 필요하다고 생각하였다. 그리고 아동이 다른 사람의 말소리에 집중을 하지 않는 듯 보였다."가 있을 수 있다.

느낀 점을 쓸 때는 임상 과정이나 의사소통 행동에 대한 것을 써야 한다. 언어치료사의 능력을 평가하는 말이나 관련없는 말은 쓰지 않도록 한다. "치료사가 잘하는 것 같다." "아동이 매우 귀여워서 시간이 가는 줄 몰랐다." "뿌듯했고 대단하다는 생각이 들었다." 등은 부적절한 표현이다.

배운 점에는 구체적으로 '무엇이' '왜' 배울 점이었는지를 쓴다. 예를 들면, "조음 방법을 가르쳐 주는 방법으로 거울을 사용하여 자신의 입 모양을 보게 함으로써 더 좋은 효과를 나타낼 수 있었다."가 있을 것이다. 치료 목표, 치료 접근법, 치료 활동, 아동의 의사소통 특성을 살펴보고 이에 대하여 새롭게 알게 된 점을 쓴다.

감독자 코멘트 이곳은 기록하지 않고 비워 둔다.

2) 사례관찰 보고서 작성: 문체

기록할 때 기타 주의 사항으로 문체를 들 수 있다. 다음은 언어치료 실습학생들이 처음 관찰보고서를 쓸 때 고려해야 할 내용들이다.

짧은 문장을 사용하여 문법적으로 올바르게 쓴다. 예를 들면, '자음이 대치하였고'는 '자음이 대치되었고'나 '자음을 대치하였고'가 문법적으로 옳은 문장이다. 또한 '질문을 물어본다'가 아니라 '질문을 한다'라고 해야 한다. '아이에게 얼마나 흥미 있는 것들로 접근하는 것이 중요하다는 것을 배울 수 있었고, ~하는 것임을 느낄 수 있었다.'는 지나친 만연체다. 이 문장에서 '얼마나 흥미 있는 것들로'는 구어체이므로 '얼마나'를 써서 강조할 필요가 없다. 또한 문장의 흐름을 방해하여 "아이에게 배울 수 있었고"라고 오해할 수 있는 문장이 되므로 주의한다. 앞의 문장을 "아동에게 관심이 있는 활동으로 현재보다 약간 어려운 수준에서 접근하였다."와 "~한다는 것을 느꼈다."라고 두 문장으로 나누어 쓴다.

예사말로 쓰고 높임말을 사용하지 않는다. 존칭의 예로는 '선생님께서' '가리키셨다'가 있는데, 이는 '언어치료사가' '가리켰다'처럼 예사말로 기술한다. 또한 '~습니다'보다는 '~한다' 또는 '~하였다'로 기술한다.

분명한 표현을 하며 애매한 표현을 쓰지 않는다. '~하는 것 같다' '~하는 듯이' '잘' '매우' '너무' '제대로' '적절하게' 등이 대표적으로 자주 사용하는 애매한 표현의 예다. 이러한 용어를 쓰지 않아도 문장이 성립되는 경우가 대부분이므로 생략하는 것이 좋다. 생략이 어려우면 구체적으로 진술한다.

구어체, 유행어, 인터넷 용어, 잘 쓰지 않는 한자어는 사용하지 않는다. 실제 언어치료 실습학생이 사용하였던 예를 들면 다음과 같다. 한자어로는 '낭독시킨다' 구어체로는 '해가지구' '할라구' '말해여' '엄칭' '하게끔' '저번' 유행어로는 '좋겠삼' 등을 들 수 있다. 각각은 '소리 내어 읽게 한다' '해서' '하려고' '말했다' '아주' '하도록' '지난번' '좋겠다'로 쓴다.

지나치게 감정적인 표현은 하지 않는다. '~하셔서 참으로 존경스러웠습니다.' '아이가 기뻐서 어쩔 줄 몰라했다.' 등의 표현이 그러한 예다.

전문용어는 올바르게 사용한다. 연결어미 '-고' 표현하기를 목표로 하면서 이를 '접속사 이용하기'로 잘못 기록한 경우를 예로 살펴볼 수 있다. '-고'는 접속부사가 아닌 연결어미다. 기록을 하기 전에 책을 찾아 확인하면 이런 실수를 줄일 수 있다. 자신이 없다면 '-고, 사용하기'라고만 쓰고 치료에 쓰인 문장을 예로 들어 주는 것이 좋다.

참 고 문 헌

한국언어장애전문가협회(2008). 언어치료사 자격증 수여 규정.

Speech and Hearing Clinic Department of Special Education and Clinical Services (2004). *2004-2005 Handbook: Speech-language pathology and audiology program*. Indiana University of Pennsylvania.

American Speech-Language Hearing Association (2005). Guide to successful private practice in speech-language pathology: Background information and standards and implementation for the certificate of clinical competence in speech language pathology.

사례관찰 보고서 예 1. 중간 단계의 언어치료 실습학생

사례관찰 보고서

1. 관찰자: 김○○	2. 관찰기관: ○○ 대학교 언어치료실
3. 감독자: 이○○	4. 관찰시간: 2008년 12월 1일 10시 30분~11시 10분(0시간 40분)

5. 진단 또는 치료 (진단명: 조음음운장애)

박○○ 아동은 만 8세 6개월의 남자 아동으로 조음 문제를 주 소견으로 만 6세 때 본 언어치료실을 처음 방문하였다. 1년 동안 본 언어치료실을 이용하였다. 초등학교 입학 후 여전히 조음 문제와 말 명료도에 문제가 있었으나 어머니의 희망으로 종결하였다. 초등학교 2학년 때 아이들로부터 발음 문제로 놀림을 받는 등 학교생활에 어려움을 느끼고 위축된다며 어머니가 재의뢰하여 2008년 7월부터 주 2회 언어치료 서비스를 이용하고 있다.

6. 관찰 대상인의 의사소통 특성

언어 표현은 복문을 산출하였으나 대부분 '−서, −해 가지고, −고'와 같은 단순한 연결어미만을 사용하였으며, 주로 단문을 산출하였다. 치료 시 사용되는 모든 낱말(수박씨, 낚시, 딱따구리)을 이해하였고, 언어치료사의 질문이나 지시를 이해하여 대답하거나 행동으로 반응하였다. 조음은 마찰음과 파찰음을 파열음화(단추 → 단투), /ㅣ/ 모음 앞의 기역 계열을 지읒 계열로 대치하였고, 종성 생략이 있어서 때로 알아듣기 어려운 낱말이 있었다.

7. 진단 / 치료 특성

1) 모음 /ㅏ, ㅔ, ㅣ, ㅗ, ㅜ/를 들려주고 입술운동을 하면서 발음 시 입술 모양의 차이를 느낀다.
   아동 반응: /오이/, /부리/ 등 아동이 언어치료사의 발음을 듣고 모두 모방했다. 그러나 모음 /ㅜ/와 /ㅗ/를 어려워했다.
2) 어말 종성 /ㄱ/이 포함된 낱말을 조음할 수 있다.
   아동 반응: /닥발/(+), /수박씨/(+), /딱따구리/(+), /욕심쟁이/(+), /박쥐/(−) →/바찌, 바아아찌, 받쥐/. 아동이 여러 번 반복 후 모든 낱말에서 /ㄱ/을 정조음했으나 아직 박쥐를 어려워하였다.
3) 단문 '~가 있어'의 모방에서 /이써/를 정조음한다.
   아동이 치료사의 말을 듣고 10문장을 2회씩 모방하였다. '있어'는 20회 중 14번 정조음하였다.

8. 배운 점 및 느낀 점

조음 방법을 가르쳐 주는 방법으로 거울을 사용하여 자신의 입 모양을 보게 해서 더 좋은 효과를 나타낼 수 있다는 것을 배웠다. 아동이 자연스러운 상황에서는 아직도 낱말을 틀리게 발음했다. 좀 더 안정화가 필요하다고 생각했다. 그리고 아동이 다른 사람의 이야기에 집중하지 않았던 것 같다.

9. 감독자 코멘트

관찰하면서 작성했는데도 치료 목표, 주관적인 반응, 객관적인 반응을 언어치료사의 의도대로 잘 기술하였습니다. 조음음운장애 교재와 노트를 보고 조음치료 접근법은 운동 접근법과 언어 접근법 중에서 어느 접근법을 주로 적용하고 있는지, 그리고 어느 단계인지를 찾아보고 다음 관찰에서 배운 점에 써 주세요. 또한 일반화를 위해 자연스러움을 늘릴 수 있는 방법으로 무엇이 있는지 찾아보세요.

시작~중간 단계 언어치료 실습학생의 사례관찰 보고서 수정 예

사례관찰 보고서

1. 관찰자: 김○○	2. 관찰기관: ○○대학교 언어치료실
3. 감독자: 이○○	4. 관찰시간: 2006년 12월 1일 10시 30분~11시 10분(0시간 40분)

5. 진단 또는 치료 (진단명: 청각장애를 동반한 언어발달장애)

이○○ 아동은 만 4세 2개월 여아로 2004년 4월 인공와우이식술을 받았다. 14개월경 난청을 발견하였고, 가족력은 없으며 발달[1]은 정상이었다. 현재 ○○대학교 언어치료실에서 주 1회 청능훈련을 이용하고 있고, 2005년 5월부터 주 2회 언어치료를 받고 있다.

6. 관찰 대상인의 의사소통 특성[2]

한 낱말 표현을 주로 사용하고 있고 두 낱말 표현은 모방으로 표현 가능하다. 제스츄어[3]를 동반한 발화가 많으며 한두 낱말 문장 표현을 이해하는 것으로 보인다.[4] 자음이 거의 탈락되거나 대치하였고[5] 비음은 정조음한다. 행동 요구하기, 거부하기 등의 의사소통 기능이 관찰되었으며, 자발적인 표현으로 '언니'[6]가 13회 관찰되었다.[7]

7. 진단 / 치료 특성

1) 간식놀이를 하면서[8] 두 낱말 조합 문장 들려주기
   '간식 먹어, 포크 놔, 같이 해' 문장을 들려주었다. 아동은 한 낱말과 제스츄어[3]로 주로 모방하였고 자발반응[9]으로는 '언니, 아빠, 업떠, 하디마, 머어(먹어)'[6] 등이 있었다.
2) 책을 보면서 어휘를 들려주고 아동의 발화를 유도했다[10](삐약삐약, 먹어, 거북이). 아동은 언어치료사의 말을 모방하여 '꽥꽥'을 '땍땍'[6]으로, '찍찍'을 '찌찌찍'[6]으로 동물 울음소리를 흉내 내었고, '쏟아졌어'를 '쏘다'로 모방하여 발화하였다.[11]

1) 발달 → 신체 · 운동, 인지, 사회성 등 구체적인 발달 영역을 제시할 것
2) 청각장애 아동인 만큼 의사소통 특성 중 듣기에 관련된 특성도 쓴다.
3) 제스츄어 → 제스처
4) 두 낱말을 모방한다.
5) 비문법적 문장이다. '대치되었으나'로 고쳐 쓴다. 탈락, 대치, 정조음된 예를 하나씩 쓴다.
6) 아동의 발화를 발성으로 표기하려면 /○○/로 쓴다.
7) 치료 특성으로 옮겨 쓴다.
8) 활동은 절차 다음에 쓴다. 처음에는 목표만 쓴다.
9) 자발반응 → 자발적 표현
10) 활동과 절차다. 치료 목표인 '어휘 표현'을 먼저 쓰도록 한다.
11) 치료 목표 어휘에 대한 객관적 반응도 쓴다.

8. 배운 점 및 느낀 점

목표 낱말 이외에도 적절한 순간에[12] 한두 낱말 수준으로 아동에게 잘 들려주었다. 아동이 치료가 끝난 후 '안녕히 계세요'를 '안녀네여'[6]라고 발화하여 과거보다 언어 표현이 길어진 것[13] 같았다.

9. 감독자 코멘트

임상관찰 후 바로 작성했는데도 언어치료 목표와 아동 반응을 구체적으로 잘 썼습니다. 언어치료사의 행동에서 배운 점을 하나 더 써 보세요. 수정할 점은 파란 펜으로 수정해 놓았으니 참고하세요.

12) '적절한 순간에'는 '아동이 관심을 표현하였을 때' 또는 '공동 주목하였을 때'와 같이 관찰한 사실 그대로 쓴다.

13) '안녕하세요'는 구문 길이가 길어졌거나 음절의 수가 증가한 것이라기보다 기능적인 덩이말로서 어휘 표현이 정확해진 것이다.

제3장

언어임상실습의 과정

언어임상실습은 말 · 언어장애인을 처음 만나서 현행 의사소통 능력을 평가하고, 평가 내용에 기초하여 장단기 치료를 계획하며, 회기 치료 계획에 따라 치료를 실시하고, 치료를 통해 진전된 내용을 파악하는 일련의 과정을 통해 이루어진다. 이러한 과정은 아동이나 성인 혹은 의사소통 유형에 상관없이 모든 의사소통장애인의 치료 과정에서 공통적으로 적용된다. 따라서 언어치료 임상실습 과목은 이러한 치료 과정에 대해 이론적으로 이해하는 것은 물론 임상감독자의 도움을 받아 이 과정에 대해 훈련을 받고 실제 경험을 쌓는 과정이 되어야 한다.

이 장에서는 언어치료 임상실습을 해야 하는 언어치료 실습학생에게 각 장애 유형별 치료 과정을 살펴보기 전에 언어임상실습이 어떠한 과정을 통해 진행되는가를 이해할 수 있도록 작성하였다. 언어치료 실습을 앞에서 이미 설명한 것처럼 초기 면담, 언어평가 계획 및 실시, 장단기 치료 계획, 회기 치료 계획 및 실시, 진전(종결)평가의 단계로 진행된다.

초기 면담에서는 대상자의 성명, 생년월일, 연락처와 같은 기본 정보와 주요 의사소통 문제, 임신 및 출생력, 발달력, 진단력, 치료 · 교육력, 가족력 등 대상자에 대한 정보를 수집한다. 언어평가 단계는 사례력 수집과 행동관찰, 공식 검사 및 비공식 검사, 자발화 분석 등의 절차로 진행되며, 언어평가 결과에 기초하여 장단기 치료 계획을 수립하게 된다. 장단기 치료 계획 단계에서는 각 대상자의 장애 정도나 유형 등을 고려하여 목표를 수립하며, 수립된 목표 행동에 적절하게 중재 전략이나 활동, 강화 및 평가 계획과 같은 치료 절차를 결정한다. 회기 치료 계획 단계에서는 회기마다 목표 언어를 결정하고, 이를 위한 세부 활동 계획과 강화 계획 및 평가준거를 결정한다. 마지막으로 진전(종결)평가 단계에서는 치료 과정을 통해서 의사소통장애인의 목표 행동을 정해진 조건과 준거에 비추어 어느 정도 성취하였는가를 평가한다. 이상의 내용을 [그림 3-1]에 도식화하여 제시하였다.

초기 면담	• 기본 정보 수집 • 사례력 수집 • 행동관찰
⬇	
언어평가	• 공식 및 비공식 검사 실시 • 자발화 분석 • 행동관찰 • 양육자 보고
⬇	
장단기 치료 계획	• 장기목표 수립 • 단기목표 수립 • 치료 절차 계획(중재 전략, 활동, 강화 및 평가 계획 등)
⬇	
회기 치료 계획	• 세부 활동 계획 • 목표 언어 형태 결정 • 강화 계획 및 평가 준거 결정 • 치료 결과
⬇	
진전(종결) 평가	• 치료 내용 중심의 평가 • 치료 기간 및 총 치료 회기 • 치료 전후의 말 · 언어 능력 • 기타

[그림 3-1] 말 · 언어장애의 언어임상실습의 과정

1. 초기 면담

초기 면담은 치료의 첫 단계로 언어치료 실습학생이 치료 대상자의 문제를 이해하기 위해 정보를 수집하는 과정일뿐 아니라 치료 대상자 및 그 보호자들과 친밀감을 형성하는 중요한 단계다.

1) 초기 면담의 내용

치료 대상자의 문제를 이해하기 위해서 그들이 보이는 주요 문제가 무엇이며 그것이 어떠한 배경에서 발생하였는가에 관한 질문이 필수적이다. 아동의 경우 임신이나 출생 시에 두드러지는 문제가 있었는지, 언어 이외의 발달 영역에서는 문제가 없었는지, 가족 중에 유사한 문제를 지닌 사람이 있었는지 등이 언어 및 의사소통 문제나 그 원인을 파악하는 데 중요한 정보가 될 수 있다. 성인의 경우도 아동과 유사하게 주요 의사소통 문제가 무엇인지, 그러한 의사소통 문제가 언제부터 나타나기 시작하였는지, 문제 발생 시기에 특별한 사건이 있었는지 등을 질문할 수 있다.

〈표 3-1〉에 제시된 것처럼 주요 의사소통 문제가 무엇인지, 의사소통과 관련

〈표 3-1〉 초기 면담에 포함되어야 할 기본적인 내용

① 주요 의사소통 문제가 무엇인가?
② 언제 어떤 상황에서 의사소통장애가 심해지는가?
③ 의사소통 문제가 언제 시작되었으며, 시작된 이후 어떠한 양상으로 변화하였는가?
④ 의사소통 문제에 영향을 미치는 요인은 무엇인가?
⑤ 가족 및 친지 중에 의사소통이나 학습에 문제를 보이는 사람이 있는가? 있다면 어떠한 관계이며, 양상은 어떠한가?
⑥ 대상자나 그 가족은 의사소통 문제를 해결하기 위해 어떠한 노력을 하였는가?
⑦ 대상자의 의사소통 문제가 가족에게 어떠한 영향을 미치는가?
⑧ 대상자나 그 가족이 진단 또는 치료를 통해 기대하는 것이 무엇인가?

된 요인은 무엇인지, 의사소통 문제가 시작된 시기와 변화 양상은 어떠한지, 집안에 의사소통이나 관련 장애를 가진 사람이 있는지, 치료 대상자나 그 가족이 문제에 어떻게 대처하였는지 등과 같은 질문은 대체로 장애 유형이나 나이 등과 상관없이 공통적으로 이루어지는 질문들이다.

초기 면담의 질문은 의사소통장애의 유형에 따라서도 달라질 수 있다. 아동 언어장애의 경우에는 주로 임신 및 출생력이나 발달력과 같이 아동의 언어습득 문제와 밀접한 정보를 자세히 수집하는 반면, 성인 언어장애의 경우에는 의사소통장애를 야기한 후천적 원인이 무엇인지, 그와 관련된 의학적 소견은 무엇인지에 관한 정보 수집을 강조한다. 그외 조음장애나 유창성장애, 음성장애와 같은 말장애는 기질적인 원인을 동반하는지와 관련된 정보를 수집하며, 동반장애의 유무나 종류와 관련된 질문도 중요하게 간주된다. 〈표 3-2〉에는 장애 유형에 따라 면담 내용으로 포함되어야 할 부분을 제시하였으며, 장애 유형별로 사용되고 있는 초기 면담 질문지는 부록 3에 제시하였다.

〈표 3-2〉 장애 유형에 따른 질문

장애 유형	질문 내용
아동 언어장애	• 임신 및 출생력: 임신 시기, 임신 시 질병 또는 사고 여부, 산모의 영양 상태 • 발달력: 신체 및 운동 발달, 인지 발달, 사회성 발달 등 • 진단 및 치료 · 교육력: 시기, 기관, 진단자(또는 치료사, 교사) • 동반장애 여부
성인 언어장애	• 발생 원인: 질병 또는 사고 • 의학적 진단: 진단 시기, 진단기관, 진단자, 진단 결과(병소, 병명 등) • 동반장애 여부 • 직업, 교육 수준, 경제 수준, 생활습관 등
조음장애	• 기질적 원인 여부: 조음 구조의 문제, 중추신경계통의 문제 • 언어(수용 및 표현 언어)장애 동반 여부
유창성 장애	• 발현 시기 및 당시의 상황적 요인과 발현 후 진전 형태 • 유창성장애가 심화되는 상황 • 언어장애나 기타 신경학적 장애 동반 여부
음성장애	• 기질적 원인 여부: 호흡 및 발성 구조의 기질적 문제, 중추신경계통의 문제 • 의학적 진단 내용: 진단 시기, 진단기관, 진단자, 진단 결과, 목소리 사용 습관, 직업 등

초기 면담 자료는 현재의 의사소통 문제점이나 관련 요인을 파악하고 추후 평가를 계획할 때 유용한 자료가 된다. 또한 기존의 치료 내용, 가족의 지원 정도, 치료 대상자의 태도 등과 관련된 정보는 이후 치료를 계획하고 진행하는 데에도 매우 유용한 정보가 된다.

2) 초기 면담의 형식

초기 면담은 일반적으로 언어치료사가 치료 대상자나 보호자에게 직접 질문을 하는 형식으로 진행하는 직접면담 방법과 질문지를 통해 질문을 제공하고 서면으로 답변하게 하는 간접면담 방법, 그리고 직접면담과 간접면담을 혼합한 형태인 절충법이 있다. 직접면담 방법의 장점은 언어치료사가 직접 질문을 제공하기 때문에 응답자가 질문의 의도나 내용을 잘 이해하지 못할 때 질문자가 부연해서 설명해 줄 수 있으며, 답변 내용에 따라 질문의 순서나 내용을 융통성 있게 조절할 수 있다는 점이다. 또한 응답자의 태도나 얼굴 표정과 같은 비언어적 단서들을 통해서도 정보를 수집할 수 있으며, 직접 만남을 통해서 응답자와의 관계를 형성하는 기회로 활용할 수 있다는 점도 장점으로 고려할 수 있다. 반면, 상대적으로 시간이 많이 소요되며, 응답자가 직접 대면 상황에 부담감을 느낄 수 있다는 점이 단점으로 지적될 수 있다. 질문지를 이용하는 경우에는 응답자의 부담감을 감소시키고, 면담에 할애되는 시간을 절약할 수 있으며, 응답 시간을 충분히 제공할 수 있다는 장점이 있다. 그러나 응답자가 질문의 의도를 정확하게 이해하지 못하여 부적절한 응답을 하는 경우도 있을 수 있고, 언어치료사가 면담을 통해 친밀감을 형성할 수 있는 기회를 갖지 못하게 한다는 단점도 있다. 〈표 3-3〉에는 직접 대면을 통한 직접면담과 서면을 통한 간접면담의 장단점을 요약하여 제시하였다. 임상현장에서는 두 방법의 장점을 활용하여 일부 기본적인 질문에 대해 먼저 서면으로 답변하게 하고 추후 좀 더 자세한 정보가 필요한 내용에 대해 언어치료사가 직접 질문하는 절충적 방법을 활용하기도 한다.

질문지를 활용한 간접면담 방법은 적절한 질문지와 답변을 작성하는 장소만 준비하면 되나 직접면담을 활용하는 경우에는 적절한 절차를 따르는 것이 필요하

〈표 3-3〉 직접면담과 간접면담의 장단점

	장점	단점
직접 대면을 통한 직접면담	• 대상자가 질문의 의도나 내용을 잘 이해하지 못하는 경우 부연하여 설명할 수 있다. • 질문의 순서나 내용을 융통성 있게 조절할 수 있다. • 대상자가 잘 기억하지 못하는 경우 기억을 독려하거나 촉진할 수 있다. • 대상자의 태도나 자세, 얼굴 표정, 목소리 등과 같은 비언어적 단서들을 통해 의사소통 문제에 대한 그들의 느낌이나 감정을 이해할 수 있다. • 대상자들이 원하는 정보를 제공하기가 용이하다. • 평가자가 대상자와의 관계를 형성하는 기회로 활용할 수 있다.	• 상대적으로 많은 시간이 소요된다. • 대상자가 언어치료사에게 자신의 문제에 대해 직접 이야기해야 하므로 부담감을 느낄 수 있다.
서면을 통한 간접면담	• 면담시간을 단축할 수 있다. • 대상자가 자신의 문제에 대해 직접 이야기해야 하는 부담감이 감소된다. • 직접 대면해서 이야기하는 부담이 없으므로 보다 솔직한 답변이 가능하다. • 응답시간을 충분히 제공할 수 있다.	• 대상자가 질문의 의도나 내용을 잘 이해하지 못하여 잘못된 답변을 할 수 있다. • 대상자의 태도나 자세, 얼굴 표정, 목소리 등과 같은 비언어적 단서를 통해 느낌이나 감정을 이해하는 기회가 제한된다. • 대상자가 궁금한 내용에 대해 평가자에게 질문하기 힘들다. • 언어치료사가 치료 대상자나 보호자와 관계를 형성하는 기회가 차단된다.

다. [그림 3-2]에 직접 대면을 통해 초기 면담을 실시하는 절차를 도식화하여 제시하였다.

시작하는 말	• 면담자의 자기소개 • 면담의 목적 • 소요시간 • 추후 평가 안내
	예) "안녕하세요? 저는 오늘 ○○님(이)의 말 · 언어를 평가하게 될 언어치료사 ○○○입니다. ○○○님(이)의 말 · 언어와 관련하여 몇 가지 질문을 드릴 것입니다. 질문 내용은 ○○○님(의) 진단이나 치료를 위해서만 참고할 것이니 부담갖지 마시고 가급적 정확하고 솔직하게 답변해 주세요. 질문이 끝난 다음에는 ○○님께(이에게) 약 ○시간 정도의 검사를 실시할 것입니다."

↓

면담 실시	• 기본적인 질문: 주요 의사소통 문제, 관련 요인 등 • 장애 특수한 질문: 각 장애 특성과 관련된 질문들
	〈부록 3〉의 질문지 참조

↓

정리하는 말	• 면담 내용의 요약 • 면담에 대한 감사 표현 • 다음 절차에 대한 안내
	예) "네, ○○님께서는 지금까지~(질문 내용) 한 질문에~(답변 내용)라고 말씀해 주셨습니다. 성심껏 답변해 주셔서 감사합니다. 지금부터 ○○님께(이에게) 검사를 실시할 것입니다. 앞서 말씀드린 것처럼 시간은 약 ○시간 정도 소요될 것입니다. 검사가 끝난 후에 검사 결과에 대해 말씀드리도록 하겠습니다. 그때 궁금하신 점에 대해서 질문해 주세요."

[그림 3-2] 면담의 진행 절차

2. 언어 진단 및 평가

초기 면담 후에는 장애인의 의사소통 문제에 대한 진단 및 평가를 계획하고 실시해야 한다. 진단 및 평가를 계획할 때에는 먼저 '무엇을' 평가할 것인지(평가 영역)를, 결정하고 그다음에 '어떻게' 평가할 것인지(평가 절차)를 결정한다. 평가 영역과 절차를 결정할 때에는 평가 목적과 대상자의 장애 상태 또는 수준, 생활연령 등을 고려한다. 일반적으로 언어 평가는 의사소통장애를 진단하고 장애 정도(severity)를 결정하며, 장단기 언어치료 계획을 수립하기 위해 현행 수행 수준을 파악하고, 언어치료 후 치료 효과를 측정하기 위한 목적으로 실시한다. 이 중 세 번째 목적인 언어치료의 효과 측정은 추후 진전(종결)평가에서 다루므로, 이 부분에서는 장애를 진단하기 위한 평가와 치료를 계획하기 위한 평가를 중심으로 살펴보도록 하겠다.

1) 평가 영역의 결정

평가 영역을 결정할 때는, 대상자의 주요 의사소통 문제와 장애의 원인, 장애 정도 및 동반장애 여부, 생활연령 및 발달연령을 고려하여야 한다. 먼저 대상자의 주요 의사소통 문제가 언어 문제인지, 조음음운장애나 유창성장애 또는 음성장애인지에 따라 평가 영역이 달라진다. 예를 들어, 언어장애가 주문제인 경우에는 수용언어나 표현언어로 나누어 평가를 계획하거나 언어의 내용(content), 형식(form), 사용(use)과 같이 언어의 하위 영역별로 평가를 계획할 수 있다. 음성장애가 주문제인 경우에는 음도나 강도, 음질과 같은 음성적 속성을 평가하는 데 중점을 두어야 한다. 장애 영역별 평가 영역은 이 책 2부의 내용을 참고하면 된다.

평가 영역을 결정할 때 대상자의 주요 의사소통 문제와 더불어 장애의 원인도 고려해야 한다. 예를 들어, 조음음운장애의 경우 기능적인 조음음운장애와 마비말장애와 같이 기질적인 문제를 동반한 조음음운장애의 평가 내용은 다를 수 있다. 또한 외상성 뇌손상(TBI)과 같이 기질적인 문제로 인한 언어장애 아동과 단순히 언어발달이 지체되어 있는 언어발달지체 아동의 평가 내용에도 차이가 있을 수 있다.

장애의 정도 및 동반장애 여부도 고려한다. 예를 들어, 언어장애의 경우 장애가 가벼운 경우에는 언어적 요소를 중심으로 평가를 계획하나, 장애가 심한 경우에는 의사소통적인 측면에서 기능적인 부분을 우선해서 평가하게 된다. 조음음운장애의 경우도 장애가 가벼운 경우에는 오류를 보이는 말소리를 중심으로 평가를 실시하나, 발음이 매우 좋지 않은 경우에는 말소리의 정확도보다는 말 명료도를 중심으로 평가를 계획한다.

동반장애 여부도 고려한다. 일부 대상자의 경우에는 의사소통 문제가 인지나 심리사회적 기능 또는 신체운동 기능 등과 관련될 수 있다. 이 경우 동반장애 영역에 대한 평가를 계획하여야 한다. 이는 대상자의 의사소통 문제를 좀 더 정확하게 이해하는 데 도움이 된다. 단, 관련 영역의 평가에서 언어치료사는 대상자의 의사소통장애와 동반장애 영역 간의 관계를 이해할 수 있을 정도면 충분하며, 동반장애 영역에 대한 심화평가는 해당 분야의 전문가가 실시하여야 한다는 것을 명심하여야 한다.

마지막으로 대상자의 생활연령과 발달연령 역시 평가 영역을 결정할 때 고려해야 한다. 예를 들어, 같은 언어장애일지라도 성인 언어장애와 아동 언어장애의 평가 영역은 동일하지 않으며, 아동 언어장애 중에서도 영유아 언어장애와 학령기 언어장애는 평가 영역에서 차이를 갖는다.

2) 평가 절차

무엇을 평가할 것인가(평가 영역)가 결정되면 다음에는 어떻게 평가할 것인가(평가 절차)를 결정해야 한다. 일반적으로 언어 및 의사소통 평가 절차에는 공식 및 비공식 검사, 자발화 또는 행동관찰, 보호자 면담 등의 방법이 활용된다(Owens, 2004).

검사를 통한 평가 의사소통 평가는 대체로 공식 검사와 비공식 검사를 사용해서 이루어진다. 공식 검사는 주로 표준화된 도구를 이용하는 것으로, 의사소통장애를 진단하고 장애의 정도를 결정하기 위한 목적으로 활용된다. 표준화 검사는 규준을 가지고 있기 때문에 검사에서의 수행 결과를 통해서 의사소통 능력이 정상 범위에 속하는지 혹은 벗어나 있는지, 정상 범위에서 벗어나 있다면 그 정도는 어느 정도인지를 결정하는 데 용이하다. 그러나 대부분의 표준화 검사는 평가 항목이 검사의 목적이나 대상에 따라 대표적인 소수의 문항으로만 구성되어 있기 때문에 해당 의사소통 능력을 세세하게 평가하지 못한다. 따라서 언어치료를 계획할 때에는 각각의 의사소통 영역을 보다 자세하게 평가할 수 있는 평가 절차가 요구된다.

표준화 검사를 실시할 때에는 반드시 정해진 검사도구를 사용하여야 하며, 검사 요강에 제시된 절차를 따라 실시하고 그 결과를 해석해야 한다. 또한 워크숍을 통해 해당 검사의 실시 및 해석 절차에 대해 반드시 훈련을 받고 실시해야 한다. 일부 언어치료 실습학생 중에는 검사에 대해 숙지하지 않고 언어치료 임상실습에 임하는 경우가 더러 있다. 이것은 임상실습에 임하는 올바른 태도가 아니다. 실제 평가 대상자에게 검사를 실시하기 전에 반드시 검사요강을 자세히 읽고, 동료 언어치료 실습학생과 함께 역할을 바꾸어 가며 실습해 보거나 일반인을 대상으로 연습해 보아야 한다.

관찰을 통한 평가 대상자의 의사소통 행동을 직접 관찰하거나 비디오로 녹화하여 관찰하는 것 역시 의사소통 영역에서 자주 사용되는 평가 절차의 하나다. 언어병리학 분야에서 보편적으로 실시하는 자발화 분석 방법 역시 관찰을 통한 평가 절차의 하나로 볼 수 있다. 관찰을 통한 평가는 일반적으로 다음과 같은 장점을 갖는다(Bailey & Wolery, 1989 내용 참조).

- 검사도구로 측정하기 어려운 세세한 기능까지도 평가할 수 있다.
- 다른 평가 절차에 의해서 수집된 정보의 타당도를 높여 준다.
- 일상적이고 자연스러운 환경 내에서 평가를 실시함으로써 실제 의사소통 환경에서의 기능적인 의사소통 능력을 평가할 수 있게 한다.
- 프로그램의 효과를 지속적으로 평가할 때 유용하다.

반면 관찰 방법은 실시 및 해석까지 시간과 노력이 많이 요구되며, 무엇보다 해석을 위해서는 해당 분야에 대한 해박한 지식과 관찰 경험이 풍부해야만 한다. 때문에 숙달된 전문가와 초보 평가자가 동일한 대상자의 행동을 관찰하고도 그 결과는 매우 다르게 해석할 수 있다.

관찰 평가 절차에는 자연적인 관찰(naturalistic observation)과 구조화된 관찰(structured observation)이 활용된다. 자연적인 관찰은 말 그대로 자연스러운 환경 내에서 대상자의 행동을 관찰하는 것으로 대상자의 실제 의사소통 능력을 측정할 수 있다. 그러나 특정 목표 행동을 관찰하기 어려울 수 있으며, 대상자에게서 관찰되지 않은 행동이 대상자의 행동 목록에 포함되어 있지 않기 때문인지 아니면 포함되어 있으나 단지 수행되지 않은 것인지를 판단하기 어려울 수 있다. 구조화된 관찰은 특정 목표 행동을 관찰하기 위해 상황을 구조화하는 것이다. 이는 자연적인 관찰이 갖는 맹점을 보완할 수 있으나 상대적으로 자연적인 행동을 관찰하기 어렵다는 단점이 있다. 임상 실제에서는 자연적인 관찰과 구조화된 관찰을 병행하여 실행할 수 있다.

보호자 면담을 통한 평가 보호자 면담을 통한 평가 절차도 언어병리학 분야에서 자주 활용된다. 일반적으로 언어치료사가 보호자를 직접 대면하여 필요한 내용에 대해 질문하여 정보를 수집하거나 표준화된 도구 또는 체크리스트를 사용하여 서면을 통해 수집할 수도 있다. 대면을 통한 직접면담과 서면을 통한 간접면담 절차의 장단점은 앞에서 제시한 〈표 3-3〉을 참고하기 바란다.

면담 절차는 특히 대상자의 나이가 너무 어리거나 장애가 심하여 검사가 용이하지 않은 경우에 유용하게 사용할 수 있다. 또한 짧은 시간에 평가를 진행해야 하는 경우에도 유용하게 활용할 수 있다. 하지만 평가자가 대상자의 행동을 직접 관찰할 수 없다는 점이 큰 단점이 될 수 있다.

면담 절차는 매우 단순할 것 같으나 관찰과 마찬가지로 평가자의 숙련 정도에 따라 면담의 진행과 그 결과의 해석이 매우 달라질 수 있다. 따라서 아직 경험이 많지 않은 언어치료 실습학생은 표준화 검사에서와 마찬가지로 면담지의 내용을 미리 여러 번 읽어서 그 내용을 숙지해야 하며, 가능한 다른 사람에게 면담을 진행하고 있다고 가정하고 소리 내어 말해 보는 연습을 하여야 한다. 또한 표준화 검사 연습과 마찬가지로 다른 언어치료 실습학생과 서로 역할을 교대로 하여 연습하는 것도 좋은 방법이 될 수 있다.

〈표 3-4〉에 이상의 세 가지 평가 절차의 장단점을 요약하였다.

보고서 작성 평가 절차를 통해 얻은 결과는 일정한 형식을 갖추어 보고서로 작성되어야 한다. 보고서 작성에 대한 내용은 이 책의 4장을 참고하기 바란다.

〈표 3-4〉 평가 절차의 장단점

절차	장점	단점
검사	• 검사도구나 절차가 마련되어 있어 실시 및 해석이 용이하다. • 표준화된 검사의 경우 해당 연령의 일반 아동이나 성인의 수행 결과와 비교할 수 있다. 때문에 장애 여부나 정도를 결정할 때 유용하게 활용될 수 있다. • 다른 전문가와 평가 결과에 대해 의사소통할 때 용이하다.	• 의사소통장애가 인지나 운동 기능과 같은 다른 영역의 장애와 동반되는 경우 검사가 용이하지 않을 수 있다. • 검사도구에 따른 전문적인 훈련을 요구한다. • 검사의 목적에 따라 대표적인 항목을 통해 의사소통 능력을 평가하므로 실제 상황에서의 의사소통 능력을 정확하게 반영하지 못할 수 있다. • 영역별로 일반적인 내용을 평가하므로 언어치료를 계획할 때 유용한 정보를 제공하지 못할 수 있다.
관찰	• 실제 상황에서 대상자들의 의사소통 능력을 평가할 수 있다. • 치료가 진행되는 동안 의사소통 행동이 어떻게 변화하는가를 평가하는 데 용이하다. • 대상자들의 의사소통에 영향을 미치는 환경적 요인을 평가할 수 있다.	• 평가에 많은 시간이 소요되며, 많은 노력이 요구된다. • 수집된 자료를 해석하기 위한 지침이 부족하며, 발달 자료를 준거로 해석하기 위해서는 많은 지식과 경험이 필요하다.
면담	• 대상자에 대해 잘 알고 있는 사람을 평가에 활용할 수 있다. • 시간을 효율적으로 사용할 수 있다.	• 평가 대상자의 행동을 직접적으로 측정하지 못한다. • 평가 결과가 면담 대상자나 평가자의 견해에 지나치게 의존한다.

3. 장단기 언어치료 계획

언어평가를 통해서 현행 의사소통 수행자료가 수집되면, 그 결과에 기초하여 대상자들에게 어떠한 내용을 어떠한 절차를 통해 가르칠 것인가를 결정하여야 한다. 일반적으로 치료 계획은 장기계획과 단기계획으로 나누어 설정한다.

1) 장기계획의 수립

장기계획은 언어치료를 통해서 대상자들이 궁극적으로 도달하기 원하는 목표를 성취하기까지의 계획이라고 정의할 수 있다. 그러나 임상현장에서는 한 학기나 1년 내외의 특정 기간 동안의 치료 계획을 의미하는 경우가 더 일반적이다.

장기계획에서 가장 중요한 것은 장기 치료 목표를 결정하는 것이다. Kline & Moses(1999)는 장기목표를 수립할 때에 먼저 중재할 의사소통 영역을 결정하여야 하며, 각 의사소통 영역별로 도달해야 할 목표 수준이나 치료 기간을 계획하여야 한다고 하였다. 장기목표는 대상자의 평가 결과에 기초하여 결정하는데, 아동들의 경우는 주로 발달적 접근(developmental approach)과 기능적 접근(functional approach)으로 수립 전략을 구분한다. 발달적 접근은 규준적 접근(normative approach)이라고 불리기도 하며, 대다수의 사람이 성취하는 발달적 순서에 따라 목표를 수립하는 것이다. 즉, 대상자의 현행 수준에서 그다음에 발달적으로 가장 먼저 습득될 기술을 우선적인 목표로 선정하는 것이다. 일반적으로 언어발달장애나 발달적 조음음운장애의 경우 발달적 접근이 우선적으로 고려된다. 반면 기능적 접근은 대상자 특정적 접근(client-specific approach)이라고 불리기도 하며, 발달적 규준보다는 대상자의 특별한 요구에 기초하여 목표를 수립하는 것이다. 예를 들면, 매일의 생활 중에 사용 빈도가 높아서 대상자가 반드시 습득해야 하거나 사용 빈도가 높지 않아도 대상자의 의사소통에 중요한 기능을 갖는 기술을 우선적 목표로 선정한다. 또한 자극 반응도(stimulability)가 높아서 대상자가 상대적으로 쉽게 습득할 수 있는 것도 우선적인 치료 목표로 고려할 수 있다. 일반적으로 나이가 어리거나 장애가 경하여 정상 발달 과정을 따를 수 있는 경우에는 발달적 접근에 따른 목표를 수립하는 반면, 생활연령이 높거나 장애가 심한 경우에는 기능적 접근에 따라 목표를 수립할 것을 권장한다(Fey, 1986). 〈표 3-5〉에 발달적 접근과 기능적 접근에 따른 목표 수립의 예가 제시되어 있다.

성인의 경우에는 구어(말하기, 듣기)는 물론 문어(읽기, 쓰기)까지 총체적인 언어 기능 향상을 목표로 하거나 또는 말하기, 듣기, 읽기, 쓰기 중 손상된 특정 기능의 향상에 중점을 두어 목표를 수립할 수 있다(이옥분, 2008). 또한 언어 처리 과

〈표 3-5〉 발달적 접근과 기능적 접근에 따른 장기목표 수립의 예

수민이는 생활연령이 4세 6개월인 남자 아동으로 말소리의 전체 위치에서 양순파열음이나 치조파열음, 비음은 정조음 하나, 연구개파열음 /ㄱ, ㄲ, ㅋ/, 경구개파찰음 /ㅈ, ㅉ, ㅊ/, 치조마찰음 /ㅅ, ㅆ/, 설측음 /ㄹ/를 정조음하지 못한다. 구강 구조 및 기능에는 문제가 없으며 청력에도 문제를 보이지 않는다. 또한 수용언어 및 표현언어 능력도 정상 범위에 속한다.	
발달적 접근	장기목표: 낱말의 어두초성과 어중초성의 위치에서 연구개파열음 /ㄱ, ㄲ, ㅋ/를 정조음한다. 근거: 아동이 정확히 조음하지 못하는 말소리 중에서 연구개파열음이 발달적으로 가장 먼저 습득되기 때문에 목표로 설정함
기능적 접근	장기목표: 낱말의 어두초성에서 치조마찰음 /ㅅ/를 정조음한다. 근거: 치조마찰음 /ㅅ/가 발달적으로는 연구개파열음이나 경구개파찰음에 비해 늦게 습득되나, 아동의 이름이 '수민'으로 평소 자신의 이름을 산출해야 하는 경우가 많으므로 우선적인 목표로 설정함

정을 향상시키는 데 목적을 두는 경우와 새로운 언어 지식 습득에 중점을 두는 경우도 있다. 그 외 의사소통의 기능적인 측면을 강조하여 장단기 목표를 수립하기도 한다.

장기목표의 수는 보통 대상자의 특성이나 수준에 따라 달라지나 지나치게 많이 설정하지 않는다. 대상자가 취약한 특정 영역의 기능 향상에 중점을 둘 수도 있고 의사소통의 전 영역이 고르게 포함되도록 계획할 수도 있다.

장단기 계획을 수립할 때에는 대부분 새로운 기술을 습득시키는 것에 중점을 두는데, 이뿐만 아니라 습득한 행동에 대한 일반화 목표도 장단기 목표를 계획하는 단계에서부터 계획하는 것이 바람직하다. 일반화에는 습득한 목표를 다른 상황에 적용하는 상황 일반화, 다른 대상에게 적용하는 대상 일반화, 그리고 치료 때 사용한 자료와 다른 자료를 사용한 경우에도 목표 행동을 적용하는 자극 일반화가 있다. 이 중 목표 행동에 적합한 일반화 목표를 수립할 수 있다. 〈표 3-6〉에 일반화 계획의 예를 제시하였다.

〈표 3-6〉 일반화 계획의 예

자극 일반화	특정 자극을 통해 습득한 목표 언어를 치료하지 않은 다른 유사한 사물이나 그림, 또는 질문 등에 적용 예: '사물을 제시하였을 때 구어로 요구하기를 할 수 있다.' → '구어로 요구하기를 원하는 그림 자료에 대해서도 적용하여 표현할 수 있다.'
상황 일반화	특정 상황에서 습득한 목표 언어를 치료하지 않은 다른 유사한 상황에서도 사용 예: '치료실 안에서 놀이 활동 중에 구어로 요구하기를 표현한다.' → '치료실 안에서 사용하는 요구하기 구어 행동을 유치원에서도 사용한다.'
대상 일반화	특정 대상과의 상호작용을 통해 습득한 목표 언어를 다른 대상(예: 부모, 형제, 친구, 선생님 등)에게도 사용 예: '언어치료사에게 놀이 활동 중에 요구하기를 구어로 표현한다.' → '구어로 요구하기를 친구와의 놀이 활동 중에도 표현한다.'

2) 단기목표

단기목표의 기술 단기목표는 장기목표를 수행하기 위한 세부 계획을 의미한다(김영태, 2002). 많은 문헌에서 단기목표는 명확하고 명백하게 기술되어야 하며, 관찰 가능하고 측정 가능한 형태로 기술할 것을 강조한다(Kline & Moses, 1999; Roth & Worthington, 2001). 이러한 이유로 단기목표를 기술할 때에는 목표 행동(content)과 조건(condition), 그리고 준거(criterion)를 포함한 3C의 형식으로 쓰도록 권장한다.

> 단기목표 예 언어치료사가 20개의 사진을 제시한 후 이름을 명명하게 하였을 때(조건), 각 낱말의 어두초성에서 /ㅅ/를(목표 행동) 90%의 정확도(준거)로 모방할 수 있다(목표 행동).

이 목표에서 목표 행동은 낱말의 어두초성 위치에서 /ㅅ/를 모방하는 것이며, 조건은 언어치료사가 사진을 제시하였을 때 해당 낱말을 명명하기이고, 준거는 90%의 정확도가 된다.

〈표 3-7〉 단기목표의 기술 양식

	정의 및 기술 양식	예
목표 행동	목표 행동은 중재할 행동을 말하며, 관찰 가능한 형태로 기술한다. 관찰이 가능한가의 여부는 측정이 가능한가의 여부로 결정한다.	• 이해한다 → 지적한다 • 안다 → 말한다
조건	목표 행동을 수행하는 상황을 말한다. 어떠한 단서가 제시된 상황에서 목표 행동을 수행할 것인지, 어떠한 장소나 활동 중에 수행할 것인지, 어떠한 사람들과의 상호작용 중에 수행할 것인지 등에 따라 조건을 결정할 수 있다.	• 언어치료사가 모델링하였을 때 • 언어치료사가 질문하였을 때 • 세 명의 낯선 사람이 있을 때 • 집에서 • 자유놀이 동안 • 전화로 통화하는 동안 • 다른 반 친구들과 함께 있을 때
준거	목표 행동이 어느 정도 수행되어야 하는가를 결정한다. 준거는 정반응 빈도, 정반응 비율, 정반응의 최소 수, 오반응의 최대 수 등으로 기술할 수 있다.	• 90% 정확하게 산출한다. • 10번의 기회 중 9번 정반응한다. • 연속된 3회기 동안 산출한다. • 10초 동안 유지한다.

단기목표의 세분화 단기목표는 하나의 장기목표를 구성하는 하위 목표들로 구성된다.

단기목표를 설정할 때에는 장기목표로의 수행을 위해 무엇을 어떠한 순서로 치료할 것인지를 궁극적으로 결정하여야 한다. 이러한 위계를 결정할 때에는 발달의 관점에서 무엇부터 습득되는가를 기준으로 해도 되며, 또는 다른 목표에 비해 보다 기초가 되는 것은 무엇인가를 고려하여 배열해도 된다. 또한 치료 목표 간의 상호작용 효과나 대상자의 기능 등도 고려한다.

장기목표를 단기목표로 세분화하는 경우 단기목표 간의 관계를 고려하여 수평적(horizontal) 또는 수직적(vertical) 접근으로 구분하기도 한다. 수평적 접근은 구성된 단기목표들이 서로 위계적인 관계가 없이 비슷한 수준으로 구성된 것으로 치료 순서에 크게 구애받지 않아도 된다. 반면 수직적 접근은 장기목표를 구성하는 단기목표들이 서로 위계적인 관계로 이루어진 것을 말하며, 이 경우에는 반드시 치료 순서를 단기목표의 순서에 따라 진행하여야 한다. 단기목표를 수평적으로 구성할 것인지 혹은 수직적으로 구성할 것인지는 장기목표의 내용이나 수준은

〈표 3-8〉 수평적 단기목표와 수직적 단기목표의 예

수평적 단기목표	그림책을 보면서 언어치료사의 모델링에 따라 두 낱말 조합 문장을 모방 산출할 수 있다.
	① 그림책을 보면서 언어치료사의 모델링에 따라 '행위자-행위' 관계 문장을 모방 산출할 수 있다. ② 그림책을 보면서 언어치료사의 모델링에 따라 '대상-행위' 관계 문장을 모방 산출할 수 있다. ③ 그림책을 보면서 언어치료사의 모델링에 따라 '실체-서술' 관계 문장을 모방 산출할 수 있다.
수직적 단기목표	그림책을 보면서 '행위자-행위' 관계의 두 낱말 조합 문장을 자발적으로 산출할 수 있다.
	① 그림책을 보면서 언어치료사의 '행위자-행위' 문장을 완전 모델링 하였을 때 모방 산출할 수 있다. ② 그림책을 보면서 언어치료사가 '행위자'만을 제시하며 '행위자-행위' 문장 산출을 유도하였을 때 '행위자-행위' 문장을 완성하여 산출할 수 있다. ③ 그림책을 보면서 언어치료사가 '○○가 뭐해?'라는 질문으로 '행위자-행위' 문장 산출을 유도하였을 때 '행위자-행위' 문장을 자발적으로 산출할 수 있다.

물론 언어치료 대상자의 학습 능력을 고려하여 결정하는 것이 바람직하다. 〈표 3-8〉에 수평적 단기목표와 수직적 단기목표의 예를 제시하였다.

단기목표를 세분화할 때에는 단기목표의 기술 형태에 기초하여 목표 행동을 중심으로 과제를 구분할 수도 있으며, 또는 조건을 쉬운 것에서 어려운 것으로 혹은 도움이 많이 주어지는 조건에서 적게 주어지는 조건으로 변화시켜 세분화할 수도 있다. Roth와 Worthington(2001)은 자극의 유형과 도움의 정도 또는 반응 수준에 따라서 단기목표를 세분화할 수도 있다고 하였다. 이에 따른 단기목표의 분류 체계를 〈표 3-9〉에 제시하였다.

이 장의 뒷부분에 첨부한 행동주의적 치료 목표 쓰기 및 단기목표 나누기 연습지를 활용하여 단기목표 작성 연습을 해보도록 한다.

〈표 3-9〉 자극 유형, 도움 정도 및 반응 수준에 따른 단기목표의 세분화

구분	분류	예
자극 유형	① 실제 사물 ② 구체적 상징: 사물 모형-사진-컬러그림-흑백 선그림 ③ 추상적 상징: 구어, 문어	① 실제 사물을 제시하였을 때: 사물 이름을 3번의 기회 중 2회 정확히 산출한다. ② 사진 자료를 제시하였을 때: 사물 이름을 3번의 기회 중 2회 정확히 산출한다. ③ 컬러 그림을 제시하였을 때: 사물 이름을 3번의 기회 중 2회 정확히 산출한다. ④ 흑백 선그림을 제시하였을 때: 사물 이름을 3번의 기회 중 2회 정확히 산출한다.
도움 정도	① 모방 ② 단서 ③ 자발적	① 치료 활동 중에 목표 낱말을 3번의 기회 중 2회 치료사의 언어적 모델링을 모방한다. ② 치료 활동 중에 목표 낱말을 3번의 기회 중 2회 시각적 단서의 도움을 받아 산출한다. ③ 치료 활동 중에 목표 낱말을 3번의 기회 중 2회 자발적으로 산출한다.
반응 수준	① 음소 ② 음절 ③ 단어 ④ 구 ⑤ 문장 ⑥ 문맥	① 그림카드를 제시하였을 때, /ㅅ/를 1음절 낱말 어두초성에서 90% 정조음한다. ② 그림카드를 제시하였을 때, /ㅅ/를 2음절 낱말 어두초성에서 90% 정조음한다. ③ 그림카드를 제시하였을 때, 어두초성이 /ㅅ/인 낱말을 2낱말 구에서 90% 정조음한다.

4. 회기 치료 계획 및 실시

회기 계획은 각 회기에 치료할 단기목표에 대한 세부 활동과 목표 언어 형태, 강화 계획 및 평가 준거 등을 결정하는 과정이다. 먼저 세부 활동에는 회기 치료 목표와 치료 활동, 맥락(context)에 대한 내용이 포함된다. 회기 치료 목표는 가급적 관찰 가능한 형태로 구체적으로 기술하며, 치료 활동이나 맥락은 치료 목표나 대상자의 현재 수준 및 관련 기능 등을 고려하여 구체적으로 계획하여야 한다. 치료 활동 결정 시 언어치료사가 어떠한 치료 전략을 중점적으로 사용할 것인가도 결정하는 것이 좋다.

목표 언어는 치료 활동 중에 발생할 수 있는 언어 형태가 아니라 언어치료사가 대상자에게 궁극적으로 가르치고자 하는 언어 형태를 말하며, 가급적 구체적으로 계획되어야 한다. 언어치료 실습학생 중에는 치료 활동을 먼저 결정하고 그 활동에서 사용될 수 있는 표현을 목표 언어에 포함시키는 경우가 더러 있다. 목표 언어(또는 목표 언어 형태)는 치료 계획과 함께 결정되어야 하며, 치료 활동은 목표 언어를 유도하기에 적합한 것으로 목표 언어보다 나중에 결정되는 것이다. 또한 간혹 치료사가 목표 언어를 유도하기 위해 사용하는 표현을 목표 언어로 쓰기도 하는데, 가급적 치료 대상자에게서 유도하고자 하는 목표 행동만을 기술하는 것이 바람직하다.

강화 계획 및 평가 준거 역시 치료를 계획할 때 미리 결정하여야 한다. 일부 이론가나 임상가들은 강화가 학습자를 기계적이고 수동적으로 만든다고 비판하기도 하지만, 잘 계획하여 제공하는 강화는 학습자의 학습 동기를 강화하고 학습을 촉진하는 효과를 갖는다. 따라서 강화 절차는 물론 행동주의 심리학에 대한 정확한 이해를 근거로 하여 이를 계획하고 실시하여야 한다.

강화를 계획할 때, 많은 임상가는 주로 강화제(예: 사회적 강화, 토큰 강화 등)만을 결정한다. 그러나 강화 계획에는 어떠한 강화제를 사용할 것인가뿐만 아니라 강화제를 어떠한 맥락 또는 조건에서 어떠한 절차를 통해 제시할 것인가까지 계획하여야 한다. '아동이 정반응을 할 때마다 아동이 좋아하는 도장을 찍을 수 있게 한다.' '아동의 반응에 대해 간헐적으로 사회적 강화를 제공하며, 아동이 원하는 물건을 활동에 대한 후속 결과로 제시한다.' 등을 예로 들 수 있다. 강화제는 목표 행동의 결과에 자연스럽게 수반되는 것이 좋다. 예를 들면, 목표 행동이 물건을 요구하기 위해 손을 내미는 것이라면 치료 대상자가 원하는 물건을 대상자 손 위에 올려놓는 것이 최상의 강화제가 된다. 강화제는 나이가 어리거나 지적장애가 심한 경우 사회적 강화와 함께 물질적 강화를 제공하는 것이 효과적이나, 학령기 이상의 아동이나 성인에게는 토큰 강화를 적용할 수 있다. 간혹 토큰 강화를 스티커와 동일하게 생각하는 언어치료 실습학생들이 있는데, 토큰 강화는 토큰(스티커나 칩 또는 도장 같은 것 활용 가능)을 미리 정해 놓은 개수만큼 모으면 자신이 원하는 보상물과 교환할 수 있는 일종의 계약관계를 활용하는 강화 체계다. 우리가 일상생활에서 많이 접하는 쿠폰의 개념과 동일하게 이해하면 된다. 이러한 토큰 강화는 그 계약관계를 이해할 수 있어야 할 뿐 아니라 보상물이 즉각적으로 주어지지 않기 때문에 인내심을 필요로 하므로 인지 능력이 좋거나 나이가 많은 경우 적합하다.

마지막으로 평가는 각 회기에 중재한 내용이 직접적으로 평가될 수 있도록 계획한다. 평가 결과는 대상자가 목표 행동을 정확히 습득하였는가를 확인함으로써 다음 단계로 치료를 진행할지의 여부를 결정하는 근거가 될 수 있다. 그리고 대상자가 잘 수행하지 못하는 경우에는 치료 목표가 부적절한 것은 아니었는지, 혹은 치료 활동이 환자에게 적합한 것은 아니었는지를 모니터링하는 수단으로도 활용할 수 있다. 특히 최근에는 언어치료 분야에서도 근거에 기초한 치료(evidence-based treatment)를 강조하고 있다. 따라서 언어치료사들은 대상자들의 수행 결과를 기록하고 이를 근거로 치료를 계획하고 실시할 수 있도록 훈련되어야 한다. 치료 결과를 기록하는 지침은 다음과 같이 나타낼 수 있다.

- 치료 결과를 기록하는 방법이나 기록지는 치료를 계획할 때 함께 계획하여 준비하여야 한다.
- 기록 체계는 대상자의 장애 유형이나 정도는 물론 치료 목표의 성격을 고려하여 결정한다.
- 결과를 기록할 때 대상자가 목표 행동을 모방해서 산출하였는지, 단서나 촉진이 주어진 상태에서 산출하였는지, 혹은 자발적으로 산출하였는지 등을 반드시 구분하여 기록하도록 한다.
- 빈도, 비율, 지속시간 등 다양한 기록 방법을 활용하여 기록하며, 기록 방법 역시 대상자의 수준이나 목표 언어의 형태에 따라 가장 적합한 것으로 선택한다.
- 반응이 있는 경우는 물론 반응하지 않은 경우에도 반드시 기록하도록 한다.

〈이렇게 해 보세요!〉

구분		자주 범하는 실수	임상감독자의 조언
세부 활동	회기 치료 목표와 치료 활동, 맥락, 치료 전략	주로 활동 순서만 기술하는 경우가 많다.	각 절차별로 목표 언어를 유도하기 위한 전략을 기술하는 것이 필요하다.
목표 언어	치료 활동을 통해 가르치고자 하는 내용	대상자에게서 목표 의사소통 행동을 유도하기 위하여 치료사가 하는 말을 포함하는 경우가 많다.	목표 언어에는 대상자에게서 유도하기 위한 목표 행동만 기술한다.
		매 회기마다 활동에 따라 목표 언어가 달라진다.	목표 언어가 활동에 따라 달라지는 것이 아니라 목표 언어에 따라 활동이 달라져야 한다.
강화 계획	강화제 강화 계획: 강화제 제시 조건 및 빈도	강화제만 기록하고 강화 계획은 제시하지 않는 경우가 많다.	강화 계획에는 강화제를 어떠한 빈도(또는 비율)로 제공할 것인지도 고려한다.
		강화 계획이 형식적으로 이루어지는 경우가 많다.	강화는 목표 행동의 빈도를 높이기 위한 것으로 목표 행동과 직접적으로 관련이 있어야 한다.
		'물질적 강화'나 '사회적 강화'와 같이 막연히 서술되는 경우가 많으며 강화제를 구체적으로 제시하지 않는다.	어떠한 물질을 강화제로 사용할 것인지, 사회적 강화로 제시할 것은 무엇인지 구체적으로 기술한다.
		대상자의 선호나 특성을 무시한 강화제를 선정한다.	강화제 선정 시 가장 중요한 것은 대상자의 선호도다. 대상자가 좋아하지 않거나 관심을 보이지 않는 것은 강화제의 역할을 할 수 없으므로 대상자의 선호도를 고려하여 선택한다.
준거 설정		측정하고자 하는 목표 행동에 적절하지 않은 준거를 제시하는 경우가 많다(예를 들어, 백분율 산출이 어려운 목표 행동의 준거를 백분율로 제시함).	준거는 반드시 측정 가능한 형태로 기술하고, 실제 측정할 수 있어야 한다.
		목표 행동과 상관없이 모든 장단기 목표에 동일한 준거를 설정한다.	목표 행동마다 측정하기에 가장 적합한 형태로 준거를 설정한다.
결과		수행 결과를 단지 '+' '−'로 양적으로만 기술한다든지 목표 언어의 수행 여부와 상관없는 정보만 기술한다.	목표 행동에 대한 양적인 기술과 더불어 대상자에게서 관찰된 특별한 행동이나 발화들을 기술한다.

5. 언어치료 진전(종결)평가

1) 종결결정

언어치료사는 일정한 치료기간이 경과하거나 혹은 치료 도중에도 치료가 종결되어야 하는 경우에는 진전 또는 종결평가를 실시하여야 한다. 일반적으로 언어치료를 종결하는 기준으로 다음과 같은 상황을 고려할 수 있다.

- 대상자가 생활연령이나 발달연령에 적합한 의사소통 능력을 보일 때
- 대상자가 미리 정해 놓은 장기목표에 도달하였을 때
- 대상자가 특별한 어려움 없이 일상생활에서 의사소통이 가능할 때
- 치료기간이 오래 경과되었음에도 불구하고 치료에 진전을 보이지 않을 때

2) 진전(종결)평가

진전 또는 종결평가는 진단을 위한 평가나 목표 설정을 위해 기초선 자료를 수집할 때와 평가 절차에서는 큰 차이가 없으나, 일반적으로 공식 검사 결과보다는 치료 목표에 따른 변화를 직접적으로 평가할 수 있도록 치료사가 직접 고안한 비공식 검사에 더 많이 의존한다는 차이를 갖는다. 일부 언어치료 실습학생들은 표준화된 검사도구를 사용하여 치료의 진전을 평가하기도 한다. 그러나 진단을 위한 표준화된 검사는 치료의 내용과는 직접적으로 관계되지 않는 경우가 많으며, 의사소통 능력을 개괄적으로 평가하기 때문에 치료의 진전 정도를 평가하기에는 적합하지 않다. 진전평가는 중재한 내용을 평가하는 교육과정 중심의 평가(curriculum based assessment)가 되어야 한다. 따라서 비공식적인 평가 절차를 활용하는 것이 중요하다.

진전평가 결과는 치료 전과 후의 상태를 비교함으로써 대상자의 변화 양상은 물론 치료 효과를 평가하기 위한 목적으로 사용되며, 다음 장단기 치료 계획을 수립

〈이렇게 해 보세요!〉

언어치료 실습학생들의 실수	임상감독자의 조언
표준화된 검사로 진전 내용을 평가한다.	진전평가는 장단기 목표를 중심으로 치료를 통해 목표 행동을 얼마나 수행하였는가를 평가하여야 한다.
장단기 치료 계획에서 제시된 조건 및 평가 준거와 상관없이 평가한다.	진전평가는 장단기 목표에서 제시된 조건에서 평가하여야 하며, 그 결과는 목표에서 제시된 준거에 따라 평가되어야 한다.
치료 후 결과만을 보고한다.	치료 전과 후의 자료를 함께 보고하도록 한다.

할 때 근거 자료로 활용될 수 있다.

이상으로 언어치료 과정을 초기 면담, 장단기 언어치료 계획, 회기 치료 계획 및 실시, 그리고 언어치료 진전(종결)평가로 나누어서 살펴보았다. 언어치료란 인간을 대상으로 하며, 인간의 삶에 큰 영향을 미치는 것 중 하나인 언어를 다루는 소중한 행위다. 따라서 언어치료 실습학생들은 언어치료 임상실습을 통해 언어치료 과정에 대해 학습할 뿐만 아니라 언어치료사로서의 책임감 및 소명감을 갖도록 노력하여야 한다.

→ 참 고 문 헌

김영태(2002). 아동언어장애의 진단 및 치료. 서울: 학지사.

Bailey, D. B. & Wolery, M. (1989). *Assessing infants and preschoolers with handicaps*. Columbus, OH: charlls E. Meorill.

Fey, M. E. (1986). *Language intervention with young children*. Boston: College-Hill Press.

Haynes, W. O. & Pindzola, R. H. (2004). Assessment of school-age and adolescent language disorders. In W. O. Haynes & R. H. Pindzola (Eds.), *Diagnosis and evaluation in speech pathology* (6th ed.). Boston: Pearson Education.

Kline, H. B. & Moses, N. M. (1999). *Intervention planning for children with communication disorders: A guide for clinical practicum and professional practice* (2nd ed.). Boston: Allyn and Bacon.

Owens, R. E. (2004). *Language disorders: A functional approach to assessment and intervention* (4th ed.). Boston: Allyn and Bacon.

Roth, F. P. & Worthington, C. K. (2001). *Treatment resource manual for speech-language pathology*. Albany, NY: Singular Publishing Group.

참고자료

기초선 자료 기록 양식

기초선 평가 결과

이　름: ______	생년월일: ______
연령 및 성별: ______	부: ______ 모: ______
주　소: ______	전화번호: ______
평 가 일: ______	보고서 작성일: ______
검 사 자: ______	감 독 자: ______

영 역		평가 절차	현행 수준
의사소통 영역	언어		
	조음 및 음운		
	유창성		
	음성		
관련 영역	인지		
	감각 (청각, 시각)		
	사회 · 심리		
	운동(motor)		
	상징기능 및 적응 행동		
기 타			

출처: Kline & Moses(1999)의 내용을 이윤경(2003)이 수정 · 보완한 것임.

참고자료

행동주의적 치료 목표 쓰기 연습 1

행동주의적 치료 목표 쓰기 연습 1

다음에 열거된 목표들의 잘못된 부분을 찾아내고 올바른 형태로 수정해 보시오.

목 표	목표 행동	조 건	준 거
① 대상자는 30개의 카드를 보여 주었을 때 '없다'의 개념을 90%의 정확도로 이해할 수 있다.			
② 대상자는 언어치료사의 시범에 따라 /ㅍ/를 여러 번 산출할 수 있다.			
③ 대상자는 5번의 시도 중 4번 정확하게 문장을 산출할 수 있다.			
④ 대상자는 과거형 시제를 오류 없이 정확하게 사용할 수 있다.			
⑤ 대상자는 1분 동안 한 가지의 음성적 요소에도 오류가 없는 목소리를 산출할 수 있다.			
⑥ 친숙한 사물을 제시하였을 때 한 낱말 수준에서 /ㅅ/와 /ㅈ/를 유도한다.			
⑦ 대상자는 '~할 것이다'라는 미래형 표현을 80%의 정확도로 산출할 수 있다.			
⑧ 대상자는 2단계 지시를 100%의 정확도로 수행할 수 있다.			
⑨ 대상자는 1분 동안의 혼자 말하기에서 '이끌어 내기'와 같은 말더듬 수정법을 사용할 수 있다.			
⑩ 학생은 이 장에서 논의된 기준에 도달하기 위하여 10개의 행동적 목표를 쓸 수 있다.			

참조: Roth & Worthington(2001).

행동주의적 치료 목표 쓰기 연습 2

행동주의적 치료 목표 쓰기 연습 2

1. **목표 행동**: 모음을 평균 1.8초 동안 유지해서 발성하기
   조건: 호기 방법을 사용해서
   준거: 10번의 시도 중 9번 정확하게
   행동주의적 목표:

   ____

   ____

2. **목표 행동**: 사물 조작하기
   조건: '위-아래' '안-밖'의 개념이 포함된 지시를 제공하였을 때
   준거: 오류 없이
   행동주의적 목표:

   ____

   ____

3. **목표 행동**: 비구어적 발성을 모방하기
   조건: 언어치료사가 시범을 보였을 때 / 언어적 촉진을 두 번 이하로 제시한 상황에서
   준거: 90%의 정확도로
   행동주의적 목표:

   ____

   ____

4. **목표 행동**: 비유창성이 나타날 때 기록하기
   조건: 자신이 말하는 것을 녹화한 비디오를 보면서
   준거: 언어치료사가 기록한 것과 95%의 일치도로
   행동주의적 목표:

   ____

   ____

5. **목표 행동**: 마찰음 /ㅅ/를 CV음절에서 산출하기
조건: 언어치료사를 모방하는 조건에서 / 그림을 보고 이름 말하기 중에
준거: 2회기 연속해서 90%의 정확도로
행동주의적 목표:

6. **목표 행동**: 쉽게 발성을 시작하기
조건: 전화 도중에 / 글을 읽는 동안에
준거: 2회 이하의 오류
행동주의적 목표:

7. **목표 행동**: 20개의 일상 사물 그림을 분류하기
조건: 언어치료사가 범주명을 제시하였을 때
준거: 20번의 시도 중 18번 정확하게
행동주의적 목표:

8. **목표 행동**: /사/로 시작하는 낱말 말하기
조건: 거울을 보면서
준거: 100% 정확하게
행동주의적 목표:

9. **목표 행동**: 격조사 '은, 는, 이, 가'를 정확하게 사용하기

조건: 언어치료사와의 자연스러운 대화 중에

준거: 3분 동안 1회 미만의 오류로

행동주의적 목표:

____

____

참조: Roth & Worthington(2001).

참고자료

단기목표 나누기 연습

장기목표를 단기목표로 나누기 연습

1. **장기목표:** 모음을 10초 동안 유지해서 산출할 수 있다.

수평적 단기목표

1-1. ______

1-2. ______

1-3. ______

수직적 단기목표

1-1. ______

1-2. ______

1-3. ______

2. **장기목표:** 두 낱말 조합을 표현할 수 있다.

수평적 단기목표

2-1. ______

2-2. ______

2-3. ______

수직적 단기목표

2-1. ______

2-2. ______

2-3. ______

3. **장기목표:** 세 낱말 문장을 유창성 오류 없이 정확하게 산출할 수 있다.

수평적 단기목표

3-1. ______

3-2. ______

3-3. ______

수직적 단기목표

3-1. ______________________________

3-2. ______________________________

3-3. ______________________________

____

4. **장기목표:** 두 단계 지시를 정확하게 수행할 수 있다.

수평적 단기목표

4-1. ______________________________

4-2. ______________________________

4-3. ______________________________

수직적 단기목표

4-1. ______________________________

4-2. ______________________________

4-3. ______________________________

5. **장기목표:** 마찰음 /ㅅ, ㅆ/를 문장에서 정확하게 조음할 수 있다.

수평적 단기목표

5-1. ______________________________

5-2. ______________________________

5-3. ______________________________

수직적 단기목표

5-1. ______________________________

5-2. ______________________________

5-3. ______________________________

제4장

보고서 작성

언어치료사는 치료 대상자가 의뢰되어 종결할 때까지 여러 종류의 보고서를 작성한다. 이는 언어치료사의 임무 중 하나다. 언어치료가 이루어지는 공간이 병원, 복지관이나 학교, 사설 치료실인지에 관계없이, 보고서는 대상자에 대한 정보를 기록하고 관련 전문가나 치료 대상자와 관련된 사람들에게 정보를 전달하는 가장 큰 의사소통 수단이다. 보고서를 작성하는 것은 언어치료 실습학생뿐 아니라 일선 언어치료사들에게도 매우 어려운 일이며 스트레스가 되고 있다. 언어치료 실습학생의 경우 대상자에 대한 정보를 각 보고서의 목적에 맞게 기록하는 일이 어려울 수 있고 글을 쓴다는 것 자체가 하나의 큰 부담이 될 수 있기 때문이다. 또한 현장에 있는 언어치료사에게는 많은 치료 사례와 업무 부담 때문에 보고서를 제때 기록하는 것이 힘들기도 하며, 종종 보고서를 통해 언어치료사로서의 능력이 판단될 때가 있기 때문에 보고서 작성에 더욱 부담을 느끼게 된다.

하지만 처음 치료 대상자가 의뢰되어 말, 언어, 의사소통 문제를 발견하고 그에 따른 치료 목표를 설정하고 치료를 진행하여 진전과 종결이 이루어질 때까지의 모든 기록이 보고서라는 문서를 통해 남기 때문에 보고서를 작성하는 것은 언어치료사의 가장 중요한 임무 중 하나다. 이 장에서는 보고서의 목적과 각 목적에 맞는 보고서의 작성 원칙, 언어치료사가 주로 작성하는 임상보고서의 작성기술 등에 대해 살펴보고자 한다.

1. 보고서의 목적

언어치료사는 대상자를 의뢰받아 평가를 하고 그 결과 치료가 결정되어 치료를 시작하고 종결할 때까지 다양한 종류의 보고서를 작성한다. 이렇게 개인에 대한 일련의 과정을 보고서라는 문서를 통해 기록하고 보관하게 되며, 보고서를 통해 대상자와 관련된 다른 사람에게 대상자에 대한 정보를 전달하거나 의사소통을 하기 위한 하나의 매개체로 사용한다. 또한 보고서는 단일대상 연구라든가 여러 임상 연구에서 하나의 연구를 위한 자료로도 사용될 수 있다.

보고서는 그 목적에 따라 치료 대상자가 언어치료실을 처음 방문하는 시점부터 치료가 종결되는 과정에서 필요한 임상사례 관련 보고서(다른 언어치료사나 관련 전문가와의 의사소통을 위해 사용되는 의뢰서), 연구를 위해 사용되는 연구보고서 등으로 분류할 수 있다.

1) 임상보고서

언어치료사는 말, 언어, 의사소통에 어려움을 겪고 있는 대상자를 평가하고 치료하는 과정에서 여러 종류의 보고서를 작성하게 된다. 언어치료사는 의뢰된 대상자에 대해 말, 언어, 의사소통에서의 어려움이 무엇인지에 대해 평가한 후 그 대상자가 관련 영역에서 문제가 있는지, 있다면 어떤 문제인지, 어디에서 기인했는지, 그리고 앞으로의 치료 방향 및 절차는 어떠해야 하는지에 대한 권고를 포함한 평가(진단)보고서를 작성하게 된다. 치료를 시작할 대상자에 대해서는 평가보고서에 근거하여 대상자에게 적절하면서 대상자와 그 가족의 요구를 고려하여 장단기 목표를 수립하기 위한 계획서를 작성한다. 치료가 진행되는 과정에는 각 회기마다 치료 목표 및 치료 절차, 강화 계획 및 준거와 대상자에 대한 반응이 기록된 회기 치료 계획서가 있다. 또 대상자의 목표가 되는 말, 언어, 의사소통 행동이 적절하게 이루어지고 있는지, 수정되어야 하는 목표는 없는지, 치료를 통해 얼마만큼의 진전이 있었는지 등 유지되고 일반화되는 과정을 진전보고서를 통해 기술

[그림 4-1] 언어치료 과정에서 작성해야 할 임상보고서

한다. 마지막으로 치료 목표가 달성되거나 대상자가 다른 기관이나 다른 교육으로 의뢰되는 등의 이유로 치료를 종결할 때의 종결보고서까지 작성해야 한다. [그림 4-1]은 언어치료 과정 동안 작성해야 할 보고서를 순서에 따라 나열한 것이다.

2) 연구보고서

연구란 연구자가 알고 싶어 하는 무엇인가를 위해 정보나 자료를 수집 · 분석하고 체계적이고 논리적인 방법으로 증거를 확인하여 이론으로 정립하는 작업을 말한다. 언어병리학 분야에서의 연구 작업은 크게 특정 장애군의 중재 전과 후의 점수를 비교하거나 통제집단과 실험집단의 점수를 비교하여 중재의 효과를 입증하는 집단 연구와 소수의 대상자에게 중재를 실시하여 기초선 조건에서의 수행 점수와 중재 조건에서의 수행 점수를 비교하여 그 변화 추세로 중재의 효과를 입증하는 단일대상 연구 방법이 대표적이다. 이러한 연구 작업을 수행할 때도 연구 대상자에 대한 평가 및 치료에 대한 보고서가 가장 중요한 작업이 되기 때문에 연구보고서도 보고서의 중요한 역할 중 하나가 된다(윤혜련, 2005).

일반적으로 연구 논문은 논문집 게재를 통해서 출판을 하는 데 목적을 두고 있다. 특히 논문집 게재는 전문 심사위원의 심사를 거치는 등의 경쟁적인 과정을 거쳐 결정되기 때문에 연구 논문의 첫 번째 독자는 논문의 주제와 관련된 전문가라고 할 수 있으며, 일단 출판된 후에는 논문 주제에 관심을 지닌 모든 사람이 독자가 될 수 있다(이소현, 박은혜, 김영태, 2000). 언어병리학 분야에서 발간되는 학술논문집에는 한국언어청각임상학회의 『언어청각장애연구』, 한국언어치료학회의 『언어치료연구』, 한국음성학회의 『말소리와 음성과학』 등이 있으며, 한국언어장애전문가협회에서는 『언어치료 임상논문집』이 출판되고 있다.

연구보고서는 크게 연구 제목, 서론, 연구 방법, 연구 결과, 논의 및 결론, 참고문헌 등의 내용을 담고 있어야 한다. 〈표 4-1〉은 『언어치료 임상논문집』에서 제시한 임상논문 작성법에 관한 지침이다.

〈표 4-1〉 임상논문 작성법

Ⅰ. 서론
 1. 연구 주제 서술
 2. 연구 주제와 관련된 주요 선행연구에 대한 간략한 문헌 검토
 3. 연구 목적이나 의의(임상적 활용 방안 및 가치)

Ⅱ. 연구 방법
 1. 연구 대상(수, 연령, 성별, 연구 결과에 영향을 미칠 수 있는 대상자의 기능 수준 등)
 2. 실험 환경
 3. 실험 절차
  1) 전반적인 선행 조건
  2) 목표 행동에 대한 정의와 설명
  3) 종속변인과 신뢰도 측정 방법
  4) 실험조건에 대한 설명

Ⅲ. 연구 결과
 1. 종속변인의 변화(목표 행동의 변화)
 2. 함께 제시된 그림이나 표의 중요한 특성에 대한 설명

Ⅵ. 논의 및 결론
 연구 문제에 대하여 연구 방법대로 시도한 결과가 어떤 의미를 가지는지 설명 및 해석
  1) 연구 결과를 기존의 문헌들과 비교
  2) 연구 결과가 현장 및 학문적 연구에 미치는 기여도 및 시사점
  3) 본 연구의 후속으로 이루어져야 할 연구
  4) 연구 결과를 해석할 때 주의해야 할 점

Ⅴ. 참고문헌

출처: 한국언어장애전문가협회편(2006). 『언어치료 임상논문 연구 방법 워크숍 지도집』. 한국언어치료전문가협회.

3) 의뢰서와 소견서

대상자와 관련된 정보는 대상자를 다른 기관이나 다른 언어치료사, 관련 전문가에게 의뢰할 경우, 혹은 학교나 유치원 선생님에게 대상자에 대한 정보를 줄 경우 의뢰서를 통해 전달된다.

대상자에 대한 말, 언어, 의사소통 평가 및 치료를 하면서 때때로 더 전문적이고 세부적인 평가가 필요한 경우가 있다. 이때는 관련 전문가에게 의뢰함으로써 말·언어 문제에 영향을 미치거나 미칠 수 있는 문제가 무엇인지, 그리고 최소화할 수 있는 방법이 있는지, 있다면 어떻게 해야 하는지에 대해 도움을 받을 수 있다. 예를 들어, 과대비성 문제로 대상자의 구강 기능 및 구조를 평가하다가 점막하 구개열이 의심되는 징후를 발견할 수 있다. 이때 이비인후과나 구강외과에 의뢰하여 좀 더 전문적이고 정확한 진단을 받아야 한다. 관련 전문가에게 의뢰할 때 대상자를 의뢰한 이유와 대상자에 대한 평가 결과를 함께 보낸다면 대상자를 관련 전문가가 평가·진단하는 데 도움이 될 것이다.

한 기관에서 언어치료를 받던 대상자가 다른 기관의 언어치료사에게 의뢰되거나 다른 교육 또는 치료를 받게 된다면, 언어치료사는 초기 대상자가 처음 의뢰되었을 때의 보고서와 지금의 기관에서 종결될 당시의 말, 언어, 의사소통 능력에 대한 전반적인 정보를 제공할 수 있다. 예를 들어, 대상자가 이사를 가게 되면서 다른 언어치료사에게 치료나 교육을 받게 되는 경우가 있다. 이때 대상자가 처음부터 말, 언어, 의사소통에 대한 모든 평가를 다시 받고 이를 통해 새롭게 목표를 설정하는 것이 아니라, 이전의 평가 결과와 치료 목표 및 치료가 진행되는 과정 동안의 목표에 따른 수행력의 변화를 보고 현 대상자에 대한 평가와 치료 방향을 수립하게 된다면 시간적으로나 경제적으로 훨씬 도움이 된다.

의뢰서는 편지 형식으로 작성하여 유치원이나 학교, 직장으로 보낼 수 있다. 이는 대상자가 주로 생활하는 환경에서 대상자와 관련된 사람들이 대상자의 말, 언어, 의사소통 문제를 이해하여 적절한 방향으로 도움을 줄 수 있도록 하는 데 목적이 있다.

의뢰서를 작성할 때에는 보고서를 읽는 사람에 따라 길이, 내용, 형식을 고려하여 작성해야 하고, 맞춤법과 문법을 정확하게 사용하여 간결하고 명확한 문체로 작성해야 한다. 의뢰서에는 대상자의 이름과 생년월일, 연락처, 그리고 말, 언어, 의사소통 능력, 의뢰하는 사람의 주소와 연락처, 서명, 날짜를 함께 기록한다.

평가의뢰서

날　　짜: ____________ 성　　명: ____________

생년월일: ____________ 주　　소: ______________________________

존경하는 홍길동 박사님,

정누리 아동의 발달 및 심리검사를 위해 박사님께 의뢰하고자 합니다.

본 여아는 2007년 4월 24일에 언어평가를 받았으며, 현재 언어 수준은 생활연령에 비해 2년 정도 지체를 보이고 있습니다. 언어검사 시 지시어 이해가 부족하고 과제에 잘 집중하지 못하며, 의미 없는 말을 반복하는 행동이 관찰되었습니다. 언어치료를 시작하기 전에 발달 및 심리평가가 필요할 것으로 사료됩니다. 아동의 평가 결과에 대한 정보를 보내 주시면 감사하겠습니다.

안녕히 계십시오.

언어치료사 ○○○

가나다 언어치료실 전화: 02-123-4567

2. 보고서 작성의 원칙

앞에서 보고서를 쓰는 목적에 대해 살펴보았다면 지금부터는 그러한 보고서를 각각의 목적에 맞게 어떻게 작성해야 하는지에 대해 살펴보겠다.

Knepflar와 May(1992)는 보고서가 간결하고 통합적이며 잘 조직화되어야 하며, 무엇보다 거짓 없이 대상자에 대한 정보를 그대로 드러내도록 쓰는 것이 중요하다고 하였다. 보고서는 언어치료사가 자신이 치료하는 대상자에 관한 정보를 가장 잘 보여 줄 수 있는 기록이며, 다른 전문가와의 의사소통을 가장 잘할 수 있는 매체다. 평가하고 치료하는 동안에 나타난 대상자의 말, 언어, 의사소통 능력을 기록하는 보고서는 대상자에 대한 정보가 전혀 없는 사람까지도 마치 대상자에 대한 평가와 치료를 직접 관찰하는 것처럼 느낄 수 있도록 명확하고 쉽게 이해할 수 있게 써야 한다. 명확하고 간결하며 잘 조직화된 보고서를 쓰기 위해서는 적절한 용어의 사용, 보고서의 구성과 형식, 보고서에 맞는 문체를 공부하고 연습해야 한다. 이러한 연습을 통해 얻은 보고서 작성 기술은 효과적이며 정확한 보고서를 작성하는 데 도움을 줄 것이다.

종종 언어치료사를 평가할 때 보고서에 근거해서 판단할 때가 있다. 왜냐하면, 보고서를 통해 대상자가 어떤 평가와 치료를 받아 왔는지를 알게 되는데, 보고서에서 필요한 정보가 빠져 있거나 오류가 발견된다면 보고서를 쓴 언어치료사를 신뢰하기 어렵기 때문이다. 이럴 경우 이전의 언어치료사에 대한 신뢰 부족으로 대상자를 다시 평가해야 하는 경우가 발생하기도 한다. 이때 대상자의 입장에서는 시간 낭비일 뿐 아니라 경제적 손실을 감수해야 한다. 더욱이 얼마 전에 받았던 언어평가를 다시 받아야 하기 때문에 언어평가 결과에 대한 신뢰성마저도 떨어질 수 있다. 그렇다면 구체적으로 보고서를 어떻게 작성해야 하는지에 대해 알아보자.

언어치료사로서의 윤리를 지킨다. 대상자에 대한 정보는 보고서라는 문서를 통해 기록이 남게 되며 다른 사람과 의사소통하는 매개체로서 효과적으로 사용된다. 언어치료사는 사람과 함께하는 직업이고, 특히 개인에 대한 정보를 다루다 보니 윤리적인 책임이 있기에 정보를 작성하고 관리하고 전달하는 과정에서 그 중요성을 인식하고 책임을 져야 한다. 보고서를 작성하고 나서는 항상 작성한 사람이 누구인지도 함께 기록해야 한다. 보고서를 보관할 때도 각 기관에 맞게 분류하여 보관하며, 개인에 대한 정보이기 때문에 함부로 보고서가 누출되지 않도록 주의해야 한다.

한국언어장애전문가협회에서 채택하고 있는 윤리강령 중 보고서 작성과 관련해서 언어치료사가 갖추어야 할 윤리적 덕목은 다음과 같다.

8. 언어치료사는 개별 대상자에게 제공한 전문직 봉사의 내용을 정확하게 기록 · 유지해야 하며, 관계 법령 또는 규정에 따라 합법적인 요청이 있을 경우에는 이를 제시할 수 있어야 한다. 전문직 봉사에 대한 기록은 작성한 날로부터 20년 이상 보관하여야 한다.
9. 언어치료사는 개별 대상자에 대한 전문직 봉사의 내용과 대상자에 대하여 알게 된 사적인 정보를 공개하거나 의도적 또는 비의도적으로 누설하여서는 안 된다. 다만, 관계 법령 또는 규정에 의하여 합법적인 요청이 있을 경우와 공개하는 것이 대상자 자신의 권익과 복리를 결정적으로 보호할 수 있다는 확신이 서는 경우는 예외로 한다.

(한국언어장애전문가협회 언어치료사 윤리강령 중에서 발췌)

각 보고서의 목적에 맞는 윤곽을 먼저 잡는 것이 중요하다. 보고서를 작성할 때에는 '왜 이 보고서를 작성하는가?'를 염두에 두고 보고서를 작성해야 한다. 보고서의 목적에 따라 윤곽과 구성 내용이 달라질 수 있기 때문이다. 보고서의 윤곽은 일관성 있으며 조직적이어야 하고 순서에 맞게 나열되어야 한다. 처음에 윤곽을 먼저 잡게 되면 불필요한 내용을 줄일 수 있고 필요한 정보만을 넣게 되므로 보고서를 작성하는 시간을 줄일 수 있다. 보고서의 목적에 맞게 윤곽을 잡고 난 후에는 그에 필요한 구체적인 내용을 기입해야 한다. 일단 윤곽이 완성되면 가능한 한 빨리 평가한 내용을 윤곽에 맞춰 채워 넣어야 한다. 언어치료 실습학생과 같이 경험이 적은 경우 한번에 보고서를 완성하려는 욕심을 버리고 일단 초벌 보고서를 작성한 다음에 다시 완성된 보고서를 작성하는 것이 바람직하다. 윤곽을 먼저 잡는 것은 결과적으로 보고서를 신속하고 정확하게, 그리고 쉽게 작성할 수 있게 하고, 구성 항목에 요구되는 정보를 기입하기 때문에 중요한 정보를 빠뜨릴 염려를 하지 않아도 된다. 뿐만 아니라 읽는 사람의 입장에서도 정확한 정보를 빠르고 쉽게 파악할 수 있게 된다. 〈이렇게 해 보세요!〉에 언어치료 실습학생이 작성한 보고서 윤곽과 그에 대한 임상감독자의 조언 내용을 제시하였다.

공식적인 보고서 형식을 사용한다. 보고서는 공식적인 형식을 사용하여 작성한다. 대체로 언어치료사가 속한 기관에서 사용하는 보고서 형식을 사용하는 것

〈이렇게 해 보세요!〉

언어치료 실습학생이 작성한 전체 보고서 윤곽	임상감독자의 조언
진단 및 평가 보고서 1. 배경 정보 2. 평가 시 태도 3. 평가 절차 4. 검사 결과 1) MBCDI-K(영유아용) 2) 영유아언어발달검사(SELSI) 3) EASIC 4) CSBS 5) 기타[1)] 5. 임상적인 인상 및 예후[2)] 6. 언어적 진단 7. 권고 사항	1) 보고서의 작성 형식에 맞게 말 산출 구조 및 기능, 조음, 음성, 유창성, 청력 등으로 나누어 제시한다. 객관적으로 평가하지 못하였거나 문제가 관찰되지 않은 경우에는 기술을 생략하지 말고 '평가하지 못했음' 또는 '문제가 관찰되지 않았음'이라고 명시한다. 2) '임상적인 인상 및 요약' 으로 한다.

이 좋다. 대상자가 의뢰되는 순간부터 종결될 때까지 필요한 모든 보고서가 한 기관에서 한 가지 형식으로 일관되게 작성된다면 여러 가지 이점이 있다. 우선 형식을 미리 갖추고 있기 때문에 같은 기관에서 일하는 다른 사람이 보더라도 필요한 정보를 한눈에 찾을 수 있다. 또 보고서를 작성할 때마다 들어가야 할 항목을 계획하지 않아도 되기 때문에 시간 낭비를 줄일 수 있다. 언어치료 실습학생의 경우는 학교나 한국언어장애전문가협회에서 작성하는 형식을 사용한다면 미리 갖추어진 형식에 내용만을 채워 넣어도 되므로 보고서 작성이 쉬워질 것이다.

각 기관에서 사용하는 보고서 형식을 따르는 것이 무엇보다 우선되어야 하겠지만 언어치료사로서의 전문성을 발휘하는 것도 중요하다. 언어치료사들이 임상현장에서 만나는 대상자는 매우 다양하다. 이러한 대상자를 평가하고 치료하는 보고서를 작성할 때, 모든 대상자에게 공통적으로 필요한 형식도 있겠지만 개별 대상자의 특성과 관련해서 꼭 필요한 정보가 다를 수도 있다. 이 경우 기관의 형식을 따라야 한다는 원칙 때문에 중요한 개별 정보를 사장시켜 버릴 수는 없다. 따라서 개별 대상자의 현재 수준과 치료 과정을 이해하기 위해 꼭 필요한 정보는 전문가의 판단에 따라서 적절한 방법으로 보고서에 기록해 두어야 한다.

읽는 사람을 고려하여 작성한다. 보고서는 대상자에 대한 정보를 언어치료사나 다른 관련 전문가에게 전달하려는 목적으로 작성되는 것이다. 뿐만 아니라 가족이나 교사, 보험이나 군입대 문제와 관련된 일에 종사하는 사람들같이 언어치료 분야에 대한 전문지식이 없는 비전문가에게 보고서를 통해 대상자의 정보를 전달해야 하는 경우도 있다. 그렇기 때문에 보고서를 읽는 사람이 누구인지에 따라 용어와 내용, 문체를 항상 고려해야 한다. Knepflar와 May(1992)는 읽을 사람의 배경은 무엇인가, 읽을 사람이 알고 있는 전문용어와 개념은 무엇인가, 읽을 사람이 가장 중점을 두고 있는 것은 무엇인가와 같은 사항을 염두에 두면서 보고서를 작성해야 한다고 하였다. Roth와 Worthington(2005)은 동료 언어치료사를 비롯한 전문가에게는 전문용어를 사용해야 하지만 가족이나 비전문가에게는 간단한 설명과 분명한 예를 포함한 보고서의 작성이 유용하다고 하였다.

문장은 짧고 알기 쉽게 쓰고 맞춤법에 맞게 작성한다. 보고서의 문장은 짧고 쉽게 표현되어야 보고서를 읽는 사람이 대상자에 대한 정보를 정확하게 파악하고 이해할 수 있다. 접속사를 여러 번 사용해서 문장을 길게 늘이거나 미사여구로 문장을 꾸미는 것은 보고서의 올바른 작성 방식이 아니다. 틀린 맞춤법이나 컴퓨터로 작성할 때 교정되지 않고 나타난 오자는 보고서와 보고서를 작성한 사람에 대해 신뢰성을 떨어뜨릴 수 있으므로 항상 정확하게 작성하도록 노력해야 한다. 보고서 작성 시 유의해야 할 표현기술을 살펴보면 다음과 같다(Roth & Worthington, 2005 참고).

〈보고서 문장 작성법〉

- 대화체로 쓰지 않도록 한다.
  (예: '듣기에 유아적이고 혀 짧은 소리를 낸다고 합니다.' → '소리를 낸다고 한다.'
  '말귀를 못 알아듣는다고 한다.' → '말을 이해하지 못한다고 한다.')
- 맞춤법이나 구두점, 문법 표현이 정확한 문장을 사용한다.
  (예: '어려서 수술도 여러 차례 했고' → '어려서 수술도 여러 차례 받았고')
- 한 문장에는 하나의 생각을 담아서 간단한 문장으로 표현한다.
  (예: '출생 전후에 큰 문제는 없었으나 신체발달과 신변 처리가 늦되었고, 옹알이나

첫 낱말 등 언어발달도 늦되었다고 하는데 그 정확한 시기는 부모가 잘 기억하지 못하고 있고, 가족 중 엄마가 언어나 다른 발달 면에서 늦됨이 있었다고 한다.' → '출생 전후에 큰 문제는 없었으나 신체발달과 신변 처리가 늦었다고 한다. 언어발달 면에서 옹알이나 첫 낱말 시기가 늦은 편이었는데, 그 정확한 시기는 부모가 잘 기억하지 못한다고 하였다. 그리고 가족 중 엄마가 언어나 다른 발달 면에서 늦되었었다고 한다.')

객관적인 태도를 유지하고 적절한 용어를 선택하여 작성한다. 보고서를 작성할 때는 주관성을 최대한 배제하고 객관적인 태도를 유지해야 한다. 객관적인 보고서는 읽는 사람으로 하여금 평가 결과뿐 아니라 평가자에 대해서도 신뢰감을 형성시킬 수 있다. 진단보고서에서는 검사 결과를 객관적인 수치 자료로 정확히 제시하고, 표준화 검사일 경우 규준을 정확히 제시해서 평가 결과와 비교할 수 있도록 작성해야 한다. 또한 치료 계획서나 진전보고서 또는 종결보고서에서는 관찰 가능한 수행 기준을 설정하고, 수행 결과도 정확한 자료에 근거해서 제시해야 한다.

보고서에 들어가는 내용은 구체적이어야 한다. 현재 언어치료 분야에서 사용되고 있는 용어를 사용하며, 외래어나 읽는 사람이 모르는 용어, 혼란을 줄 수 있는 약자는 사용하지 않는다. '~것 같다'와 같은 애매한 표현과 과장된 수식어도 피해야 한다. 보고서 작성 시 태도와 용어 사용에서 유의해야 할 표현기술을 살펴보면 다음과 같다(Roth & Worthington, 2005 참고).

〈보고서 작성 태도 및 용어 사용〉

- 제3자의 관점에서 객관적으로 기술한다.
  (예: '나는 아동용 조음검사를 했다.' → '아동용 조음검사를 실시했다.')
- 검사도구 이름이 처음 제시될 때는 전체 이름을 제시하고, 다음부터는 두문자나 축약어를 사용한다.
- 관찰 가능하고 측정 가능한 용어를 사용한다.
  (예: '목표 어휘 100개 중에서 90개를 듣고 이해한다.' → '목표 어휘 100개 중에서 90개를 듣고 보기 그림 중에서 고를 수 있다.')
- 보고받은 것과 직접 관찰해서 얻은 정보를 다르게 표현해야 한다.
  (예: '다운증후군을 동반하고 있고 모든 발달이 또래에 비해 늦었다.' → '이모 보고

에 의하면 다운증후군을 …… 늦었다고 한다.')
- 결과 보고에 없는 내용을 요약 정보에 제공하지 않는다.
- 구체적이고 모호하지 않은 객관적인 언어를 사용한다.
  (예: '다소 지체되어 있다.' → '1년 이상 지체되어 있다.'
  '표현언어가 이해언어보다 크게 지체되지는 않는 것 같다. → '표현언어가 이해언어보다 지체되지는 않았다.')
- 지나치게 과장된 표현은 사용하지 않는다.
  (예: '완전히' '절대로' '결코' 등의 어휘는 사용하지 않는 것이 바람직하다.)
- 강점과 약점에 대한 정보를 모두 제공한다.
  (예: '위치부사어의 사용이나 조건연결어미의 사용 및 반대말 사용에서 수행에 어려움을 보였다.' → '시간부사어의 사용이나 대등연결어미, 종속연결어미 등은 적절히 사용하였으나 …… 수행에 어려움을 보였다.')

반드시 교정 절차를 거친다. 보고서를 작성한 후 파일링을 하거나 감독자에게 제출하기 전에 마지막으로 교정을 보아 잘못된 부분이 있다면 수정해야 한다. 교정은 보고서를 읽는 사람의 입장에서 객관적으로 다시 한 번 검토함으로써 좀 더 정확한 정보를 전달하려는 데 목적이 있다. 바쁜 임상현장에서는 보고서를 제출할 시간이 넉넉하지 않아 교정을 꼼꼼하게 보지 못하는 경우가 많은 것이 사실이다. 하지만 중요한 정보가 빠진다거나 맞춤법이나 오타 실수로 보고서의 내용과 작성자의 기본 소양이 평가절하될 여지가 많다. 이러한 문제를 최소화하기 위해서 교정 과정은 반드시 필요하다. 교정은 다음과 같은 세 가지 목적으로 실시한다.

- 보고서의 구조나 내용이 적절한지를 살핀다.
- 표현을 수정함으로써 올바른 표현으로 작성한다.
- 보고서에 맞는 형식인지를 다시 검토한다.

언어치료 실습학생의 경우 자신이 보고서를 작성하고 감독자에게 제출하기 전에 스스로 자신의 보고서를 교정해야 한다. 다음은 Roth와 Worthington(2005)이 보고서를 교정할 때 유의해야 할 점을 제시한 것이다.

〈교정 시 점검 사항〉

- 맞춤법이나 문법, 구두점을 정확히 사용하였는가?
- 전문용어를 정확하게 사용하였는가?
- 사용된 단어나 문장이 지나치게 장황하게 표현되지는 않았는가?
- 문장이 너무 길고 산만해서 말하려는 초점이 흐려지고 있지 않은가?
- 대상자의 주요 정보가 빠지지 않았는가?
- 각 항목과 관련없는 정보가 포함되어 있지는 않은가?
- 한 단락에서 다음 단락으로 넘어갈 때 논리적으로 이어지는가?
- 원자료를 보고하지 않은 채 해석만 하지는 않았는가?
- 모든 결과와 가정이 충분한 자료에 의해 뒷받침되고 있는가?
- 분명하게 확인된 구체적인 진술인가?
- 적절한 설명 없이 모순된 진술이 포함되지는 않았는가?
- 어법이 명확한가? 또는 애매한 진술은 없는가?
- 내용을 적절하게 강조하였는가?
- 윤리적이고 법적으로 고려해야 할 사항을 염두에 두고 작성되었는가?

좋은 보고서를 참고한다. 잘 작성된 보고서를 많이 읽는 것은 좋은 보고서를 쓰는 시작점이라고 할 수 있다. 언어치료 실습학생은 보고서를 처음 작성할 때 많은 어려움을 느낀다. 그러므로 선배 언어치료사나 임상감독자가 작성한 좋은 보고서를 많이 읽어 보거나 또 제대로 작성되지 않은 보고서에 대해서는 다시 한 번 기술해 보는 것도 좋은 보고서를 쓰는 하나의 방법이다. 각 목적에 따라 작성된 보고서, 병원이나 복지관, 학교, 사설 치료실과 같은 특정 기관에서 사용하는 보고서, 그리고 다양한 목적에 맞게 쓰인 의뢰서의 형식과 내용, 표현을 통해 어떻게 기술해야 하는지를 보는 것은 이후의 보고서 작성에 도움이 된다.

3. 임상보고서 작성

1) 기본 신상 정보 및 배경 정보

기본 신상 정보와 배경 정보는 모든 임상보고서에 공통적으로 포함되어야 할 항목이다. 우선 이 두 공통 항목에 대해 살펴보자.

기본 신상 정보 보고서의 첫 부분에는 대상자 정보를 기록한다. 여기에는 대상자의 이름, 성별, 생년월일, 연령, 주소, 전화번호, 진단명, 평가/치료 날짜, 보고서 작성일, 작성자의 이름과 임상감독자의 이름, 그리고 대상자를 의뢰한 기관이 있다면 의뢰기관을 기록한다. 진단명을 쓸 때에는 심사숙고하여 기재하도록 해야 한다. 또한 진단명은 언어진단명을 써야 한다. 예를 들어, 진단명을 '뇌성마비' '청각장애'로 쓰는 것이 아니라 '뇌성마비를 동반한 언어발달장애' '청각장애를 동반한 언어발달장애'와 같이 기재한다. 회기보고서에는 치료 회기 수, 진전(종결)보고서의 경우에는 참여한 치료 회기 수/목표로 한 치료 회기 수도 기술한다.

배경 정보 배경 정보는 진단보고서의 필수적인 부분이고, 진전(종결)보고서에서도 진단보고서만큼 자세하게 쓰지는 않지만 언어 문제와 관련된 부분에 대해서는 간략하게 기술한다. 배경 정보에서는 대상자의 주요 의사소통 문제, 발달력, 언어장애를 야기한 요인이나 관련 정보, 병력, 진단 및 교육력 등을 제시한다.

- 발달력은 주로 대상자가 아동일 경우에 기술한다. 임신 중, 출산 중, 출산 후에 문제가 있는지, 있었다면 어떤 문제인지를 기록한다. 특히, 언어발달과 관련된 부분은 상세하게 기술한다. 하지만 성인의 경우는 발달의 전체적인 부분을 언급하기보다는 현재의 언어 문제와 관련된 부분에 초점을 맞추어 기록한다.
- 대상자의 병력 혹은 진단명, 가족력, 교육력에 대한 정보를 기록하며, 대상자

가 이전에 언어 문제와 관련하여 평가나 치료를 받았다면 그 기관에서 얻은 정보를 기록한다. 배경 정보에서 대상자, 대상자의 가족이나 다른 의뢰기관에서 얻은 정보라면 '~보고에 의하면, ~라고 한다.'고 적는다. 다른 기관에서 얻은 정보를 기록한다면 기관, 전문가의 이름, 보고서가 작성된 날짜를 함께 기록한다. 대상자가 이전에 언어치료를 받았다면 어느 기관에서 어느 정도의 기간 동안 받았는지도 함께 기록하고 교육 정도나 직업도 기술한다.

2) 평가보고서

평가보고서의 목적 대상자가 처음 의뢰되어 평가를 한 후에는 대상자에 대한 평가보고서를 작성한다. 평가보고서는 의뢰된 대상자의 말·언어 문제가 있는지를 알아보고, 만일 언어 문제가 있다면 구체적으로 무엇이며 장애 정도는 어떠한지를 여러 가지 진단도구를 통해 평가하고 그 결과를 바탕으로 앞으로의 교육과 치료에 대한 방향을 제시·권고하는 것이다. 평가보고서는 배경 정보, 평가 절차, 평가 결과, 요약과 임상적 인상, 그리고 권고 사항을 포함한다. 여러 전문가가 모여 대상자에 대한 진단 및 치료를 논의할 때 이 평가보고서는 대상자의 말, 언어, 의사소통의 전반적인 사항을 제공하므로 항상 읽는 사람을 고려하여 전문가다운 입장에서 기술해야 한다. 예를 들어, 교통사고로 마비말장애와 실어증으로 진단받은 성인 환자에 대해 의사, 작업치료사, 물리치료사, 사회복지사 등과 함께 논의하는 자리에서 환자의 말·언어 능력에 대한 보고서는 앞으로 환자의 치료 방향을 결정하는 데 중요한 역할을 한다.

언어치료실에 의뢰되어 오는 모든 환자의 평가보고서는 반드시 보관하고 있어야 한다. 이는 대상자가 의뢰되어 온 시점 혹은 치료를 시작하는 시점에 대한 기초선을 제공하기 때문이다. 또한 치료가 진행된 후 얼마만큼의 진전이 있었는지에 대한 증거가 될 수 있다. 평가보고서에는 다른 기관에서 다른 언어치료사에게 받은 보고서가 있다면 복사하여 함께 묶어 둔다.

평가보고서의 내용 평가보고서의 전반부에는 개인에 관한 초기 정보와 지금까지 받았던 교육이나 치료에 대한 요약이 기술되어야 한다. 대상자의 발달력, 병력, 가족력, 치료력, 현재의 말 · 언어 · 의사소통 문제, 현재의 직장 · 학교 · 생활환경에서의 문제, 이전에 다른 전문가나 기관에서 받은 평가와 치료, 진전기록이 있다면 모두 포함되어야 한다. 대상자가 지닌 문제는 모두 기록한다. 이렇게 하여 나타난 문제는 이후의 평가, 치료 계획, 대상자와 가족의 교육에 대한 근거가 될 뿐 아니라 초기 치료 계획에 포함된다. 〈표 4-2〉에는 평가보고서에 포함해야 할 항목이 제시되어 있다.

〈표 4-2〉 평가보고서에 포함해야 할 항목

① 대상자 기본 정보	⑤ 평가 결과: 말, 언어 및 의사소통 능력
② 배경 정보	말기관의 이상 유무/청력검사
③ 평가 절차	⑥ 요약 및 임상적 인상
④ 평가 시 대상자의 태도	⑦ 권고 사항

평가 절차 평가 절차는 평가 시 사용한 검사도구를 중심으로 기술한다. 절차를 기술할 때는 영역별로 사용한 공식적인 검사도구뿐 아니라 비공식적으로 실시한 평가 절차까지 포함하여야 한다. 공식적 검사도구를 기술할 때는 검사도구의 전체 이름을 모두 써 주고, 저자와 발행 연도 등을 기입해 주어야 한다.

평가 시 대상자의 태도 평가 시 대상자의 태도는 외모를 자세히 기록하는 것보다 평가하는 동안 객관적으로 관찰된 내용을 중심으로 기술해야 하며, 특히 평가자와의 상호작용 과정에 초점을 맞추어 서술해 주는 것이 좋다. 평가 과제를 대하는 태도, 과제 집중도 등 평가 내용에 도움이 될 만한 내용 등도 간략히 기술해 주는 것이 필요하다.

평가 결과 평가 결과는 분석하여 말 · 언어 문제가 무엇인지를 구체적으로 확인한다. 말, 언어, 의사소통 문제에 대해서는 기간, 빈도, 장애 정도를 기록하고 구체적으로 예를 제시한다. 표준화된 공식 검사와 비공식 검사를 통한 검사 결과를 기록한다. 표준화된 공식 검사의 결과를 기록할 때 원점수만을 기록하는 것이 아니라 검사도구 매뉴얼에 제시된 백분위수, 표준편차를 이용하여 그 원점수가 의미하는 바를 기록한다.

대상자가 모든 영역의 말·언어 평가를 받을 필요가 없다면 문제가 나타나지 않은 영역에 대해 "평가하는 동안 ○○ 영역에서는 문제점이 관찰되지 않았다."라고 짧게 언급하는 것이 좋다. 예를 들어, 유창성을 주 문제로 한 아동의 경우 음성의 영역에서 문제가 없다면 "평가하는 동안 음성의 문제는 관찰되지 않았다."라고 짧게 기록할 수 있다. 여기에서 '평가하는 동안'이란 말을 쓰는 것이 중요한데, 이는 이후에 대상자에게 문제가 나타날 수 있기 때문에 현 시점에서 문제가 관찰되지 않았다는 기록이 필요하다. 모든 영역에 대해 언급함으로써 주요 정보를 빠뜨리지 않도록 하는 것이 중요하다. 언어발달장애가 주문제인 아동의 경우 유창성 문제나 낱말 찾기에 어려움을 보일 수 있으므로 각 영역을 모두 언급함으로써 현재 아동의 전반적인 말, 언어 영역의 프로파일과 함께 야기될 수 있는 부분이나 간과할 수 있는 부분을 잊지 않도록 한다.

요약 및 임상적 인상　요약 및 임상적 인상에서는 평가를 통해 얻은 정보를 요약하고 해석하는데, 대상자의 말·언어 문제에 대한 간결한 설명과 장애 정도, 그리고 원인을 기록한다. 요약은 평가 결과를 그대로 옮기는 것이 아니라 전반적인 말·언어 능력을 요약하고 해석하여 보여 주는 것이다. 그러므로 이전의 평가 결과에서 서술된 내용을 그대로 옮겨 적거나 결과에서 서술되지 않은 부분을 갑자기 요약에서 언급하지 않도록 한다. 먼저 말·언어 문제가 있는지에 대해 언급하고, 문제가 있다면 어떤 언어장애 유형과 어느 정도의 지체 또는 장애를 보이는지를 요약한다.

권고 사항　권고 사항에서는 평가를 통해 나타난 결과를 바탕으로 앞으로 언어치료가 필요한지, 필요하다면 앞으로 진행될 치료의 목표와 기간 및 횟수를 기록하고 권고되는 치료 프로그램의 유형과 정도를 언급한다. 부가적인 심화평가가 필요하다면 기록하고, 다른 관련 기관에서의 평가가 필요하다면 관련 기관으로 의뢰한다는 기록도 함께 작성한다. 또한 가족이 대상자를 위해 해 줄 수 있는 것이 있다면 그 내용도 기록한다.

이 장의 뒷부분에 평가보고서 작성 예가 참고자료로 수록되어 있다.

3) 장단기 치료 계획서

장단기 치료 계획서의 목적 평가보고서를 통해 나타난 결과에 근거하여 대상자의 장단기 목표를 수립하고 이러한 목표를 수행하기 위해 사용되는 치료 방법, 절차, 강화 및 준거에 대해 기록하는 것이 장단기 치료 계획서다. 장단기 치료 계획서에 포함되어야 할 항목은 우선 대상자의 기본 정보, 현행 수준, 장단기 목표, 단기목표에 대한 세부 활동 계획 및 강화 절차 등이다. 장단기 치료 계획서를 작성할 때는 무엇보다 치료 대상자의 말·언어 평가 결과를 구체적이고 객관적으로 숙지하고 있어야 한다. 평가 결과가 장단기 목표의 설정 근거가 되어야 하며, 치료 대상자의 의사소통 능력을 향상시키기 위해 우선적으로 치료되어야 하는 이유 역시 논리적으로 설명될 수 있어야 한다.

장단기 치료 계획서의 내용 장단기 치료 계획서는 대부분 6개월이나 1년 안에 아동이 치료를 통해서 습득할 것이라고 기대되는 말, 언어 수준을 설정하기 위해 작성한다. 장기목표는 궁극적으로 대상자의 의사소통 능력을 최대로 정상화(normaliazation)하고 기능적인 수준에 도달하는 데 있으며, 해당 기간 동안 여러 영역 중에 치료 대상자의 의사소통 능력을 향상시키기 위해 우선순위를 두고 치료해야 할 목표가 무엇인지를 설정하는 것이 가장 중요하다. 장단기 목표 수립 시 간과해서는 안 되는 것은 치료 대상자나 보호자와 치료 목표에 대해 충분히 논의함으로써 그들의 요구 사항을 충분히 반영하고 치료사의 의도를 충분히 이해시키는 것이다. 이러한 논의 과정은 다른 관련 전문가들에게도 마찬가지로 적용되어야 한다.

현행 수준 현행 수준에는 치료 대상자의 현행 말, 언어, 의사소통 수행 능력을 기술해야 한다. 이는 각 언어 및 의사소통 영역에서 대상자의 강점과 약점이 무엇인지에 초점을 맞춰야 할 뿐 아니라 장기목표와 긴밀히 관련된 내용이어야 하며, 간략하게 기술하는 것이 좋다.

장기목표　장기목표는 무엇보다 해당 기간 내 달성할 수 있는 현실 가능한 목표여야 한다. 6개월에서 1년 정도의 치료기간 동안 서너 가지 정도의 장기목표를 설정하는 것이 일반적이나 각 대상자의 특성에 맞게 조절하는 것도 중요하다. 또한 장기목표 중 우선순위가 높은 것을 먼저 제시하는 것이 바람직하다.

단기목표　단기목표는 장기목표에 해당하는 말·언어 능력을 습득하기 위해 수행되어야 할 세부 계획으로 설정된다. 따라서 단기목표는 장기목표와 긴밀히 연관되어야 할 뿐 아니라 몇 단계로 설정된 단기목표의 기준에 도달하였을 때 궁극적으로 장기목표가 실현될 수 있는 내용으로 구성되어야 한다. 단기목표는 '무엇을'(목표 행동), '어떤 조건에서'(맥락이나 상황), '어느 정도'(목표 준거)로 수행하는지에 대해 구체적으로 기술해야 한다.

이 장의 뒷 부분에 장단기 치료 계획서의 예가 참고자료로 수록되어 있다.

〈표 4-3〉 장단기 치료 계획서에 포함해야 할 항목

① 대상자 기본 정보	④ 장기목표에 따른 하위 단기목표
② 현행 수준	⑤ 단기목표의 세부 활동 계획 및 강화 절차
③ 장기목표	

4) 회기 치료 계획서

회기 치료 계획서의 목적　회기 치료 계획서에는 매 회기의 치료 과정에 대해 상세히 기록한다. 회기 치료 계획서에는 아동 정보와 함께 미리 계획된 단기목표를 세부화한 회기 목표가 무엇인지를 기록하며, 치료 절차에 대한 세부 계획을 기록한다. 또한 그 세부 계획의 목표 언어 형태가 무엇인지, 대상자에게 어떤 강화 절차를 사용하였고 준거는 어떠한지를 기록한다. 마지막으로 그 목표가 진행되는 동안 대상자가 어떤 반응을 보였는지를 기록한다. 회기 치료 계획서는 언어치료사가 치료 진행 상황과 대상자의 반응을 지속적으로 모니터할 수 있게 하고, 대상자에게 또 다른 교육 또는 서비스를 제공하는 관련 전문가와 정보를 주고받을 수 있게 해 준다.

회기 치료 계획의 내용 회기 치료 계획서에는 대상자의 기본 정보 외에 치료 기간과 치료 횟수, 시간, 치료 목표, 치료 절차와 대상자 반응, 치료 계획에 대한 대상자의 반응에 대한 요약이 포함된다.

회기 치료 결과 기록은 가능한 한 치료 후에 바로 한다. 왜냐하면, 이를 통해 각 치료 회기에 대한 검토를 할 수 있고, 임상감독자는 이를 통해 수정이 필요한 부분을 수정할 수 있기 때문이다. 기억만을 믿을 수 없고, 많은 사례 업무를 가진 경우에는 나중에 기록할 때 다른 사례와 혼동이 올 수 있기 때문이다.

때로 회기 목표와 함께 장단기 목표를 기술하기도 한다. 장단기 목표는 반드시 기술해야 하는 것은 아니다. 목표는 장단기 계획과 마찬가지로 무엇을, 어떤 조건에서, 어느 정도로 수행하는지로 기술한다.

치료 목표를 실행하는 방법을 무엇을 사용하여 어떤 치료 절차로 실행하는지 기록한다. 반응을 유도하는 자극도 함께 기록한다. 치료 목표를 유도하기 위한 자극물이 그림, 물건, 대화, 글자 자극인지, 또 자극물이 시각적 · 청각적 · 촉각적 자극으로 사용될 것인지도 기록한다. 치료 목표의 수행 정도를 기술할 때는 목표 반응이 모델링을 통한 것이었는지 자발적으로 반응한 것인지를 구별하여 기록한다. 대상자나 보호자의 보모와 요구에 대한 기록이 기술되고 치료 회기 동안 나타난

〈표 4-4〉 회기보고서에 포함해야 할 항목

① 대상자 기본 정보 ② 장기계획 ③ 단기계획	④ 세부 계획(활동 및 맥락) • 세부 계획에 따른 목표 언어 형태 • 강화 절차/준거 • 치료 결과 • 기타

행동이나 언어적 특성은 주관적으로 기록하기도 한다.

이 장의 뒷부분에 회기보고서가 참고자료로 수록되어 있다.

5) 진전(종결)보고서

진전(종결)보고서의 목적 진전보고서는 치료 전과 치료 프로그램이 진행된 후의 수행력에 대한 진전 상황을 볼 수 있게 해 준다. 주기적으로 일정 기간 동안의 치료가 끝난 후에 작성되며 보통 한 학기 단위로 작성된다. 진전보고서는 치료 과정 및 치료 목표, 대상자의 수행력, 치료 권고에 대한 정보를 제공하는 것으로, 치료 목표와 그 치료 목표가 얼마만큼 달성되었는지에 대해 요약한다. 종결보고서의 경우 대상자가 여러 상황에 의해서 치료를 중단하거나 다른 기관으로 의뢰될 때, 또는 치료 목표에 도달하여 치료를 종결할 때 그동안의 치료 계획과 진전 사항을 요약하고 앞으로의 방향에 대해 기록한다.

진전(종결)보고서의 내용 대상자 기본 정보에는 개인 신상 정보와 함께 대상자가 언어치료를 받은 기간과 치료 횟수를 기록하는 것이 중요한데, 치료 횟수는 참여한 치료 횟수/전체 치료 횟수로 기록한다.

진단 시 언어 상태 대상자가 치료를 시작하기 이전의 말·언어 능력에 대해 기술하는 부분이다. 여기에서는 처음 치료를 시작할 당시 대상자의 말·언어 수준을 써야 하는데, 진단보고서에 썼던 것과 같이 세부적인 언급을 할 필요는 없으며 치료를 시작할 당시의 전반적인 말·언어 능력을 기록한다.

〈표 4-5〉 진전(종결)보고서에 포함되어야 할 항목

① 대상자 기본 정보(치료기간, 치료 횟수)	④ 종결 시 언어 상태
② 진단 시 언어 상태	⑤ 앞으로의 계획
③ 치료 목표 및 달성	⑥ 기타

종결 시 언어 상태 종결 시 언어 상태는 장기목표에 따른 각 단기목표를 중심으로 기술하는 것이 바람직하다. 이때 대상자가 도달한 수준과 그 수준에 도달하였다는 자료를 함께 제시한다. 각 목표 영역에서는 치료 전의 수준과 현재의 수준을 비교하는데, 이러한 비교를 통해 대상자가 얼마만큼 진전을 보였는지 기록한다. 또한 말 · 언어 능력을 촉진하기 위해 사용된 치료 절차, 전략, 강화를 함께 기록한다. 표나 그래프를 통해 시각적으로 제시할 수 있다. 이는 치료가 진행되는 동안 변화된 대상자의 목표 행동이 어떠한지를 한눈에 볼 수 있게 해 준다.

앞으로의 계획 앞으로의 계획에서는 앞으로 대상자에게 언어치료를 지속할 것인지, 아니면 목표 준거에 도달하여 치료를 종결할 것인지에 대해 언급한다. 만약 치료가 계속된다면 그에 대한 권고와 함께 구체적인 목표를 제시하고, 관련된 다른 평가가 필요하다면 기록한다. 정기적인 추적 관찰이 필요한 대상자라면 대상자, 보호자와 협의하여 다음 평가 계획을 기록한다. 치료가 대상자에 의해 중단된다면 경제적인 어려움, 낮은 동기 부여, 치료에 대한 불만족 등과 같은 이유를 함께 기록한다. 전반적인 치료 효과에 대한 인상 및 프로파일을 기록하며 앞으로의 치료 방향에 대해서도 언급한다.

이 장의 뒷부분에 진전보고서를 참고자료로 제시하였다.

참고문헌

한국언어치료전문가협회(편)(2006). 언어치료 임상논문 연구방법 워크숍 지도집. 한국언어치료전문가협회.

윤혜련(2005). 진단 및 평가보고서 작성법. 한국언어청각임상협회(편), 언어 · 청능장애 겨울연수회 자료집.

이소현, 박은혜, 김영태(2000). 단일대상연구. 서울: 학지사.

Hedge, M. N. & Davis, D. (1995). *Clinical methods and practicum in speech-language pathology* (2nd ed.). Albany, NY: Tomson Learning.

Pannbacker, M., Middleton, G., Vekovius, G. T., & Sanders, K. L. (2001). *Report writing for speech-language pathologist and audiologist* (2nd ed.). Austin, TX: PRO-ED.

Knepflar, K. J. & May, A. A. (1992). *Report writing in the field of communication disorders: A handbook for students and clinician* (2nd ed.). Rockville, MD: The American Speech-Language-Hearing Association.

Roth, F. P. & Worthington, C. K. (2005). *Treatment resource manual for speech-language pathology* (3rd ed.). New York: Tomson Delmar Learning.

참고자료

평가보고서 사례

평가보고서

아동명: 김○○(성별: 남)	평가일: 20○○년 3월 5일
생년월일: 20○○년 9월 24일(5;5)	보고서 작성일: 20○○년 3월 15일
진단명: 언어발달지체	언어치료 실습학생: 권○○
	감독자: 서○○

배경 정보

김○○ 아동은 5세 5개월 된 남아로, 또래에 비해 말이 늦다는 점을 주 호소로 본 기관을 방문하게 되었다고 한다. 20○○년 9월경 말이 늦는 문제로 사회복지관을 방문하여 검사를 받은 결과 발달지체로 진단을 받은 바 있다. 어머니 보고에 의하면 출산 시 산모가 노산이었으나 임신이나 분만 과정의 특별한 문제는 없었다고 한다. 전반적으로 아동의 신체 및 운동 능력은 정상적으로 발달하였다고 한다. 말 · 언어 발달 면에서 첫 낱말은 '물'이었으며 생후 6개월쯤에 하였고, 돌 무렵 '엄마'를 하였으나, 그 이후 말을 거의 하지 않았고 모방도 거의 보이지 않았다고 한다. 현재 '이모 어디 가?' '선생님 옷이 걸렸어요.' 등 3단어 조합까지 표현하며, 선생님이나 가족에게는 먼저 말을 걸지만 또래 친구에게는 먼저 말을 거는 일이 거의 없다고 한다. 20○○년 5월부터 유치원에 다니고 있으나, 유치원이나 집에서 주로 혼자 노는 편으로 또래와 어울리는 것을 어려워한다고 한다. 현재 조부모님, 어머니와 함께 살고 있으며, 아버지와는 직업상 떨어져 살고 있다고 한다.

평가 절차

1. 언어 이해 능력
   1) 그림어휘력검사(김영태 외, 1994)
   2) 구문 · 의미이해력검사(배소영 외, 2004)
   3) 취학 전 아동의 수용언어 및 표현언어 발달척도(김영태, 성태제, 이윤경, 2003)
2. 언어 표현 능력
   1) 취학 전 아동의 수용언어 및 표현언어 발달척도(김영태, 성태제, 이윤경, 2003)
   2) 자발화 분석: 동물원 블록 장난감을 이용한 상호작용 놀이 30분
3. 말 영역
   1) 아동용 조음검사(김민정 외, 2005)

2) 구강 조음기관 선별검사(OSMSE-R, 김영태 역, 1994)

평가 시 아동의 태도

잘 모르는 과제나 발음이 어려운 과제에서는 다소 목소리가 작아지고 소극적인 태도를 보이기도 하였지만, 전반적으로 검사에 대한 흥미가 많고 적극적인 태도를 보였다. 공식적인 검사의 경우 시간이 지날수록 자세가 많이 흐트러지고 주의 집중을 못하는 특성이 있었지만 흥미를 느낄 만한 활동을 제시하거나 주의를 환기시켜 주면 검사에 비교적 잘 임하였다.

평가 결과

1. 언어 영역

1) 이해언어

그림어휘력검사 결과 등가연령 4;6~4;11세로 또래기준 25퍼센타일에 해당하는 어휘 이해력 수준을 나타내었다. 기본적인 명사보다 상위 범주의 명사 이해에 어려움을 보였다. 구문·의미이해력검사 결과 또래집단의 평균과 일치하는 원점수 20점을 나타내었고, 또래 44퍼센타일 내에 속하는 것으로 나타나 또래와 비슷한 수준의 구문 이해력을 보였다.

2) 표현언어

(1) 의미 분석 결과

취학 전 아동의 수용언어 및 표현언어 발달척도(PRES) 결과 표현언어가 40~42개월, 1퍼센타일 미만으로 생활연령에 비해 상당히 지체되어 있다. 또한 이해언어 능력보다 많이 지체되어 있었다. 검사상 위치부사어의 사용이나 조건연결어미의 사용 및 반대말 사용 등에서 수행력이 떨어졌다.

자발화 분석 결과 아동의 어휘 다양도는 .53으로 보통 수준에 속하는 것으로 나타났다. 어휘의 경우 유형과 빈도가 많지는 않지만 수를 나타내는 관형사의 사용과 색을 나타내는 낱말의 사용, '여기'와 같은 위치관계를 나타내는 대명사의 사용 등 인지 낱말이나 관계 낱말의 사용이 나타났다. 반면, 좀 더 상위의 언어 능력을 보여 주는 비유어나 추상어, 보다 다양한 형태의 관계 낱말은 관찰되지 않았다. 의미 실수 부분에서는 표현하고자 하는 어휘가 잘 생각나지 않을 때 '이거' '이렇게'와 같은 대용어(에두르기식 표현)의 사용을 종종(18회) 나타내었다.

(2) 문법 및 구문 분석 결과

평균 발화 길이는 평균 낱말 길이가 2.3, 평균 형태소 길이가 5.2로 차이가 많은데, 이는 아동이 간단한 낱말 형태의 발화를 많이 산출한 반면, 형태소가 많이 포함된 낱말 표현을 많이 하였기 때문이다. 평균 형태소 길이로 보아서는 정상 수준에 해당(김영태, 2002)하였다.

구문 구조를 보면 총 100발화 중 단문이 57개, 복문이 14개였고, 나머지는 한두 낱말 발화였다. 문장의 경우 단문은 주어+서술어(18회), 서술어구(부사+서술어)(9회), 주어+서술어구(부사+서술어)(8회), 목적어+서술어(6회), 목적어+서술어구(부사+서술어)(1회)의 형태를 보였고, 나머지는 서술어의 형태였다. 주요 문장 성분이 생략되어 있어 문장이 불완전한 경우가 많은 반면, 부사어와 서술어가 결합된 서술어구의 사용이 빈번해 문장 복잡도의 가능성을 많이 보이고 있다.

복문의 경우 대등적으로 이어진 문장 5회, 종속으로 이어진 문장 3회, 부사절이 안긴 문장 3회, 부사절이 안기고 이어진 문장 3회가 나타남으로써 복문 탐색이 어느 정도 이루어지고 있지만, 구와 절의 다양성은 제한되어 있었다.

문법 형태소의 경우 조사는 총 63회(24%)의 사용을 보였는데 처소격(−에) 11회, 목적격(−을) 10회, 주격(−이) 9회의 순서로 많이 나타났으며, 이외에도 다양한 형태의 격조사와 보조조사가 사용되었다. 어말어미는 총 134회(51%)로 전체 문법 형태소의 반 이상을 차지하였는데, 평서형 종결어미 '−어'와 '−요'의 사용이 각각 44회, 39회로 가장 많았고, 이외에도 다양한 형태의 종결어미와 연결어미의 사용을 나타내었다. 선어말어미는 56개(21%)의 사용을 보였는데 주로 시제와 관련된 형태였으며, 회상이나 높임, 피동이나 사동과 관련된 형태소의 사용은 많지 않았다.

(3) 화용 분석 결과

아동의 100발화 중 대부분이 반응하기나 서술하기와 관련되어 있으며, 요구하기나 주장하기 및 다양한 형태의 의사소통 기능은 관찰되지 않았다. 그림을 보고 설명하는 활동에서는 주로 그림 상황을 단편적으로 설명하고 장면을 서술하는 정도의 특성을 보였으며, 검사자의 질문에 적절하지만 단순한 형태로 반응하는 특성을 보였다. 상호작용의 기회가 보다 많았던 블록놀이에서도 활동에 흥미를 가지고 검사자와의 상호작용 놀이가 가능하였지만, 단순히 블록과 관련되거나 연상되는 낱말을 말하거나 검사자의 질문에 간단하게 응답하는 정도의 화용 능력을 보였으므로 다양한 형태의 의사소통 기능을 관찰하기는 어려웠다.

주어진 그림을 보고 이야기하는 활동에 비해 보다 자유롭게 놀이하는 블록놀이 상황에서는 놀이와 관련된 과거 경험을 이야기하는 등의 능력이 부족하여 발화 길이에도 많은 영향을 미쳤다.

2. 말 영역

1) 조음검사 결과

발화 분석 결과 말 명료도는 90% 이상이었고, 자음 정확도는 73%였다. 한국어 조음검사에서도 73%의 자음 정확도를 보여 또래 내 1퍼센타일 이하에 속하였다.

검사 도중 관찰되지 않은 말소리 목록은 치조마찰음이며, 빈번히 관찰된 조음 오류는 마찰음의 파열음화(따워요/싸워요), 파찰음화(차탕/사탕), 파찰음의 파열음화(당갑/장갑), 유음의 단순화(호양이/호랑이), 양순파열음의 탈기식음화(뽀도/포도)다. 이러한 오류는 발화 분석과 한국어 조음검사에서 동일하게 나타났다.

2) 구강 조음기관 기능 선별검사

편도가 약간 큰 것 이외에 조음기관의 구조에는 별다른 문제가 발견되지 않았고 기능에서도 큰 문제는 발견되지 않았으나, 혀의 운동성 측면에서 움직이는 범위가 좁고 속도도 느린 점이 관찰되었다.

3) 음성 및 유창성

공식 검사를 실시하지는 않았지만 검사 상황에서 관찰한 바로는 음성의 크기가 작고 목쉰 소리의 특성을 나타내었고, 발화 시 머뭇거림이나 발화 중간중간의 쉼이 관찰되어 유창하지는 않지만 크게 문제가 될 정도는 아니었다.

요 약

○○은 만 5세 5개월의 언어발달장애아동이다. 이 아동의 수용언어 능력은 공식 검사 결과 어휘와 구문 의미 이해력에서 또래에 비해 많이 지체되어 있다. 또한 대화 상황에서 관찰한 결과 의문사 질문에서 '누가, 무엇'에 관한 질문에서는 대체로 적절히 대답을 하나, '어디, 언제, 왜, 어떻게'에 관한 질문에서는 이해에 어려움을 보였다. 표현언어 능력은 어휘 면에서 학교생활이나 가정생활과 관련된 명사, 동사, 형용사, 부사를 사용하였으나 또래에 비해 제한된 어휘 능력을 보였다. 구문 및 문법 형태소 사용 면에서 이 아동은 주로 2~4어 조합 형태의 단문을 사용하였으며, 연결어미 '-고' '-서' 등으로 대등적으로 연결된 복문이나 종속적으로 연결된 복문의 사용도 관찰되었으나 제한적이었다. 하지만 안긴문장과 같은 복잡한 구문 사용은 관찰되지 않았으며, '-서'의 사용에서 생략하거나 적절하지 않은 문맥에서 사용하는 등의 오류가 관찰되기도 하였다. 주로 조사나 연결어미를 생략하고 단어를 나열하여 표현하는 형태가 많이 관찰되었다.

조음음운 능력은 낱말 수준에서 73% 정도를 정확하게 조음하였고, 95% 이상의 말 명료도를 보였으나 4어 조합 이상의 문장에서는 평균 70% 정도의 말 명료도를 보였다.

권고 사항

우선 이 아동에게는 어휘적 측면에서 일상생활과 학교생활에 필요한 다양한 어휘를 이해하고 표현할 수 있도록 하며, 의문사 '어디, 언제, 왜, 어떻게'에 대한 이해를 돕는 중재를 해야 한다. 또한 문법적인 측면에서 낱말을 나열하여 표현하는 것이 아니라 문법 형태소를 갖추어서 표현할 수 있도록 돕고, 더 나아가 좀 더 다양한 연결어미를 사용하여 복문으로 표현할 수 있도록 도와야 한다. 조음 및 명료도에서는 낱말보다 문장 수준에서 좀 더 명료하게 말할 수 있도록 도와주어야 한다.

20○○. 3. 15.
언어치료 실습생: 권 ○ ○(서명)
감독자: 서 ○ ○(서명)

장단기 치료 계획서 사례

장단기 치료 계획서

아동명: 문○○(성별: 남)	평가일: 20○○년 3월 26일
생년월일: 19○○년 2월 5일(9;1)	보고서 작성일: 20○○년 4월 10일
진단명: 지적장애를 동반한 언어발달지체	언어치료 실습학생: 김○○
	감독자: 정○○

언어 ■ 유창성 □ 음성 □ 조음음운 □ 청각재활 □

현행 수준

문○○ 아동은 만 9세 1개월 된 아동으로 평가 결과 언어의 이해 및 표현이 지체된 것으로 나타났다. 수용언어에서 그림어휘력검사 결과 등가연령 7;0~7;6세로, 주로 추상적인 동사와 안긴문장의 이해에서 오류를 보였다. 표현언어 중 의미 면에서 NDW(서로 다른 낱말 수)는 106개, NTW(총 낱말 수)는 261개, TTR(어휘 다양도)은 0.40이었고 한자어나 추상어와 같은 고급 어휘의 사용은 관찰되지 않았다. 구문 구조 면에서는 MLUw(평균 낱말 길이)가 2.61로 단문과 이어진 문장, 안긴문장을 사용하였으나 복문을 사용할 경우 오류가 나타났다. 문법 형태소 면에서 MLUm(평균 형태소 길이)은 4.32로 조사와 어미를 다양하게 사용하였으나 조사와 연결어미 사용 시 오류를 보이는 경우가 있었다. 언어문제해결력검사 결과 백분위수 1퍼센타일 이하로 나타났다. 화용 면에서는 다양한 의사소통 기능이 나타났고 전체적으로 주제 유지가 가능하였지만, 아동이 원하지 않는 주제로 이야기를 할 경우에는 주제 이탈이 나타났다. 조음과 유창성, 사회성에서는 별다른 문제가 없었다.

• 장기목표 1. 게임을 하며 상호작용하는 상황에서 초등학교 교과서에 나오는 학교생활, 가정생활, 기타 생활에 관련된 한자어와 추상어를 62개 중 50개 이상 이해하고 표현할 수 있다.

단기목표	세부 계획	강화 방법
1-1. 게임을 통해 상호작용하는 상황에서 학교생활과 관련된 한자어와 추상어 20개 중 16개 이상을 이해하고 표현할 수 있다. 1-2. 게임을 통해 상호작용하는 상황에서 가정생활과 관련된 한자어와 추상어 15개 중 12개 이상을 이해하고 표현할 수 있다. 1-3. 게임을 통해 상호작용하는 상황에서 학교와 가정생활 외 기타 생활에 관련된 한자어와 추상어 27개 중 22개 이상을 이해하고 표현할 수 있다.	1) 5개의 어휘를 준비하여 아동에게 뜻을 알려 주고 그 단어가 사용되는 문장의 예를 들려 준다. 2) 여러 가지 게임을 통하여 문제를 풀거나 퍼즐이나 사다리 타기를 이용하여 아동이 문장에 들어갈 어휘를 찾도록 한다. 3) 아동에게 어휘를 보여 주고 그 어휘의 뜻이나 예를 말하도록 한다. 4) 아동이 오반응을 할 경우 힌트를 주거나 다시 설명해 주어 고쳐서 표현할 수 있도록 한다.	아동이 정반응을 할 경우 사회적 강화를 해 주고, 퍼즐을 다 채우거나 정반응이 오반응보다 많을 경우 스티커를 붙이게 해 준다.

• 장기목표 2. 글이나 그림 자료를 보며 이야기하는 상황에서 연결어미를 사용한 복문을 적절하게 표현할 수 있다.

단기목표	세부 계획	강화 방법
2-1. 그림이나 글을 보며 이야기하는 상황에서 연속된 3회기 동안 연결어미 '-거나'를 사용한 복문을 10회 중 8회 이상 적절하게 표현할 수 있다. 2-2. 그림이나 글을 보며 이야기하는 상황에서 연속된 3회기 동안 연결어미 '-는데'를 사용한 복문을 10회 중 8회 이상 적절하게 표현할 수 있다. 2-3. 그림이나 글을 보며 이야기하는 상황에서 연속된 3회기 동안 연결어미 '-니까'를 사용한 복문을 10회 중 8회 이상 적절하게 표현할 수 있다.	1) 아동에게 연결어미를 사용하여 말하는 방법을 알려 준다. 2) 글을 듣고 맞는 연결어미를 찾거나 그림을 보고 연결어미를 사용하여 말하도록 한다. 3) 아동이 오반응을 할 경우 다시 설명해 주어 고쳐서 반응할 수 있게 한다.	아동이 정반응을 할 경우 사회적 강화와 함께 싸이월드 강화판에 동그라미를 치도록 한다.

• 장기목표 3. 글을 읽거나 그림을 보며 이야기하는 상황에서 원인 · 이유, 해결 추론, 단서 추측을 묻는 추론적 질문에 대해 적절히 대답할 수 있다.

단기목표	세부 계획	강화 방법
3-1. 그림이나 글을 보고 이야기하는 상황에서 연속된 3회기 동안 원인 · 이유를 묻는 치료사의 질문에 5번 중 4번 이상 적절히 대답할 수 있다. 3-2. 그림이나 글을 보고 이야기하는 상황에서 연속된 3회기 동안 해결 추론을 묻는 치료사의 질문에 5번 중 4번 이상 적절히 대답할 수 있다. 3-3. 그림이나 글을 보고 이야기하는 상황에서 연속된 3회기 동안 단서 추측을 묻는 치료사의 질문에 5번 중 4번 이상 적절히 대답할 수 있다.	1) 아동에게 그림이나 글을 보여 주고 설명해 준다. 2) 아동과 그림을 보면서 의문사 '왜, 어떻게'를 이용해 추론적 질문을 하여 아동이 답할 수 있게 한다. 3) 아동이 오반응을 할 경우 힌트를 주어 답할 수 있게 한다.	아동이 정반응을 할 경우 사회적 강화를 해 준다.

참고자료

회기 치료 계획서 사례

회기 치료 계획서

아동명: 박○○ (남)	생년월일: 19○○년 6월 10일(6;11)
진단명: 자폐 성향으로 인한 언어발달지체	치료일: 20○○년 5월 25일
언어치료 실습학생: 김○○	감독자: 권○○

단기목표

1-2. 치료실 상황 내의 여러 활동을 통해 3회 기회 중 2회 이상 요구에 반응한다.

1-3. 치료실 상황 내의 여러 활동을 통해 적절하게 질문(예/아니요 질문)에 대한 반응, 요구에 대한 반응(명료화, 순응, 거부)을 3회 기회 중 2회 이상 보인다.

2-2. 치료실 상황 내의 여러 활동을 통해 '장소-행위' 구조의 2낱말 의미관계 문장을 5회 기회 중 3회 이상 정확하게 말한다.

3-1. 치료실 상황의 여러 활동에서 처소격조사(-에, -에서)를 사용하여 5회 기회 중 3회 이상 정확하게 말한다.

4-3. 치료실 상황 내의 여러 활동을 통해 치료사가 위치를 표현하는 어휘 12개를 모델링해 주었을 때 8개 이상 정확하게 따라 말한다.

세부 계획	목표 언어	강화 절차	치료 결과
1-2, 1-3. 색종이 붙이기 놀이(그림책 보기) 또는 자동차놀이 1. 아동에게 색종이(자동차)를 제공한다. 2. 놀이를 하면서 '무슨 색?'이라는 질문을 하고 반응을 기다린다. 3. 반응이 없으면 목표 어휘를 3회씩 모델링해 준다. 4. 놀이를 하면서 요구하고, 이에 대한 반응을 기다린다. 5. 반응이 없으면 목표 언어에 대한 모델링을 해 준다. 6. 계속 반응이 없는 경우 어휘를 강조해서 들려 준다.	(명료화, 순응, 거부) 뭐라고? 하지 마 안 돼 네 싫어 안 해 (12개 색) 주황색, 노란색, 검은색, 연두색	• 모방/자발화 산출 시 언어적 강화와 토큰 강화 • 준거: 50% 이상 모방 및 자발화 산출	

2-2, 3-1, 4-3. 집-가족놀이(그림책 보기) 또는 자동차놀이 1. 아동의 놀이에 대한 언어적 표현을 모델링해 준다. 2. 아동에게 '어디'라는 의문사 질문을 해서 처소격조사(-에)를 유도한다. 3. 위치를 표현하는 어휘를 3회씩 모델링해 준다. 4. 반응이 없으면 목표 언어를 모델링해 준다. 5. 계속 반응이 없는 경우 어휘와 구문을 강조해서 들려준다.	(위치) 앞, 밑 식탁 밑(앞)에 있어 침대 밑(앞)에 있어 의자 밑(앞)에 있어	• 모방/자발화 산출 시 언어적 강화와 토큰 강화 • 준거: 50% 이상 모방 및 자발화 산출	

참고자료

진전보고서 사례

진전보고서

아동명: 홍○○ (여)	생년월일: 19○○년 1월 5일(10;2)
진단명: 지적장애를 동반한 언어발달지체	평가일: 20○○년 3월 12일
치료회기: 총 33회기	감독자: 서○○
언어치료 실습학생: 김○○	

• 장기목표 1. 초등학교 고학년 국어 교과서에 나오는 명사, 초등학교 저학년 국어(읽기) 교과서에 나오는 고빈도 어휘 중 동사, 형용사 100개를 이해하고 표현할 수 있다.

단기목표	치료 전	치료 후
1-1. 치료사와의 상호작용 놀이 상황에서 초등학교 고학년 국어 교과서에 나오는 명사 36개를 치료사의 질문에 답할 10번의 기회 중 8회 이상 이해하고 표현할 수 있다.	1-1. 치료 전 아동은 목표 명사 36개 중 4개를 이해 · 표현함.	1-1. 4회기 동안 중재한 결과 명사 36개 중 14개를 이해하고 표현함.
1-2. 저학년 국어 교과서에 나오는 동사 50개를 치료사의 질문에 답할 10번의 기회 중 8회 이상 이해하고 표현할 수 있다.	1-2. 목표 동사 52개 중 3개를 이해 · 표현함. 일상 대화 상황에서는 '하다/하는'과 같은 대용어를 사용하여 표현하기도 함.	1-2. 6회기 동안 중재한 결과 동사 52개 중 19개를 이해하고 표현함.
1-3. 저학년 국어 교과서에 나오는 형용사 24개를 치료사의 질문에 답할 10번의 기회 중 8회 이상 이해하고 표현할 수 있다.	1-3. 목표 형용사 26개를 모두 이해 · 표현하지 못하였다. 자발적 형용사의 사용 드묾.	1-3. 4회기 동안 중재한 결과 형용사 26개 중 12개를 이해하고 표현함. 어휘의 개념보다 그 어휘가 쓰이는 상황을 설명해 주거나 아동의 관심사와 관련된 예문을 들려주자 정반응 비율이 높았음.

• 장기목표 2. 대등적, 종속적, 관형사형 연결어미가 포함된 복문을 이해하고 표현할 수 있다.

단기목표	치료 전	치료 후
2-1. 그림 또는 놀이 상황에서 대등적 연결어미 '-고' '-며/면서'를 사용한 복문을 연속되는 3회기 동안 10번의 기회 중 8번 이상 자발적으로 표현할 수 있다.	2-1. 치료 전 연결어미 '-고'와 '-며/면서' 연결어미를 혼동	2-1. 3회기 동안 중재한 결과 '-고'와 '-며/면서'를 사용하여 10번의 기회 중 평균 8.3번 이상 정반응 목표 도달
2-2. 원인, 이유를 나타내는 종속적 연결어미 '-(아)서'를 사용한 복문을 연속되는 3회기 동안 10번의 기회 중 8번 이상 자발적으로 표현할 수 있다.	2-2. '-(아)서'와 같은 연결어미를 사용하여 복문보다 단문 위주의 발화	2-2. 5회기 동안 중재한 결과 종속적 연결어미 '-(아)서'를 사용하여 평균 9.2번 이상 정반응 목표 도달
2-3. 조건을 나타내는 종속적 연결어미 '-(으)면'을 사용한 복문을 연속되는 3회기 동안 10번의 기회 중 8번 이상 자발적으로 표현할 수 있다.	2-3. 시작 전에는 다양한 연결어미를 사용하지 못하였고 '-(으)면' 외에 다른 연결어미로 대치하는 모습	2-3. 3회기 동안 중재한 결과 아동은 종속적 연결어미 '-(으)면'을 사용하여 평균 9번 이상 정반응하여 목표 도달
2-4. 관형사형 연결어미 '-ㄴ/는/은'을 사용한 복문을 연속되는 3회기 동안 10번의 기회 중 8번 이상 자발적으로 표현할 수 있다.	2-4. 일상 대화 상황에서 관형사형 연결어미 사용이 제한적이고 문장의 길이도 단문이거나 끝맺지 못한 발화가 많음	2-4. 아직 치료를 실시하지 않음. 그림 안의 단서를 짚어 주면 정반응을 보임. 그러나 이해해서 표현하기보다는 패턴을 외워 반응하는 모습을 보임.

제5 장

언어치료 상담

언어치료의 과정은 상담의 연속이라고 해도 과언이 아닐 정도로 상담은 언어치료에서 중요하다. 언어치료사들은 진단이나 치료를 실시하는 중에 계속 다양한 형태로 상담을 진행하게 된다. 때문에 언어치료사의 역할에는 '상담'과 관련된 내용이 반드시 포함된다. 한국언어장애전문가협회에서 제시한 윤리강령의 첫 번째 항목을 보면, "언어치료사는 상담, 평가, 치료 재활 또는 보장구(補裝具) 대상자의 복지와 복리를 위하여 모든 것에 우선하여 책임을 다하여야 한다."고 제시하였으며, 미국언어청각협회(ASHA)에서도 현장에서 일하는 언어치료사는 언어치료를 진행하는 동안 치료 대상자와는 물론 그들의 가족이나 보호자와의 상담이 필수적임을 강조하고 있다(ASHA, 2001).

상담을 실시하기 위해서는 상담에 대한 이해와 적합한 기술을 갖추어야만 한다. Corey(2001)는 상담이나 상담기술을 학습함으로써 사람들이나 그들의 문제를 더 깊게 이해할 수 있으며, 나아가서는 그 문제에 대한 대처 방법도 발견할 수 있다고 하였다. 따라서 언어치료사가 되기 위해 공부하는 언어치료 실습학생들은 의사소통장애 문제를 가지고 있는 사람들이나 그 가족, 그리고 그들과 관련된 다른 전문가와 상담하는 방법에 대해 이론적으로 학습해야 하며, 실습 과정을 통해 실제적인 기술을 훈련받아야 한다.

이 장에서는 상담에 대한 이론적 이해를 돕기 위하여 먼저 상담에 대한 정의 및 목적에 대해 살펴보고, 상담이 어떠한 과정을 통해 진행되는가를 살펴볼 것이다.

그리고 언어치료사로서 효과적인 상담을 위해 필요한 기술과 이러한 상담기술을 향상시키기 위한 전략에는 어떠한 것이 있는가를 제시할 것이다.

1. 상담의 정의 및 목적

1) 상담의 정의

상담은 사람들이 직면하는 다양한 문제에 정상적인 방법으로 대처하도록 돕는 모든 과정이 포함될 수 있다. 즉, 특별한 한 가지 문제를 해결하는 것이 아니라 보다 나은 통합된 방식으로 그 문제에 대처하고 성장할 수 있도록 돕는 것이다(Rogers, 1977).

상담에 대한 정의나 설명은 학문 분야 또는 상담자가 취하는 이론적 입장에 따라 달라질 수 있으나 대부분 다음의 세 가지 내용이 포함되어야 한다는 점에서는 일치한다. 첫째는 전문적인 훈련을 받은 사람(상담자)이 있어야 하며, 둘째는 문제를 가진 사람(내담자)이 있어야 하고, 셋째는 문제를 해결하는 과정이 포함되어야 한다는 것이다. 이러한 점을 종합하였을 때 상담은 "전문적으로 훈련을 받은 사람(상담자)이 도움을 필요로 하는 사람(내담자)에게 일상생활에서의 문제를 해결하고, 사고 및 행동 또는 정서적으로 성장하기 위해 노력하는 학습 과정"(이장호, 2005)이라고 정의할 수 있다.

상담은 다양한 분야에서 이루어지며, 그 목적이나 다루는 문제 등에 따라 다양한 형태를 취한다. 예를 들어, 교육 장면에서 이루어지는 상담은 교육상담으로, 심리학적인 문제를 다루는 상담은 심리상담으로, 그리고 법률적인 문제를 다루는

상담은 법률상담으로 고려된다. 이처럼 다양한 형태의 상담은 각기 목적에 따라 특정한 절차를 갖기도 하나 대체로 훈련받은 전문가가 내담자의 문제를 해결하는 공통된 목적을 수행하기 위한 일반적인 절차가 존재한다.

언어병리학 분야에서는 상담(counseling)과 면담(interviewing)이라는 용어가 혼용되기로 한다. 면담은 내담자와 상담자 간의 상호작용을 통해 정보를 수집하고 전달하는 부분을 강조하는 반면, 상담은 의사소통장애로 인하여 발생된 문제를 해결하기 위한 상호적인 관계를 강조한다는 점에서 약간의 차이가 있으나 둘 모두 언어치료사와 의사소통장애인 또는 그 보호자가 특별한 목적을 가지고 상호작용하는 과정이라는 점에서는 동일하다(Haynes & Pindzola, 2004). 이 장에서는 언어치료 대상자와 그 가족에게 필요한 정보를 수집하고 전달하는 것은 물론 그들이 직면하는 문제를 해결해 가는 과정에서 필요한 내용을 포괄적으로 다룰 예정이므로 상담이라는 용어를 사용하도록 하겠다.

2) 언어치료 상담의 목적

앞에서 이미 설명하였듯이, 상담은 내담자가 가지고 있는 문제를 파악하여 그 문제를 해결하는 데 목적을 두나 분야에 따라 주로 다루는 문제가 달라지며 그 목적에서도 약간의 차이가 있을 수 있다. 예를 들어, 심리상담은 사람의 심리적인 문제를 해결해 주는 데 일차적인 목적을 가지며, 교육상담은 교육 진단을 통해 교육 문제를 해결하도록 돕는다. 또한 법률상담은 내담자가 가진 법적인 문제를 해결하는 것을 목적으로 한다. 이와 마찬가지로 언어병리학 역시 나름대로의 상담의 목적을 갖는다.

Crow(1997)는 언어병리학에서의 상담의 목적을 다음과 같이 일곱 가지로 제시하였다.

- 정보를 수집하고 전달하는 목적을 갖는다. 대상자의 의사소통 문제를 진단하고 치료하는 것과 관련된 정보를 수집하는 것이 상담의 첫째 목적이다.
- 상담을 통해 장애가 보다 심화되는 것을 예방한다. 예를 들어, 상담을 통해

부모가 아동의 언어 문제를 어떻게 도울 수 있는가에 대한 정보를 제공하여 언어 문제가 심화되는 것을 예방한다.

- 대상자들이 장애로 인해 가질수 있는 사회 · 정서적인 문제에 적응하도록 돕는다. 많은 말 · 언어장애인들이나 그 가족은 장애에 의해 심리적 · 사회적 적응의 문제를 갖게 된다. 언어치료사는 상담을 통해서 그들이 정서 및 사회적으로 적응할 수 있도록 도와야 한다.
- 대상자의 가족이 장애에 대처하고 도움을 줄 수 있는 방법을 제공한다. 말 · 언어장애인 가족은 자신의 문제에 어떻게 대처하고 해결해야 하는지 구체적인 방법에 대해 알고 싶어 한다. 언어치료사는 대상자 본인에게는 물론 그 가족을 대상으로 필요한 정보를 제공하고 문제를 해결할 수 있도록 돕는다.
- 대상자가 상담을 통해 스스로 문제를 해결하는 자기결정(self-determinant) 능력을 향상시키고, 치료 과정에 적극적으로 참여할 수 있게 동기화한다. 상담은 궁극적으로 대상자 스스로 문제를 해결할 수 있는 힘을 갖게 하는 데 있다. 따라서 상담을 통해 대상자 스스로가 문제를 해결하려는 강한 동기를 갖고 매 순간 자기 스스로 결정할 수 있는 능력을 갖출 수 있도록 돕는다.
- 효율적인 의사소통을 위해서는 사람의 의사소통 능력도 중요하나 의사소통을 위한 적절한 환경이 마련되어야 한다. 따라서 언어치료사는 언어치료를 통해 대상자들의 의사소통 능력을 증진시키기 위해 노력하며, 동시에 그들이 실제 상황에서 의사소통을 잘할 수 있도록 최적의 환경을 제공하기 위한 노력도 함께 하여야 한다.
- 상담을 통해 대상자가 성공적으로 치료 목표를 수행하고 그 결과를 일반화할 수 있도록 자기강화 방법이나 대처기술을 습득하도록 돕는다.

Haynes와 Pindzola(2004)는 상담의 목적을 의사소통장애와 관련된 정보를 수집하고, 그들에게 필요한 정보를 제공하는 것과 함께 장애인 또는 그 보호자와 좋은 관계를 형성하는 것이라고 설명하였다. 더불어 대상자의 입장에서 상담의 목적을 다음과 같이 세 가지로 정리하였다.

- 대상자는 상담을 통해 자신들의 의사소통 문제와 관련된 정보를 얻고자 한다. 예를 들어, 자신의 의사소통 문제가 어느 정도인지, 원인은 무엇인지, 적절한 치료법이 있는지, 예후는 좋은지 등과 관련된 정보를 얻고 싶어 한다. 따라서 언어치료사들은 면담 과정을 통하여 대상자에게 필요한 정보를 적절하게 제공할 준비를 갖추고 있어야 한다. 이러한 질문에 대해서는 가급적 객관적인 사실에 근거하여 정확하게 정보를 제공하는 것이 필요하다. 자신이 잘 알지 못하는 내용에 대해서는 솔직하게 잘 알지 못한다고 이야기하고 추후에 알아보고 알려 주겠다고 말하는 것이 좋다.
- 상담을 통해 여러 가지 문제에 대해 의사결정을 할 때 도움을 얻고자 한다. 예를 들어, 치료를 해야 할지 또는 어떤 치료실에 가야 할지 등 치료와 관련된 부분은 물론, 나아가서는 학업이나 진로 결정과 같은 문제를 결정할 때에도 언어치료사의 의견을 묻는 경우가 많다. 이러한 형태의 정보 요구에 대해서는 성급하게 자기 의견을 제시하지 말고, 대상자의 의도나 견해를 파악하여 신중하게 답변해 주는 자세가 필요하다. 언어치료사의 견해가 자신과 다를 경우 대상자가 혼동을 느낄 수 있으며, 이후의 과정에 부정적인 영향을 미칠 수도 있기 때문이다. 여러 가지 의견의 장단점을 제시해 주고 대상자 스스로 자신의 견해를 정리할 수 있도록 도와주는 것도 좋은 방법이 될 수 있다.
- 대상자는 상담을 통해 정보 수집이나 제공과는 상관없이 치료사에게 정서적으로 지지받고자 한다. 정보의 수집 및 제공과 더불어 정서적 지원 및 관계 형성의 토대 마련 역시 상담의 주요 목적이 된다. 의사소통 문제를 가지고 언어치료사를 찾아온 말·언어장애인들은 내적으로 불안감이나 좌절감을 가지고 있는 경우가 많다. 이들은 상담을 통하여 이러한 부정적인 감정을 해소할 수 있기를 기대한다. 정서적 지원을 위한 상담은 내담자들의 감정과 태도를 무비판적으로 수용하는 태도를 통해서 이루어질 수 있다. 무비판적인 수용은 대상자의 의견을 무조건 옳다고 인정하라는 것이 아니라 그들의 기분을 있는 그대로 인정해 주라는 것이다. 다시 말해, 그들의 문제를 감정이입해서 내 문제처럼 인식하고 이해하려고 노력하라는 것이다. 무조건적 수용이나 감정이입은 생각만큼 쉬운 일은 아니지만, 말·언어장애와 그 가족을 많이 만나고

그들과 대화를 해 나가는 과정을 통해서 서서히 갖추어질 수 있다.

무조건적 수용이나 감정이입과 더불어, 상담 중 언어치료사의 성실한 태도 역시 정서적 지지와 관계 형성에 도움이 된다. 특히, 정보를 제공할 때 대상자가 궁금해하는 점에 대해 성의껏 대답해 주려는 태도는 그들을 정서적으로 지지하고 좋은 관계를 형성하는 데 큰 도움이 된다. 일부 말 · 언어장애인은 "시간이 지나도 별로 좋아지진 않겠죠?"와 같이 언어치료사가 부정해 주기를 바라는 방식으로 표현하는 경우가 있다. 이러한 경우 대상자의 말을 액면 그대로 이해하여 응답한다면 대상자가 정서적으로 상처를 입을 수도 있다. 따라서 언어치료사들은 대상자가 어떠한 의도로 질문하였는가를 신중하게 파악하고 적절하게 반응해 주어야 한다.

〈언어치료에서의 상담 목적〉

- 언어치료사가 의사소통장애인이나 그 가족이 궁금해하는 정보를 제공한다.
- 언어 진단이나 치료 과정 중에 필요한 여러 정보(예: 의학적 · 사회적 정보, 가족 관계 등)를 수집한다.
- 대상자나 그 가족이 느끼는 부정적인 감정을 해소하여 정서적으로 적응할 수 있도록 돕는다.
- 대상자가 편안하게 행동할 수 있는 의사소통 환경을 마련한다.

2. 상담의 과정

상담을 효과적으로 진행하기 위해서는 상담이 진행되는 과정에 대해서 잘 이해하고 있어야 한다. 상담의 과정은 여러 학자에 의해 다양한 절차로 제시되었다. 이현림(2000)은 상담의 과정을 크게 '준비 단계' '개입 단계' '추수지도 단계'로 구분하여 설명하였으며, 이장호(2005) 역시 이현림과 마찬가지로 '상담 초기: 상담의 기틀 잡기' '상담 중기: 문제 해결하기' '상담 말기: 성과 다지기'로 제시하였다. 언어병리학 분야에서의 상담 과정을 제시한 Roth와 Worthington(2005)도

상담의 과정을 '치료적 관계 수립' '상담 개입 실시' '상담의 종결'의 단계로 제시하였다. 이 장에서는 앞에서 제시한 내용들을 참고로 상담의 과정을 '상담의 기초 만들기' '상담을 통한 문제 해결' '상담의 종결 및 추수지도'의 세 단계로 나누어 살펴보고자 한다.

1) 상담의 기초 만들기

상담 초기 단계는 내담자가 상담 과정에 편안하게 적응할 수 있도록 언어치료사와 관계를 형성하며, 대상자의 문제 해결에 기초가 되는 정보를 수집하는 것을 목적으로 한다.

문제 파악 및 관련 정보 수집 대상자의 문제가 무엇인지를 파악하고, 그 문제와 관련된 요인 및 배경 정보를 수집한다. 일반적으로 대상자들이 언어치료사들과 상담하고자 하는 문제는 장애와 관련된 내용이나 진단 결과, 치료 과정이나 예후, 가족의 적응 등과 관련된 것들이다. 언어치료사는 필요한 경우에는 의학적 · 사회적 배경과 가족관계, 진단 및 치료 경험 등과 관련된 질문을 통해 대상자들이 가진 문제를 정확하게 파악하도록 노력한다.

문제 정리 및 대상자와 언어치료사의 역할 정하기 대상자가 직면한 문제와 언어치료사의 역할 등을 명확하게 구조화하여 정리한다. 어떤 대상자들은 자신의 문제를 여러 가지 나열하여 어떤 문제가 자신에게 가장 중요한 문제인지조차도 명확하게 정리하지 못하는 경우가 있다. 언어치료사는 그들의 이야기를 주의 깊게 듣고 문제를 정리하여 확인하는 것이 좋다. 또한 대상의 문제 해결에 언어치료사가 도움을 줄 수 있는 한계를 명확히 하여야 한다.

친밀감 형성 대상자와 서로를 신뢰하는 따뜻한 분위기를 형성한다. 친밀감(rapport) 형성은 추후 상담에 매우 중요한 역할을 한다. 따라서 언어치료사는 친밀감이 형성될 수 있도록 부드럽고 따뜻한 태도를 보여 주는 것이 중요하다.

〈상담 초기 단계에서의 고려 사항〉

- 대상자의 감정과 생각을 경청한다.
- 대상자의 감정과 생각을 적극적으로 이해하고 공감한다.
- 대상자를 한 사람의 인격체로서 존중한다.
- 대상자와 친근한 관계를 형성하되 사적인 관계가 되지 않도록 주의한다.
- 대상자에게 좋지 않거나 불편한 정보 역시 회피하지 말고 제공한다. 단, 대상자의 기분이 상하지 않도록 신중한 태도로 제공한다.
- 상담의 과정에 대상자가 적극적으로 참여할 수 있도록 동기화한다.

2) 상담을 통한 문제 해결

상담 초기 과정을 통해 문제를 파악하고 상담을 위한 관계가 형성되면 그다음부터는 본격적으로 대상자의 문제를 해결하는 과정으로 접어든다. 김환과 이장호(2006)는 상담의 목표를 크게 두 가지로 구분할 수 있다고 하였다. 하나는 현재 대상자가 갖는 문제를 해결하는 것이며, 다른 하나는 당면 문제 해결을 넘어서 대상자가 더 인격적으로 성숙하고 유연해지는 것이다. 이를 언어치료 분야와 관련 짓는다면 첫 번째 목적은 말 · 언어장애인이나 그 보호자가 현재 궁금해하는 문제를 해결해 주는 것이며, 두 번째는 말 · 언어장애인들이나 그 보호자들이 장애로 인해 갖는 문제를 이해하고 해결하며 수용할 수 있도록 도와주는 것이라 할 수 있다.

먼저, 현재 당면한 문제들을 해결하기 위해서 언어치료사는 여러 가지 지식과 정보를 갖추고 있어야 한다. 대상자들이 가진 당면 문제들은 대체로 의사소통장애와 관련된 것들로, 장애의 진단이나 치료 과정과 관련된 것들이다. 이러한 문제는 언어병리학적 지식과 언어치료 임상현장에 대한 지식을 통해 해결해 줄 수 있다. 그러나 때로는 언어치료사가 직접적으로 다루지 않는 문제를 상담할 때도 있다. 예를 들어, 자해행동이나 상동행동과 같은 문제행동에 어떻게 대처할 것인가와 같은 것들이다. 이런 경우 언어치료사는 해당 전문가와의 상담을 주선하거나 관련 자료를 함께 검토하면서 대상자와 함께 문제 해결 방법을 찾아갈 수 있다.

대상자의 정서적 문제를 지원하기 위한 두 번째 목적을 해결하기 위해서는 말·언어장애인이나 그 가족이 직면하는 정서적 상태에 대해 정확히 이해해야 한다. Cook, Tessier 및 Klein(1996)은 장애인이나 그 가족은 장애를 진단받은 후에 정서적으로 일정한 단계를 거치게 된다고 한다. 먼저 처음 장애를 진단받은 후에 사람들은 그로 인한 충격과 장애일 리가 없다고 부인하는 과정을 거치게 된다고 하였다. 이 단계에서 언어치료사들은 그들이 경험하는 충격이나 분노를 이해하고 가급적 그 감정을 수용하여 주는 것이 좋다. 상황을 이해시키려 하기보다는 그들이 하는 말을 경청해 주는 것이 적절할 수도 있다. 충격이나 부인의 단계가 지난 다음에는 "왜 이러한 일이 나에게 발생하였는가?" 하는 분노의 단계를 거치게 되고, 그다음에는 주어진 상황을 거부하는 마음과 수용하려고 노력하는 단계를 거치게 된다. 언어치료사는 그들이 경험하는 분노와 같은 부정적인 감정을 정상적인 감정으로 수용해 주며 깊은 이해와 공감을 표현한다. 그리고 대상자가 인내심을 가지고 긍정적으로 상황을 받아들일 수 있도록 도와준다. 이들이 당면한 문제에 대해 감추지 않고 정직하게 말하는 것도 필요하다.

분노와 타협의 과정이 지나면 자신에 대해 무가치하다고 생각하고, 할 수 있는 일이 아무것도 없다는 무기력감에 빠져드는 우울 및 좌절 단계에 접어든다. 언어치료사는 대상자들이 보지 못하는 긍정적인 측면에 초점을 맞추어 대화하고, 치료를 통해서 좋아진 사례를 소개하여 우울이나 좌절감에서 벗어날 수 있도록 도와주어야 한다. 만약 이러한 우울이 너무 심하거나 오래 지속되면 정신과전문의나 심리전문가에게 의뢰한다. 이러한 정서적 단계가 모두 진행된 다음에야 비로소 그들이 직면한 장애를 수용하고 현실적인 일들을 계획하게 된다. 언어치료사는 대상자들에게 문제를 해결할 수 있는 능력을 증진시키기 위한 도움을 제공한다.

하지만 최근에는 이러한 심리적 상태가 반드시 단계적이고 순차적으로 나타나는 것은 아니며, 모든 단계가 진행된 이후에 다시 처음의 단계로 돌아가서 다시 같은 심리적 상태가 반복될 수도 있다는 입장이 지배적이다. 따라서 언어치료사는 말·언어장애인이나 그 가족의 심리적·정서적 상태를 단계 이론에 근거하여 너무 도식적으로 이해해서는 안 되며, 자신이 만나는 사람이 지금 어떠한 상태에 있는가를 이해하는 자료로 활용하는 것이 적절하다. 〈표 5-1〉에는 일반적으로 말 · 언어장애인이나 그 가족이 경험하는 심리적 · 정서적 상태에 대해 기술하였으며, [그림 5-1]은 의사소통장애인이나 가족이 경험하는 정서적 단계와 각 단계별로 전문가가 어떻게 반응해 주는 것이 좋은가를 도식화하여 제시하였다.

언어치료사는 대상자들이 이러한 심리적 · 정서적 상태에서 벗어날 수 있도록 상담을 통해 직접 도와줄 수도 있고, 대상자의 문제를 정리하고 여러 대안을 제시하여 그들 스스로 해결 과정을 결정할 수 있게 도와줄 수도 있다. 다른 전문가나 비슷한 문제를 가진 다른 장애인 또는 가족 모임을 소개하는 것도 하나의 방법이 될 수 있다.

〈표 5-1〉 말 · 언어장애인이나 그 가족이 경험할 수 있는 심리적 · 정서적 상태

충격	장애 진단을 받았을 때 장애인 본인이나 그 가족은 충격을 받게 된다. 특히 부모의 경우 자녀가 장애 진단을 받았을 때 큰 충격을 받는다.
불신	진단 결과에 대해 인정하지 않는다. 장애 진단이 잘못된 것이라고 믿는다.
거부	장애가 있다는 사실을 거부한다. 이 단계에서는 장애 진단이 잘못된 것이라는 것을 확인하기 위하여 여러 병원을 전전하기도 한다.
분노	장애를 부인하기 어려운 상황에서 "왜 이러한 일이 나에게 일어났는가?" 하고 분노하게 된다. 이 상태에 있는 사람은 불특정 대상에게 적개심을 표현하기도 한다.
슬픔	분노의 감정이 가라앉으면 주어진 상황에 대해 깊은 슬픔을 느낀다.
죄책감	주로 장애아동의 부모에게서 관찰되는 감정으로 자신의 잘못으로 인해 아동이 장애를 갖게 되었다고 자책한다.
우울	교육이나 치료를 통해서 큰 변화가 없을 때 우울감에 빠지게 되며, "치료가 무슨 소용이냐." 하는 태도를 갖게 된다. 우울한 상태에 있는 치료 대상자나 보호자와 의사소통하기가 쉽지 않다.
수치심	장애에 대한 사회의 부정적인 태도를 경험하면서 자신이나 장애가족에 대해 부끄러움을 갖게 된다. 사회적 관계에 대해 회피하는 태도를 유발하여 치료나 교육에 영향을 미칠 수도 있다.
근심	치료의 예후가 좋지 않을까 걱정하며, 불확실한 미래에 대해서도 많은 근심과 걱정을 갖게 된다.
무능감	장애인 본인이나 가족이 불충분하고 무능하다고 생각하는 감정을 갖게 된다. 전문가에게 지나치게 의존할 수도 있다.
고립감	사회에서 멀리 떨어지고 분리되려 한다. 무능감이나 수치심이 지속될 때 발생한다.

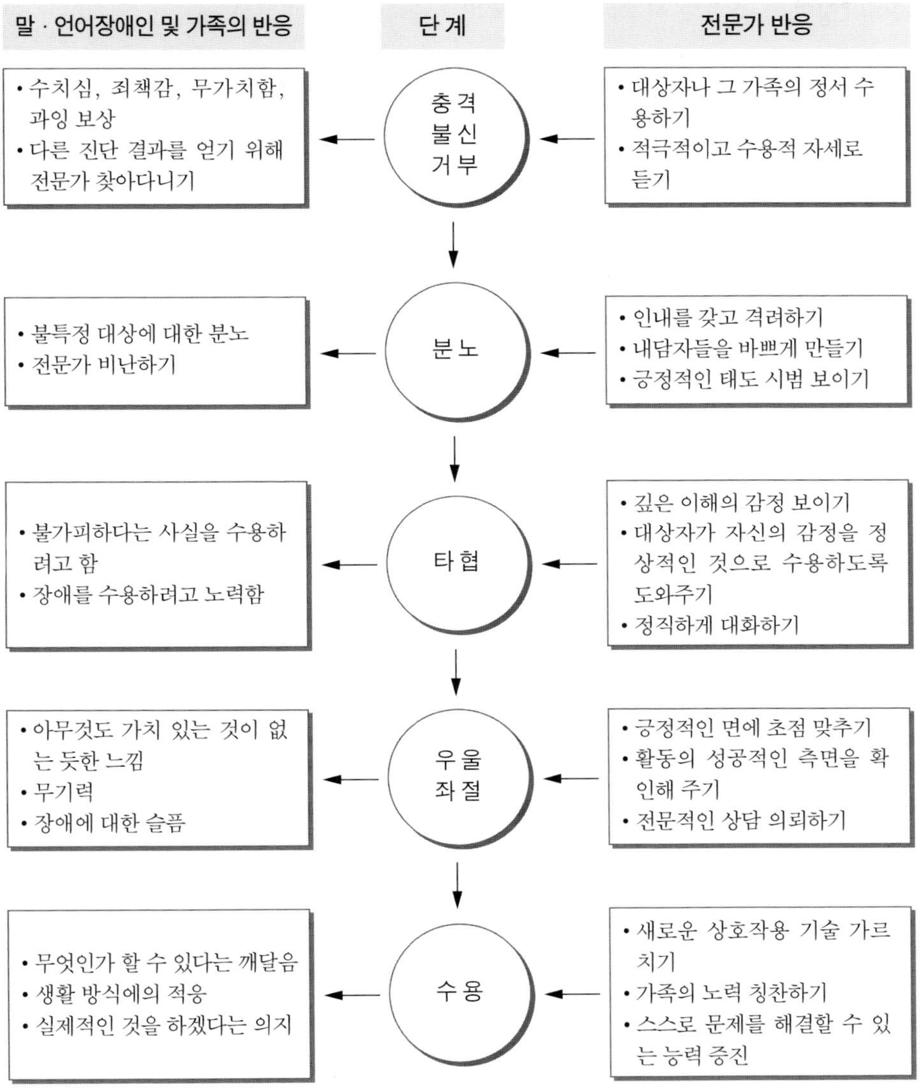

[그림 5-1] 의사소통장애인 및 그 가족의 정서적 반응

출처: Cook, Tessier, & Klein(1996). 이소현(2003)에서 수정 · 재인용.

3) 상담의 종결 및 추수지도

문제가 해결되면 상담을 종결한다. 또는 대상자 스스로 자신의 문제를 확인하고 해결할 준비를 갖추고 장애에 대해서도 긍정적인 태도를 갖게 되면 종결할 수 있다. 상담이 종결된 이후에도 대상자가 상담을 통해 습득한 태도를 유지하고 있는지 정기적으로 추수상담을 실시한다. 추수상담은 대면을 통해 실시할 수도 있고 이메일이나 전화 등을 이용할 수도 있다.

언어치료 분야에서는 언어치료사의 상담이 상담을 주 목적으로 하는 심리학자와 달리 진단이나 치료와 관련되어 진행되는 경우가 대부분이다. 따라서 이러한 일련의 절차가 차례대로 진행되지 않을 수도 있다. 그러나 자신이 만나는 대상자가 어떠한 과정에 해당하는가를 고려한다면 훨씬 더 효과적이고 효율적으로 상담을 진행할 수 있을 것이다. [그림 5-2]에 상담의 세 단계를 도식화하여 정리하였다.

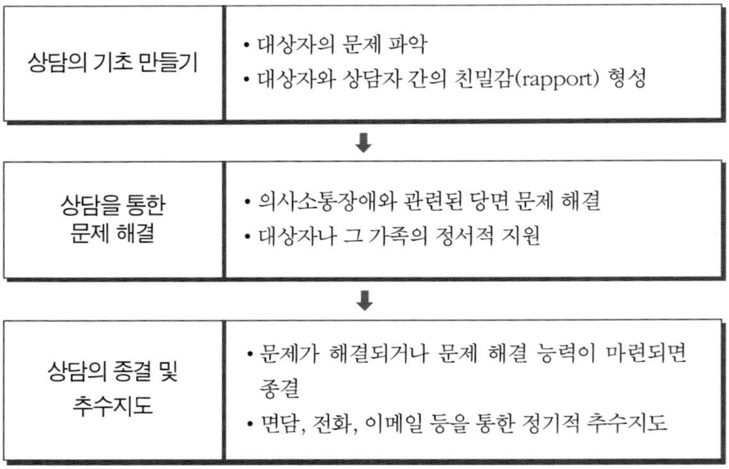

[그림 5-2] 상담의 과정

3. 상담기술

많은 연구자는 상담자가 갖추어 할 상담기술에 대해 제시하였다. 김환과 이장호(2006)는 경청, 재진술과 바꾸어 말하기, 반영, 요약, 직면, 해석, 질문하기 기술을 활용할 수 있다고 제시하였으며, 이현림(2000)은 수용, 발언의 핵심에 대한 반응, 명료화, 요약, 인도(leading), 직면, 해석 등의 기술을 제시하였다. Flasher와

Fogle(2004)은 경청하기, 목소리 톤 조절하기, 공감하기, 상대에 대한 관심 표현하기, 의사소통 방법, 의사소통 유지하기, 내담자의 말을 요약·정리하기, 상대방을 비난하는 말을 하지 않기, 명확하게 진술하기, 협상하기, 결론 맺기 등 여러 기술을 제시하였다. 여기에서는 노안영(2005)의 내용을 참조하여 '적극적 경청' '언어적으로 반응하기' '신체적으로 반응하기'의 세 가지로 나누어 여러 학자가 제시한 상담의 기술을 재구성하여 소개하고자 한다.

1) 적극적 경청

상담에서 가장 중요한 기술은 무엇보다도 대상자의 말을 잘 들어주는 것이다. 경청을 강조하는 상담자들은 "잘 들어주는 것만으로도 대상자의 문제가 해결될 수 있다."고까지 말한다.

경청은 대상자가 하는 말을 귀로 듣는 것은 물론 그들이 비언어적인 의사소통 수단으로 전달하는 모든 것, 예를 들어 얼굴 표정이나 몸짓, 자세, 목소리 등으로 전달하는 내용까지 모두 포함한다. 사람들은 간혹 음성언어보다는 비언어적인 형태로 더 많은 것을 전달하기 때문이다.

다음 내용은 효과적인 경청을 위한 지침으로 선행 연구에서 제시된 내용이다.

- 대상자가 말하는 내용을 열심히 듣고 무비판적으로 수용하는 태도를 보인다. 또한 대상자가 자연스럽게 이야기할 수 있도록 편안한 분위기를 만들기 위해 노력한다.
- 대상자가 전달하는 사실적인 내용뿐만 아니라 대상자의 정서나 생각, 강조점 등에도 관심을 갖고 경청한다. 특히, 말이나 행동을 통해 전달되는 감정을 적극적으로 이해하고, 고개를 끄덕이는 행동 등으로 공감하는 태도를 보인다.
- 상담의 중심을 대상자에게 두고, 그들이 말하는 동안 가급적 중간에 끼어들지 않는다.
- 대상자가 음성언어를 통해 전달하는 내용은 물론 비언어적인 의사소통 수단(예: 얼굴 표정, 몸짓, 자세, 목소리의 크기나 억양, 말투 등) 등에도 최대한 주의를

기울인다.

• 대상자의 의사소통 스타일을 파악하여 말에 포함된 함축적인 내용이나 숨은 의미를 이해한다.
• 세세한 내용에도 관심을 가져야 하나, 너무 세부적인 내용에 집중하여 전체적인 부분을 놓치지 않도록 주의한다.
• 부적절한 태도로 경청하거나 대상자의 행동을 판단하거나 평가하는 태도로 경청하기, 일부 내용만 선별적으로 경청하기, 그리고 지나치게 동정하는 태도로 경청하기는 바람직하지 않다.

2) 언어적으로 반응하기

언어치료사는 상담을 진행하는 동안 질문이나 상대방의 발화에 대답 또는 반응해 주기, 요약 정리하기 등과 같이 많은 언어적 절차를 활용하게 된다. 다음은 상담 중에 명심해야 할 언어적 기술을 몇 가지로 유목화하여 제시하였다.

질문하기 질문하기는 상담의 초기 과정에서 대상자를 이해하기 위해 활용될 수 있으며, 상담이 진행되는 동안에도 다양하게 활용된다. 다음은 질문하기를 진행하는 동안 고려해야 할 사항이다.

• '예' 또는 '아니요'와 같이 단순한 대답을 요구하는 단정적인 질문은 피한다. 언어치료 실습학생들은 대상자에게 '예'나 '아니요'와 같이 짧은 대답을 유도하는 질문을 하는 경우가 많다. "아동이 질문을 잘 이해하지 못하죠?"라든지 "자기가 원하는 것을 말로 표현하나요?"와 같은 질문은 '예' 또는 '아니요'와 같이 짧은 반응을 유도한다. 이보다는 "아동이 질문에 대해 어떻게 반응하나요?"나 "원하는 것이 있으면 어떻게 표현하지요?"와 같이 상대방의 다양한 반응을 유도할 수 있도록 질문하는 것이 좋다.
• 가급적 연관된 질문은 함께 제공하며, 너무 비슷한 내용의 질문이 반복되지 않도록 고려한다. 언어치료 실습학생은 상담 진행이 익숙하지 못하여 서로

관련되지 않는 질문을 단편적으로 나열하는 경우가 많다. 이러한 경우 질문의 양은 많아지나 상담은 심도 깊게 이루어지지 않는다. 가급적 관련된 질문을 함께 제공하며, 처음에는 광범위한 질문으로 시작하여 점차 세부적인 질문을 진행하도록 한다.

- 한 회기에 모든 정보를 얻으려는 태도로 너무 많은 질문을 하는 것은 바람직하지 않다. 이러한 상황에서 대상자는 자신의 문제가 너무 많이 노출된다고 생각하여 폐쇄적인 기분이 들 수도 있으며, 개인적인 부분을 드러내야 한다는 생각에 당혹감을 느끼거나 기분이 상할 수도 있다. 따라서 대상자의 기분을 배려하며 서로 친밀감이 형성될 때까지 천천히 질문해 가도록 한다.

대답하기 또는 반응하기 질문기술과 더불어 대상자의 질문에 대답하거나 그들의 발화에 적절하게 언어적으로 반응해 주는 것도 매우 중요하다. 다음은 대답하기나 반응하기 동안에 고려해야 할 사항이다.

- 말을 너무 많이, 길게 하지 않도록 한다. 이는 언어치료 실습학생이 가장 많이 범하는 실수 중 하나일 것이다. 대상자의 말이 중단된 경우 상담자가 말을 이어가야 한다는 강박증을 버리는 것이 좋다. 말이 끊기는 경우에도 잠시 시간을 두고 기다려 준다면 그들은 곧 이야기를 이어갈 수 있을 것이다. 대상자의 보고를 촉진하기 위하여 그들의 발화에 대해 고개를 끄덕이거나 미소를 지어 주거나, '그렇군요'와 같이 적절하게 반응해 주는 것이 좋다. 상담의 가장 좋은 기술은 '경청하기'임을 잊지 말아야 한다.
- 말 · 언어장애인 또는 보호자의 반응을 제한하는 형태로 질문하지 않는다. "아이가 말을 더듬어서 곤란하시겠어요."와 같이 대상자의 반응을 예측하는 발언은 가급적 삼가고, 대상자의 발화를 중간에 대신 이어가는 행동도 하지 않는 것이 좋다. 만약 대상자가 질문을 잘 이해하지 못하여 질문과 관련없는 응답을 하는 경우에도 일단 끝까지 들어준 후에 이야기를 정리하면서 자연스럽게 원래의 질문으로 돌아가는 것이 좋다.
- 대상자의 느낌과 상태를 고려하고, 대상자가 한 얘기에 대해 평가하거나 비난

하지 않는다. 발화에 대해 "잘했어요."나 "그렇게 하면 안 되죠."와 같이 평가하거나 비난하는 경우 대상자의 기분을 상하게 하여 말을 중단하게 할 수 있다.

내용 다시 말해 주기 언어치료사는 대상자의 말을 경청한 후 그들이 한 말을 다시 말해 주는 기술을 사용할 수 있다. 내용 다시 말해 주기는 대상자가 이야기의 내용을 정리하거나 구조화하는 데 도움이 될 수 있으며, 그들의 말을 이해하거나 공감해 주는 것을 표현하는 수단이 될 수 있다. 단, 내용 다시 말해 주기가 대상자가 하는 말의 자연스러운 흐름을 깨지 않도록 주의한다.

요약하기 대상자는 말을 많이 하다 보면 간혹 이야기가 장황해지거나 내용이 구조화되지 않는 경우가 있다. 언어치료사가 대상자가 하는 말을 잘 듣고 구조화하여 정리해 들려주면 도움이 된다. 그러나 이때 대상자의 말을 구조화하거나 정리하려는 목적으로 그들이 말하고 있는 도중에 끼어들어서 "이러이러하다는 말씀이지요?" 등과 같은 질문으로 말의 흐름을 끊지 않도록 주의한다.

정리 및 기록하기 상담 내용은 반드시 기록하여야 한다. 상담이 끝난 후 상담 내용을 정리하려고 하는 경우가 많은데, 잠깐의 시간이 지난 후에도 기억되지 않는 것들이 많다. 말·언어장애인이나 보호자가 말하는 동안 기록하거나 얼굴을 마주치지 않는 것도 적절하지 못하나, 반대로 너무 경청하여 필요한 정보를 기록하지 못하는 것도 바람직하지 않다. 상담 중에 간단히 메모를 하는 습관을 가지며, 경우에 따라서는 상담 내용을 녹음 또는 녹화하는 것도 좋다. 단, 녹음이나 녹화를 할 때에는 반드시 사전에 대상자의 동의를 얻도록 한다.

3) 신체적으로 반응하기

김환과 이장호(2006)는 상담자가 내담자의 말을 경청할 때 고려해야 할 사항을 크게 네 가지로 나누어 제시하였다.

- 시선을 통한 접촉이다. 다른 사람을 바라보는 것은 상대방에게 관심을 보이는 효과적인 방법이다. 따라서 상담 시 우호적이고 자연스러운 태도로 바라보는 것은 무엇보다 중요하다. 그러나 대상자를 너무 뚫어지게 응시할 경우 오히려 불편해질 수 있으므로 대상자의 반응을 살피면서 자연스럽게 시선을 처리하는 것이 좋다.
- 상담자의 자세다. 상담자는 편안한 자세로 내담자 쪽을 향하여 앉는 것이 좋다. 너무 사무적인 자세는 대상자가 말하기에 편안한 분위기를 저해하며, 반대로 지나치게 관심을 보이는 자세도 대상자에게 부담을 줄 수 있다.
- 상담자의 몸짓이다. 대상자가 몸짓을 통해 상담자에게 많은 것을 전달하듯, 상담자도 은연중에 몸짓을 통해 대상자에게 많은 뜻을 전달한다. 따라서 언어치료사는 불필요한 의미가 전달되지 않도록 몸짓에 의식적으로 관심을 가져야 한다. 또한 평상시 자신이 가지고 있는 부적절한 습관이 없는지를 파악하여 이를 수정하도록 하여야 한다.
- 상담자의 언어적 행동이다. 경청이 중요하다고 해서 아무 말도 하지 않고 듣기만 하는 것은 아니며, 간단하게 '네'나 '그렇죠' 또는 '그랬군요' 등의 표현으로 상대방의 말을 듣고 있거나 이해하였음을 표시하는 것이 중요하다. 이때 이러한 언어적 표현이 대상자가 말하는 것을 방해하면 안 된다는 것을 명심해야 한다.

이 장의 뒷부분에 제시한 행동 체크리스트는 상담자로서의 언어치료사의 행동을 평가하거나 점검할 때 활용할 수 있다.

〈상담 시 고려할 행동〉

- '예' 또는 '아니요'라고 단순하게 대답할 수 있는 질문은 피한다.
- 언어치료사가 너무 많은 말을 하지 않으며, 대상자의 발화나 행동에 대해 지지하는 태도를 보인다.
- 질문을 하는 경우에는 질문 내용을 명확히 하고, 우물거리거나 불명료한 표현은 하지 않도록 주의한다.

- 대화를 하는 동안 항상 대상자와 눈맞춤을 유지하며, 대상자의 기분에 감정이입해 주려 노력한다.
- 가급적 설교는 삼간다. 말 · 언어장애인이나 그 가족에게 훈계하지 않는다. 충고보다는 이해하고 공감하는 것이 중요하다.
- 대상자의 응답 내용이 너무 장황해지지 않도록 조절한다.
- 대상자의 응답 내용에 대해 너무 빨리 판단하여 반응하지 않는다.
- 정확하지 않은 정보는 제공하지 않는다.
- 한 번의 만남을 통해 모든 정보를 수집하고 제공하려 욕심 부리지 않는다.
- 정보를 제공하는 경우에는 객관적인 정보를 쉬운 말로 설명해 준다. 많은 예와 묘사를 간단한 언어로 사용한다. 복잡한 것보다 단순하게 지시하고 반복하는 것이 중요하다.
- 상담을 진행하는 동안 응답 내용을 메모하는 습관이 필요하다. 단, 대상자와의 상담 흐름에 방해가 되지 않도록 효과적으로 메모한다.
- 필요한 점은 솔직하게 하지만 상냥하게 말한다. 대상자에게 불가능한 상황에 대해 말하는 것을 회피하지 않는다. 단, 대상자의 기분을 고려하여 신중한 태도로 말한다. 대상자가 직면하기 두려워하는 것이 있음을 기억하여야 한다.
- 간혹 대상자가 상담자에 대해 악의나 미움의 감정을 표출할 수도 있다. 이러한 감정 역시 전문적으로 받아들이고 적절히 대처한다. 이러한 과정을 통해 더욱 전문가다운 태도를 가질 수 있게 된다.

4. 상담기술을 향상시키기 위한 전략

앞에서 상담의 목적과 내용, 과정, 그리고 상담의 기술에 대해서 제시하였다. 그러나 상담의 기술은 이처럼 글로 제시된 내용을 이해한다고 해서 숙련되는 것이 아니다. 숙련된 상담기술을 갖기 위해서는 그와 관련된 지식을 습득해야 할 뿐만 아니라 많은 훈련과 실제를 통해 경험을 쌓는 것이 필요하다. Haynes와 Pindzola(2004)는 상담기술을 향상시키기 위한 전략으로 다음과 같은 내용을 제시하였다.

- 폭넓은 지식을 갖추고 다양한 전문가들과의 대화를 통해 사고의 폭을 넓힌

다. 앞에서 살펴보았듯이, 언어치료 과정을 통해 효과적인 상담을 실시하기 위해서는 언어병리학 분야에 대한 지식은 물론 의학, 심리학, 특수교육학 등 인접 분야에 대한 지식이 많이 요구된다. 뿐만 아니라 상담의 과정이나 기술에 대한 전문지식도 필요하다. 이러한 지식들은 해당 분야의 책을 통해서 얻을 수도 있고, 해당 분야의 전문가와의 대화를 통해서도 얻을 수 있다. 워크숍이나 특강과 같은 재교육의 기회도 꾸준히 활용하도록 한다.

- 언어병리학 전공자로 구성된 소그룹을 만든다. 같은 목적을 가진 사람과의 소그룹 미팅은 여러모로 도움이 된다. 다른 사람에게서 해결 방법에 대한 조언을 얻을 수도 있고 자신이 적용한 해결 방법에 대해 피드백을 받을 수도 있다. 또한 여러 사람이 각자 직면하는 다양한 문제를 제시하고 그 문제를 어떻게 해결하였는가를 함께 공유함으로써 간접경험을 쌓을 수 있다.
- 자신의 상담 내용을 기록하고 임상감독자나 동료들과 함께 분석한다. 이는 앞에서 제시한 소그룹 활동과 관련지어 활용할 수 있다. 상담 내용을 기록한 후 임상감독자나 동료들과 함께 분석해 본다. 상담 내용을 전사하여 그 내용을 분석하는 것은 질문이 적절하게 제시되었는지, 대상자의 질문에 대해서 적절하게 반응하였는지를 파악하는 데 큰 도움이 된다. 상담 과정이 녹화된 자료를 보는 것은 언어치료사의 언어적 반응만이 아니라 신체적인 반응까지 살펴볼 수 있으므로 더 큰 도움이 될 수 있다.
- 역할극과 같은 절차를 통해 상담기술을 향상시킨다. 상담기술을 향상시키기 위한 방법으로 역할극(role-playing)은 효과적인 방법이 될 수 있다. 특정 문제를 가상적으로 설정하고 언어치료사와 대상자의 역할을 결정한 다음 상담을 진행하도록 한다. 역할극을 하는 동안 이 과정을 관찰하고 피드백을 줄 수 있는 전문가가 있으면 더욱 좋다. 언어치료 실습학생과 같이 상담 경험이 적은 사람은 직접 상담을 실시하기 전에 이러한 역할극을 많이 해 보는 것이 좋다. 특히 상담뿐만 아니라 임상의 첫 단계인 초기 면담 과정은 반드시 역할극을 통해 연습해 볼 것을 권한다.

참고문헌

김환, 이장호(2006). 상담면접의 기초. 서울: 학지사.

노안영(2005). 상담심리학의 이론과 실제. 서울: 학지사.

이장호(2005). 상담심리학(제4판). 서울: 박영사.

이현림(2000). 상담이론과 실제. 서울: 원미사.

American Speech-Language-Hearing Association(2001). *Roles and responsibilities of speech-language pathologists*. Rockville, MD: Author.

Cook, R. E., Tessier, A., & Klein, M. D.(1996). *Adapting early childhood curricular for children in inclusive settings*. Englewood Cliffs, NJ: Merrill.

Corey, G. (2001). *Theory and practice of counseling and psychotherapy* (6th ed.). Belmont, CA: Brooks/Cole, Thomson Learning.

Crow, T. (Ed.)(1997). *Applications of counseling in speech-language pathology and audiology*. Baltimore: Williams & Wilkins.

Flasher, L. V. & Fogle, P. T. (2004). *Counseling skills for speech-language pathologists and audiologists*. Clifton Park, NY: Thomson Delmar learning.

Haynes, W. O. & Pindzola, R. H. (2004). Assessment of school-age and adolescent language disorders. In W. O. Haynes & R. H. Pindzola, *Diagnosis and evaluation in speech pathology* (6th ed.). Boston: Pearson Education.

Riley, J. (2002). Counseling: An approach for speech-language pathologists. *Contemporary Issues in Communication Science and Disorders, 29,* 6-16.

Rogers, C. R. (1977). *Carl Rogers on personal power*. New York: Harper & Row.

Roth, F. R. & Worthington, C. K. (2005). *Treatment resource manual for speech-language pathology* (3rd ed.). Clifton Park, NY: Thomson Delmar learning.

대상자의 비언어적 · 언어적 행동 체크리스트

1. 앉아 있는 태도는 어떠한가?

자 세	a. 경직	b. 이완	c. 움츠림
접근 정도	a. 치료사와 아주 가까이 앉음	b. 보통 거리	c. 멀리 떨어져 앉음
움직임	a. 계속 움직임	b. 보통	c. 움직임이 없음

2. 외견상 느낌은 어떠한가?

표 정	a. 신경질적	b. 편안함	c. 수동적
정서(기분)	a. 행복함	b. 걱정	c. 흥분
옷차림	a. 잘 차려 입음	b. 적절함	c. 단정치 못함
체 형	a. 뚱뚱함	b. 보통	c. 마름
태 도	a. 친근함	b. 사무적	c. 호전적

3. 의사소통 방식은 어떠한가?

말 속도	a. 매우 빠름	b. 보통	c. 매우 느림
목소리 크기	a. 큼	b. 보통	c. 작음
음 도	a. 매우 높음	b. 보통	c. 매우 낮음
억 양	a. 적절한 억양	b. 부적절한 억양	c. 억양이 없음
제스처	a. 많이 사용	b. 약간 사용	c. 없음

출처: McDonald & Harney(1997). Roth & Worthington(2005)에서 재인용함.

참고자료

상담자(언어치료사) 행동 체크리스트 1

평가 항목	예	아니요
A. 상담에 대한 오리엔테이션		
1. 편안한 자세를 갖도록 안내하였는가?		
2. 상담의 목적이나 절차에 대해 설명하였는가?		
3. 서로의 역할에 대해 설명하였는가?		
4. 유창하게 설명하였는가?		
B. 의사소통 태도에 대한 평가		
1. 상담 대상자에게 관심을 보이는 태도를 취하였는가? (수용적 태도를 보였는가?)		
– 편안하고 자연스러운 태도		
– 적절한 눈맞춤		
– 상담 대상자의 언급에 대한 반응		
2. 질문을 개방형(open-ended) 형태로 하였는가?		
3. 대상자가 계속 말을 할 수 있도록 독려하였는가?		
– 언어적(예: 네, 그렇군요, 이해해요 등)		
– 비언어적 (예: 고개 끄덕이기, 상담 대상자를 향하는 자세 취하기)		
4. 의사소통 문제에 대한 정보를 개괄적으로 수집하였는가?		
C. 질문이나 기록		
1. 질문을 적절한 순서로 제시하였는가?		
2. 대상자의 반응을 적절히 기록하였는가?		
D. 적극적인 듣기		
1. 공감을 표시하였는가?		
2. 대상자가 말한 상담 내용이나 느낌을 요약하여 주었는가?		
E. 비언어적 단서 모니터		
1. 비언어적 단서를 모니터하였는가?		
2. 대상자의 비언어적 단서를 모니터하였는가?		

F. 정보를 제공하는 기술		
1. 정보를 적절하게 전달하였는가?		
− 내용		
− 전달 형식이나 사용 언어		
2. 질문에 적절하게 반응하였는가?		
3. 말의 흐름이 적절하였는가? (유창하게 설명하였는가?)		
G. 상담의 종결		
1. 요약 및 결과 검토(상담 내용을 잘 요약하며 주었는가?)		
2. 제언(앞으로의 방향에 대해 제안하였는가?)		
3. 지지적인 발언(대상자를 지지하는 말을 하였는가?)		
H. 정보 분석		
1. 상담 대상자가 말한 주요 문제를 정리하고 결과를 통합하였는가?		
2. 보고서를 작성하였는가?		

출처: Enlow & Swisher(1972). Haynes & Pindzola(2004)에서 재인용함.

참고자료

상담자(언어치료사) 행동 체크리스트 2

비언어적 행동

______ 대상자와 눈맞춤을 적절하게 유지한다.

______ 생기 있는 얼굴 표정으로 반응해 준다.

______ 대상자가 관계없는 행동을 하거나 상담에 집중하지 않는 행동을 할 때 이를 비언어적인 행동(예: 고개를 끄덕거림)으로 강화하지 않는다.

______ 편안한 자세를 취하고 있다.

______ 대상자를 향해 몸을 기울이고 있다.

______ 다양한 억양 패턴을 사용한다.

______ 목소리 크기가 적절하다.

______ 대상자가 말을 하고 있는 동안 간헐적으로 언어적 반응(예: 음)을 해 준다.

언어적 행동

______ 대상자가 한 말 중에서 가장 중요한 부분을 반복해서 확인해 준다.

______ 의사소통장애에 대한 대상자의 기분을 표현할 수 있도록 격려해 준다.

______ 대상자의 기분을 언어적으로 표현해 주고 반응해 준다.

______ 질문을 할 때 개방형 질문을 사용하며, 대상자에게 가능한 한 길게 대답하도록 요구한다.

______ 상담을 하는 동안 혼자만 말하지 않고 대상자가 말할 시간을 충분히 제공한다.

______ 대상자가 좀 더 많이 말을 하고 반응하게 하기 위해 의도적으로 침묵한다.

______ 대상자의 진술 내용을 지지하거나 강화하기 위해 언어적으로 반응한다.

______ 의사소통 문제에 대한 대상자의 기분이나 태도를 이해하고 있음을 표현한다.

______ 대상자가 질문하거나 의견을 물었을 때 직접 대답한다.

______ 필요한 경우 대상자의 특정 질문에 대해 다시 질문하기도 한다.

______ 대상자가 괴로워하는 상황에 대해서 긍정적인 관점과 대안을 제시한다.

______ 적절한 시기에 상담 내용을 요약해 준다.

출처: Cormier & Hackney(1999), Roth & Worthington(2005)에서 재인용함.

제2부

의사소통장애 언어임상실습의 실제

제6장

언어발달장애

일반적으로 지능, 신체발달 등의 다른 영역에서는 심각한 문제가 없으나 언어 영역에서만 지체가 나타나는 경우를 '단순언어장애(specific language impairment: SLI)'라고 한다. 언어발달에 문제가 있는 아동의 경우는 정신지체나 자폐, 뇌성마비 등의 다른 장애를 동반하면서 그 장애와 관련되어 언어 문제가 나타나기도 하고, 다른 장애가 관찰되지 않으면서 언어의 이해 및 표현의 발달에 문제가 나타나기도 한다. 첫 번째 경우는 '12장 아동기 중복언어장애'를 참고하도록 하고, 여기서는 언어발달에만 문제가 있는 아동을 중심으로 초기 언어발달부터 학령기까지의 평가 및 중재 과정을 초기 면담, 진단 및 평가, 장단기 치료 계획 수립, 회기 치료 계획 수립, 진전(종결)평가로 나누어 살펴보고자 한다.

1. 초기 면담

초기 면담에서는 일반적으로 아동의 초기발달력, 언어발달력, 사회성, 교육력 등의 정보를 양육자로부터 제공받는다. 특히, 영유아의 경우 출생 초기의 신체 및 운동 기능 발달 정도나 병력을 알아보는 것도 중요하다. 또한 적절한 시기에 적절한 양의 음절성 발음(babbling)이 나타났는지, 첫 낱말은 언제쯤 나타났는지 등을 살펴보는 것이 필요하다. 조금 성장한 유아기 아동의 경우는 영유아와 마찬가지로 신체발달, 인지발달, 언어발달 등과 더불어 또래 아동과 함께 있는 공간에서 잘 어울려 놀 수 있는지를 알아봄으로써 아동의 사회성이 어떠한지도 살펴보아야 한다. 이처럼 아동의 초기 신체, 언어, 인지, 사회성 발달에 대한 정보가 앞으로의 치료에 중요한 역할을 할 수 있으므로 양육자에게서 충분한 정보를 제공받아야 한다. 일반적으로 양육자는 아동의 엄마나 아빠인 경우가 많다. 그러나 경우에 따라서 아동의 부모가 직장에 다니는 등 다른 사정에 의해 제2의 양육자가 아동과 더 많은 시간을 함께 보내고 있다면 면담에 아동의 엄마 또는 아빠와 제2의 양육자가 모두 참여해야 한다. 면담에 직접 참여하기가 어렵다면 전화나 서면을 통해서라도 아동에 대한 정확한 정보를 수집하는 것이 필요하다.

학령기 아동의 경우는 아동이 출생 후 오랜 시간이 지나서 아동의 초기 발달력이나 언어발달력 등을 양육자가 잘 기억하지 못하는 경우도 있고 기억을 한다 해도 신뢰성이 떨어질 수도 있다. 뿐만 아니라 어느 정도 의사소통이 가능하지만 학교에서의 언어적 의사소통에 문제가 있는 경우가 많다. 학령기 아동의 경우 학교에서의 언어 수행력이나 의사소통 능력 등에 대한 정보가 더욱 중요한 역할을 하므로 이 부분에 초점을 맞추는 것이 중요하다. 특히, 유치원에서 학령기에 이르는 나이라면 부모나 양육자에게서 읽기에 대한 정보도 함께 수집해야 한다.

이처럼 발달 시기에 따라 중점적으로 알아보아야 할 사항에 차이가 있으므로 면담 시 사용하는 면담지를 잘 선택하여야 한다. 특히, 언어치료 실습학생의 경우 앞으로 아동의 언어치료에서 중요한 사항은 빠뜨리고 불필요한 정보만 잔뜩 기록하는 실수를 저지르기도 한다. 초기 면담에 대한 일반적인 지침은 이 책의 '5장 언어치료 상담'을 참고하기 바란다.

아동의 배경 정보는 아동의 양육자뿐 아니라 학교 담임교사나 그 밖의 교육기관의 담당교사로부터 수집하는 것도 중요하다. 직접면담이 어려울 경우는 전화를 통해 하거나 서면으로 받을 수도 있다.

〈이렇게 해 보세요!〉

언어치료 실습학생의 실수	임상감독자의 조언
아동의 나이와 연락처 등 주요한 배경 정보를 빠뜨린다.	초기 면담 시 우선 면담의 목적을 간략하게 설명해 준 다음, 아동의 이름, 나이, 연락처 등의 주요 정보를 먼저 물어본다. 사전에 전화상담을 한 경우에도 사전 정보가 맞는지 반드시 확인한다.
언어발달력과 관련된 내용은 빠뜨리고, 언어장애와 관계없는 사항에 대해서만 오래 면담한다.	인지나 신체 발달력, 병력 등 관련 영역에 관한 정보는 언어발달과 관련된 것 중심으로 간략히 수집한다. 언어발달력은 옹알이, 첫 낱말, 두 낱말 조합 시기가 적절하였는지, 현재 이해와 표현 언어의 수준은 어떤지, 최대 언어 표현 능력은 어떤지 등을 물어본다. 더불어 언어치료력이 있었는지를 확인하고, 있다면 치료기관, 시기 등을 빠짐없이 기록해 둔다.
나이가 많은 아동에게 학령전기용 면담지를 사용한다.	영유아 아동, 학령전기, 학령기 아동 등 각 시기에 적절한 면담지를 따로 마련해 놓고 사용하도록 한다. 다만, 나이는 많아도 언어발달 수준이 현저히 낮다면 어린 아동용 면담지에서 주요 사항을 보충해서 질문한다.
보호자의 눈을 보지 않고, 면담지만 보면서 면담을 한다.	보호자들은 자신과 아이가 겪는 어려움을 심정적으로 이해하고 지지해 주기를 바란다. 따라서 면담 시 보호자의 눈을 보면서 수용적인 태도로 대화가 이어질 수 있도록 해야 한다.
면담 내용을 너무 어렵게 말하거나 빠른 속도로 말한다.	지나치게 전문용어를 많이 사용해서 보호자가 어렵게 느끼지 않도록 하되, 주요 용어를 쉽게 풀어서 충분히 설명해 준 다음 사용한다. 면담 내용을 잘 이해하지 못하는 경우 구체적인 예를 들어 알기 쉽게 이해하도록 돕는다. 말 속도는 너무 빠르거나 느리지 않게, 주요 내용은 또박또박 말해 준다.
짧은 면담으로 진단 결과나 예후를 성급하게 말한다.	짧은 면담시간 동안 들은 내용으로 섣부르게 추측을 해서 언어 진단을 하거나 예후를 성급하게 결론 내려 말하지 않도록 한다. 평가 후 자세한 상황과 이후 치료 계획에 대한 면담을 하게 된다는 점을 상기시켜 준다.
사전 준비가 없어서 보호자 면담시간 동안 아동을 방치하거나 아동 때문에 면담이 방해를 받는다.	보호자 면담시간 동안 아동과 활동을 할 사람과 장소를 미리 정해 둔다. 아동이 보호자를 떠나려 하지 않는 경우 아동이 너무 지루해하거나 불편해하지 않도록 미리 책이나 장난감 등을 한쪽에 준비해 둔다.

2. 진단 및 평가

1) 평가 계획 및 실시

평가 계획을 세우는 것 역시 대상자가 학령전기냐 학령기냐에 따라서 달라진다. 학령전기 아동의 경우는 언어이전 단계인지 언어표현 단계인지로 다시 나뉠 수 있다.

영유아기 의사소통 평가 아직 표현언어가 나타나지 않는 영유아에게 사용할 수 있는 표준화 검사로는 부모 보고에 의해 아동의 말 · 언어 이해 및 표현을 평가하는 '영유아언어발달선별검사'(SELSI; 김영태 외, 2003)를 사용할 수 있다. 표준화 검사는 아동의 전반적 언어 수준만을 말해 주며, 언어 또는 의사소통의 장단점을 진단하는 데 한계가 있기 때문에 맥락을 중시하는 여러 언어평가 방법이 필요하다(김영태, 2002). 맥락을 중시하는 언어평가 방법은 자연스러운 의사소통 상황에서 아동의 의사소통 능력을 살펴보는 것이다. 언어이전 단계의 경우 특히 중요하게 살펴보아야 할 것은 아동의 사물 요구하기, 행동 요구하기, 지적하기, 코멘트하기 등의 의사소통 기능이 몸짓, 제스처, 발성 등을 통해 나타나는가다. 또한 상징 행동, 사물 영속성과 같은 감각운동기의 인지 기능, 주고받기 규칙 등을 이해하고 있는지도 살펴보아야 한다.

학령전기 언어평가 언어로 표현할 수 있는 유아에게는 표준화된 검사인 '취학 전 아동의 수용언어 및 표현언어 발달척도'(PRES; 김영태, 성태제, 이윤경, 2003)를 사용할 수 있으며, 이해 영역을 측정할 수 있는 '수용 · 표현 어휘력검사'(김영태 외, 2009), '구문 · 의미이해력검사'(배소영 외, 2004) 등도 사용할 수 있다. 표준화 검사 외에 비공식 검사를 통해 아동의 언어 능력을 살펴보는 것도 매우 중요하므로 자발화 수집을 통해 의미, 문법, 화용적 부분으로 평가 분석을 실시해야 한다. 자발화 수집을 통해 알아볼 수 있는 것은 낱말의 의미관계, 복문의 사용 정도,

평균 형태소 길이(mean length of utterance-morpheme: MLUm), 평균 낱말 길이(mean length of utterance-word: MLUw), 서로 다른 낱말 수(number of different word: NDW), 총 낱말 수(number of total word: NTW), 어휘 다양도(token-type ratio: TTR), 의사소통 기능의 언어적 표현 등이 있다.

학령기 언어평가 학령기 아동의 경우 우리나라에는 전반적인 언어 능력을 평가할 수 있는 표준화 검사가 거의 없는 실정이다. 따라서 언어의 몇 가지 하위 영역을 알아볼 수 있는 표준화 검사와 더불어 비공식 검사를 통해 평가해야 한다. 초등학교 저학년 아동에게 사용할 수 있는 표준화 검사로는 '수용 · 표현 어휘력 검사'(김영태 외, 2009) '구문 · 의미이해력검사'(배소영 외, 2004)가 있고, 초등학교 고학년까지 사용할 수 있는 '언어문제해결력검사'(배소영, 임선숙, 이지희, 2000)가 있다. 그러나 이들 검사는 각각 언어의 어휘 이해, 의미 및 구문 이해, 그리고 문제 해결력 등 일부 영역만을 알아볼 수 있게 고안된 검사들이므로 아동의 전반적 언어 능력을 살펴보는 평가에서는 이 검사들만으로는 불충분하다. 따라서 준거 및 관찰 분석 지향적 접근의 일부로 비공식 검사를 실시해야 한다. 이를 위해서는 다음과 같은 언어의 하위 영역을 분명하게 이해하여야 한다(배소영, 2005).

첫째, 언어의 형식적 측면으로 문법과 음운이 있다. 문법의 경우 구문 구조와 문법 형태소로 나눌 수 있다. 아동의 구문 구조 능력은 복문 사용률, 주절과 종속절의 사용, 종속절의 유형, 구문 표현 실수 등을 살펴볼 수 있고, 문법 형태소는 문법 형태소의 겹사용이나 실수 등을 살펴볼 수 있다. 아동의 음운 능력은 조음 위치나 조음 방법을 고려해서 아동의 자음 정확도를 측정하거나 아동에게서 주로 나타나는 음운변동 현상을 분석해 볼 수 있다.

둘째, 언어의 내용적 측면에는 의미가 있다. 의미 영역에서는 학령기에 필요한 한자어, 비유어 및 속담, 그리고 다양한 의문관형사의 이해와 표현을 살펴볼 수 있다.

셋째, 언어의 사용적 측면에는 화용과 담화가 있다. 여기서는 의사소통 의도의 표현이나 의사소통 기능, 대화자 스타일, 담화적 결속체의 사용을 대화와 이야기에서 살펴보는 것이 중요하다.

넷째, 학령기 아동에게 중요하게 평가되어야 할 또 다른 영역은 읽기다. 아동의 언어 수준이 낮다고 해도 아동이 학교를 다니고 있다면 교과를 기초로 한 평가가 매우 중요하기 때문에 읽기 영역의 평가가 반드시 포함되어야 한다. 읽기평가는 공식 및 비공식 검사로 평가할 수 있다. 공식 검사의 경우 덩이글을 빠른 시간 안에 정확하게 읽는 검사로서 낱말 재인의 자동화를 살펴보고, 덩이글 중간의 빈칸에 적절한 어휘를 선택함으로써 덩이글 내용 이해를 살펴볼 수 있는 '기초학습기능 수행평가체계' (BASA; 김동일, 2005)가 있다. 비공식 검사로는 낱말재인과 읽기

〈표 6-1〉 언어발달장애 아동의 언어평가 내용

평가 내용		준비 사항
영유아기/학령전기	언어발달과 관련된 공식 평가	비디오 및 녹음기, 검사도구, 기록지 〈우리나라 표준화 검사의 예〉 • 영유아 언어발달선별검사(SELSI) • 취학 전 아동의 수용언어 및 표현언어 발달척도(PRES) • 수용 · 표현 어휘력검사(REVT) • 구문 · 의미이해력검사
	대화나 이야기하기 등을 활용한 자발화 수집: 음운, 의미, 문법, 화용 영역 평가	비디오 및 녹음기, 놀잇감, 이야기 자료, 대화 주제, 기록지, 책
	관련 영역 문제 유무 평가	검사지, 기록지, 설압자, 펜라이트 등
학령기	언어발달과 관련된 공식 평가	비디오 및 녹음기, 검사도구, 기록지 〈우리나라 표준화 검사의 예〉 • 수용 · 표현 어휘력검사(REVT) • 구문 · 의미이해력검사 • 언어문제해결력검사
	대화와 이야기를 통한 화용과 담화 능력 평가	비디오 및 녹음기, 기록지, 이야기 유도 그림이나 그림책, 이야기 녹음테이프
	읽기 관련 공식 평가	검사도구, 기록지 〈우리나라 표준화 검사의 예〉 • BASA(Basic Academic Skills Assessment)
	읽기 관련 비공식 평가	읽기 심화평가지 • 낱말재인, 읽기 이해 과제 심화평가지 • 음운인식, 빠른 이름대기 등 읽기 관련 영역 심화평가지, 초시계, 비디오 및 녹음기, 필기도구

이해로 구성된 읽기 영역, 음운인식 능력, 빠른 이름대기 능력 등이 있다. 언어발달장애 아동에게 실시할 수 있는 평가 내용을 정리하면 〈표 6-1〉과 같다.

비공식 검사 중에서 평가자에 의해 제작된 심화평가는 따라 말하기, 질문에 대답하기, 판단해서 말하기, 이름대기, 스스로 말하기 등의 과제를 통해 제시할 수 있다. 평가 내용을 구성할 때 주의할 점은 개별 아동의 현재 언어 수준을 배경 정보 수집 단계에서 대략적으로 파악하여 적절한 수준의 내용으로 구성해야 한다는 것이다. 학령기 아동의 경우 교과과정을 근거로 한 평가 문항을 만들기 위해 초등학교 교과서나 참고서 등을 참고할 수 있다.

평가 도중에는 녹음이나 녹화를 하여 검사 상황에서 정확하게 기록하지 못하였을 때를 대비해야 한다. 예를 들어, 읽기검사 중 덩이글을 읽는 검사나 빠른이름대기 검사에서 아동의 오류를 모두 기록하거나 초시계를 사용하는 데 능숙하지 못한 경우도 흔히 있으므로 반드시 녹음이나 녹화를 하는 것이 좋다.

또한 앞에서 제시한 언어 영역 외에 조음과 음성, 유창성 영역도 살펴보고, 아동의 말운동 능력이나 청력 등도 살펴보아야 한다. 필요한 경우 관련 전문가에게 평가를 의뢰하는 것이 중요하다. 특히, 동반장애가 있을 경우 장애의 특성을 이해하고 그에 따른 평가를 진행해야 한다.

〈이렇게 해 보세요!〉

언어치료 실습학생의 실수	임상감독자의 조언
아동의 상황을 고려하지 않고 무조건 많은 검사를 한꺼번에 실시한다.	각 아동에게 적절한 평가 계획을 미리 작성하여 감독자에게 확인을 받은 후 실시함으로써 가장 효율적인 평가가 이루어지도록 한다. 특히, 아동의 언어 및 전반적 발달 수준에 적절한 평가도구와 방법을 파악한 후 실시한다.
아동의 상태를 고려하지 않고 끝까지 평가를 끝낸다.	아동의 심리 상태를 고려하지 않은 상태에서 억지로 하는 평가는 그 결과의 신뢰도가 떨어진다. 따라서 아동의 상태를 고려해서 평가를 나누어 실시하거나 아동을 심리적으로 편안하게 한 후에 검사를 실시한다.
검사 요강을 대충 읽고 연습하지 않은 상태에서 실시하여 평가 시 실수를 많이 한다.	실시할 검사들의 검사 요강을 충분히 읽어야 할 뿐 아니라 동료나 일반 아동 등을 상대로 여러 차례 연습해서 평가도구에 익숙해진 후에 평가를 실시한다.

평가 진행 시 아동에게 평가 진행 과정 등에 대해 설명하지 않는다.	도구나 과제가 바뀔 때에는 아동이 평가 방법을 잘 이해할 수 있도록 충분히 설명한 후에 실시한다.
평가 시간을 고려하지 않아 아동이나 검사자가 다음 일정에 쫓겨 대충 검사가 이루어진다.	사전에 평가 목적이나 평가 소요시간을 정확히 체크해서 앞뒤 평가 시간에 충분한 여유를 두어야 한다. 아동에게도 소요시간을 미리 알려 줘서 다음 일정에 지장이 생기지 않도록 한다.

2) 보고서 작성

평가를 통해 수집된 자료를 정리하여 평가보고서를 작성하는 것은 다른 영역과 크게 다르지 않다. 주의할 점은 준거 및 관찰 분석 지향적 접근 방법으로 검사한 자료를 기술할 때에는 객관적이고 구체적이면서 정확하게 기술해야 한다는 점이다. 표준화 검사 결과를 기록할 때에는 또래 아동과의 비교 결과를 객관적으로 기록하는 것이 쉽지만, 비공식 검사나 검사자가 자체적으로 실시한 검사의 결과는 객관적으로 비교할 대상이 없으므로 제시된 기회 수와 상황 등을 포함하여 객관적으로 평가하고 자세하게 기록하는 것이 중요하다. 한편, 평가보고서 작성 시 아동의 검사 태도를 기록하는 것은 중요한 부분이다. 특히 읽기평가를 한 경우에는 읽기 태도에 대한 내용을 반드시 기록해 주는 것이 좋다. 부정적인 태도를 가지고 있는 아동이라면 치료에서 아동에게 읽기 동기화부터 시작하는 것이 중요하므로 아동이 검사 상황에서 보였던 태도와 부모 보고를 통해 나타난 읽기 태도를 반드시 기록해야 한다.

〈이렇게 해 보세요!〉

언어치료 실습학생의 실수	임상감독자의 조언
평가보고서를 작성할 때 원점수나 빈도만 기록한다.	표준화 검사 결과를 보고서에 작성할 때는 원점수만 기록하는 것이 아니라 백분위수나 표준점수를 반드시 보고한다. 준거참조검사의 경우 평균과 표준편차 또는 발달적 준거를 기록한다.
심화평가 시 아동의 반응을 잘 기록해 놓고 평가보고서에는 빠뜨린다.	심화평가 결과를 평가보고서에 반드시 기록한다. 규준이 없으므로 또래의 평균과 표준편차를 밝히거나 이전 평가 결과와 비교해 줄 수 있다.

평가 결과를 장황하게 기술해서 요점이 뭔지 분명히 드러나지 않는다.	평가 결과는 간결하고 명확하게 기록해야 하며, 특히 아동의 언어장애와 관련되는 주요 사항을 중심으로 요약한다.
평가 결과를 보호자에게 성급하게 알려 주고 예후에 대해 함부로 말한다.	평가 결과에 따른 언어 진단 내용을 감독자와 상의 없이 보호자에게 미리 성급하게 말하지 않도록 한다. 또한 예후를 단정적으로 이야기하지 않도록 주의한다.

3. 치료 계획 및 실시

1) 장단기 계획

장단기 계획을 세우는 데 포함되어야 할 것은 목표, 중재 과정, 상황이나 환경 등이다.

Paul(2001)은 치료 프로그램을 결정할 때에는 어떤 상황에서 적절한 반응이 10~50% 정도 나타나는 것이 최우선 순위가 될 수 있고, 다음으로는 이해는 할 수 있지만 1~10%만 반응하는 것, 마지막으로는 아동이 전혀 표현하지 않거나 이해 과제에서 이해하지 못하는데 특정 상황에서는 50~90% 정도 적절한 반응을 하는 것의 순위로 목표를 설정할 수 있다고 하였다. 목표를 설정할 때에는 아동의 의사소통에 얼마나 효율적인가, 가르치기가 쉬운가, 목표로 하는 어휘가 아동이 이미 습득한 음운으로 구성되어 있는가, 새로운 언어 형태를 가르칠 때 그 기능을 이미 습득하였는가 또는 새로운 기능을 가르칠 때 그 언어 형태를 이미 습득하였는가 등을 고려해야 한다.

장단기 계획 수립 과정에서 특정 상황이나 환경에서 어떠한 중재 접근법을 적용할 것인지를 결정하는 것도 중요하다. 자연성(naturalness)의 정도에 따라 치료사 중심법, 절충법, 아동중심법 중에 아동에게 적절한 방법이 어떤 것일지를 미리 생각해 두는 것도 중요하다.

목표 설정 시, 학령전기 아동의 경우에는 그 아동의 가정이나 유치원 생활에서 필요한 의사소통 기술을 충분히 고려해야 한다. 부모나 양육자가 가정생활에서 요구하는 사항이 목표 수립 과정에서 적절히 검토되어야 한다. 이로써 부모나 양육자가 가정에서 목표 달성을 위한 다양한 활동에 적극적으로 참여할 수 있는 여지를 마련해 줄 수 있다. 또한 유치원 생활에 실질적으로 필요한 언어 능력이 고려되어야 한다. 학령전기 유치원 아동은 하루 중 반나절 이상을 유치원에서 보내기 때문에 유치원 생활에 필요한 언어 능력을 갖추는 것이 무엇보다 중요하다. 선생님들의 지시 사항을 적절히 이해하고 그에 반응할 수 있어야 할 뿐 아니라 유치원에서 일상화된 활동에 대한 사전 정보를 충분히 익힐 수 있어야 한다.

학령기 아동의 경우 학교 담임선생님 또는 학원 선생님으로부터 아동에게 필요한 언어 능력에 대한 의견을 듣고 참고하는 것이 좋다. 이를 바탕으로 각 아동이 갖고 있는 언어 능력의 강점과 약점을 고려해서 학교에서 실질적으로 필요한 언어를 포함해야 한다. 이는 앞에서 목표 설정 시 고려해야 할 사항 중 하나인 의사소통 효율성과도 밀접한 관련이 있다. 특히, 학령기 아동들에게 담화 운용, 이야기 이해 및 표현, 추론을 포함한 문제 해결, 읽기 등이 중요한 중재 목표가 될 수 있다. 이러한 영역이 반드시 고려되어야 하는 이유는 아동의 학교생활이나 또래와의 상호관계에 밀접한 관련이 있기 때문이다.

마지막으로 장단기 계획을 수립할 때 중요하게 생각해야 하는 것은 장기목표나 단기목표 달성을 어떻게 평가할 것인지 구체적으로 생각하고 계획해 놓는 것이다. 각 장기목표에 대한 단기목표는 수평적 또는 수직적으로 구성할 수 있다. 특히 단기목표가 수직적으로 구성된 경우라면 미리 어떤 기준으로 계획의 도달을 확인할 것인지를 결정해 놓고 그 기준에 도달하면 다음 단계로 넘어가야 한다. 미리 명확한 기준을 세워 놓지 않으면 치료사는 객관적인 근거 없이 다음 단계로 넘어가게 된다. 이는 아동의 능력을 과소 혹은 과대 평가하는 결과를 낳을 수 있다. 그리고 후에 '그때는 잘 했는데…….'라고 생각하며 다시 예전의 목표를 중재해야 하는 일이 벌어질 수 있다. 목표 달성의 기준을 세우는 방법은 검사(심화 검사 또는 표준화 검사)를 실시한다거나, 다양한 상황에서 연속으로 몇 회기 이상 일정한 준거를 달성하였다거나, 부모 보고에 의해 일상생활에서 몇 회 이상 나타나는지를 확인하는 것 등의 방법이 있을 수 있다. 즉, 단기목표를 매우 구체적으로 세우고 기록하는 것이 중요하다(단기목표를 잘 계획하는 방법은 '3장 언어임상 실습의 과정'

에 구체적으로 제시되어 있다).

〈이렇게 해 보세요!〉

언어치료 실습학생의 실수	임상감독자의 조언
평가 결과와 장단기 치료 목표가 연관되지 않는다.	장단기 치료 목표를 수립하기 위해서는 항상 아동의 이해언어, 표현언어, 화용 능력 등에서 장점과 단점에 관한 현행 수준을 정확히 객관적으로 판단해야 한다. 장단기 목표는 평가 결과를 토대로 수립하며, 평가 시 관찰된 내용을 참고할 수 있다. 아동의 장단기 치료 목표는 이러한 판단 결과를 토대로 강점을 강화하고 약점을 최소화하는 내용으로 수립되어야 한다.
단기목표를 수립할 때 장기목표와 직접적으로 관련되지 않고, 구체적인 수행 준거가 제시되지 않는다.	장기목표에 대한 각 단기목표는 수평적인 기준이나 수직적 기준을 토대로 정할 수 있다. 어느 방식이든 각 단기목표가 모두 실현되었을 때 해당 장기목표 실현에 이르는 단기목표를 설정해야 한다. 그러기 위해서는 우선 각 단기목표의 구체적 언어 및 의사소통 행동과 조건, 수행 준거를 분명히 제시해 주어야 한다.
아동의 언어 및 의사소통 수준을 고려하지 않은 치료 목표를 설정한다.	치료 목표를 설정할 때 발달적 준거에 근거하거나 또래관계에 필요한 기능적인 목표를 설정할 수 있다. 다만, 이때 목표 설정의 근거를 분명히 밝혀 주어야 한다.
임상실습 기간 내에 도달하기 어려운 목표를 정한다.	언어임상실습의 경우 6개월이나 길면 1년 정도의 기간 내에 도달할 수 있는 장기목표를 설정해야 한다. 더욱이 임상실습 과정에서 진단평가나 진전평가 등의 시간을 고려하면 실제적인 치료 시기는 더 짧은 경우가 많다. 따라서 장기목표는 치료 시기를 충분히 고려해서 현행 발달 수준보다 한두 단계 높은 능력과 같이 도달 가능한 목표를 수립해야 한다. 또한 목표를 실현하기 위해 언어치료사의 도움을 줄여 가는 정도와 방법을 고려해서 목표를 수립해야 한다.

2) 회기 계획 및 치료 방법

회기 계획은 장단기 목표 수립 과정에서 결정한 목표와 중재 방법 및 환경에 따라 계획한다. 초보 언어치료 실습학생에게서 흔히 발견되는 실수 중 하나는 한 회기에 너무 많은 목표를 계획하여 대상 아동이 무엇이 목표인지 인식하지 못하게 되는 경우다. 회기 목표 수립에서 중요한 점은 너무 많은 목표를 계획하지 않는 것이다. 또 다른 실수 중 하나는 목표와 활동의 구성이다. 종종 활동의 구성에 따라 목표가 바뀌는 경우가 발견되는데, 중요한 것은 목표를 정확하게 설정하고 그에 따른 활동을 구성하는 것이다. 이때 활동은 아동의 흥미를 자극할 수 있는 것을 선택하는 것이 바람직하다. 어린아이일수록 한 가지 활동에 집중할 수 있는 시간이 짧아서 다양한 활동을 구성하는 경우가 흔하지만, 블록놀이만으로 30분 이상을 즐겁게 노는 아이에게는 블록놀이 하나에서 몇 가지 목표를 중재할 수도 있다. 반대로 한 가지 놀이에 5분 이상 집중하지 못하는 아이에게는 몇 가지 놀이 활동을 통해 하나의 목표를 중재할 수도 있다. 중요한 점은 적절한 양의 목표를 분명하게 설정하고 이를 효과적으로 중재할 수 있는 활동을 찾아서 중재 내용으로 구성해야 한다는 것이다.

언어발달장애 아동에게 회기 치료 시 많이 적용할 수 있는 치료 방법은 아동의 관심사에 언어치료사가 따라가면서 아동의 언어를 확장시켜 주는 아동중심법, 언어치료사가 치료 과정을 구조화하여 아동의 반응을 이끌어 내는 치료사중심법이 있다. 그리고 이 두 방법을 절충하여 아동이 주도할 수 있게 하되 언어치료사가 치료의 방향을 계속적으로 유지하는 절충법이 있다. 학령전기 언어발달장애 아동의 경우 집중적 자극(focused stimulation), 환경언어중재법(milieu teaching), 스크립트를 이용한 치료 등의 절충법과 더불어 아동중심법을 사용하여 치료하는 경우가 많다.

여기서 아동중심법 치료의 예를 간단히 살펴보면, 아동이 보는 앞에서 언어치료사가 혼자 행동하면서 그것을 발화하는 혼잣말하기(self-talk)나 아동이 하는 행동을 언어치료사가 대신 말해 주는 평행적 말하기(parallel-talk) 등의 기법은 아동이 현재 표현하지 못하는 발화를 많이 들려주어 아동으로부터 표현을 이끌어 낼 수 있는 방법이다. 또한 아동이 표현한 발화를 언어치료사가 다시 모방(immitation)함으로써 아동이 표현한 발화를 긍정적으로 강화해 줄 수도 있다. 한 낱말 이상의 발화가 산출되는 경우는 두 낱말 이상으로 확장시키는 것이 중요한데, 이때는 아동이 발화한 낱말에 다른 낱말을 연결하여 두 낱말로 들려주는 확장

(expansion) 방법이 있다(예: 아빠 → 아빠 양말, 아빠가). 이때 다른 낱말은 조사와 같은 기능어일 수도 있고 내용어일 수도 있다. 또한 발화 주제는 유지한 채 의미적으로 새로운 정보를 더 첨가하여 들려주는 확대(extention) 방법도 있다(예: 고양이 → 얼룩고양이). 문장 수준 아동의 경우는 구문을 짧게 줄였다가 늘려 주는 것을 여러 번 들려주는 분리 · 합성(breakdowns and buildups) 방법이나 능동/수동, 의문/평서, 긍정/부정 문장 형태를 변형하여 들려주는 문장 재구성(recast sentence) 등의 방법을 적용할 수 있다.

학령기 아동 중재의 경우 자칫 언어치료사의 질문과 아동의 응답으로만 언어치료가 구성되어 아동이 힘들어하거나 지루해할 수 있다. 따라서 아동이 좋아하는 놀이나 활동을 찾아내어 치료에 적절하게 적용하는 노력이 필요하다. 아동이 지루해하거나 힘들어하는 또 하나의 이유는 구성된 자료가 아동에게 너무 쉽거나 너무 어렵기 때문일 수도 있다. 따라서 한 회기 안에 아동이 스스로 성취감을 느낄 수 있을 정도의 쉬운 자료와 언어치료사의 도움이 있어야 해결할 수 있는 정도의 다소 어려운 자료를 모두 제시해야 한다. 또한 자료를 구성하면서 교과서나 참고서와 같은 자료들을 참고하게 되는 경우가 많은데, 이때는 참고하고자 하는 자료를 미리 계획하고 준비해 놓는 것이 중요하다. 그렇지 않고 매 회기마다 치료 자료를 준비하게 되면 자료에 초점이 맞춰지면서 치료 방향이 다른 쪽으로 흘러갈 수 있다. 자료는 목표가 달성될 때까지의 예상되는 난이도를 미리 고려해서 준비하여야 한다. 또한 사용된 자료의 출처를 반드시 회기계획서에 기록해 두고 회기에서 아동이 기록한 글 자료는 회기계획서 뒤에 첨부해 놓는 것이 좋다. 주의할 점은 평가 때 사용한 심화검사의 내용을 그대로 치료 목표에 넣어서는 안 된다는 것이다.

한편, 학령기 아동의 읽기 중재는 초등학교 저학년 수준에서 확립해야 할 낱말 재인과 음운인식 영역의 중재가 목표로 제시될 수 있는데, 특히 고려해야 할 사항은 치료 목표 낱말 선택이다. 언어치료사는 낱말이 음운규칙이 적용되지 않는 낱말인지, 적용된다면 어떤 음운규칙이 적용되는지를 명확하게 알고 있어야 한다. 덩이글 읽기 및 이해를 치료한다면 읽기자료는 아동의 언어 능력을 고려한 구문 구조와 내용으로 이루어지도록 해야 한다.

학령기 아동 중재에서는 교과서나 참고서 등을 참고자료로 많이 사용하기 때문에 때로는 '학원이나 학습지 선생님과 무슨 차이가 있나?'라는 생각을 할 수 있다. 그러나 중요한 것은 언어치료사는 개별 아동의 언어 능력을 언어의 세부 영역에서 평가하여 확인하고 그 영역을 중재하기 위해 자료를 재구성하여 제시해줌으로써 결과적으로는 아동의 세부적인 언어 능력의 향상을 이끌어 낼 수 있는 역할을 한다는 점이다.

〈이렇게 해 보세요!〉

언어치료 실습학생의 실수	임상감독자의 조언
아동의 심리 상태와 상관없이 준비한 치료를 강행한다.	아동의 기분이나 심리 상태를 고려해서 준비한 치료 순서를 바꾸거나 내용을 변경해서 치료하는 것이 필요하다. 항상 준비한 치료에 아동이 흥미를 보이는지 주의 깊게 관찰해서 융통성 있는 치료를 실시한다.
치료 목표가 아동에게 정확히 전달되지 않거나 너무 많은 목표를 계획한다.	치료 활동에 들어가기 전에 아동에게 목표 언어를 최대한 이해시키고 산출하도록 하기 위해 과제를 잘 이해시켜야 한다. 또한 목표를 유도하기 위한 적절한 활동 순서를 정하고 과제가 바뀔 때 아동이 잘 알 수 있도록 한다.
아동보다 언어치료 실습학생이 말을 너무 많이 하거나 너무 적게 한다.	언어치료사는 아동이 반응할 기회와 시간을 충분히 주면서 기다려 주어야 한다. 이때 언어치료 실습학생이 너무 많이 말하게 되면 아동이 반응할 기회를 놓치게 되며, 이러한 현상이 반복되면 아동의 의사소통 의도가 줄어든다. 또한 말을 너무 적게 하면 아동에게 필요한 언어 자극의 양이 부족하게 될 뿐 아니라 아동이 지루하게 느낄 수 있다. 언어치료사가 너무 성급하게 모방을 요구하는 것도 아동에게 부담을 주고 자발적인 의사소통 의지를 떨어뜨릴 수 있다.
언어가 아닌 문제행동에 너무 집착한다.	언어치료 실습학생의 경우 아동이 문제행동을 보이는 경우 그 상황에 너무 당황하고 집착함으로써 언어치료의 흐름이 방해를 받는 경우가 많다. 그러므로 우선 아동의 행동이 문제행동인지, 부적절한 방식이기는 하지만 의사소통 의도를 보이는 것인지를 잘 살펴보아야 한다. 문제행동의 원인을 없애거나 반대로 바람직한 행동의 빈도를 높이는 방식으로 문제행동을 극복하도록 한다.

아동의 반응을 기록하는 것을 잊거나 진전 노트를 제때 작성하지 않는다.	아동의 반응은 치료 계획서를 작성하기 전에 기록해야 할 내용을 미리 정해 두어야 한다. 치료 보조자가 있는 경우 치료 보조자에게 아동의 어떤 반응을 기록할 것인지를 사전에 알려 주어야 한다. 아동의 반응은 의미 있는 언어가 나타나는 빈도나 유형 등으로 구체적으로 기록하는 것이 좋으며, 무조건 백분율로만 기록하는 것은 바람직하지 않다. 무엇보다 진전 노트를 치료가 끝난 후 바로 기록해 두어야 한다. 시간이 지나면 반응을 제대로 기억하지 못하고 그 당시 상황이 생각나지 않는 경우가 많기 때문이다.

4. 진전(종결)평가

진전(종결)평가를 실시할 때는 언어치료사가 중재하였던 목표에 대해서 아동에게 얼마나 많은 발전이 있었는지를 평가하는 것이 중요하다. 즉, 중재해 온 목표에 대한 아동의 수행력이 중재 초기 때보다 얼마나 많은 발전이 있는지를 비공식 검사를 통해 살펴보고 아동의 언어 능력이 어떤 상황에서 얼마나 나타나는지를 객관적이고 구체적으로 제시해야 한다. 종종 진전(종결)평가 결과를 제시할 때 표준화 검사도구 몇 가지만 실시한 결과를 제시하는 경우가 있는데, 표준화 검사도구는 중재한 목표의 발전을 구체적으로 보여 주는 것이 아니기 때문에 중재에 대한 진전을 보여 준다고 할 수 없다. 그러므로 중재 목표에 대한 발전도를 기록하는 것이 가장 중요하며, 표준화 검사 결과를 함께 제시해 줄 수는 있다. 그러나 진전평가 시에 표준화 검사를 여러 번 사용하는 것은 아동에게 연습 효과를 줄 수 있으므로 좋지 않다. 또한 구체적인 목표에 대한 언어 수행력뿐 아니라 아동의 평가 태도의 기술도 매우 중요하다. 특히, 아동의 긍정적인 태도 변화도 큰 발전일 수 있기 때문에 태도를 잘 관찰하여 기록하여야 한다.

참 고 문 헌

김동일(2005). 기초학습기능 수행평가체제(BASA) 읽기검사. 서울: 학지사.

김영태(2002). 아동언어장애의 진단 및 치료. 서울: 학지사.

김영태, 김경희, 윤혜련, 김화수(2003). 영 · 유아 언어발달검사(SELSI). 서울: 파라다이스복지재단.

김영태, 성태제, 이윤경(2003). 취학 전 아동의 수용언어 및 표현언어 발달척도(PRES). 서울: 서울장애인종합복지관.

김영태, 장혜성, 임선숙, 백현정(1995). 그림어휘력검사. 서울: 서울장애인종합복지관.

김영태, 홍경훈, 김경희, 장혜성, 이주연(2009). 수용 · 표현 어휘력검사(Receptive and Expressive Vocabulary Test: REVT). 서울: 서울장애인종합복지관.

배소영(2005). 학령기 언어장애의 평가: 2005 겨울연수회. 한국언어청각임상학회.

배소영, 임선숙, 이지희, 장혜성(2004). 구문 · 의미이해력검사. 서울: 서울장애인종합복지관.

배소영, 임선숙, 이지희(2000). 언어문제해결력검사. 서울: 서울장애인종합복지관.

배소영(2007). M-B CDI-K 영유아용 및 유아용 언어장애전문가를 위한 심리평가 및 M-B CID-K 워크숍 자료집.

Paul, R. (2001). *Language disorders: From infancy through adolescence* (2nd ed.). St. Louis, MO: Mosby.

Wetherby, A. & Prizant, B. (2002). *Communicative and Symbolic Behavior Scale* (CSBS). Chicago: Reversible Publishers.

사례 1. 학령전기 단순언어장애(한두 낱말 단계)

기본 정보 및 현행 언어 수준

○○ 아동은 4세 8개월 된 여아로 또래에 비해 말이 늦다는 점을 주 호소로 본 기관에 의뢰되었다. 주 양육자인 어머니 보고에 의하면 첫 낱말은 '엄마' '아빠'로 돌 무렵에 산출되었으나 만 3세 6개월이 지나서야 '엄마 물' '까까 줘'와 같은 두 낱말 표현이 가능하였다고 한다. 언어평가 결과 ○○ 아동의 언어 능력은 이해와 표현 언어 모두 또래에 비해 1년 이상 지체된 것으로 나타났다. 이해하는 어휘의 수가 적고 주로 일상생활과 관련된 어휘에 제한되어 있었으며, "○○야, 휴지통에 휴지 버리고 걸레 가져와."와 같은 두 가지 이상의 복잡한 행동을 요구하는 심부름을 잘 수행하지 못하는 것이 관찰되었다. 아동은 주로 '엄마' '까까' 등과 같은 한 낱말을 사용하거나 이를 몸짓과 함께 사용해서 의사소통을 하고 있으며, '엄마 까까' '자동차 줘'와 같은 두 낱말 산출은 드물게 관찰되었다. 어머니 보고에 의하면 아동이 가장 길게 말한 표현은 "아빠 자동차 타고 가."라고 한다.

평 가

○○ 아동에게 실시한 평가는 다음과 같다.

- 수용언어
  - 그림어휘력검사(김영태 외, 1995)
  - M-B CDI-K(MacArthur-Bates Communicative Development Inventory-Korean; 배소영, 2007)
  - 취학 전 아동의 수용언어 및 표현언어 발달척도(PRES; 김영태, 성태제, 이윤경, 2003)
  - 자유놀이 상황에서 행동관찰(소꿉놀이와 집놀이, 인형 등 장난감을 이용한 5~10분 놀이 상황)과 자발화 수집 및 분석

- 표현언어:
  - M-B CDI-K(배소영, 2007)
  - 취학 전 아동의 수용언어 및 표현언어 발달척도(PRES; 김영태, 성태제, 이윤경, 2003)
  - 자유놀이 상황에서 행동관찰(소꿉놀이와 집놀이, 인형 등 장난감을 이용한 5~10분 놀이 상황)과 자발화 수집 및 분석

장단기 목표

치료 목표는 아동의 부족한 이해와 표현 어휘 수를 증가시키고, 다양한 의미관계의 사용을 중심으로 한 발화 길이의 증가로 선정하였다. 우선 아동이 가정생활에 필요한 어휘뿐 아니라 아동이 다니고

있는 어린이집에서 필요한 어휘, 아동이 잘 가는 놀이터나 가게 등에서 사용하는 어휘 등을 중심으로 필요한 목표 어휘 목록을 작성하였다. 이러한 어휘들은 아동이 일상생활에서 자주 접하게 되는 의사소통 상황에 필요한 것들이기 때문에 치료실 이외의 상황에서 사용할 기회가 더 많아 의사소통 능력이 빠르게 향상되고 일반화될 것으로 기대된다. 또한 아동이 주로 한 낱말을 사용하기는 하지만 드물게 두 낱말 조합이 관찰되었고, 세 낱말 이상의 문장 표현이 출현하였다는 현행 수준에 근거해서 아동의 발화 길이를 증가시키기 위해 먼저 두세 낱말로 이루어진 문장을 다양한 의미관계 속에서 표현할 수 있도록 하였다. 실체-서술, 대상-행위, 배경-행위, 행위자-행위 등 두 낱말 의미관계를 다양하게 표현하고, 실체-배경-서술, 대상-배경-행위, 행위자-대상-행위 등 세 낱말 문장으로까지 발화 길이가 증가할 수 있도록 치료 목표를 수립하였다.

- 장기목표 1. 장난감을 이용한 놀이 상황에서 다양한 일상생활에 필요한 어휘 90개를 이해하고 표현할 수 있다.
- 단기목표

1-1. 장난감을 이용한 언어치료사와의 놀이 상황에서 가정생활과 관련된 어휘 20개 중 18개 이상을 이해하고 표현할 수 있다.

1-2. 장난감을 이용한 언어치료사와의 놀이 상황에서 어린이집 생활과 관련된 어휘 30개 중 27개 이상을 이해하고 표현할 수 있다.

1-3. 장난감을 이용한 언어치료사와의 놀이 상황에서 가게나 병원 등에서 필요한 어휘 30개 중 27개 이상을 이해하고 표현할 수 있다.

1-4. 장난감을 이용한 언어치료사와의 놀이 상황에서 놀이터에서 필요한 어휘 20개 중 18개 이상을 이해하고 표현할 수 있다.

- 장기목표 2. 그림이나 장난감을 이용한 언어치료사와의 대화 상황에서 다양한 2~3낱말 의미관계 문장을 사용하여 표현할 수 있다.
- 단기목표

2-1. 그림이나 장난감을 이용한 언어치료사와의 대화 상황에서 '실체-서술' '대상-행위'의 의미관계를 나타내는 2낱말 조합 문장을 5번의 기회 중 4번 이상 표현할 수 있다.

2-2. 그림이나 장난감을 이용한 언어치료사와의 대화 상황에서 '배경-행위' '행위자-행위'의 의미관계를 나타내는 2낱말 조합 문장을 5번의 기회 중 4번 이상 표현할 수 있다.

2-3. 그림이나 장난감을 이용한 언어치료사와의 대화 상황에서 '배경-실체-서술' '대상-배경-행위'의 의미관계를 나타내는 3낱말 조합 문장을 5번의 기회 중 4번 이상 표현할 수 있다.

2-4. 그림이나 장난감을 이용한 언어치료사와의 대화 상황에서 '행위자-대상-행위' '행위자-배경-행위'의 의미관계를 나타내는 3낱말 조합 문장을 5번의 기회 중 4번 이상 표현할 수 있다.

치료 활동 예(장기목표 2)

아동과 함께 다양한 동물 모형 10개 정도를 골라서 통 속에 넣고 바구니에 각종 야채와 과일 모형을 담아서 탁자 위에 놓아둔다. 이때 언어치료사는 동물 모형을 하나씩 들어 보이면서 "이번엔 누가 들어갈까?" 라고 묻고 아동의 반응을 기다린다. 아동이 "사자." 라고 말하면 "그래, 사자가 들어가." 라고 확장해서 말해 준다. 몇 번의 시도 후 아동이 "사자 들어가." 라고 말하면 칭찬해 준다. 동물 모형을 다 넣은 후 아동의 관심을 다시 한 번 집중시키기 위해 통을 아동의 눈높이에서 흔들어 준다. 그러고 나서 아동에게 통에 있는 동물들을 하나 꺼내도록 요구한다. 언어치료사는 "이번엔 누가 나올까?" 라고 물으면서 아동이 꺼내는 동물에 대한 언어치료사의 관심을 보여 준다. 아동이 동물 모형을 하나 꺼내면 "○○야, 누가 나왔어?" 라고 묻는다. 아동이 "강아지." 라고 말하면 "그래, 강아지가 나왔다." 라고 확장해서 들려준다. 이때도 아동이 자발적으로 2낱말 조합 이상의 문장으로 대답을 하면 칭찬해 준다. 아동이 동물 모형을 꺼낸 후 언어치료사는 바구니를 가리키며 "강아지 뭐 먹을까?" 라고 묻는다. 아동이 "사과." 라고 대답하면 "그래, 사과 먹어." "강아지가 사과 먹어." 라고 확장해서 들려준다. 그런 다음 아동으로 하여금 강아지에게 사과를 먹이는 행동을 하게 하고 "강아지가 뭐하고 있어?" 라고 질문한다. 아동이 "사과." 라고 답하면 "사과 먹어." 라고 확장해서 들려주고, 아동이 "사과 먹어." 와 같이 2낱말 조합으로 대답하면 칭찬해 준 후 "그래, 강아지가 사과 먹어." 라고 확장해서 들려준다.

사례 2. 학령전기 단순언어장애(기본 문법 단계)

기본 정보 및 현행 언어 수준

○○는 만 5세 5개월 된 남자 아동으로 언어 표현과 이해 능력이 모두 또래보다 지체되어 있는 단순언어장애 아동이다. 평가 결과 ○○ 아동은 어휘와 구문 이해력이 또래에 비해 1년 이상 지체되어 있으며, 의문사를 사용한 검사자의 질문에 적절히 응답하지 못하거나 엉뚱한 대답을 하는 행동이 관찰되었다. 표현하는 어휘가 제한적이었으며, '여기-저기'와 같은 상대적 의미의 대명사 표현을 혼동하기도 하였다. 아동은 주로 2, 3낱말 조합의 문장으로 의사소통을 하며, 종종 이어진 문장 형태의 복문을 사용하기도 했으나 "문을 밖으로 나간대요." "무릎을 피나요."와 같은 부적절한 문법 형태소를 사용하는 것이 관찰되었다. 아동이 산출한 제일 긴 문장은 "이렇게 뛰면 티나로사우스가 여기 찌르잖아요."다. 하지만 소극적이고 수동적인 성향의 의사소통 특성을 보이는 아동으로 자발적인 표현이 적고 상황에 맞지 않는 표현을 많이 하였다. 특히, 자신의 감정이나 느낌을 상황에 적절하게 혹은 자연스럽게 표현하는 데 어려움을 느꼈다.

평 가

○○ 아동에게 실시한 평가는 다음과 같다.

• 수용언어
  - 그림어휘력검사(김영태 외, 1995)
  - 구문 · 의미이해력검사(배소영 외, 2004)
  - 취학 전 아동의 수용언어 및 표현언어 발달척도(PRES; 김영태, 성태제, 이윤경, 2003)
  - 의문사 이해 검사(비공식 심화평가): 그림 상황을 보며 '누가, 뭐(무엇), 어디, 언제, 왜, 어떻게'를 이용한 검사자의 질문에 대답하기
  - 20분간 자유놀이 상황(엄마와 10분, 검사자와 10분)에서 행동관찰, 자발화 수집 및 분석

• 표현언어
  - 취학 전 아동의 수용언어 및 표현언어 발달척도(PRES; 김영태, 성태제, 이윤경, 2003)
  - 자유놀이 상황에서 행동관찰(소꿉놀이와 집놀이, 인형 등 장난감을 이용한 5~10분 놀이 상황)과 자발화 수집 및 분석

장단기 목표

○○ 아동은 또래보다 1년 이상 언어발달이 지체된 것으로 평가되어 주 2회의 언어치료를 받기로 했다. 아동의 어휘나 구문 이해력이 또래에 비해서 지체되어 있으며, 특히 의문사 질문에 대한 이해

능력이 떨어지는 점을 고려해 의문사를 이해해서 적절하게 반응하는 데 목표를 두었다. 의문사의 치료 순서는 습득 순서를 고려해서 설정하였다. 이러한 치료 과정은 상대의 질문을 정확히 이해하지 못해 가정이나 유치원 등의 일상생활에서 상호작용이 어려운 아동의 문제를 해결해 줄 것으로 기대된다. 다음으로 아동의 소극적이고 수동적인 의사소통 특성과 특히 자신의 감정이나 느낌을 표현하는 데 어려움을 겪는다는 점을 고려해, 자신의 감정이나 느낌을 언어로 적절히 표현함으로써 의사소통 상대와의 적절한 소통에 자신감을 갖도록 해서 자발적 표현을 증진시킬 수 있게 하는 데 목표를 두었다.

- 장기목표 1. 그림카드나 그림책을 이용한 언어치료사와의 대화 상황에서 의문사가 들어 있는 질문에 적절하게 대답한다.
- 단기목표
  - 1-1. 그림카드나 그림책을 이용한 언어치료사와의 대화 상황에서 '누구, 뭐(무엇)'로 구성된 의문사 질문을 이해해서 '○○가 ○○을 해요.'와 같은 문형으로 5번의 기회 중 4번 이상 적절히 대답한다.
  - 1-2. 그림카드나 그림책을 이용한 언어치료사와의 대화 상황에서 '어디'로 구성된 의문사 질문을 이해해서 '○○에서 ○○해요.'와 같은 문형으로 5번의 기회 중 4번 이상 적절히 대답한다.
  - 1-3. 그림카드나 그림책을 이용한 언어치료사와의 대화 상황에서 '왜'로 구성된 의문사 질문을 이해해서 '(왜냐하면) ~했기 때문에(해서)'와 같은 문형으로 5번의 기회 중 4번 이상 적절히 대답한다.
  - 1-4. 그림카드나 그림책을 이용한 언어치료사와의 대화 상황에서 '어떻게'로 구성된 의문사 질문을 이해해서 '○○가 ~해요.'와 같은 문형으로 5번의 기회 중 4번 이상 적절히 대답한다.

- 장기목표 2. 그림카드나 장난감을 이용한 언어치료사와의 대화 및 놀이 상황에서 자신의 느낌이나 감정을 표현하는 언어를 이해하고 적절한 상황에서 표현할 수 있다.
- 단기목표
  - 2-1. 그림카드나 장난감을 이용한 언어치료사와의 대화 및 놀이 상황에서 하기 싫은 감정을 '싫어'라는 말을 이용하여 상황에 적절하게 10번의 기회 중 8번 이상 표현할 수 있다.
  - 2-2. 그림카드나 장난감을 이용한 언어치료사와의 대화 및 놀이 상황에서 즐거운 기분을 '기분 좋아'라는 말을 이용하여 상황에 적절하게 10번의 기회 중 8번 이상 표현할 수 있다.
  - 2-3. 그림카드나 장난감을 이용한 언어치료사와의 대화 및 놀이 상황에서 슬픈 기분 상태를 '슬퍼요'라는 말을 이용하여 상황에 적절하게 10번의 기회 중 8번 이상 표현할 수 있다.

치료 활동 예(장기목표 2)

언어치료사는 화난 표정, 즐거운 표정, 슬픈 표정이 그려져 있는 사람의 얼굴을 판에 그려서 손잡이를 만들어 준비해 둔다. 그리고 A3 크기의 보드판을 준비해 네 면을 따라 블루마블과 같은 형태의 말판을 만들고, 말과 주사위도 준비한다. 각 말판에는 기분이나 감정과 관련된 상황 그림(예: 아이스크림을 먹을 때, 친구랑 싸울 때, 엄마가 아플 때 등)을 나타내는 그림을 붙여 두고, '꽝, 뒤로 ○칸, 앞으로 ○칸' 등과 같은 조커도 표시한다. 언어치료사와 아동은 순서를 정해서 주사위를 던지고, 던진 수만큼 앞으로 전진한다. 해당 말판에 도착하면 말판 위에 그려진 상황에 적절한 얼굴 표정판을 빨리 집어 들고 해당 상황에 맞는 언어로 표현한다. 이때 언어치료사는 아동이 "슬퍼요."라고 말하면, "엄마가 아파서 슬퍼요."라고 확장해서 들려준다. 말판을 빨리 한 바퀴 돌아오는 사람이 이기는 형식으로 게임을 실시한다.

사례 3. 학령기 단순언어장애(고급 문법 단계)

기본 정보 및 현행 언어 수준

○○ 아동은 생활연령이 7세 4개월이고 초등 1학년에 재학 중인 여자 아동으로 단순언어장애로 진단받았다. 언어평가 결과 언어의 이해 및 표현 능력이 또래에 비해 지체되어 있었다. 주로 명사 위주의 낱말을 표현하였고, 추상어나 한자어 등 고급 어휘의 이해와 표현에 어려움이 있었다. 아동은 주로 단문으로 이루어진 기본 문장으로 표현하며, 간혹 연결어미를 포함한 복문을 산출하기도 하지만 "공 갖고 노니까 차가 왔어요." 등과 같은 연결어미 사용에서 실수가 자주 관찰되었다. 또한 아동은 문제 상황이 일어나게 된 원인이나 해결 등 논리적이고 추론적인 답을 요하는 질문에 부적절하게 답하는 경향이 있으며, 그림을 보고 이야기를 구성하는 과제에서 시간적 순서나 논리적 순서 등을 갖춘 짜임새 있는 이야기 산출이 어려웠다.

평 가

○○ 아동에게 실시한 평가는 다음과 같다.

- 수용언어
  - 그림어휘력검사(김영태 외, 1995)
  - 구문 · 의미이해력검사(배소영 외, 2004)
  - 행동관찰 및 자발화 수집, 분석(20분간 아동과 학교생활, TV 프로그램 등의 주제로 상호작용하면서 대화하기)

- 표현언어
  - 언어문제해결력검사(배소영, 임선숙, 이지희, 2000)
  - 연결어미검사(비공식): 두 컷의 그림을 연결해서 표현하기
  - 행동관찰 및 자발화 수집, 분석(20분간 아동과 학교생활, TV 프로그램 등의 주제로 상호작용하면서 대화하기)
  - 이야기 회상 및 산출 평가: 공, 그네 이야기

장단기 목표

○○ 아동은 언어 이해 및 표현 능력이 또래보다 지체되어 주 2회 언어치료를 실시하기로 하였다. 우선 학령기 아동임에도 어휘의 이해 및 사용이 제한적이고, 추상어나 한자어 등 학습 과정에 필요한 어휘 학습이 필요하기 때문에 학교생활에 필요한 어휘 습득을 중심으로 치료를 시작하기로 하였다. 또한 적절한 문법 형태소를 사용하고, 구문의 복잡성을 증가시키는 치료 목표도 선정하였다. 이 목

표는 주로 단문을 사용하는 아동에게 연결어미를 적절히 사용해서 문장을 연결하고, 발화 길이를 증가시킬 뿐 아니라 안긴문장과 같은 복잡한 형태의 구문 표현력을 증가시키는 데 주 목적이 있다. 이로써 아동의 의사소통 능력이 좀 더 세련되게 발전할 수 있을 것으로 기대한다. 마지막으로 아동이 문제의 원인이나 해결 상황을 적절히 이해하고 답하는 능력이나 이야기를 짜임새 있게 구성하는 기술 등이 부족하기 때문에 이야기 산출 능력을 향상시키는 것을 세 번째 치료 목표로 선정하였다.

- 장기목표 1. 학교생활이나 초등학교 저학년의 학습 과정에서 필요한 어휘 90개를 이해하고 표현할 수 있다.
- 단기목표
  - 1-1. 글자나 그림카드를 이용한 대화나 상호작용 게임 상황에서 교실 내 수업시간에 필요한 한자어 20개 중 18개 이상을 이해하고 표현할 수 있다.
  - 1-2. 글자나 그림카드를 이용한 대화나 상호작용 게임 상황에서 실외 수업시간에 필요한 한자어 20개 중 18개 이상을 이해하고 표현할 수 있다.
  - 1-3. 글자나 그림카드를 이용한 대화나 상호작용 게임 상황에서 초등학교 저학년 교과서에 나오는 고빈도 어휘 30개 중 27개 이상을 이해하고 표현할 수 있다.
  - 1-4. 글자나 그림카드를 이용한 대화나 상호작용 게임 상황에서 초등학교 저학년 교과서에 나오는 추상어 30개 중 27개 이상을 이해하고 표현할 수 있다.

- 장기목표 2. 언어치료사와의 상호작용 대화나 게임 상황에서 다양한 복문 형태의 문장을 사용하여 질문에 대답할 수 있다.
- 단기목표
  - 2-1. 언어치료사와의 대화나 게임 상황에서 연결어미 '-고' '-서' '-는데'가 포함된 대등하게 이어진 문장을 사용하여 5번의 기회 중 4번 이상 질문에 대답할 수 있다.
  - 2-2. 언어치료사와의 대화나 게임 상황에서 연결어미 '-면' '-니까' '-려고'가 포함된 종속적으로 이어진 문장을 사용하여 5번의 기회 중 4번 이상 질문에 대답할 수 있다.
  - 2-3. 언어치료사와의 대화나 게임 상황에서 관형사형 전성어미 '-은/는/ㄴ' '-을/를/ㄹ'이 포함된 안긴문장을 사용하여 5번의 기회 중 4번 이상 질문에 대답할 수 있다.

- 장기목표 3. 5개의 컷으로 이루어진 그림자료를 이용한 미니북 만들기 상황에서 시간적 · 논리적으로 짜임새 있는 이야기를 산출할 수 있다.
- 단기목표
  - 3-1. 3개의 컷으로 이루어진 그림자료를 이용한 미니북 만들기 상황에서 언어치료사가 들려준 이야기를 시간적 · 논리적 순서에 맞게 5번의 기회 중 3번 이상 바르게 회상할 수 있다.
  - 3-2. 3개의 컷으로 이루어진 그림자료를 이용한 미니북 만들기 상황에서 시간적 · 논리적 순서에 맞게 5번의 기회 중 3번 이상 바르게 자발적으로 산출할 수 있다.

3-3. 5개의 컷으로 이루어진 그림자료를 이용한 미니북 만들기 상황에서 언어치료사가 들려준 이야기를 시간적 · 논리적 순서에 맞게 5번의 기회 중 3번 이상 바르게 회상할 수 있다.

3-4. 5개의 컷으로 이루어진 그림자료를 이용한 미니북 만들기 상황에서 시간적 · 논리적 순서에 맞게 5번의 기회 중 3번 이상 바르게 자발적으로 산출할 수 있다.

치료 활동 예(장기목표 3)

언어치료사는 연속된 이야기로 이루어진 세 장의 그림을 두 세트 준비한다. 그림카드를 탁자 위에 무작위로 펼쳐 놓고 아동에게 먼저 이야기를 시간적 · 논리적 순서에 맞게 배열하도록 요구한다. 아동이 바르게 배열하면 칭찬을 듬뿍 해 주고, 잘못 배열하면 이 그림을 연결하면 어떤 이야기가 된다는 대략적인 줄거리로 힌트를 준다. 그래도 아동이 어려워하면 처음 카드를 놓아 주고 나머지를 배열하도록 기회를 준다. 아동에게 그림카드를 순서대로 배열한 후 세 가지 그림을 연결해서 하나의 이야기를 말해 달라고 요구한다. 아동이 이야기 산출을 어려워하면 그림을 하나씩 보면서 "이 그림에 누가 있니?"와 같이 주인공을 찾아낼 수 있는 질문을 통해 아동의 이야기 산출을 유도한다. 아동이 그림 상황을 한 장씩 설명하고 나면 그 그림을 미니북을 만들 수 있는 양식에 붙이는 기회를 준다. 이렇게 세 장의 그림을 다 붙이고 나면 각 그림 밑에 한두 문장으로 이루어진 이야기 내용을 적도록 한다. 아동이 쓰기에 어려움이 있으면 언어치료사가 아동이 말한 내용을 다시 회상시켜 대신 써 준다. 이렇게 세 장의 그림을 다 붙이고 난 후 겉표지에 제목과 지은이를 쓰고 아동이 나름대로 장식할 수 있게 한다. 겉표지와 속지를 스테이플러나 리본 등을 이용해서 묶어 주고 아동에게 자기가 만든 책을 가져갈 수 있도록 하여 성취감을 갖게 한다.

참고자료

사례 4. 학령기 단순언어장애(읽기 문제 동반)

기본 정보 및 현행 언어 수준

○○ 아동은 생활연령이 7세 3개월이고 초등 1학년에 재학 중인 단순언어장애로 진단받은 남자 아동이다. 언어검사 결과 어휘 및 구문 이해 능력은 또래 아동과 유사하지만, 구문 및 문법 형태소의 사용이 서투르다. 구조화된 검사 상황에서는 단문 사용이 전체 발화 중 가장 많은 비중을 차지하였으나, 대등하게 이어지거나 종속적으로 이어진 형태의 긴 발화도 자주 사용하는 편이며, 안긴문장이 들어 있는 복잡한 형태의 구문 표현도 가끔 관찰되었다. 하지만 조사나 연결어미, 전성어미와 같은 문법 형태소 오류로 표현이 어색한 경우가 관찰되기도 했다. 아동은 문제의 원인을 이해하고 해결 방법을 생각해서 답하는 과제 수행력이 떨어지며, 말을 조리 있게 하는 데 서투르다. 어머니 보고에서 학교 수업을 이해하고 학습 과제를 해결하는 데 어려움이 있다는 점을 근거로 읽기 및 덩이글을 이해하는 능력을 평가하였다. 검사 결과, 아동은 낱말재인과 음운인식 능력이 또래 아동보다 부족하였는데, 낱말재인에서는 무의미 음절 읽기와 자소불일치형 읽기 과제 수행력이 떨어졌고, 음운인식에서는 합성과 탈락에서 음절보다 음소 수준에서 수행력이 낮았다. 또한 덩이글을 읽고 사실적 질문이나 추론적 질문에 적절히 대답하는 데 어려움이 관찰되었다.

평 가

○○ 아동에게 실시한 평가는 다음과 같다.

- 수용언어
  - 그림어휘력검사(김영태 외, 1995)
  - 구문 · 의미이해력검사(배소영 외, 2004)
  - 행동관찰 및 자발화 수집, 분석(20분간 아동과 학교생활, TV 등의 주제로 상호작용하면서 대화하기)
- 표현언어
  - 언어문제해결력검사(배소영, 임선숙, 이지희, 2000)
  - 행동관찰 및 자발화 수집, 분석(20분간 아동과 학교생활, TV 등의 주제로 상호작용하면서 대화하기)
  - 이야기 회상 및 산출평가: 개구리 이야기
- 읽기
  - 기초학습기능수행평가체제(BASA; 김동일, 2005)
  - 낱말재인: 한국어 이음절 낱말 읽기 선별검사(배소영 외, 연구 중)

– 음운인식: 음운인식평가(배소영 외, 연구 중)
– 덩이글 이해: 덩이글을 듣거나 읽고 사실적 이해나 추론적 이해 질문에 대답하기(배소영 외, 연구 중)

장단기 목표

○○ 아동은 단순언어장애로 어휘나 구문 이해 능력은 또래에 비해 떨어지지 않으나 표현 능력이 다소 지체되어 있으며, 특히 읽기 능력이 또래에 비해 지체된 수준으로 학업 수행에 어려움이 있어 주 2회 언어치료를 권고하였다. 이 아동의 읽기 능력을 향상시키기 위해 우선 음운인식 능력을 향상시키는 데 일차적인 목표를 두었다. 음운인식 능력의 향상은 무의미 낱말이나 자소불일치형 낱말재인에서 수행력이 떨어지는 문제를 해결해 줄 수 있을 것으로 기대한다. 또 문제의 원인과 해결 방안 찾기나 덩이글을 읽고 이해하는 능력이 또래에 비해 떨어지는 점이 아동의 학업 수행에 많은 영향을 미치는 점을 고려해 덩이글을 읽고 이해하는 능력을 향상시키기 위한 치료 목표를 설정하기로 했다.

- 장기목표 1. 치료실 내 구조화된 놀이 상황에서 음소 수준의 음운인식과 관련된 언어치료사의 질문에 10번의 기회 중 9회 이상 정확하게 대답할 수 있다.
- 단기목표
  1-1. 치료실 내 구조화된 놀이 상황에서 언어치료사가 제시한 음절 탈락 및 합성 과제에 10문항 중 9문항 이상 정반응할 수 있다.
  1-2. 치료실 내 구조화된 놀이 상황에서 언어치료사가 제시한 음절 변별 및 분절 과제에 10문항 중 9문항 이상 정반응할 수 있다.
  1-3. 치료실 내 구조화된 놀이 상황에서 언어치료사가 제시한 음소 탈락 및 합성 과제에 10문항 중 9문항 이상 정반응할 수 있다.
  1-4. 치료실 내 구조화된 놀이 상황에서 언어치료사가 제시한 음소 변별 및 분절 과제에 10문항 중 9문항 이상 정반응할 수 있다.

- 장기목표 2. 덩이글로 이루어진 읽기자료를 읽고 언어치료사의 질문에 적절히 대답할 수 있다.
- 단기목표
  2-1. 덩이글로 이루어진 읽기자료를 읽고 언어치료사가 묻는 사실적 내용 이해와 관련된 질문에 5번의 기회 중 4번 이상 적절히 대답할 수 있다.
  2-2. 덩이글로 이루어진 읽기자료를 읽고 언어치료사가 묻는 텍스트 연결 추론과 관련된 질문에 5번의 기회 중 4번 이상 적절히 대답할 수 있다.
  2-3. 덩이글로 이루어진 읽기자료를 읽고 언어치료사가 묻는 빠진 곳 추론하기와 관련된 질문에 5번의 기회 중 4번 이상 적절히 대답할 수 있다.

2-4. 덩이글로 이루어진 읽기자료를 읽고 언어치료사가 묻는 세상 지식과 관련된 질문에 5번의 기회 중 4번 이상 적절히 대답할 수 있다.

치료 활동 예(장기목표 1)

언어치료사는 먼저 이름에 '리'가 들어 있는 사물 그림과 3×3으로 이루어진 빙고판을 준비한다. 사물 그림은 빙고판의 각 칸 위에 들어갈 수 있는 크기로 준비한다. 통 안에 담긴 사물 그림카드를 아동과 언어치료사가 교대로 하나씩 꺼내 들고 이름을 큰 소리로 말하고 탁자 위에 뒤집어 놓는다. 언어치료사는 예를 들어 사물의 이름이 '항아리'일 경우 '항 + 아 + 리'로 이루어져 있음을 확인시키고, '리'음절이 각 그림 이름에 공통적으로 들어가 있음을 강조해서 설명해 준다. 그림카드 이름을 모두 말하고 난 후 언어치료사와 아동은 뒤집어진 카드를 9개씩 서로 보이지 않게 가져가서 자신의 빙고판에 붙인 후 빙고게임을 한다. 빙고게임이 끝나면 아동과 '리 리 리자로 끝나는 말은?'이란 노래를 같이 부르거나 혹은 '리'자로 끝나는 낱말대기 쿵쿵따 게임을 한다.

제7장

조음음운장애

어느 세팅에 있는 언어치료사든지 간에 피해 갈 수 없는 의사소통장애 영역이 조음음운장애다. 그런데 언어치료 실습학생들에게 물어보면 실습 중에 조음음운장애가 가장 어려웠다고 하는 경우를 종종 본다. 이는 우리 말소리에 대한 음운론 또는 음성학 지식이 부족하기 때문이기도 하고, 조음음운 치료에 언어 접근법이 도입됨에 따라 조음음운치료와 어휘치료 활동이 비슷해진 탓도 있을 것이다.

이 장에서는 아동을 대상으로 한 조음음운장애의 임상실습 실제에 대해 살펴본다. 본문 내용은 Bauman-Waengler(2000), Bernthal과 Bankson(2004), Bliele(2004)을 참고하였고, 사례의 치료 활동은 Roth와 Worthington(2001)을 참고하였다.

1. 초기 면담

아동의 발음에 문제가 있다고 생각하거나 주위로부터 그런 말을 들은 부모는 언어치료실을 수소문하여 치료실로 전화하거나 직접 찾아오게 된다. 때로는 의사나 다른 언어치료사의 의뢰서를 가지고 언어치료실을 방문하기도 한다. 이때 언어치료사는 평가 날짜를 잡고 평가일에 무슨 평가를 할지 계획하기 위하여 아동의 연령, 주된 문제, 동반장애 등을 알아두어야 한다. 특히 비전문가들은 말이 늦는 것

(언어발달장애)과 발음이 안 되는 것(조음음운장애)을 구분하지 못하는 경우가 많으므로, 발음만 부정확한 것인지 언어 능력도 또래에 비해 떨어지는 것인지 알아둘 필요가 있다.

〈이렇게 해 보세요!〉

언어치료 실습학생의 실수	임상감독자의 조언
시간 약속만 잡고 주된 문제나 동반 장애 등 평가 계획에 필요한 정보를 구해 놓지 않는다.	부모에게 아동의 주된 문제를 구체적으로 설명하도록 하고, 아동의 언어 능력에는 문제가 없는지 확인 질문을 한다. 만약 아동이 동행하였다면 몇 마디 말을 걸어 보아 어떤 검사가 필요한지 가늠해 본다.
언어장애에 대한 보호자의 궁금증에 섣불리 답한다.	평가를 해 봐야 정확한 것을 알 수 있다고 답한다.

2. 평가 계획 및 실시

1) 평가 계획

의뢰서의 내용이나 평가일을 잡을 때 수집해 두었던 정보를 토대로 평가 계획을 세운다. 먼저 조음음운 능력에 저하가 있는지, 저하되었다면 어떻게 얼마나 저하되었는지 알아봐야 한다. 이를 위해 또래와의 비교치가 제시되어 있는 표준화 검사를 실시하고, 대화나 이야기하기를 이용한 연결 발화를 수집·분석해야 한다. 낱말 수준의 검사만 실시하면 아동의 실제적인 조음음운 능력을 알 수 없고, 말 명료도, 문맥에 따른 발음 차이, 운율 문제 등을 파악할 수도 없으므로 반드시 연결 발화에서의 발음을 평가해야 한다. 낱말 수준의 검사를 연결 발화보다 먼저 실시하면 연결 발화에서 불명료한 아동의 목표 언어 형태를 좀 더 많이 예측할 수 있다. 임상에서 가장 많이 사용하는 표준화 검사로는 '아동용 발음평가'(또는 '아동용 조음음운검사')(김민정, 배소영, 박창일, 2007), '우리말 조음음운검사'(또는 '그림자음검사')(김영태, 신문자, 2004), 그리고 '한국어 표준 그림 조음음운 검사'(석동일, 박상희, 신혜정, 박희정, 2008)를 꼽을 수 있다. 표준화 검사를 활용하는 경우 검사를 실시하기 전에 매뉴얼을 꼼꼼히 읽어 보고 연습하여 매뉴얼대로 시행할 수 있도록 준비한다. 나이 어린 아동의 연결 발화 수집을 위해서는 다양한 놀잇감과 놀이 활동을 계획한다. 나이 든 아동이라면 일상생활에 대한 대화나 줄거리가 있는 이야기하기를 통해 긴 발화를 유도할 수 있으므로 대화나 이야기의 주제를 미리 생각해 놓는다. 성인의 경우에 아동용 검사도구를 사용하는 것은 대상자를 무시하는 처사로 오인받을 수 있으므로 성인에게 적절한 내용의 간단한 낱말, 문장, 문단 읽기자료를 준비하고 대화나 이야기 주제를 미리 생각해 놓는다.

진단에는 장애의 유무와 정도를 알아내는 것 이외에 장애를 유발하는 요인을 알아내는 것도 포함된다. 조음음운장애를 유발하는 요인으로는 다음과 같은 것들이 있다.

- 조음기관의 구조적 혹은 기능적 문제
- 청력이나 청지각 문제
- 언어발달 문제
- 성장 배경의 문제

조음기관 검사는 입 안을 들여다보거나 입술과 턱과 혀의 움직임을 관찰하여 정상 범주에 속하는지를 확인한다. 이를 위해 설압자와 펜라이트, 그리고 무엇을 관찰할 것인지 항목이 적혀 있는 기록지를 준비해야 한다. 최근 개발된 '조음기관 구조·기능 선별검사'(신문자, 김재옥, 이수복, 이수연, 2010)는 비록 성인 규준만 제시되어 있지만 이 검사에 나열된 항목들을 참고하여 조음기관을 체계적으로 검사할 수 있다. 청력 문제는 청각검사실에 의뢰하여 확인하는 것이 바람직하며, 비록 청력에 문제가 없을지라도 산출에 문제를 보였던 음운에 대해서는 청지각에 문제가 없는지 검사해야 한다.

언어발달 검사는 또래와의 비교치가 제공되어 있는 표준화 검사를 이용하여 정상 범주에 속하는지를 확인하고 공식 검사가 불가능하다면 조음음운 검사를 위해 수집한 연결 발화를 언어 측면에서 분석하여 언어 능력을 파악한다. 수용언어와 표현언어를 모두 확인하되, 처음부터 자세히 여러 검사를 실시할 필요는 없다. 처음에는 선별하는 수준으로 검사하고, 검사 결과에 문제가 있다고 판단될 때 자세한 언어검사를 실시하도록 한다. 성장 배경의 문제는 조음음운장애의 원인이 될 만한 발달력, 수술력, 가족력, 양육력 등이 있는지 설문으로 조사한다. 이를 위해 어떤 사항을 물어볼 것인지 항목이 적혀 있는 설문지를 미리 준비해야 한다. 특히, 중이염 병력은 조음음운 지체의 원인이 될 수 있으므로 반드시 물어보아야 한다.

마지막으로 자극 반응도와 정확한 조음이 산출되는 문맥의 유무를 알아봐야 한다. 이들 검사는 예후를 판단하거나 치료 계획을 세울 때 유용한 정보를 제공하며 치료와 관련된 정보를 얻기 위한 것이므로, 조음음운 검사에서 문제를 보였던 음운에 대해서만 계획한다.

이상에서 제시된 평가 절차와 그에 대한 준비 사항이 〈표 7-1〉에 제시되어 있다.

〈표 7-1〉 조음음운 능력 평가 내용 및 준비 사항

평가 내용	준비 사항
조음음운과 관련된 공식 검사	녹화 및 녹음 도구(캠코더 또는 녹음기), 검사도구, 기록지 〈우리나라 표준화 검사의 예〉 • 아동용 발음평가(APAC) • 우리말 조음음운검사(U-TAP) • 한국어 표준 그림 조음음운 검사(KS-PAPT)
대화나 이야기하기로 연결 발화를 수집	녹화 및 녹음 도구(캠코더 또는 녹음기), 놀잇감, 대화 또는 이야기나 읽기자료, 기록지
조음기관 문제의 유무 확인	설압자, 펜라이트, 기록지
청지각 능력 문제의 유무 확인	검사도구, 기록지
언어발달 문제의 유무 확인	검사도구, 기록지
성장 배경 문제의 유무 확인	설문지
자극 반응도나 문맥 검사의 실시	검사도구, 기록지

〈이렇게 해 보세요!〉

언어치료 실습학생의 실수	임상감독자의 조언
낱말 수준의 검사만으로 조음음운 능력을 평가한다.	실제적인 조음음운 능력을 파악하려면 반드시 연결발화 전체를 수집 · 분석해야 한다.
구체적인 놀이 활동, 대화나 이야기 주제를 생각해 놓지 않는다.	아동이 소극적이어서 긴 시간 침묵으로 일관할 경우를 대비하여 언어치료사가 제시할 놀이를 생각해 놓는다. 그리고 아동이 단어로만 답할 경우를 대비하여 긴 발화를 유도할 수 있는 대화나 이야기 주제(예: 가족 여행, 컴퓨터 게임 등)를 생각해 놓는다.
성인에게 아동용 검사를 실시한다.	성인에게 적절한 내용의 간단한 낱말, 문장, 문단 읽기자료를 준비하고 대화나 이야기 주제(예: 취미 활동 등)를 미리 생각해 놓는다.
관련 요인 검사 중 일부를 빠뜨린다.	조음기관의 구조적 혹은 기능적 문제, 청력이나 청지각 문제, 언어발달 문제, 그리고 성장 배경의 문제를 모두 체크해야 한다.
언어발달 검사에 대부분의 시간을 배정한다.	주된 문제가 조음음운이라면 조음음운 검사를 먼저 실시한 후에 언어발달 검사를 실시한다.
조음기관 검사, 사례력 조사를 한다고만 하고, 구체적으로 어떤 내용을 검사할지 계획하지 않는다.	검사 항목 또는 질문 내용이 적힌 체크리스트를 만들어 평가시간에 활용한다. 사례력 조사에서는 '중이염' 병력을 확인한다.
청력이 정상인 아동에게 모든 음소를 대상으로 청지각 검사를 실시한다.	문제가 있다고 판단되는 음소에 대해서만 실시한다.
모든 음소를 대상으로 자극 반응도를 평가한다.	문제가 있다고 판단되는 음소에 대해서만 실시한다.

2) 평가 실시

검사도구와 기록지를 빠짐없이 준비하고 녹음과 녹화 준비를 철저히 한다. 녹음이나 녹화는 디지털 기기로 하는 것이 좋다. 녹음만으로는 정확한 전사가 어려우므로 녹화도 함께 하도록 한다. 그리고 미세한 왜곡 오류도 분석하려면 녹화 시에 외부 마이크를 사용하는 것이 바람직하다. 한 회기에 평가를 마칠 수도 있지만 언어치료 실습학생이라면 필요한 검사가 누락되거나 첫 회기에 심화검사가 불가능한 경우가 많으므로 2회기에 나누어 평가하는 것이 좋다.

아동과 첫 대면 시 아동의 이름을 묻는 등의 간단한 대화를 시도한다. 그리고 낱말 수준의 공식 검사를 실시한 후 연결 발화를 수집한다. 그다음 보호자로부터 사례력을 수집한다. 그동안 아동은 자유놀이 시간을 갖도록 한다. 사례력 수집이 끝나면, 조음기관과 언어발달 등의 관련 요인 검사를 실시한다. 이상의 검사를 통해 대략적인 조음 문제를 파악하였다면, 마지막으로 틀린 발음을 보이는 음소에 대해 청지각 검사와 자극 반응도 검사를 실시한다. 이때 가능하다면 다양한 문맥에서의 정밀 검사도 실시한다.

언어치료 실습학생들은 검사에 필요한 도구를 비교적 잘 챙긴다. 그러나 검사도구에 익숙하지 않거나 아동 반응을 적는 것이 서툴러서 검사가 지연되고 결국 아동의 흥미를 잃게 만드는 경우를 종종 보게 된다. 조음음운에 대한 공식 검사를 실시할 때 아동이 목표 낱말을 쉽게 산출하지 못한다면 간접적으로 모방하도록 하여도 무방하다. 이름대기 검사가 아니므로 단서에 따라 아동의 이름대기 반응이 어떻게 달라지는지 알아볼 필요는 없다. 그리고 아동의 반응은 그 자리에서 적는 것이 바람직하지만 언어치료 실습학생으로서 자세한 정밀 전사는 불가능하다. 그러므로 회기 중에는 간략 전사를 하고 나중에 녹음이나 녹화된 것을 보고 정밀 전사를 하도록 한다.

검사 중에는 아동이 자신의 반응이 맞았는지 틀렸는지를 알아차리게 하면 안 된다. 그러한 검사자의 반응이 이후의 아동 반응에 영향을 줄 수 있기 때문이다. '맞았어' 또는 '틀렸어'와 같은 언어 표현을 사용하거나, 틀렸을 때 얼굴을 찡그리거나 반응기록지에 '×'로 표시하지 않도록 한다. '그래' 또는 '응'과 같은 표현을 사용하고 발음보다는 말의 내용에 초점을 맞추어 반응해 주어야 한다. 성급하게 아동의 틀린 발음을 교정해 주고자 하면 안 된다. 이러한 실습학생의 행동은 아동을 위축시켜 말문을 닫게 할 수 있다.

조음음운장애 아동 중에는 행동 문제를 보이는 경우가 많다. 실습학생은 검사자와 상호작용하는 동안 아동의 행동은 물론이고 치료실에서 대기하고 있는 동안 아동과 부모의 상호작용 등을 관찰하여 평상시 아동의 자연스러운 모습을 파악하도록 한다. 그러나 평가시간이라고 해서 검사 진행에 방해가 될 정도의 부적절한 행동을 그냥 방치할 필요는 없다. 아동의 자발적인 의사소통을 제한하지 않는 범위 내에서 필요하다면 행동 통제가 이루어져야 한다.

한편, 검사자의 지시를 제대로 이해하지 못하거나 비협조적이어서 공식 검사가 불가능한 아동이라면 비공식 검사나 관찰만으로 자료를 수집해야 한다. 연결 발화의 명료도가 떨어지는 아동이라면 주양육자에게 아동이 한 말이 무엇이었는지 물어보거나 놀이나 대화 상황을 구조화하여 아동의 말을 예측하기 쉽도록 하며, 녹화 중에 검사자가 예측한 아동의 발화를 그 자리에서 반복하여 차후 녹화자료를 보고 분석할 때 참고한다.

〈이렇게 해 보세요!〉

언어치료 실습학생의 실수	임상감독자의 조언
기기 조작이 미숙하여 녹음이나 녹화가 안 되었다.	미리 녹음이나 녹화를 연습한다.
공식 검사 매뉴얼과 다르게 검사를 실시한다.	검사도구를 놓는 위치, 질문 횟수 등을 검사요강에 제시된 것과 동일하게 해야 한다.
공식 검사의 시행 절차나 아동 말소리 전사에 미숙하여, 검사가 지연되고 아동으로 하여금 검사에 흥미를 잃게 만든다.	미리 세 번 이상 검사를 연습한다. 검사 중에는 간략 전사만 한다. 검사 속도를 너무 급하게 하지도 말고 아동이 지루해할 정도로 천천히 하지도 말아야 한다.
아동의 부적절한 행동을 허용하거나 아동의 행동을 지나치게 통제한다.	책상이나 창틀 위로 올라가는 등의 위험한 행동은 단호한 어투로 제지해야 한다. 그러나 검사에 큰 방해가 되지 않는 행동은 통제하지 않아도 된다.
바른 발음에 대해서 '맞았어', 틀린 발음에 대해서 '틀렸어'라고 반응한다.	바른 발음이건 틀린 발음이건 '응, 그래'와 같은 중립적인 반응을 하며, 잘못된 발음이나 불명확한 발음에 대해서 '한 번 더 말해 줄래?'라고 요청한다.
평가시간에 틀린 발음을 교정하려고 한다.	자극 반응도 검사를 제외하고는 평가시간에 아동의 발음을 고치려고 하지 말아야 한다.
계획한 검사 중 일부를 빠뜨리고 넘어간다.	다음 회기에라도 실시하도록 한다.
평가 직후에 부모가 결과를 물어볼 때 아동 상태에 대해 섣불리 판단하고 말한다.	아동의 발화를 분석한 후에 알려드리겠다고 한다.

3) 보고서 작성

진단평가 보고서는 일반적으로 배경 정보, 평가 결과, 임상적 인상, 권고 사항으로 구성되어 있다. 평가 결과는 검사도구별로 정리할 수도 있고 평가 항목별로 정리할 수도 있다. 공식 검사 결과는 일반 아동과의 비교치를 함께 적어 주는 것이 중요하다. 발화 분석에서 제시해 줄 수 있는 조음음운 분석 결과는 말 명료도, 정확도, 오류를 보인 음운과 오류 패턴, 오류 음운의 자극 반응도나 정반응되는 문맥 등이다. 만약 조음음운 능력이 매우 제한되어 성인의 목표음과 비교·분석할 수 없다면, 아동이 산출한 음소나 음절 구조의 목록을 정리한 독립 분석 결과를 제시할 수도 있다.

예후는 장애의 중증도가 너무 경하거나 너무 중하면 좋지 않을 수 있다. 환자의 동기가 낮거나 자극 반응도가 없거나 치료 경험이 있다면 예후가 나쁠 수 있다. 또한 환자가 다른 장애를 동반하였고 관련 요인에 문제가 있다면 예후가 나쁠 수 있다. 그 밖에 가족이나 주변 사람들의 지지나 경제적 지원이 적다면 예후가 좋지 않을 것이다. 임상 경험이 많지 않아 예후를 적기가 부담스럽다면 간단히 아동의 장단점을 언급해 주어도 좋다.

권고 사항으로 집중적인 치료를 권할 수도 있고, 부모교육을 권할 수도 있으며, 다른 전문가의 평가를 권할 수도 있다. 또한 몇 달 후 재검사를 권할 수도 있다. 조음치료를 권할 경우 얼마나 자주 치료하는지, 개별치료인지 그룹치료인지, 어떤 목표로 치료해야 하는지를 간단하게 언급한다.

〈이렇게 해 보세요!〉

언어치료 실습학생의 실수	임상감독자의 조언
배경 정보에 주요 내용을 빠뜨리거나 불필요한 내용을 적는다.	배경 정보에 주된 호소와 의뢰 경로를 적는다. 과거력에는 검사자가 얻은 모든 내용을 적는 것이 아니라 진단에 중요한 정보를 중심으로 적는다.
배경 정보에 다른 사람에게서 얻은 정보와 자신이 관찰하여 알게 된 정보가 뒤섞여 있다.	주양육자나 다른 선생님으로부터 전해 들은 내용이라면 '~의 보고에 의하면 ~라고 한다.'고 적는다. 검사자가 관찰하여 얻은 정보는 평가 결과란에 적는다.

검사 태도에 아동의 행동 하나하나를 기술한다.	검사 시 아동의 태도는 종합적으로 쓰고(예: 협조적, 소극적, 산만함 등) 문제행동이 있을 경우 구체적으로 기술한다.
공식 검사 결과에 원점수만 적고 규준과 비교한 수치는 적지 않는다.	일반 아동의 규준과 비교한 수치를 함께 적어 주어야 한다.
낱말 수준의 검사로만 발화를 분석한다.	반드시 연결 발화 전체를 분석한 결과가 포함되어야 하며, 그 결과에 말 명료도, 정확도, 오류 음운과 오류 패턴이 기술되어야 한다.
말 명료도, 정확도 또는 오류 패턴을 잘못 분석한다.	말 명료도를 정확도로 잘못 분석하면 안 된다. 정확도 계산 시에는 불명료한 발화는 제외해야 하고, 우리말의 음운규칙에 대한 지식을 바탕으로 목표음을 정확히 알고 있어야 한다. 음운변동으로 오류 패턴을 기술할 때에는 음운변동에 대한 정의를 잘 알고 있어야 한다.
일관된 정도, 빈번한 정도를 고려하지 않고 나타난 모든 오류를 일일이 나열한다.	주된 오류, 빈번한 오류를 중심으로 적는다. 각각의 오류 패턴이 어느 정도 나타나는지도(예: 빈번하게, 종종, 가끔) 적는다. 그리고 옆에 실제 발화 예를 적으면 좋다.
말 산출기관 검사 결과나 음성 또는 유창성과 관련된 관찰 내용을 언급하지 않는다.	호흡, 발성, 끊어 말하기, 말 속도, 운율 측면의 문제가 동반되어 있는 경우도 많으므로 이를 관찰하여 보고해야 한다.
말 산출기관 검사, 청지각 검사, 언어발달 검사의 결과가 정상이었음에도 불구하고 평가 결과를 너무 자세히 기술한다.	관련 요인 검사에서 별 문제가 발견되지 않았을 경우, '무슨 검사에서 어떤 내용을 살펴보았는데 별다른 문제가 발견되지 않았다.' 정도로 적는다.
진단명에 언어적 진단명이 아닌 의학적 진단명을 적는다.	진단명에 언어적 진단명을 적어야 한다. 예를 들어, '본 아동은 구개열 아동이다.'가 아니라 '연인두폐쇄부전을 동반한 조음 및 공명 장애를 나타내었다.'라고 적는다.
생활연령을 고려하지 않고 장애의 중증도를 적는다.	장애의 중증도를 단순히 정확도 수치만을 가지고 측정해서는 안 된다. 명료도, 오류 패턴까지도 고려해야 하며, 특히 생활연령을 고려하여 판단해야 한다.
임상적 인상 또는 요약란에 앞에 적은 검사 결과를 그대로 반복 · 나열한다.	임상적 인상 또는 요약이란 각각의 검사 결과를 바탕으로 아동의 문제점을 총괄하여 설명한다.

3. 치료 계획 및 실시

1) 장단기 계획

일단 명료도 저하의 주된 원인을 찾아 장단기 계획에 포함시킨다. 특정 음소 계열이나 음성 자질을 습득하도록 하는 것이 장기목표가 될 수도 있고, 특정 음운 변동을 없애는 것이 장기목표가 될 수도 있다. 그밖에 자세나 호흡 문제, 음성 남용, 작은 음성, 빠른 말 속도 등이 명료도 저하의 원인 중 하나라면 이에 대한 내용도 장기목표에 포함되어야 한다. 학교에서는 보통 학기를 단위로 장기목표를 정한다.

각각의 장기목표마다 훈련 단계를 나누어 단기목표를 계획한다. 훈련 단계는 일반적으로 음절 → 낱말(1음절 → 2음절 → 3음절) → 문장(짧은 문장 → 긴 문장)과 같이 언어학적 단위를 넓혀 간다. 그러나 언어 지체가 동반되었거나 조음 오류가 비일관적인 경우, 조음 오류가 나타나는 기능적 낱말 수십 개를 몇 개의 범주로 나누어 단기목표로 정할 수도 있다.

자음 오류가 심하면 자음 산출, 조음 위치 산출, 조음 방법 산출의 순서로 가르친다. 예를 들어, '사과'를 [아가]로 발음하면, 처음에는 초성에 어떤 자음이든 산출하도록 한다. 이때는 [가가]도 강화해 준다, 자음 산출이 가능하면 조음 위치를 바로잡는다. 이때는 [따가]로 발음해도 /ㅅ/를 치조음으로 산출하므로 강화해 준다. 조음 위치 산출이 가능하면 마지막으로 조음 방법을 바로잡는다.

장단기 치료 목표를 세울 때 세부 계획과 강화 방법도 함께 생각해 놓는다. 세부 계획에는 각 음소의 변별이나 산출에 사용될 단서, 회기 운용 방안 등이 포함된다.

〈이렇게 해 보세요!〉

언어치료 실습학생의 실수	임상감독자의 조언
평가 결과와 무관하게 장기목표를 정하거나, 장기목표와 무관하게 단기목표를 정한다.	평가 결과에 따라 장기목표를 정하고, 장기목표에 따라 단기목표를 정해야 한다.

무조건 70~80% 이상 '정확'하게 산출하는 것을 목표로 한다.	아동의 조음 능력과 연령을 고려하여 현실적으로 실현 가능한 목표를 잡아야 한다.
세부 계획이나 강화 방법을 적지 않는다.	세부 계획이나 강화 방법도 구체적으로 적는다.
언어치료사를 주어로 하여 목표를 서술한다.	목표는 아동을 주어로 가정하고 서술하며, 세부 계획은 언어치료사를 주어로 가정하고 서술한다.

2) 회기 계획

치료 목표 한 회기에 보통 3개 정도의 치료 목표를 정한다. 회기별 치료 목표는 '① 어떤 음을 ② 어떤 음운 환경에서 ③ 어느 정도의 언어치료사 개입으로 ④ 얼마나 수행한다.'로 구체적으로 적는다. 한 회기에 하나의 음운을 3개 다른 맥락이나 활동에서 치료할 수도 있고, 한 회기에 3개 음운을 각각 1개 맥락이나 활동에서 치료할 수도 있다. 파찰음, 마찰음, 유음에 오류를 보이는 아동을 예로 들어 보자. 한 회기를 모두 파찰음 치료에 할애할 경우, 전반부는 무의미 음절, 중반부는 낱말, 후반부는 문장 순서로 치료를 계획할 수도 있고, 전반부, 중반부, 후반부 모두 낱말 수준에서 파찰음을 치료하되 놀이 활동을 달리할 수도 있다. 혹은 전반부에 파찰음, 중반부에 마찰음, 후반부에 유음을 계획할 수도 있다.

치료 음운 환경은 현재 아동의 수행 능력에 비추어 단계적으로 계획한다. 낱말 수준의 치료라 할지라도 낱말의 조음 복잡도를 고려하여 단계적으로 훈련 낱말을 선택해야 한다. [ㅈ]가 목표라면 '자, 아자'(CV, VCV 음절) → '잡아, 모자'(CVCV 음절) → '감자'(-VCCV 음절) → '잠자'(-VCCV 음절이면서 목표음이 두 번 들어감) 순서로 낱말의 조음 난이도를 높인다. 또한 훈련 낱말을 선택할 때 낱말의 기능성도 고려해야 한다. 특히, 지적장애아동이라면 낱말의 기능성이 훈련 낱말의 중요한 선택 기준이 된다. 아동이 의미적으로 이미 알고 있는 낱말, 실생활에서 자주 표현해야 하는 낱말을 선택한다. 예를 들어, [ㅍ] 중재 낱말로 '파도'보다는 '아파'가 더 기능적인 낱말일 수 있다. 그리고 치료 초기에는 일반화가 목표가 아니라 음소의 확립이 목표이므로 회기당 목표 낱말의 수를 너무 많이 계획할 필요가 없다. 한두 낱말에서라도 목표 음소가 자발적으로 정확히 산출되도록 하는 것이 중요하다.

한편, 모든 아동에게 음소 변별을 치료 계획에 포함시킬 필요는 없다. 음소 변별 여부는 평가 시 꼭 확인해야 하는 사항이지만 청각장애아동이 아니고 음소 변별이 가능한 아동이라면 산출부터 치료해도 된다. 그리고 조음 산출 훈련 전에 조음기관 운동을 실시하기도 하지만, 조음기관 운동이 조음 산출에 직접적인 영향을 미치지는 않는다. 예를 들어, [ㄹ] 산출을 위하여 혀를 상하좌우로 움직이거나 혀를 차는 등의 혀 운동을 실시하기도 하지만, 이러한 훈련은 혀에 대한 관심을 높여 주고 혀의 운동감각을 키워 주는 효과는 있을지언정 이 훈련을 했다고 해서 저절로 [ㄹ]가 산출되는 것은 아니다.

치료 방법 치료 접근법은 크게 운동 접근법과 언어 접근법으로 나눌 수 있다. 운동 접근법에서는 말소리나 음절부터 목표 음소만을 반복 훈련하는 반면, 언어 접근법에서는 낱말부터 목표 음소와 아동의 발음을 대조 훈련한다. 접근법의 선택은 환자에 따라 달리해야 한다. 그러나 언어 접근법은 자극 반응도가 없는 음소의 치료에는 유용하지 못하다. 예를 들어, 바른 모델을 제시해도 전혀 [ㅅ]를 산출하지 못하는 아동에게 '손'과 '돈'의 낱말 짝을 제시하고 '손'과 '돈'을 대비해서 산출하라고 하면 아동이 어떻게 [손]을 산출할 수 있겠는가? 자극 반응도가 없는 음소라면 먼저 음소의 자극 반응도를 키우는 치료를 계획해야 한다.

언어치료 실습학생들은 치료 활동과 치료 방법을 자주 혼돈한다. 특정 음소가 들어가는 낱말을 많이 산출하도록 놀이를 구조화한 내용은 치료 활동이지 치료 방법이 아니다. 숫자 세기 활동으로 '하나'라는 어휘를 산출하게 할 수는 있지만 '하나'의 [ㅎ]를 정확하게 산출하게 하지는 못한다. 치료 방법이란 자발적으로 산출하면 오조음하지만 도움을 주면 정조음하게 될 때의 '도움'을 말한다.

그리고 언어치료 실습학생들은 아동이 틀리게 발음하였을 때 바른 발음을 들려주고 따라 하게 하는 것을 유일한 치료 방법으로 생각하는 경우가 많다. 그러나 그밖에도 다양한 치료 방법이 있을 수 있다. 바람 새는 소리를 넣어서 말하라는 언어적 단서 제시하기, 특정 음소를 크게 들려주고 따라 하게 하기, 특정 음소를 길게 들려주고 따라 하게 하기, 살살 말하게 하기, 컴퓨터로 시각적인 피드백을 받으면서 산출하게 하기, 말할 때 설압자로 혀를 뒤로 밀어주기, 아동의 틀린 발음을 따라 말하기 등이 치료 방법이 된다. 때로는 활동이 치료 방법이 될 수도 있다. 낱말 짝을 제시하기, 정조음되는 낱말을 먼저 말하게 하기, 낱말로 연결 가능한 무의미 음절을 먼저 연습하게 하기(예: [다다] 연습 후 '닫아' 낱말 산출 유도), 목표 음소에 동그라미를 먼저 한 후에 읽게 하기 등은 치료 활동 자체가 목표 음소를 자발적으로 산출하도록 도와주는 단서가 된다.

치료 활동 활동은 조작하는 데 너무 오랜 시간이 걸리지 않는 것으로 준비한다. 무의미 음절 훈련을 할 때는 동기가 부여되도록 흥미로운 강화물을 제시해야 한다. 이때 컴퓨터 프로그램을 이용하면 오랫동안 재미있게 연습할 수 있다.

그림책을 이용한 조음치료는 목표 음소가 들어간 낱말을 여러 번 들려줄 수 있고 언어 능력 향상도 함께 꾀할 수 있는 매우 좋은 치료 활동이다. 그림책을 이용할 때는 아동의 인지 수준을 고려해야 한다. 지문이 너무 길고 복잡하다면 단순화하여 들려주고 이를 표현하게 한다. 아직 읽기가 원활하지 않은 아동에게 책을 읽게 하면 형태음운론적 규칙을 무시하고 읽기 때문에 오히려 잘못된 조음을 유도할 수 있으므로 주의해야 한다.

〈이렇게 해 보세요!〉

언어치료 실습학생의 실수	임상감독자의 조언
회기 목표에 치료할 목표 음소만을 적거나 목표 낱말만을 적는다.	목표 음소를 음운 환경과 수행 수준 등과 함께 구체적으로 적는다.
목표 낱말 선정 시 낱말의 조음 복잡도나 낱말의 기능성을 고려하지 않는다.	목표 음소의 음운 환경 복잡도를 단계적으로 높여 가야 하고, 해당 조음 복잡도를 갖는 낱말 중에서 아동의 언어 수준에 적절한 낱말을 선택해야 한다.
치료 초기에 너무 많은 목표 낱말을 계획한다.	치료 초기에는 몇 개의 낱말을 반복 훈련하는 것이 중요하다.
귀 훈련, 조음기관 운동, 무의미 음절 훈련에만 집중한다.	음소 변별이나 조음기관 운동은 말소리 산출로 연결되도록, 무의미 음절 훈련은 낱말 산출로 일반화되도록 노력해야 한다.
치료 방법을 치료 활동과 혼돈한다.	치료 방법이란 아동으로 하여금 목표음을 정조음하게 만들어 주는 전문가의 '도움'을 말한다.

3) 치료 실시

각 활동을 시작하기 전에 아동이 해야 할 구체적인 목표를 환자의 나이나 인지 수준에 맞게 설명해 주어야 한다. 아무런 설명 없이 아동에게 /ㅅ/가 들어간 그림 카드를 한 장씩 보여 주고 "이게 뭐야?"라고 묻는 것은 잘못이다. "지금부터 보여 주는 그림의 이름을 말해 봐. 그런데 말할 때 바람 새는 소리를 넣어서 말해야 한다." 등의 지시 사항을 구체적으로 알려 주어야 한다.

언어치료 실습학생 중에는 목표음이 들어간 낱말이 산출되도록 상호작용은 하지만 아동의 조음이 맞았건 틀렸건 듣고만 넘어가는 경우가 있다. 이것은 치료가 아니라 평가다. 어떤 언어치료 실습학생은 아동이 틀린 조음을 할 때 바른 모델을 들려주고 한 번쯤 따라 하게 하지만, 바르게 따라 하였건 틀리게 따라 하였건 듣고만 넘어가는 경우가 있다. 이 또한 자극 반응도 평가이지 진정한 치료는 아니다. 어떤 언어치료 실습학생은 아동이 틀린 조음을 할 때 어떻게 해야 바른 발음을 산출할 수 있는지는 알려 주지 않고 무조건 따라 하라고만 하는 경우가 있다. 이것은 비전문가가 하는 행동이고 아동에게 좌절만 안겨 줄 뿐이다. 치료라는 것은 어떻게 해야 바르게 발음할 수 있는지 아동이 이해하기 쉽게 알려 주고 따라하기 쉽게 도와주는 것이다. 만약 들려주는 것만으로 목표음이 유도되지 않는다면 아동에게 다른 방법을 제시해 주어야 한다.

또한 언어치료 실습학생 중에는 음소 확립 단계에 있는 아동에게 틀리는 모든 발음을 고쳐 주려고 하는 경우가 있다. 어두 /ㅈ/가 목표라면 어두 /ㅈ/만 고려해야 한다. '자동차'를 [자동타]로 발음해도, '주세요'를 [주데요]로 발음하더라도 어두 /ㅈ/는 바르게 산출하였으므로 잘했다고 칭찬해 주어야 한다. 만약 양순음 산출이 목표라면 '포도'를 [뽀도]로 발음해도 강화해 주어야 한다. 발성 유형은 틀렸지만 양순음은 바르게 산출하였기 때문이다.

치료 중에 아동이 어떤 목표에 흥미를 잃었거나, 일정한 치료시간이 지났거나, 정확도가 언어치료 실습학생이 원하는 수준에 도달하였다면 다음 회기 목표로 넘어가야 한다. 특히, 무의미 음절 훈련은 빠르게 진행하여 짧은 시간 안에 끝내도록 한다.

〈이렇게 해 보세요!〉

언어치료 실습학생의 실수	임상감독자의 조언
치료도구를 찾는 데 시간이 많이 걸린다.	치료 순서에 따라 치료도구를 잘 찾을 수 있도록 정리해 놓아야 한다.
아동이 해야 할 행동에 대해 지시 사항을 구체적으로 알려 주지 않는다.	활동을 시작할 때 이 활동에서 아동이 무엇을 해야 하는지 구체적으로 알려 주어야 한다.
바른 발음을 산출할 수 있는 방법은 알려 주지 않고 무조건 따라 하라고만 한다.	목표 말소리를 쉽게 산출할 수 있는 방법을 알려 주어야 한다.
치료 중 나타나는 모든 발음 오류를 수정해 준다.	목표 발음에 대한 오류만 수정해 준다.

4) 진전 노트 작성

언어치료 실습학생 시절에는 치료하면서 아동의 반응을 적는 것이 매우 큰 부담이다. 그래서 치료 회기를 녹음이나 녹화해 두었다가 치료 후에 이를 보고 아동의 반응을 적는다. 그러나 치료에 익숙해지면 치료하면서 아동의 반응을 적는 훈련도 해야 한다.

아동의 반응을 적을 때 목표에 대한 반응만 +/−로 적거나 혹은 해당 활동 중에 있었던 모든 반응을 시간 순서대로 나열하는 경우가 있다. 아동 반응은 목표에 대한 반응을 중심으로 적고 목표와는 상관없었지만 다음 회기의 치료 목표를 잡을 때 필요한 정보나 일반화를 나타낸 의미 있는 반응이 있었다면 밑에 따로 적어 둔다. 목표에 대한 반응도 한 번의 도움으로 쉽게 반응한 것과 여러 번의 도움이 필요했던 것을 표시해 둔다.

진전 노트에는 아동이 잘한 점과 잘못한 점, 언어치료 실습학생이 잘한 점과 잘못한 점 등을 적고, 그 원인이 무엇이었는지 추측해 본다. 또한 이를 다음 회기에 어떤 식으로 반영할 것인지도 적는다.

〈이렇게 해 보세요!〉

언어치료 실습학생의 실수	임상감독자의 조언
보고서를 제때 제출하지 않는다.	치료 후 24시간 내에 작성하여 제출한다.
아동의 반응에 정반응율만 적는다.	정반응율 밑에 구체적으로 어떤 음절, 낱말, 문장에서 정반응을 했는지, 치료사의 도움으로 정반응이 유도되었는지 등도 적는다.
진전 노트에 아동의 진전 사항만 적거나 실습학생 본인이 잘못한 점만 적는다.	진전 노트에는 아동이 더 나아진 사항뿐만 아니라 더 나빠진 사항도 적을 수 있다. 또한 실습학생 본인이 잘못한 점을 적기 이전에 잘한 점을 먼저 생각해 보기 바란다.

4. 진전(종결)평가

장기목표에 도달되었다고 생각되면 구체적으로 얼마나 진전되었는지를 평가하여 종결 여부를 결정해야 한다. 비록 장기목표에 도달하지 못했더라도 1년 정도의 시간이 지난 후라면 그간에 어떤 변화가 있었는지를 평가하여 새로운 장기목표를 세워야 한다. 진전평가는 초기 진단평가와 비슷하게 진행된다. 즉, 공식 검사를 이용하여 또래와 비교하고, 자발화 전체를 분석하여 일상 대화에서의 조음능력을 평가해야 한다.

진전평가를 할 때 주의할 점은 아동의 발화가 실제로 좋아진 것이 아니라 언어치료사가 아동의 발화에 익숙해진 것을 진전으로 생각해서는 안 된다는 것이다. 진전 정도의 객관성을 확보하기 위하여, 명료도나 정확도를 측정할 때 다른 동료에게 분석을 부탁하고 자신의 분석과 비교하여 채점자 간 신뢰도를 따져 볼 수도 있다. 또한 진전평가에는 반드시 주양육자나 선생님의 보고를 포함시켜야 한다. 치료실 안에서의 진전이 치료실 밖에서도 나타나야 진정한 진전이다. 상황 일반화의 정도와 진전이 아동의 심리나 생활에 미친 영향 등도 파악해 보도록 하자.

언어치료 실습학생 시절에 가장 어려웠던 조음음운장애라 할지라도 몇 년의 임상 경험이 있는 언어치료사라면 조음음운장애 사례를 맡는 것을 피하지 않게 된다. 왜냐하면, 음운은 다른 언어 영역과 달리 목표 음운의 수가 모음과 자음을 모두 합해도 40개가 채 안 되고 음운이 결합하는 경우의 수도 한정되어 있어서 극복 가능성이 높기 때문이다. 그러나 청각장애, 공명장애, 언어장애, 유창성장애 등의 다른 장애에 동반된 조음장애나 발달성 말실행증을 평가하고 치료하는 것은 그리 간단한 일이 아니다. 우리는 끊임없이 배우고 적용하고 고민하는 과정을 통해 언어치료를 필요로 하는 사람들에게 더 나은 서비스를 제공해야 한다.

참 고 문 헌

김민정, 배소영, 박창일(2007). 아동용 발음평가(APAC). 인천: 휴브알앤씨.

김영태, 성태제, 이윤경(2003). 취학 전 아동의 수용언어 및 표현언어 발달척도(PRES). 서울: 서울장애인종합복지관.

김영태, 신문자(2004). 우리말 조음음운검사(U-TAP). 서울: 학지사.

김영태, 장혜성, 임선숙, 백현정(1995). 그림어휘력검사. 서울: 서울장애인종합복지관.

석동일, 박상희, 신혜정, 박희정(2008). 한국어 표준 그림 조음음운 검사. 서울: 학지사.

신문자, 김재옥, 이수복, 이수연(2010). 조음기관 구조 · 기능 선별검사. 서울: 학지사.

Bauman-Waengler, J. (2000). *Articulation and phonological impairment: A clinical focus*. Boston: Allyn & Bacon.

Bernthal, J. E. & Bankson, N. W. (2004). *Articulation and phonological disorders* (5th ed.). Boston: Allyn & Bacon.

Bliele, K. M. (2004). *Manual of articulation and phonological disorders: Infancy through adulthood* (2nd ed.). Clifton Park, NY: Delmar Learning.

Roth, F. P. & Worthington, C. K. (2001). *Treatment resource manual for speech-language pathology* (2nd ed.). Albany, NY: Delmar Learning.

참고자료

사례 1. 기능적 조음음운장애

기본 정보 및 현행 언어 수준

○○은 내년에 초등학교 입학을 앞둔 6세 남아로, 애기 같은 발음을 주문제로 언어치료실로 내원한 기능적 조음음운장애 아동이었다. 부모의 보고에 의하면 발음을 제외하고 다른 발달은 또래와 비슷하였고 유치원에서도 또래와 잘 어울리지만 산만한 편이라고 하였다. 검사 결과 청력과 조음기관에 특이한 사항은 발견할 수 없었고 언어 능력도 정상 범주에 속하였으나, 조음음운 발달은 또래에 비해 매우 지체된 것으로 나타났다. ○○이 보인 조음음운 오류 패턴은 다음과 같다.

초성의 경우 ① 전설모음 앞에서 연구개음이 전설음으로 대치되는 전설음화 오류(예: '거북이' → [거부디], '길고' → [딜고]), ② 파찰음, 치조마찰음 그리고 탄설음이 파열음으로 대치되는 파열음화 오류(예: '찢어' → [찌더], '싸워' → [따워], '호랑이' → [호당이]), ③ [ㅣ] 모음 앞에서 치조마찰음이 파찰음으로 대치되는 파찰음화 오류(예: '시소' → [치도])가 규칙적으로 나타났고, 종성의 경우 ④ 종성 연구개음이 뒤따르는 초성에 동화되는 자음연쇄 단순화 오류(예: '양말' → [얌말], '동찬이' → [돈타니])가 규칙적으로 나타났다. 이러한 오류 패턴들은 단어와 연결 발화 모두에서 동일하게 나타났다. 파찰음은 [ㅣ] 모음 앞에서 정조음이 가능하였고, 치조마찰음은 [ㅣ] 모음 앞에서 성대 울림 없이 말소리 수준으로 모방할 때 정조음이 가능하였다.

평 가

○○에게 실시한 평가는 다음과 같다.

- 아동용 발음평가(APAC; 김민정, 배소영, 박창일, 2007)의 단어 검사와 연결발화 검사
- 청력선별검사
- 구강 구조 및 기능 선별검사
- 그림어휘력검사(김영태, 장혜성, 임선숙, 백현정, 1995)
- 이야기 평가
- 무의미 1음절 따라하기를 이용한 자극 반응도 검사

장단기 목표

○○에게 주 2회 개별 치료를 실시하였다. 치료 목표로 ① 초성 연구개음, ② 치조마찰음, ③ 탄설음을 선정하였다. 경구개파찰음과 경구개마찰음(/시, 씨/)은 치조마찰음의 치료로 일반화될 수 있고, 종성 연구개음은 초성 연구개음의 치료로 일반화될 수 있으리라 기대하고 장기목표에 포함시키지 않았다. 초성 연구개음을 먼저 치료하고, 초성 연구개음이 무의미 음절 단위에서 안정화되었을 때 치조마찰음 치료를 시작하였으며, 치조마찰음이 무의미 음절 단위에서 안정화되었을 때 탄설음

치료를 시작하였다. 조음점 지시법으로 목표 자음의 정확한 조음 장소나 조음 방법을 알려 주었고, 말소리가 유도된 후 훈련 언어 단위를 무의미 음절, 단어, 문장, 대화나 이야기하기로 늘려 갔다.

자동적 산출을 유도하기 위하여 매 회기에 무의미 음절에서의 자음 연습을 시행하였으며, 앞뒤 모음 환경을 다양화하여 따라 말하게 하였다. 단어에서의 자음 연습은 체언의 경우 그림으로 매 회기 5~10개를 훈련하였고, 용언이나 문법 형태소의 경우 구조화된 놀이 활동으로 매 회기 2~3개를 훈련하였다. 다음은 ○○의 장단기 목표 중 일부다.

- 장기목표 1. 대화나 이야기할 때 전설모음 앞에 오는 연구개음을 80% 이상 정확하게 산출한다.
- 단기목표
  - 1-1. 무의미 음절을 따라 할 때 전설모음 앞에 오는 연구개음을 100% 정확하게 산출한다.
  - 1-2. 그림 이름대기를 할 때 30개의 명사 단어에서 전설모음 앞에 오는 연구개음을 100% 정확하게 산출한다.
  - 1-3. 구조화된 놀이를 할 때 30개의 문장에서 전설모음 앞에 오는 연구개음을 90% 이상 정확하게 산출한다.
  - 1-4. 대화나 이야기할 때 전설모음 앞에 오는 연구개음을 80% 이상 정확하게 산출한다.

- 장기목표 2. 대화나 이야기할 때 다양한 음운 환경에서의 치조마찰음을 80% 이상 정확하게 산출한다.
- 단기목표
  - 2-1. 무의미 음절을 따라 할 때 다양한 음운 환경에서 치조마찰음을 100% 정확하게 산출한다.
  - 2-2. 그림 이름대기를 할 때 50개의 명사 단어에서 치조마찰음을 100% 정확하게 산출한다.
  - 2-3. 구조화된 놀이를 할 때 50개의 문장에서 치조마찰음을 90% 이상 정확하게 산출한다.
  - 2-4. 대화나 이야기를 할 때 치조마찰음을 80% 이상 정확하게 산출한다.

치료 활동 예

1. [ㅅ] 음소를 유도하기 위하여 거울을 보며 다음과 같은 언어치료사의 행동을 따라 하게 한다. 혀에 힘을 빼고 혀의 가장자리를 이빨로 살짝 물도록 한다. 그리고 윗이빨과 혀끝 사이에 10cm 길이의 빨대를 반 정도 밀어 넣고 빨대 사이로 바람을 내뿜어 거울에 김이 서리도록 한다. 이때 두 입술을 이용하여 빨대를 물지 않도록 주의해야 한다. 빨대의 두께가 너무 굵으면 마찰 기류의 느낌을 살릴 수 없으므로 너무 굵지 않은 빨대를 준비한다. 이 동작에 익숙해지면 혀의 가장자리를 이빨이 아닌 치조에 놓고 연습한다.

   〈주의〉 [ㅣ] 모음 앞에서 성대 울림 없이 [ㅅ]의 마찰이 산출되므로, 이를 이용하여 마찰 소리에 대한 느낌을 이해시킬 수 있다. 그러나 이 [시] 소리는 경구개마찰음으로 다른 모음 앞에서의 [ㅅ] 소리와는 다르게 실현된다. 그러므로 이 소리를 이용하여 문맥 일반화를 도모하는 것은 쉽지 않다. 오히려 '사'를 [샤]로 발음하는 구개음화 오류를 조장할 수 있다.

2. 무의미 음절 따라하기 훈련에서는 20여 조각으로 구성된 퍼즐을 준비한다. 퍼즐판은 아동이 가지고 퍼즐 조각은 언어치료사가 가지고 있는다. 아동이 언어치료사가 말하는 음절을 세 번 바르게 따라 말하면 하나의 조각을 얻을 수 있도록 한다. 아동의 인지 수준에 맞는 퍼즐을 준비하고, 원활한 진행을 위해 아동이 쉽게 맞출 수 있는 퍼즐 조각부터 순서적으로 제시한다.
3. 그림 이름대기 훈련에서는 목표음이 들어간 그림카드 10여 장과 다양한 놀이를 준비한다. 아동이 그림카드를 하나 뽑아 단어를 바르게 산출하고 그 단어를 넣어 문장까지 산출하면 그 종이를 구겨서 농구대에 슛 골인 하는 활동, 그림과 숫자가 적혀 있는 카드를 붙여 놓은 철 다트판에 아동이 다트를 던져 그림을 맞추고 그 그림의 이름을 적혀 있는 숫자만큼 말하고 떼는 활동, 아동이 자석이 붙은 낚싯대를 이용하여 그림이 붙어 있는 물고기를 낚고 그 물고기에 붙은 그림의 이름을 말하는 활동, 주사위를 던져 말을 움직이는 보드게임을 응용하여 보드판에 목표음이 포함된 그림과 다양한 지시문을 만들어 놓고 언어치료사와 아동 중 누가 먼저 도착하는지 시합하는 활동 등을 실시한다.
4. 목표음을 반복적으로 산출해야 하는 놀이나 노래를 이용한다. 예를 들어, 슈퍼에 가면 살 수 있는 물건 중 /ㅅ/가 들어간 물건을 아동과 함께 이야기한다. 그러고 나서 슈퍼에 가서 무엇을 살 것인지를 노래하는데, 상대방이 말한 항목을 순서대로 외운 후 한 항목을 덧붙여 말하는 게임을 한다. 운율을 넣어 언어치료사가 먼저 '슈퍼에 가서 사과도 사고'를 말하면 아동이 '슈퍼에 가서 사과도 사고, 설탕도 사고'를 말하고, 다시 치료사는 '슈퍼에 가서 사과도 사고, 설탕도 사고, 소금도 사고'와 같은 식으로 번갈아 가면서 말한다. 목표음을 정확하게 발음하지 못하거나 상대방이 한 말을 제대로 외우지 못하거나 목표음이 들어간 물건을 덧붙이지 못하면 게임에서 진다.
5. 목표음이 반복적으로 들어간 책을 선택한다. 예를 들어, /ㅅ/가 들어간 책으로 '-색'이 반복적으로 나오는 색깔과 관련된 책이나 '-시'가 반복적으로 나오는 시간과 관련된 책, 이야기 주인공의 이름에 /ㅅ/가 들어간 책 등을 들 수 있다. 먼저 언어치료사가 책 내용 등을 들려준다. 이때 목표음이 들어간 단어는 강조해서 들려준다. 그다음 아동에게 책 내용을 다시 말하게 한다. 부족한 부분은 언어치료사가 질문을 통해 유도한다.

사례 2. 언어발달지체를 동반한 조음음운장애 아동

기본 정보 및 현행 언어 수준

○○은 주위 사람들이 ○○의 말을 잘 알아들을 수 없다는 것을 주호소로 언어치료실을 내원한 5세 아동이었다. 관찰 결과 청력과 조음기관에 특이한 사항은 발견할 수 없었으나, 공식적인 언어 검사에서 이해보다 표현이 또래에 비해 많이 저하되어 있었다. 비공식적인 언어 검사에서 단문 표현이 종종 관찰되었지만 부정확한 발음으로 의사 전달이 쉽지 않았고, 자꾸만 단어로 의사 전달을 하려고 하였다. ○○이 보인 조음음운 오류 패턴은 다음과 같다.

초성의 경우 ① 어두 초성이 생략되는 초성 생략 오류(예: '모자' → [오자]), ② 평음 및 격음이 경음으로 대치되는 긴장음화 오류(예: '아파' → [아빠]), ③ 파찰음과 치조마찰음이 파열음으로 대치되는 파열음화 오류(예: '찢어' → [이떠]), ④ 유음이 생략되는 유음단순화 오류(예: '몰라' → [오아]), ⑤ 음절이나 음소가 반복되는 오류(예: '나무' → [무무])가 자주 나타났다. 종성의 경우 ⑥ 종성 생략 오류(예: '장갑' → [강까])가 빈번하게 관찰되었다. 그러나 비음과 평파열음의 경우 초성과 종성 모두 한 음절씩 모방시키면 정조음이 가능하였다.

평 가

○○에게 실시한 평가는 다음과 같다.

- 아동용 발음평가(APAC; 김민정, 배소영, 박창일, 2007)의 단어 검사
- 청력선별검사
- 구강 구조 및 기능 관찰
- 취학 전 아동의 수용언어 및 표현언어 발달척도(김영태, 성태제, 이윤경, 2003)
- 놀이를 통한 자발화 수집 및 분석

장단기 목표

○○에게 주 2회 개별 치료를 실시하였다. 치료 목표는 동음이의어를 줄이는 것으로 하였다. 이를 위해 비음과 파열음의 바른 산출이 필요한 것으로 생각되어, 초성 생략, 종성 생략, 음절 및 음소 반복, 긴장음화 오류를 줄이는 것을 치료 목표로 선정하였다. 이러한 오류는 명료도에 큰 영향을 미치고 나이 어린 아동들이 사용하는 오류 패턴이기 때문이다. 파찰음, 마찰음, 유음과 관련된 오류 패턴의 치료는 다음으로 미루었다.

○○이 오류를 나타내는 1~3음절 단어 100개를 선정하여 이를 치료 목표로 삼았다. 비음과 파열음의 자극 반응도가 높으므로 음소나 음절 수준의 반복 훈련은 하지 않고 단어를 중심으로 바른 발음과 바르지 못한 발음을 비교하는 활동을 실시하였다. 장기목표 1은 단어 100개를 바르게 산출하는

것으로 하고, 장기목표 2는 그 단어를 문장에서 바르게 산출하는 것으로 하였다. 장기목표 1과 그에 따른 단기목표는 다음과 같다.

- 장기목표 1. 구조화된 놀이를 할 때 목표 단어 100개에서 비음과 파열음을 90% 이상 바르게 산출한다.
- 단기목표

1-1. 구조화된 놀이를 할 때 목표 단어 50개에서 어두 초성 생략 없이 비음과 파열음을 80% 이상 바르게 산출한다.

1-2. 구조화된 놀이를 할 때 목표 단어 20개에서 어말 종성 생략 없이 비음과 파열음을 80% 이상 바르게 산출한다.

1-3. 구조화된 놀이를 할 때 목표 단어 30개에서 긴장음화 없이 파열음을 80% 이상 바르게 산출한다.

1-4. 구조화된 놀이를 할 때 목표 단어 30개에서 음소 반복 없이 비음과 파열음을 80% 이상 바르게 산출한다.

1-4-1. 초성 양순음과 초성 치조음이 결합된 단어에서 음소 반복 없이 비음과 파열음을 80% 이상 바르게 산출한다.

1-4-2. 초성 치조음과 초성 연구개음이 결합된 단어에서 음소 반복 없이 비음과 파열음을 80% 이상 바르게 산출한다.

1-4-3. 초성 양순음과 초성 연구개음이 결합된 단어에서 음소 반복 없이 비음과 파열음을 80% 이상 바르게 산출한다.

치료 활동 예

1. 목이 보이는 거북이 10개, 목이 안 보이는 거북이 5개를 돌다리 크기로 만들어 치료실 바닥에 배치하고 출발점과 도착점을 표시해 놓는다. 그리고 비음과 파열음으로 시작하는 2음절 단어 그림카드 15개를 준비한다. 아동을 출발점에 세우고 다음과 같이 설명해 준다. "치료실 바닥이 강이야. 그래서 거북이의 등을 타고 건너가야 해. 근데 거북의 등을 밟으면 그림카드 하나를 뽑아 이름을 말해야 돼. 만약 거북이의 머리가 안 보이면 첫소리를 빼고 3번 말해야 하고, 거북이의 머리가 보이면 첫소리를 넣어서 5번 말하는 거야." 아동이 게임 규칙을 이해할 수 있도록 시범을 보여 주고 게임을 진행한다. 만약 아동이 규칙대로 말하지 못하면 언어치료사가 시범을 보여 주고 따라 말하게 한다.
2. 꼬리가 없는 공룡을 만들어 벽에 붙인다. 그리고 꼬리가 있어야 하는 자리에 이어 붙일 수 있도록 비음이나 파열음으로 끝나는 1음절 단어 그림카드 10개를 준비한다. 아동에게 다음과 같이 설명한다. "이 공룡 이상하다. 뭐가 없지? 꼬리가 없어. ○○도 말할 때 꼬리가 없으면 이상해. 끝까지 말해야 돼. ○○가 그림카드를 하나 골라서 끝까지 말해. 그리고 공룡 꼬리로 붙여 주

자." 아동이 종성을 말하면 꼬리로 붙여 준다. 만약 종성을 생략하면 언어치료사가 시범을 보여 주고 따라 말하게 한다.

3. 긴장음은 힘주고 말해서 바람이 나오지 않는 소리로 설명하고, 기식음은 살살 말해서 바람이 나오는 소리로 설명한다. 그리고 휴지를 이용하여 두 소리의 차이를 실제로 보여 준다. 충분히 이해시킨 후 빙고게임을 한다. 태극기가 멈춰 있는 그림과 태극기가 펄럭이는 그림이 번갈아 붙어 있는 24칸 빙고판을 2개 준비한다. 그리고 초성이 긴장음으로 시작하는 그림카드 8개와 초성이 기식음으로 시작하는 그림카드 16개를 준비한다. 상대방이 뽑은 그림카드의 단어를 바르게 발음하고 어떤 종류의 소리인지도 맞추면 해당 깃발에 표시할 수 있으며, 먼저 한 줄을 표시한 사람이 이기는 것으로 게임을 진행한다.
4. 음소나 음절 반복이 자주 관찰되는 2음절 단어 그림카드 8개를 준비한다. 아동과 함께 그림카드를 반으로 자른 후, 앞쪽 그림을 보고 첫 번째 음절을 말하고 뒤쪽 그림을 보고 두 번째 음절을 말하는 연습을 한다. 그러고 나서 16개의 조각 그림을 무작위로 4×4의 대형으로 뒤집어 놓고 그림짝 찾는 놀이를 한다. 언어치료사와 아동이 번갈아 가면서 두 개의 그림을 뒤집어 그림짝을 찾는다. 맞는 그림짝을 뒤집은 경우 단어를 말하는데, 두 음절을 서로 다르게 산출해야만 그림짝을 가질 수 있다.

제8장

실어증

실어증은 뇌손상 이후에 발생하는 언어 이해 및 표현 장애다. 뇌손상은 뇌졸중, 뇌외상, 종양, 바이러스 감염, 그리고 기타 퇴행성 질환 등에 의해 유발된다. 실어증은 의사소통할 수 있는 여러 방식인 말하기, 쓰기, 읽기, 제스처, 팬터마임 등에 대한 기호적인 의미를 해석하고 표현하는 데 문제가 있음을 의미한다. [그림 8-1]과 같이 실어증은 크게 유창성에 따른 분류와 보스턴 학파에 따른 증상 분류로 구분할 수 있다. 이외에도 다양한 실어증 증상이 존재한다.

실어증 언어임상실습의 가장 중요한 시작은 정확한 진단이다. 실어증은 기본적으로 치매, 퇴행성 운동질환, 정신질환, 그리고 뇌성마비 등의 증상과 구분되어야 한다. 예를 들어, 뇌성마비는 출생 전, 출생 직후, 출생 후 12개월 이내 발생하는 뇌손상에 의해 언어, 신체, 학습 등의 중복장애를 가진 경우 진단된다. 따라서 뇌손상에 의한 언어장애라고 해서 뇌성마비아의 언어 문제를 실어증으로 진단하지는 않는다. 뇌성마비아의 언어 문제는 언어 및 구어 발달 측면에서 고려되어야 한다.

이와 더불어 뇌손상의 발생 및 특성 기저 이해, 말·언어 문제 증상 이해 및 분류, 실어증 환자의 잔존 언어 능력 파악, 주된 의사소통 수단, 그리고 효과적인 자극 양식 판단과 적용 등이 실어증 실습의 주요 과정이 된다. 이러한 과정은 수없는 이론 학습과 적용, 그리고 시행착오가 거듭되는 임상 경험을 통해 효과적인 개별화 치료 전략 구성의 발판이 된다.

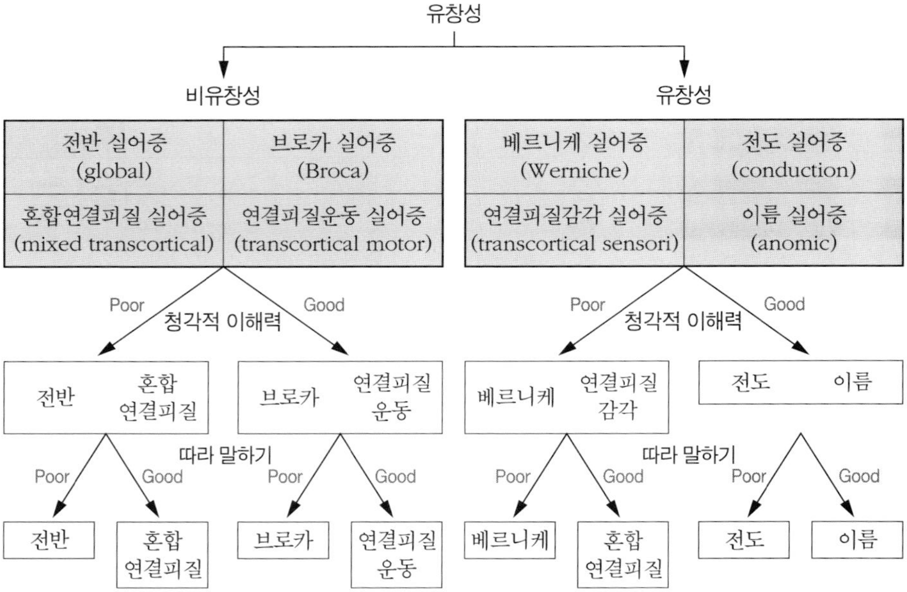

[그림 8-1] 실어증 유형

1. 초기 면담

실어증 환자의 초기 면담은 환자 본인과의 직접면담(이해력이 비교적 좋은 경우)이나 보호자와의 간접면담을 통해 이루어진다. 전화상담에서는 환자의 기본 언어 능력 상태에 대한 정보를 수집한다. 가능한 경우 환자 본인과 짧은 대화를 시도해도 좋다. 전화상에서 수집할 수 있는 정보는 매우 제한적이지만, 일단 짧은 시간 안에 구체적인 초기 평가를 계획할 수 있는 주요 정보를 파악해야 한다. 적어도 뇌손상 발생 시기, 현재 대화 이해력 수준과 표현력 정도, 그리고 주된 의사소통 수단에 대해 질문한다. 대화 이해력은 가장 친근한 보호자의 질문에 '예/아니요'로 대답(혹은 제스처)할 수 있는지, 한 낱말 수준의 표현 수준에서라도 사물의 명칭을 지칭할 수 있는지에 대해 질문한다. 이때 반드시 메모하도록 한다. 그리고 신경학적 손상과 관련된 전문의의 소견서나 의학적 정보에 대해서도 문의하도록 한다.

사례면담을 준비하는 과정에서 언어치료사는 우선 뇌손상으로 인해 겪게 될 환자와 보호자의 심리적 정황을 이해하도록 노력하며 환자의 입장을 완전히 이해하는 듯한 말투나 행동은 하지 않도록 조심해야 한다.

다음은 실어증 환자나 그 보호자와의 초기 면담에서 언어치료사가 수집해야 할 내용이다.

- 환자 개인의 뇌손상 전후의 병력: 뇌손상 발생 시기와 정황, 발생 당시나 그 후의 환자의 상태에 대해 알아본다. 신경학적 소견서에서는 뇌손상의 범위와 위치를 파악한다. 현재 뇌손상 이외의 기타 병력(예: 당뇨병, 고혈압 등)에 대해서도 알아본다.
- 언어평가 및 치료 유무: 사전에 언어평가나 치료 경험이 있는지를 알아본다. 기존의 평가일과 내용, 치료의 방향을 알아보도록 한다.
- 대화 이해력과 표현력: '예/아니요'로 대답할 수 있는 정도의 질문을 위주로 환자의 언어 이해력을 알아본다. 동시에 환자에게 개인적인 질문(예: 나이, 가족관계, 좋아하는 음식 등)을 하거나 따라 말하기를 실시하여 환자의 표현력 수준을 간단히 알아본다.
- 의사소통 행동 관찰: 환자의 주의 집중 정도, 의사소통 욕구, 동기 부여 정도, 문제행동 등을 관찰하도록 한다.

이외에도 환자의 의사소통 기능에 대해 알아보도록 한다. 가족 간의 대화 시도 및 참여가 적극적으로 이루어지는지, 표현을 자주 하려고 노력하는지, 또 언어 이외의 의사소통 방식을 많이 활용하는지에 대해 알아보도록 한다.

다음은 실습 과정에서 고려해야 할 사항이다.

- 성인 환자에 대한 호칭을 자꾸 바꾸지 않도록 한다.
- 성인 환자의 경우 아동 환자를 대하는 듯한 말투나 태도를 하지 않도록 조심한다.
- 신경학적 평가 소견서에 기술된 의료적 용어를 기본적으로 익히도록 한다.

- 평가 결과 없이 예후에 대해 직접적으로 언급하지 않는다.
- 환자의 주의 집중 정도나 언어 문제에 대해 반드시 메모한다.
- 환자의 표현이 많이 어눌하거나 말산출이 느리더라도 천천히 기다려 준다.

2. 평가 계획 및 실시

1) 평가 계획

효율적인 평가 계획을 위해서는 실어증 환자에 대한 총체적인 그림을 그리는 것이 필요하다. 기존에 보고된 사례나 문헌을 참고하고 면담 결과 정보를 통합하여 환자에게서 예상되는 말·언어장애 특성과 동반장애를 정리하도록 한다. 이를 토대로 평가할 내용, 절차, 준비 사항들을 구분한다. 더불어 일상생활 가운데 어려움을 겪고 있는 환자의 특이 사항들, 환자나 보호자의 사적인 요구 사항을 조사하여 이에 대해 별도로 평가를 계획해도 된다.

초기 면담 과정을 거쳐 구체적인 평가를 계획하고 실시할 때까지 신중해야 할 점은 미리 실어증 유형을 단정하지 말라는 것이다. 즉, 면담을 통해 수집한 기본 정보만을 가지고 머릿속에 특정 실어증 유형을 정해 놓고 평가를 계획 및 실시하면 객관적인 평가나 환자를 이해할 수 있는 주요 임상 정보를 놓치는 등 오히려 혼동스러운 결과를 초래할 수 있다. 실제 임상에서는 기존의 실어증 분류 기준에 포함되지 않는 경우가 꽤 많기 때문이다. 물론 일치하는 경우도 있으나 항상 구체적인 평가 상황과 그 결과만을 토대로 진단하는 것이 중요하다. 〈표 8-1〉은 실어증 평가의 내용과 준비 사항을 나타낸 것이다.

실어증 검사도구 '대구실어증검사'(정옥란, 2006)와 '한국판 웨스턴 실어증검사(K-WAB)'(김향희, 나덕렬, 2001) 등이 있다. 이 검사들은 전반적인 언어 능력 평가도구다. 이름대기를 평가할 수 있는 도구로는 '한국판 보스턴 이름대기 검사(K-BNT)'(김향희, 나덕렬, 1997)가 있다. 그러나 공식 검사도구의 수와 사용 영역

〈표 8-1〉 실어증 평가의 내용과 준비 사항

평가 내용		준비 사항
언어평가	전반적인 언어 능력 평가	• 공식 검사: 대구실어증진단검사, K-WAB • 기타 비공식 검사
언어평가	기본적인 대화 인지력 평가: 대화 나누기	• 기본 면담지, 질문기록지, 녹음 및 녹화 도구
언어평가	말 유창성 평가: 자발화 수집	• 녹음 및 녹화 도구, 반응기록지, 자발화를 유도할 그림카드
언어평가	이름대기 능력 평가	• 공식 검사: K-BNT • 비공식 검사: – 그림 이름대기, 질문에 답하기, 범주별 이름대기 관련 그림자료나 질문지, 반응기록지, 녹음 및 녹화 도구
동반장애 유무 및 정도 평가(실행증, 마비말장애, 실인증, 실독증 등)		• 비공식 검사 – 읽기 · 쓰기 자료, 그림 그리기 자료, 그림카드, 행동 수행을 위한 명령 지문, 녹음 및 녹화 도구, 반응기록지
기타 신경학적 질환 평가		• 비공식 검사
신경학적 정보에 대한 분석		• 신경학적 평가 결과지(전문가 소견서, 의료 기록)

이 극히 제한적이기 때문에 환자 개인에게 내재된, 언어치료사가 추측하는 언어장애 영역을 집중적으로 평가할 수 있는 도구는 비공식적으로 계획하여야 한다. 비공식적인 평가 항목들은 기존의 공식 검사들의 항목을 참고하거나 실어증 평가 문헌에 제시된 언어 영역별 평가 문항이나 구성을 참고하여 심층적으로 계획하면 좋다.

준비 및 주의 사항 실어증 환자의 발화 유창성 평가를 위해 다양한 내용이 담긴 그림카드와 발화 샘플을 녹음할 수 있는 녹음기, 전사기록지를 준비한다. 이해력이 크게 손상된 실어증 환자의 경우에는 공식 검사 실시가 거의 불가능할 수도 있다. 혹은 검사 자체에 대한 반응 방식을 인지하지 못한다. 이런 경우, 보조치료사 혹은 보호자의 도움을 받아 검사 예비 항목에 대한 시현을 반복적으로 제시한다. 또는 환자의 정/오반응을 도울 수 있는 'ㅇ/×' 카드를 준비하면 좋다. 대개 중증 실어증 환자라 하더라도 'ㅇ/×'의 표시를 이해하고 있기 때문이다. 환자의 자발적인 구두 표현력을 유도하기 위해 환자에게 친숙한 일상적인 질문을 준비하는 것도 좋다. 이러한 질문에 대해 '예/아니요'로 반응하거나, 최대한 길게 표현할 수 있는 반응들을 기록할 수 있는 비공식적인 평가지를 준비하는 것이 도움이 된다. 착어증(paraphasia)이나 보속증(perseveration)의 경우 무의미한 말을 계속 되풀이할 때를 대비하여, '말을 멈추시오.'라는 의미가 내포된 손 신호나 기호 등을 준비하는 것도 도움이 된다. 이러한 검사 보조 준비물은 검사의 진행을 보다 원활하게 돕기 위한 것이다. 시지각 이상이 의심되는 경우[예: 시각실인증(visual agnosia) 혹은 무시증후군(neglect syndrome)]를 대비하여 환자에게 그림을 그릴 수 있도록 A4 크기의 종이 몇 장, 굵은 펜, 나무 혹은 시계 등의 실물을 준비하여야 한다. 실물 보고 이름대기나 읽기 과업에서 시지각의 이상으로 인해 환자의 수행력이 저하될 수 있기 때문이다.

전반적인 언어검사를 기본적으로 실시하며, 검사 과정 동안 좀 더 심층적으로 평가할 필요성이 있는 영역은 별도로 계획한다. 〈표 8-2〉는 평가 영역별로 실시되는 평가 과제다. 이를 토대로 언어치료사가 비공식 검사를 구성해도 좋다.

〈표 8-2〉 언어평가 유형

평가 영역	준비 사항
발화 유창성	여러 가지 상황이 묘사되어 있는 그림을 보고 설명하기
청각적 이해력	다양한 길이의 말소리를 듣고 대답하기(혹은 제스처로 표현하기)
따라 말하기 능력	단어, 구, 문장 수준의 말소리를 듣고 그대로 따라 말하기
사물 이름대기 능력	제시하는 그림이나 실물의 이름 말하기
쓰기 능력	개인 신상과 관련된 정보나 검사자의 구어 자극을 듣고 쓰기 및 베껴 쓰기
읽기 능력	제시되는 지문을 단순하게 읽거나 이해하기
자동구어	숫자, 요일, 노래 등을 말하기
비구어적 의사소통 능력	제스처의 의미를 이해하거나 표현하기

2) 평가 실시

전반적인 언어 능력 평가는 한 회기에 실시하기 힘들다. 환자의 동기와 주의 집중 시간, 언어장애 정도, 기타 신체운동 문제 동반 등을 고려하여 2~3회기로 나누어 실시한다.

실어증 환자(혹은 보호자)에게 검사도구의 특성과 목적에 관해 간단히 설명한 후 일상적인 주제 위주로 대화를 시도한다. 대화 과정에서 환자의 기본 이해력 수준과 반응 방식(구어 혹은 제스처), 참여도를 파악한다. 검사 문항은 반드시 순서적으로 실시하지 않아도 된다. 예를 들어, 실행증이 뚜렷하게 나타날 경우나 실어증 평가 도중 실행증이 의심될 경우에는 실행증 평가를 우선 실시할 수 있다. 실행증이 동반된 경우, 실어증 평가 항목의 수행을 지시적 · 명령적 어조를 최대한 피하고 최대한 편안하게 유도해야 한다. 언어치료사가 수행 과업에 대해 어떤 식으로 해야 하는지를 먼저 보여 준 다음 동일한 방식으로 수행하는 것도 도움이 된다.

문제행동에 대한 반응 평가가 진행되는 동안에는 실어증 환자가 피곤해하고 검사 자체를 거부하는 의사를 표시하는지를 세심하게 관찰한다. 이럴 때 잠시 휴식을 취하거나 환자에게 검사의 필요성을 한 번 더 친절히 설명한다. 이해력이 크게 손상되고 착어증이 심한 실어증 환자가 돌발적으로 보이는 착어증에 대해 지나치게 당황해하거나 무의미한 착어증에 집중하지 않도록 해야 한다. 이때 착어증 정도나 특성에 대해 간단히 메모한다. 이외에도 쉴 새 없이 알아듣기 힘든 말을 계속 반복하는 경우, 검사의 원활한 진행을 위해 환자가 말을 멈출 수 있는 간접적인 신호(예: '멈추시오' 그림 기호 혹은 ○/× 카드 등)를 사용한다. 고착 현상이 심한 실어증의 경우 평가 항목 간의 수행 간격을 여유 있게 두거나 하나의 검사 항목이 끝난 후에는 잠시 고착된 집중력을 다른 활동으로 이동시키는 것 또한 도움이 된다.

이해력 평가 간혹 실어증 환자가 구어로 반응하였을 경우에만 이해한 것(혹은 이해하지 못한 것)으로 채점하게 된다. 이해력 평가는 실어증 환자의 반응 방식 자

〈표 8-3〉 실어증 언어평가 및 반응 양식

평가(검사자)	반응 양식(실어증 환자)			
	지적하기	말하기	쓰기	행위 표현하기
사물 보여 주기	동일 사물 연결하기	이름대기	이름 쓰기	팬터마임
낱말(혹은 문장) 들려주기	낱말 식별, 문장 이해(해당 자료 지적)	낱말 및 문장 따라 말하기, 질문에 답하기	따라 쓰기	내용에 따라 수행하기
낱말(혹은 문장) 보여 주기	낱말-사물 연결하기	구두로 읽기	베껴 쓰기	지시문 따라 수행하기
만져서 사물 인식하기	시각-촉각 연결(입체 지각)	만진 것의 이름 말하기	이름 쓰기	팬터마임

체에 비중을 둔 것이 아니다. 즉, 실어증 환자 나름대로 가능한 표현 수단(예: 말하기, 읽기, 쓰기, 제스처, 그리기 등)을 활용한다(〈표 8-3〉 참조). 예를 들어, '당신의 이름은 김철수입니까?'라는 검사자의 질문에 실어증 환자는 '예/아니요' 대답 대신에 고개 끄덕이기, 손가락을 위아래로 움직이기 등의 행동으로 반응할 수 있다.

유창성 평가 지문 읽기, 설명하기, 그림 보고 말하기, 자기 생각 표현하기 등 다양한 발화 조건의 발화 샘플을 수집한다. 표현의 주제, 내용의 감정적인 요소, 개인적인 친숙성에 따른 발화의 질적·양적 능력을 평가한다. 질적인 측면에서는 억양이나 운율의 자연스러움(naturalness), 내용 구성의 적절성, 무의미 발화(empty speech)의 정도, 문법 오류 유형 및 정도[실문법증(agrammatism), 착문법증(paragrammatism)] 등이 평가 요인이 된다. 양적 측면에서는 표현된 문법의 수, 평균 발화 길이, 표현 어휘 수 등이 평가 요인이 된다. 자발적인 구어 표현이 크게 제한된 경우, 예를 들어 전반 실어증의 경우에는 검사자의 말을 따라 모방하도록 유도한다. 이 평가를 통해 실어증을 유창성 실어증과 비유창성 실어증으로 구분할 수 있다.

낱말 이름대기 실어증 환자마다 정도의 차이는 있지만, 공통된 언어 문제의 하나가 낱말 이름대기다. 낱말 이름대기 능력은 크게 대면 이름대기(confrontation naming), 반응적 이름대기(responsive naming), 범주별 이름대기(categorization naming) 영역으로 구분하여 평가한다. 대면 이름대기는 그림(사진)이나 실물을 직접 보고 그 명칭을 말한다. 반응적 이름대기는 질문을 듣고 답하는 것이며, 범주별 이름대기는 해당 단어와 공통된 자질을 가진 범주에 속하는 어휘를 말하는 것이다. 비교적 평가 방법이 쉬운 편이며 반응 또한 체크하기 간편하다. 이 평가를 통해 직·간접적으로 실어증 환자의 언어 이해력과 일상 어휘에 대한 표현 수준을 알아볼 수 있다.

다음은 실어증 환자의 낱말 이름대기 능력에 영향을 미칠 수 있는 요인들이다. 이를 고려한 평가 결과 해석은 치료 시보다 개별화된 치료 전략을 구성하는 데 도움이 된다.

- 실어증 환자 개인과 친숙한 정도
- 낱말 자체가 높은 빈도로 사용되는가의 여부
- 낱말의 길이
- 음절 구조의 복잡성
- 구체성 및 추상성
- 어휘 범주

반응을 기록할 때 반응의 정확성과 행동적인 반응을 기록한다. 환자의 반응은 녹음 또는 녹화해야 하나 특징적인 행동은 검사하는 도중 즉석에서 기록하는 것이 좋다. 이는 평가 점수 자체만을 가지고 실어증의 정도와 문제점을 질적으로 충분히 분석할 수가 없기 때문이다. 예를 들어, 낱말 이름대기 점수가 낮았다 하더라도 그 점수는 검사자의 구어 자극 특성(예: 길이, 속도, 발음 등)에 영향을 받을 수도 있다. 또한 이해력은 충분히 지각되는 것인데 반해 산출 자체가 힘든 경우도 있다. 어떤 경우에는 환자 스스로가 낱말의 이름대기를 위해 나름대로 부연 설명(에둘러 말하기)을 할 수도 있다.

언어 능력 평가 과제의 예 언어 능력 평가 시 언어치료사들이 활용할 수 있는 평가 과제들을 살펴보면 다음과 같다.

- 대화 나누기
- 질문에 대답하기
- 환자와 친숙한 사진(예: 가족 사진)에 대해 묘사하기
- 숫자, 요일, '가나다라……' 등과 같이 연속된 자동구어 말하기
- 가족 구성원의 이름 말하기
- 사물의 그림이나 실물의 이름대기 또는 지적하기
- 문자와 그림카드 연결하기
- 특정 범주에 속하는 낱말 이름대기(예: 과일, 탈 것 등)
- 속담이나 반대말 문장을 이용하여 미완성형 문장 완성하기(예: 고양이는 야옹, 개는 ○○)
- 낱말의 의미 말하기
- 'ㄱ'자로 시작하는 낱말 말하기
- 구어 지시(혹은 지문)에 따른 명령 수행하기(예: 전화를 걸때 하는 행동은?)
- 종이에 쓰인 숫자, 낱말, 2~3어문 읽기
- 숫자 베껴 쓰기
- 그림에 대해 구두로 말하기 혹은 글로 쓰기
- 그리기(생각해서 그리기, 따라 그리기)
- 물건의 기능을 제스처로 표현하기(예: '망치'로 하는 행위)
- 문맥적인 상황에 듣고 필요한 낱말이나 문장으로 말하기
- 말소리와 글자 혹은 문장 연결하기

기타 고려 사항

- **쓰기 능력 평가**: A4나 그보다 다소 작은 빈 용지를 준비하도록 한다. 환자가 자유롭게 적을 수 있는 공간이 있는 게 좋으며 선이 없어야 한다. 쓰기가 힘든 경우에 타자기(컴퓨터 자판)를 대신해서 사용할 수 있도록 한다.
- **청력손실 유무 평가**: 나이 든 성인 실어증 환자인 경우, 뇌손상 전에 청력손실

(난청)을 가질 수 있다. 청력손실의 유무는 기본 정보 수집 시 확인하며 청력손실이 있는 경우 언어평가 시 적절한 구어 강도, 음도 조절과 더불어 환자와 지속적인 눈맞춤을 유지한다.

- 손잡이: '쓰기, 그리기' 등과 같은 작업을 할 때 주로 어떠한 손을 사용하는지 손잡이에 대한 정보를 수집한다.
- 마비말장애 동반의 경우: 마비말장애를 동반하거나 이해는 하고 있는 듯하나 환자의 말을 알아듣기 힘든 경우에는 환자의 말을 언어치료사가 되풀이하여 간단하게 확인식의 질문을 던지는 게 좋다. '지금 이걸 설명하시는 거죠?' 혹은 '이것을 말씀하시나요?'
- 실행증 동반의 경우: 가능한 한 지시적이거나 명령적인 어투를 쓰지 않도록 한다. 언어치료사가 환자의 말을 모방해 보이거나 함께 말하여 발화를 유도한다.

3. 보고서 작성

실어증 환자의 평가보고서 작성 시 기본적으로 실어증 정도, 수행력이 좋은 언어 영역, 그리고 효과적인 의사소통 수단(말하기, 쓰기, 읽기, 그리기, 제스처, 팬터마임 등)이 잘 진술되어야 한다.

보고서 내용 구성 진단 및 평가 보고서에는 환자 개인 정보, 배경, 신경학적 평가 결과, 말 · 언어 능력 평가 결과, 동반장애의 유무와 정도 기술, 기타 평가 영역, 관련 전문가 의뢰의 필요성, 임상적 견해, 치료 권고 사항 등이 포함된다(〈표 8-4〉 참조). 특히 신경학적 평가 결과에 대해 좀 더 세심하게 정보를 수집하고 정리해서 기록한다. 이 기록은 말 · 언어 능력 평가 결과와 결부되며, 치료의 권고 사항을 제시할 때 근거 자료로 삼을 수 있다. 보고서 내용 진술이 사실적이고 객관적이려면 기록될 내용이 구체적인 평가 결과로 정리되어야 한다. 말 · 언어 능력 보고 내용에는 실어증 환자의 말 유창성 유형이 파악되도록, 그리고 전반적인 이해력과 비교하여 기술한다. 동반장애 유무에 대해서도 반드시 언급한다. 즉, 실

〈표 8-4〉 실어증 진단 및 평가 보고서 내용

항목	내용
개인 정보	나이, 성별, 생년월일, 연락처, 검사자, 검사일, 주보호자, 가족관계
배경 정보	뇌손상 유형(뇌졸중, 뇌외상, 바이러스 감염 등), 뇌손상 발생 시기, 수술 시기, 재활 여부, 뇌손상 이전 병력, 손잡이, 취미생활, 외국어 사용 유무, 교육 수준, 신경학적 정보(MRI, CT 검사 결과, 뇌손상의 구체적 부위), 식생활 습관, 가족과의 주된 의사소통 방식
평가 결과	실어증 정도, 낱말 이름대기 능력, 청각적 이해력, 표현력 수준(MLU, TTR 등)과 특성, 읽기 이해력, 쓰기 능력, 실문법증의 정도 및 오류 조사 유형
임상적 인상	실어증 정도, 실어증 유형(가능한 경우), 이해력과 표현력의 수준, 주된 언어 문제, 효율적인 치료 자극 방식(구어, 그림, 문자, 제스처 등), 예후(반드시 적지 않아도 됨)
권고 사항	치료 유무, 치료의 방향, 재검사의 유무와 종류, 심층검사의 필요성, 동반장애(마비말장애, 실행증 등)의 유무, 기타 재활 관련 전문가에게 의뢰 여부, 정기적 가족상담, 실어증 가족과의 모임 안내(가능한 경우)

행증, 마비말장애, 실인증, 실독증 등의 여부에 대해 구체적으로 기술한다. 이 증상들이 없는 경우에는 '○○○ 증상이 관찰되지 않음'으로 기재한다. 실어증 발생과 추후 예견되는 문제에 의해 부가적으로 요구되는 평가 영역(예: 삼킴, 신경, 인지, 심리 등)을 기록한다. 임상적 견해는 평가 결과로 제시할 수 없는 말·언어 문제행동, 의사소통 기능, 정서 및 감정 태도, 참여도, 보호자와의 친밀성 등에 대해 기술한다. 그리고 가능한 경우 실어증의 유형이나 정도를 간략하게 기술해도 된다. 권고 사항에 기술된 평가 결과의 핵심 정리와 치료 방향의 연계가 타당해야 한다.

실어증 검사도구 결과 해석 보편적으로 실시되는 실어증 검사의 적절한 결과 해석과 체계적인 정리는 보고서의 신뢰성을 대표한다. 실어증 공식 검사도구(예: 한국판 웨스턴 실어증검사, 대구실어증진단검사 등)가 극히 제한적이지만, 검사도구에서 산출된 항목별 점수 차이를 비교·분석한다. 기본적으로 각 검사 결과에서 제시하는 기준을 토대로 실어증 정도(지수)를 파악한다. 그런 다음 언어 이해력 점수와 표현력 점수 간의 차이를 비교한다. 검사 항목 간의 점수 비교를 통하여 가장 수행력이 좋은 언어 과업과 그렇지 않은 과업을 구분하여 별도로 표시한다. 즉, 가장 혹은 비교적 높은 이해력 수준을 보이는 과업들을 찾아야 한다. 그리고 문자 읽기, 그림 말하기, 제스처 표현하기, 쓰기 등의 의사소통 방식에서 환자의 이해 반응도가 높은 과업을 판단해야 한다. 이러한 분석 절차는 치료의 방향과 활동 구성에 직접적인 영향을 미치게 된다. 낱말 이름대기 능력에서는 공식 검사를 통하여 그 정도를 파악한 후 비공식 검사를 별도로 실시하는 것이 좋다. 환자 개인의 친숙성 혹은 사용 빈도를 고려한 범주별 어휘 이름대기 수준을 파악해야 한다. 평가 시 관찰되는 환자 반응 태도에 대해서도 간략하면서도 치료에 도움이 되거나 혹은 방해될 수 있는 행동 정보를 기록한다. 이상의 절차를 통하여 실어증 환자의 이해 능력을 자극하는 가장 효과적인 자극 양식과 표현 방식을 결정한다. 이 사항은 치료의 권고 사항에 기록할 수 있다.

기타 검사도구 예 다음에 소개하는 것들은 실어증 평가에 유용한 검사도구들이다. 이 검사도구 중에는 번안되어 알려진 도구들도 있다. 그 외 검사도구를 참고하여 보다 심층적인 검사가 요구되는 경우 활용하면 도움이 될 것이다. 부가적으로 요구되는 평가의 예와 치료 시 진전 사항을 평가할 때 제시할 수도 있다.

- Aphasia Diagnostic Profiles(ADP; Helm-Estabrooks, 1992).
- Boston Assessment of Severe Aphasia(BASA; Helm-Estabrooks, Ramsberger, Morgan, & Nicholas, 1989).
- Boston Diagnostic Aphasia Examination(Goodglass, Kaplan, & Barresi, 2001).
- Communication Activities of Daily Living(CADL-2; Holland, Frattali, & Fromm, 1999).
- Psycholinguistic Assessment of Language Processing in Aphasia(PALPA; Kay, Lesser, & Coltheart, 1992).
- Reading Comprehension Battery for Aphasia(RCBA-2; LaPointe & Horner, 1998).
- Western Aphasia Battery(WAB; Kertesz, 1982).

- Discourse Comprehension Test(Brookshire & Nicholas, 1993).
- Revised Token Test(RTT; McNeil & Prescott, 1978).
- Right Hemisphere Language Battery(RHLB; Bryan, 1994).

〈이렇게 해 보세요!〉

언어치료 실습학생의 실수	임상감독자의 조언
환자의 돌발 행동에 지나치게 웃는다.	환자의 예상치 못한 반응에 지나치게 민감하거나 당황하거나 혹은 환자에게 불쾌감을 줄 수 있는 자신의 행동을 기록하고, 스스로 조절할 수 있도록 언어병리학 전공생들과 역할놀이 연습을 한다.
검사 과업에 대해 환자들에게 어떤 식으로 반응해야 할지 충분히 알지 못한다.	이해력이 많이 손상된 환자일수록 검사 과업에 대한 시범(모델링)을 몇 회 보여 준다.
착어증이 심한 환자의 경우 발화 샘플을 즉석에서 전사하려고 한다.	착어증이 많은 환자의 발화는 우선적으로 녹음이나 녹화를 하고 추후 세심하게 전사하도록 한다.
이름대기 검사에서 환자의 반응을 기다리지 않고 바로 음소 자극을 제시한다.	환자가 적어도 3초 동안은 스스로 대답할 수 있는 시간을 주도록 한다.

4. 치료 계획 및 실시

실어증 치료의 궁극적인 목표는 의사소통 능력을 강화하는 것이다. 구어, 문자, 제스처, 팬터마임, 그리기 등의 어떠한 의사소통 방식이라도 환자의 이해력과 표현력, 그리고 의사소통 기능을 향상시키는 데 사용될 수 있다.

치료 목표는 의사소통 기능과 직접적으로 연계되거나 이를 확대할 수 있는 환자의 잔존 능력을 구분하여 설정한다.

1) 장단기 계획

실어증 환자의 전반적인 언어 능력을 자극하는 총체적 접근과 특정 언어 능력을 중재하는 국소적 접근으로 구분할 수 있다. 총체적 접근은 다양한 의사소통 능력을 동시적으로 중재하는 것이다. 즉, 청각적 이해력, 구어 표현력, 읽기 및 쓰기 능력 등의 동시적 중재를 목표로 한다. 국소적 접근은 환자에게 가장 문제가 되는 언어 능력만을 목표로 설정한다. 따라서 장단기 계획 수립 시 실어증 환자의 언어 능력을 총체적 접근과 국소적 접근을 구분하여 적용한다.

의사소통 기능과 필요성에 근거하여 환자의 가장 문제되는 언어 능력과 개인적인 의사소통 욕구를 고려해서 목표를 수립한다.

2) 회기 계획

장단기 계획에 맞춘 단계별 목표 설정이어야 하며, 한 회기에 너무 많은 목표를 설정하지 않는다. 또한 장단기 목표에 설정된 언어 능력과 일치하는 회기별 목표가 계획되어야 한다. 기억해야 할 점은 비슷한 실어증 유형의 환자라도 치료 접근은 다를 수 있다는 것이다.

목표 수준은 환자의 이해력에 초점을 두어야 한다. 아무리 중증의 실어증 환자라 하더라도 그 환자가 보다 쉽게 인지하고 모방할 수 있는 의사소통 방식에서 치료가 이루어져야 한다. 그리고 치료 목표와 치료 접근 방식 간의 차이점을 이해해야 한다. 예를 들어, 청각 이해력이 크게 손상된 실어증 환자의 경우, '1~2단계의 구어 지시를 이해할 수 있다.'는 목표를 설정하고 나서 언어치료사는 구어 자극에만 의존하여 치료 접근을 실시하는 경우가 있다. 치료 방법에서는 구어 자극 대신 문자나 제스처를 통해서 먼저 이해시킨 후에 구어 자극을 연결하여 지도해 나가야 함을 주지시켜야 한다.

〈이렇게 해 보세요!〉

언어치료 실습학생의 실수	임상감독자의 조언
청각적 이해력을 고려하지 않고 '두 낱말 수준에서 말하기'와 같이 표현 목표 중심으로 치료 계획을 수립한다.	언어 표현에 주된 문제를 보이는 환자의 경우에도 언어이해 능력을 증진시키기 위한 목표를 고려한다. 목표 수립 시 문자-그림, 말소리-문자, 말소리-그림 연결하기 등의 단계를 고려한다.

장단기 계획 또는 회기 계획 시 시각적 동작 치료법과 같은 치료 접근법만 적용한다.	치료 계획 시 치료 목표 및 목표 어휘를 먼저 결정하고 그에 따른 치료 활동 및 접근법을 결정한다.
경도 마비말장애를 동반한 브로카 실어증 징후를 보이는 환자에게 '조음기관 기능 향상'이나 '따라 말하기 능력 향상'과 같은 목표를 수립한다.	마비말장애에 초점을 둔 치료보다 환자의 낱말 이름대기 능력을 촉진시키는 목표를 설정하도록 한다.

3) 치료 실시

임상에서 환자의 자발적인 구어 표현력을 자극하기 위해 많이 사용하는 기법에는 음소 자극법, 문장 완성하기, 따라 말하기 등이 있다. 이러한 기법은 임의적인 발화 유도 효과는 있으나 일상 언어 능력으로 전이되는 데 어려움이 있다. 그러므로 다른 체계화된 치료 접근법과 병행하도록 한다. 다음은 실어증 환자에게서 보편적으로 관찰되는 낱말 인출 결함 중재에 사용할 수 있는 기법들이다.

- 연속되는 자동구어 말하기(예: 요일 말하기, 숫자 헤아리기)
- 짝지어진 낱말과 연상되는 관계어 말하기(예: 겨울—춥다)
- 문장 완성하기(예: 비가 올 때에는 ~을 사용한다.)
- 반대어 및 동의어 말하기(예: 여자와 남자)
- 음소 단서(예: '수박'의 /ㅅ/ 제시)
- 어휘가 속하는 범주어 말하기(예: 사과와 참외는 ~에 속한다.)
- 제스처나 팬터마임을 낱말로 제시하기(예: 컵을 들고 물을 마시는 흉내)
- 사물이나 행위의 속성을 설명하기(예: 2~3개의 그림을 제시하고 질문하기)

특정 실어증 유형에 효과적이거나 문제 언어 행동을 감소시키기 위한 구조화된 프로그램들이 있다. 멜로디 억양 치료법(melodic intonation therapy: MIT)은 브로카 실어증 환자에게 적용 가능하며, 시각적 동작 치료법(visual action therapy: VAT)은 전반 실어증 환자에게, 탈장애법(deblocking)은 베르니케 실어증 환자에게, 보속증 치료법(treatment of aphasic perseveration)은 보속증을 보이는 환자에게 적용 가능하다. 이외 환자의 화용론적 기능, 즉 의사소통 기능을 강화하기 위한 기법으로 실어증 환자 의사소통 효용성 증진법(promoting aphasic's communicative effectiveness: PACE)이 있으며, 특정한 절차로 구성된 것은 아니지만 실어증 환자의 언어 능력을 부분적으로 자극할 수 있는 자극촉진법(stimulation-facilitation)이 있다. 이러한 치료 기법을 간략히 설명하면 다음과 같다.

멜로디 억양 치료법(MIT) 주요 대상 유형은 우반구 손상이 없는 브로카 실어증이다. 멜로디 억양 치료법은 우반구의 말의 운율적 정보 처리 능력을 활용하여 말 산출을 유도한다. 기본 절차는 다음과 같다([그림 8-2] 참조).

- 멜로디를 넣어 허밍하기(언어치료사 혼자)
- 허밍한 낱말 말하기(언어치료사와 환자가 동시에)
- 혼자서 멜로디를 넣어 낱말 말하기(환자)
- 최대한 멜로디 부분을 감소시켜 목표 어휘 말하기(환자)
- 구어 질문에 답하기

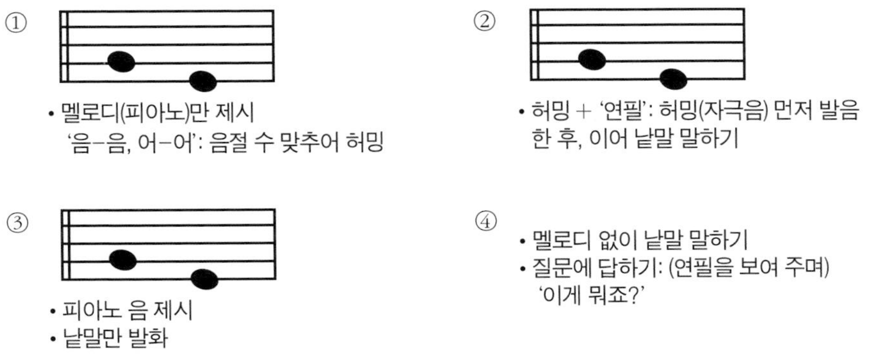

[그림 8-2] 멜로디 억양 치료법의 기본 순서

시각적 동작 치료법(VAT) 비구어적 치료 방법은 중증 실어증(전반 실어증)을 대상으로 한다. 구어보다 제스처를 최대한 활용하여 실어증 환자 개인에게 적합한 기능적인 의사소통 기술을 강화하고 촉진시키기 위한 접근법이다. 치료 과제들은 주로 '행위로 표현하거나 인지가 가능한' 실물과 실물을 그린 선 그림이나 그림카드로 구성된다. 치료의 기본 절차는 다음과 같다.

- 그림과 사물 연결하기
- 사물의 기능 훈련하기
- 동작이 표현된 그림을 행동으로 표현하기
- 몸짓으로 표현하기
- 무언극 몸짓 인식하기
- 무언극 몸짓으로 표현하기

의사소통 효용성 증진법(PACE) 언어치료사와 환자가 동등한 의사소통 파트너가 되어 메시지를 주고받는 것이 이 치료 접근법의 핵심이다. 주제 변화를 통해 이미 토의한 주제를 반복하지 않고, 새로운 정보를 부가하고 수정하여 메시지를 교환하도록 한다. 이러한 활동은 환자가 스스로 청자 입장에서 정보를 재구성하거나 메시지를 수정할 수 있는 능력을 촉진시킨다. 기본 원리는 다음과 같다.

- 최대한 일상적인 대화 상황을 만들고 화자와 청자가 대화 주고받기
- 친숙하고 흥미를 가질 만한 주제를 환자가 직접 선택하기
- 일정한 주제를 계속해서 반복하지 않고 새로운 주제로 전환하여 주고받는 메시지를 수정하기
- 메시지 전달은 구어 혹은 비구어 양식(그리기, 쓰기, 지적하기, 제스처, 손짓 등)을 모두 활용하기
- 메시지의 언어학적 오류에 대해 지적하지 않기: 의사소통 메시지가 효과적으로 전달되는 데 비중을 두기

자극촉진법 이 방법은 실어증 환자를 위한 일반적인 치료 접근법이다. 치료 초점은 집중적인 청각 자극이다. 언어치료사는 환자의 반응에 대해 매번 피드백을 제시하기보다 청각적 이해력을 돕고 향상시킬 수 있는 자극을 증가시켜 나간다. 주로 언어학적 체계를 바탕으로 의미론과 구문론적 특성을 고려한 언어 훈련 과제를 계획한다.

이상은 실어증 치료법의 일부를 제시한 것이다. 치료법의 올바른 적용을 위해서 이 장의 뒷부분에 제시한 사례 정보를 참고하도록 한다. 충분한 내용 숙지를 통해 대상자 선정, 적용 가능한 언어 범주, 기대 효과, 활용 범위 및 응용 과정에서의 오류를 최소화할 수 있다. 기억할 점은 실어증 유형과 정도에 따라 접근법 활용에는 차이가 있다는 것이다.

효과적인 실어증 치료를 위해서는 다음과 같은 요소를 고려해야 한다.

- 실어증 환자의 수행 능력이 가장 좋은 언어 이해 양식(표현 양식)을 최대한 활용한다.
- 수행력이 좋지 않은 자극은 치료에서 직접적으로 사용하지 않는다. 즉, 청각적 이해력 손상이 심한 실어증 환자에게 구어 자극을 먼저 제시하거나 많이 들려주지 않도록 한다. 오히려 문자, 제스처, 그림 등과 같은 시각적 자극을 제시하거나 부차적으로 함께 사용하도록 한다.
- 구조화된 치료 기법을 정확히 이해하고 이를 응용하여 유사한 실어증 유형에 적용시켜 나간다.
- 음소 자극이나 따라 말하기를 지나치게 많이 활용하지 않도록 한다. 다른 치료 접근법과 함께 사용하도록 한다.
- 환자의 기억 능력을 고려하도록 한다. 몇 개 낱말 혹은 몇 음절까지 기억하거나 따라 말할 수 있는지를 간단히 체크한다. 구어 자극어는 환자의 기억 능력에 따라 조정되어야 한다.
- 보속증이 너무 심한 경우에는 이 증상을 감소시킬 수 있는 치료법을 적용해야 한다. 이 증상은 새로운 언어 내용의 학습을 방해한다. 또한 치료 과업을 수행

할 때에도 과업과 활동 간 쉼 조절이 필요하다. 예를 들어, '연필' 다음에 '자동차'를 지도하고자 할 때, 보속증이 심한 경우에는 두 어휘 간의 지도 간격을 늦추어야 한다. 낱말 지도 때마다 환자의 주의를 집중시키는 구어 자극(예: '여기를 보세요.')을 제시하거나 책상 가볍게 두드리기 또는 종 치기 등의 보조 활동이 필요하다.

5. 진전(종결)평가

실어증 치료의 진전평가 범위는 목표 행동에 맞춘 과제 수행력의 양적 · 질적 평가에서부터 일상생활로의 전이 효과(의사소통 기능)까지 이른다. 전이 효과는 치료 시기 동안 환자의 가정이나 병원 치료, 기타 사회적 모임 등의 의사소통 상황에서 훈련된 목표 행동이 기능적으로 활용되고 있는지의 여부를 알아보는 것이다.

진전평가를 효율적으로 실시하기 위해서는 장단기 목표 설정 이후에 구성되는 치료 과업에 적합한 평가지를 사용하는 것이 도움이 된다. 만약 '일상적인 사물 이름대기 능력 향상'을 목표로 한다면 평가 어휘의 범주와 그 수를 기본적으로 계획해야 한다. 더불어 전체 단어에 대한 산출력의 질적 분석을 제시하는 것이 좋다. 예컨대, 자발적 산출은 2점, 의미적 단서 제시 후 산출은 1점, 음소 자극 후 산출은 0.5점 등의 평가 방식을 들 수 있다. 또 다른 예로 '말소리 이해하기'를 목표로 하였다면 1단계 명령어 수행은 1점, 2단계 명령어 수행은 2점 등으로 채점할 수 있다.

회기별 진전평가에서는 매번 전반적인 언어검사 도구를 사용하기가 힘들다. 시간이 많이 소요되고 불필요한 평가 내용이 있을 수도 있기 때문이다. 이런 경우, 환자의 주된 문제행동 및 치료 목표 내용을 대표할 수 있는 평가 내용을 구성하는 것이 좋다. 환자의 전반적인 언어 문제와 관련된 진전 결과를 그래프로 제시하는 것도 도움이 된다. 더불어 환자 수행력 변화에 대한 언어치료사의 소견을 객관적으로 보고해도 된다. 치료의 직접적인 대상은 아니지만 치료 초기에 관찰되었던 환자 개인의 언어 상태와 의사소통 태도 변화에 대한 보고도 필요하다. 환자의 착어증이나 고착증과 같은 언어 학습에 방해가 되는 문제가 감소하였는지, 다른 형태의 언어 문제가 발생하였는지 등의 여부를 관찰 · 보고할 수 있다. 또한 의사소통 태도 변화에서는 치료 전 대화 참여가 낮았고, 주로 제스처를 동반한 의견 표시를 시도하였던 태도들이 어떤 형태로 변화하였는지를 진전 사항에 보고할 수 있다.

종결평가에서는 장단기 목표에 대한 전체적인 진전 경향이 정리 · 보고되어야 한다. 치료 전후의 평가 내용이 치료 효과를 알아볼 수 있도록 간결한 방식으로 보고되어야 한다. 치료 전에는 실시할 수 없었던 검사의 결과를 진전 또는 종결 보고에 포함시킬 수도 있다. 치료 전후의 평가도구를 가능한 한 일치시켜 진전 변화를 파악할 수도 있지만, 평가 자체가 힘들었던 평가를 사용해서 검사하였다는 자체만으로도 이미 치료 진전의 일부분으로 해석할 수 있다. 더 나아가 환자에게서 파악할 수 없었던 또 다른 능력을 알 수 있는 정보를 제시하게 되며, 새로운 치료 계획에 도움이 되기도 한다. 그러나 환자 상태의 파악, 그리고 치료 효과 유무의 평가 목적과 크게 거리가 먼, 검사만을 위한 검사를 진전(종결)평가에서 실시하는 것은 바람직하지 못하다.

참 고 문 헌

김향희, 나덕렬(1997). 한국판 보스턴 이름대기 검사. 서울: 학지사.

김향희, 나덕렬(2001). 파라다이스 한국판-웨스턴 실어증 검사. 서울: 파라다이스 복지재단.

권도하, 석동일, 김영태, 정옥란, 강수균(1994). 언어진단. 대구: 한국언어치료학회.

정옥란(1994). 신경언어장애 진단도구. 대구: 한국언어치료학회.

정옥란(2006). 대구실어증진단검사. 서울: 시그마프레스.

정옥란, 신명선, 안종복, 이옥분, 임경렬(공역) (2002). 실어증 치료. 대구: 한국언어치료학회.

이옥분(2003). 협력학습을 통한 인지적 언어중재가 실어증자들의 언어능력과 의사소통 기능에 미치는 영향. 대구대학교 대학원 박사학위 논문.

Ablert, M. L., Goodglass, H., Helm, N. A., Ruberns, A. B., & Alexander, M. P. (1981). *Clinical aspects of dysphasia*. New York: Spinger-Verlag.

Brookshir, R. H. (2003). *Introduction neurogenic communication disorders*. St. Louis, MO: Mosby.

Brookshire, R. & Nicholas, L. E. (1993). *The Discourse Comprehension Test*. Minneapolis, MN: BRK Publishers.

Bryan, K. (1994). *The Right Hemisphere Language Battery*. UK: FAR Communications.

Goodglass, H. & Kaplan, E. (1984). *Boston Diagnostic Aphasia Examination*. Philadelphia: Lea & Febiger.

Goodglass, H., Kaplan, E., & Barresi, B. (2001). *The Boston Diagnostic Aphasia Examination* (3rd ed.). Philadelphia: Lippincott Williams & Wilkins.

Helm-Estabrooks, N. (1992). *Aphasia Diagnostic Profiles*. Austin, TX: Pro-Ed.

Helm-Estabrooks, N., Ramsberger, G., Morgan, A. R., & Nicholas, M. (1989). *Boston Assessment of Severe Aphasia*. San Antonio, TX: Special Press.

Holland, A., Frattali, C., & Fromm, D. (1999). *Communication Activities of Daily Living* (2nd ed.). Austin, TX: Pro-Ed.

Helm-Estabrooks, N. & Albert, M. L. (1991). *Manual of aphasia therapy*. Austin, TX: Pro-Ed.

Kay, J., Lesser, R., & Coltheart, M. (1992). *Psycholinguistic assessment of language processing in aphasia*. Hove, UK: Lawrence Erlbaum Associates.

Kertesz, A. (1982). *Western Aphasia Battery*. New York: Grune & Stratton.

Lapointe, L. L. & Horner, J. (1998). *Reading Comprehension Battery for Aphasia* (2nd ed.). Austin, TX: Pro-Ed.

McNeil, M. R. & Prescott, T. E. (1978). *Revised Token Test*. Baltimore: University Park Press.

사례 1. 전도 실어증

기본 정보 및 현행 언어 수준

환자 A는 50세의 오른손잡이 남성으로 좌반구 뇌경색이 발생하였다. 3년 전 ○○ 기관에서 발병 초기 베르니케 실어증 진단을 받았으나, 최근 전도 실어증으로 진단되었다. 환자는 발병 이후 병원과 복지관에서 지속적으로 언어치료를 받았다. 현재 환자의 대화 이해력은 좋은 편이나, 대화가 길어지거나 복잡해지면 이해하는 데 어려움을 보인다. 말 표현에서는 두 낱말 수준의 간단한 자기 의사 표현이 가능하나 발화 시작 시 머뭇거림이 많이 나타났다. 산출된 말의 억양과 운율은 비교적 자연스러웠다. 일상적인 낱말 이름대기 능력(대면 이름대기)은 좋은 편이었으나 대화 중 필요한 어휘를 자발적으로 인출하는 데 어려움이 많았다. 따라 말하기에서는 두 낱말 수준까지는 오류 없이 잘 수행하였으나, 세 낱말 이상부터는 낱말이나 어절 위치가 바뀌는 현상이 잦았다. 자신의 말 오류를 지각하고 수정하려고 시도할수록 오류가 발생하였다. 음소착어증이 읽기와 쓰기에서 나타났으며, 무의미한 낱말 읽기의 오류가 의미 낱말 읽기보다 많았다. 오른쪽 팔다리 근육의 약화(경도 수준)로 인해 신체운동의 불균형이 있으나 보행에는 큰 문제가 없었다. 그외 말운동장애, 실인증, 삼킴장애 등의 문제는 관찰되지 않았다.

평 가

환자 A에게 실시한 평가는 다음과 같다.

- 전반적 언어능력 검사: 대구실어증진단검사(정옥란, 2006) 또는 파라다이스 한국판 웨스턴 실어증검사(K-WAB)(김향희, 나덕렬, 2001)
- 이름대기 검사: 한국판 보스턴 이름대기 검사(K-BNT; 김향희, 나덕렬, 1997), 의미 연상하며 낱말 이름대기(SANT; 이옥분, 2003)

장단기 목표

환자 A는 대화 이해력에 비해 자발적으로 산출하는 어휘 수와 다양성이 크게 제한되어 있다. 발화 시작 시에도 머뭇거리거나 주저하는 등의 행동이 자주 관찰되었다. 환자는 개인적으로 자신의 생각을 보다 잘 표현하기를 기대하고 있었다. 환자는 한 낱말 수준의 이름대기 능력은 좋은 편이기 때문에 연속 구어에서의 낱말 인출 능력을 강화하고 결속력 있는 이야기 구성력을 자극할 수 있는 치료 목표를 설정하였다.

• 장기목표 1. 연속 구어 상황에서 자발적인 낱말 인출 능력을 향상시킨다.
• 단기목표
1-1. 그림자료와 함께 미완성형 문장을 제시하였을 때 목표 낱말을 글로 산출할 수 있다.
1-2. 그림자료와 함께 미완성형 문장을 제시하였을 때 목표 낱말을 구어로 표현할 수 있다.

• 장기목표 2. 제시된 주제어로 이야기를 적절히 구성하여 구어로 표현할 수 있다.
• 단기목표
2-1. 그림과 함께 제시한 3개의 주제어를 연결하여 이야기 형태로 표현할 수 있다.
2-2. 그림과 함께 제시한 4개의 주제어를 연결하여 이야기 형태로 표현할 수 있다.

치료 활동 예

'이야기 다시 말하기 방법'을 실시하기 위해서는 환자와 일상적으로 친숙하고 가장 많이 접하는 상황, 홍미로운 사건(주제) 등을 고른다. 4개의 상황마다 적어도 3세트의 그림을 준비한다. 1세트의 그림에는 3~4개의 관련 상황 그림과 그 그림을 묘사한 문장카드(미완성형 문장카드 포함)를 포함한다. 미완성형 문장카드에는 주제별 이야기에 필요한 어휘들을 생략하여 준비한다. 기본적인 절차는 다음과 같다.

1. 언어치료사는 여러 상황이 묘사되어 있는 한 장의 그림을 환자에게 보여 준다(1장의 그림에 4개 상황 그림-세트 1). 그런 다음 전체 이야기의 흐름을 설명해 준다.
2. 환자는 앞 단계에서 언어치료사가 들려준 이야기를 다시 이야기한다. 이때 언어치료사는 환자 발화의 핵심 낱말을 메모해 둔다. 그리고 환자가 이야기를 마친 후에 메모해 둔 내용을 보여 준다.
3. 언어치료사는 처음에 제시하였던 한 장의 그림에 포함되어 있는 각각의 그림 상황을 하나씩 제시하며, 해당 그림카드와 관련된 구조화된 문장을 읽어 준다.
4. 환자는 각각의 구조화된 문장을 읽고 난 후 언어치료사가 제시하는 미완성형 문장카드를 완성시킨다(각 해당 카드 모두 실시).
5. 환자는 언어치료사가 제시하는 그림카드에 대해 구어로 표현한다.
6. 언어치료사의 질문에 구어로 설명한다.
7. 환자는 전체 이야기를 다시 설명한다. 이때 치료 과정에서 연습한 어휘가 아니어도 상관없다. 주제에 맞게 조직화된 이야기를 표현하도록 장려한다.

사례 2. 피질하 실어증

기본 정보 및 현행 언어 수준

환자 B는 41세의 오른손잡이 남성으로 좌반구 전두-두정엽 부위에 뇌경색이 발생하였으며, 시상 부위가 많이 손상되었다. 오른쪽 팔다리에 마비가 있었으며, 특히 팔은 심하게 경직되어 있었다. 실인증, 실행증, 마비말장애는 관찰되지 않았다. 약간의 침흘리기가 있었으나 삼킴장애는 의심되지 않았다. 초기 면담 시 관찰한 결과 환자 B의 청각적 이해력은 크게 손상되어 있었으며, 지시 따르기(예: '창문 지적해 보세요.') 수행도 힘들어하였다. 그러나 일상적인 간단한 대화(예: '○○씨, 안녕하세요?' '식사하셨어요?' 등)는 이해 가능하였다. 표현력은 크게 제한되어 있었으며, 자발적인 구어 표현에서 이해하기 힘든 착어증이 많았다. 또한 구어 상동행동이 지속적으로 나타났으며, 자신의 말 표현의 문제점을 지각하지 못했다. 심한 경우에는 언어치료사가 '정지' 그림이 그려진 신호카드를 보여 주었을 때 자신의 말(착어증)을 멈추었다. 따라 말하기에서는 두 낱말 수준까지는 가능하였다. 시도치료에서 실시한 지문과 그림 연결하기 과업에서는 좋은 수행력을 보여 환자에게 글자 인지력이 효과적인 자극 요인임을 발견하였다(두 낱말 수준의 지문 인지력은 일관되지 않음). 환자의 아내는 환자와 구어로 의사소통하기를 원했다.

평 가

전반적인 언어 능력 검사를 위해 대구실어증진단검사(정옥란, 2006)와 파라다이스 한국판 웨스턴 실어증검사도구(K-WAB; 김향희, 나덕렬, 2001)를 실시하였으며, 이름대기 능력 평가를 위해 한국판 보스턴 이름대기 평가(K-BNT; 김향희, 나덕렬 1997)를 실시하였다. 환자의 일상 어휘에 대한 낱말 이해력과 표현력 수준을 평가하기 위해 50개의 일상 사물(예: 비누, 컵, 숟가락, 컴퓨터, TV 등) 어휘를 선정하였다. 선정된 어휘의 실물과 그림카드를 준비하여, 환자에게 구어 혹은 쓰기를 통해 이름대기 능력을 평가하였다. 또한 구어나 지문을 이용한 지시문을 제시하여 해당 그림과 사물 지적하기 혹은 제스처로 표현하기(이해력)를 실시하였다. 그리고 기본 생활어에 대한 이해력('예/아니요' 혹은 '머리 끄덕이기'로 반응 유도)을 평가하였다.

환자 B에게 실시한 평가는 다음과 같다.

- 전반적 언어검사: 대구실어증진단검사 또는 K-WAB
- 이름대기 검사: K-BNT
- 일상어휘 이해 및 표현 평가: 일상 사물 어휘 50개 선정, 그림카드 이용하여 평가
- 지시 따르기 검사: 구어와 지문으로 지시 따르기 평가

장단기 목표

환자 B는 청각적 이해력이 크게 부족하고 착어증이 심하여 자발화는 거의 알아들을 수 없다. 그러나 문자 인지가 가능하기에 이 잔존 능력을 매개로 기본적인 일상생활어를 이해하고 표현하는 데 초점을 두어 치료 목표를 설정하였다.

- 장기목표 1. 두 단계 구어 지시문을 80% 이상 이해할 수 있다.
- 단기목표

  1-1. 행위(지적하기, 제스처)와 함께 표현된 한 낱말 또는 문장을 80% 이상 정확히 이해할 수 있다.

  1-2. 구어만으로 표현된 한 낱말과 문장을 듣고 행위(지적하기, 제스처)로 80% 이상 표현할 수 있다.

- 장기목표 2. 그림 또는 행동을 보고 한 낱말 및 두 낱말 수준의 구어로 80% 이상 표현할 수 있다.
- 단기목표

  1-1. 그림카드(사물과 행위)를 보고 한 낱말 수준의 구어로 80% 이상 정확히 표현할 수 있다.

  1-2. 상황 그림이나 실제 행동을 보고 한 낱말 수준의 구어로 80% 이상 정확히 표현할 수 있다.

치료 활동 예

환자의 이해력이 매우 좋지 않기 때문에 과업 수행 시 환자의 반응을 지도하기 위해서 치료 보조자와 함께 역할극(치료 보조자가 환자 역할-반응 표현)을 하도록 한다.

구어 이해력 훈련을 위한 기본적인 절차는 다음과 같다.

1. 언어치료사는 그림을 환자에게 보여 주고 동일한 동작(예: 전화받기)을 취한다. 그런 다음 환자에게 동일한 동작을 취하도록 한다.
2. 목표 문장(예: '전화를 받아요.')을 말한 후, 약간의 시간(1초 이내)을 두고 다시 행위로 표현한다. 이때 환자는 언어치료사의 행동을 따라 모방한다.
3. 환자에게 그림을 보여 준 다음, 환자가 구어로 표현하도록 한다.
4. 그림카드 없이, 언어치료사는 구어를 지시하고 환자는 적절한 행동을 취하도록 한다.

자발적 낱말 인출 능력을 촉진하기 위해 '그리기' 활동을 이용한 치료 과업을 구성하였다. 먼저 환자와 매우 친숙한 목표 어휘를 20개 정도 설정한 다음, 관련 그림(완성형, 미완성형 그림)을 준비한다. 회기별 치료 어휘 수는 환자의 집중력과 피로감 정도에 따라 조정한다. 주의해야 할 점은 매번 음소 자극을 제시하지 않도록 하는 것이다. 최대한 환자 스스로 목표 어휘를 연상하여 표현할 수 있도록 자극한다. 기본 절차는 다음과 같다.

1. 목표 어휘를 제시하고는 환자에게 그림을 그리게 한다. 그림을 그리면서 목표 어휘를 천천히 말하게 한다(치료사의 구어 자극 모방).
2. 앞의 단계와 동일한 어휘의 점선 그림을 제시하고 따라 그리게 한다. 환자 스스로 해당 어휘를 말한다. 이때 정확히 수행하지 못할 경우, 언어치료사가 질문이나 음소 자극을 제시한다.
3. 미완성형 선그림의 일부를 제시하고 환자가 나머지 그림을 완성해 나가게 한다. 이때 언어치료사는 "이게 뭐죠?" 라고 질문하고 환자 스스로 구어로 표현하게 한다. 환자 스스로 표현이 힘든 경우, 소리 없이 입 모양만 보여 준다.
4. 환자가 그린 그림 옆에 목표 어휘를 글자로 적는다.
5. 환자가 그린 그림을 보여 주고 그림의 이름을 말하도록 한다.
6. 3~4개 목표 어휘를 순차적으로 실시한 이후, 각각의 그림을 선택하여 질문하고 답하기를 반복한다.

제9장

마비말장애

마비말장애는 중추신경계의 손상에 의해 조음근육이 마비되거나 약화되어 야기되는 말장애다. 마비말장애의 언어임상실습을 효과적으로 수행하기 위해서는 무엇보다 말운동 영역의 신경학적 지식을 충분히 숙지하는 것이 필요하다. 신경계 손상으로 인한 말운동 증상의 이해 및 구분, 더 나아가 치료 접근법의 적용 및 효과의 측정이 실습의 주요 관건이다.

실습에 앞서 언어치료 실습학생들은 마비말장애를 실어증과 실행증 등의 증상과 구분할 수 있어야 한다. 조음기관의 근육 이상(마비 혹은 약화)에 의한 마비말장애를 언어의 이해나 표현의 문제인 실어증이나 근력 문제가 아닌 운동 실행의 문제인 실행증 또는 기타 퇴행성 운동질환 등과도 구분해야 한다(〈표 9-1〉 참조).

또한 단일 증상의 정의와 유형을 정확히 이해해야 하며, 동반되어 나타날 경우의 가능성도 충분히 고려해야 한다. 그리고 뇌손상의 위치와 말의 특성을 동시적으로 연결하여 마비말장애의 유형을 감별하도록 해야 한다. 마비말장애는 크게 경직형(spastic), 이완형(flaccid), 실조형(ataxic), 과소운동형(hypokinetic), 과다운동형(hyperkinetic), 혼합형(mixed)의 여섯 가지 유형으로 나뉜다(Darley, Aronson, & Brown, 1969). 유형별 특성은 〈표 9-2〉에 제시되어 있다. 적어도 표준 모델로 제시된 마비말장애의 유형별 말 샘플을 언어치료사가 모방할 정도가 되면 더욱 좋다. 이러한 기본 지식을 토대로 마비말장애의 감별 진단이 가능하다([그림 9-1] 참조).

〈표 9-1〉 마비말장애와 말실행증의 차이

평가 영역	마비말장애	말실행증
말 산출 능력	호흡, 발성, 공명, 조음 모두 손상됨	조음 및 운율에 영향
조음 오류	비교적 일관됨 추측 가능 모음은 중모음화됨	비일관적 추측 불가능 자음이 모음보다 어려움 음소 길이가 복잡할수록 조음 오류 증가 대개 마찰음 혹은 파찰음 산출에서 오류 증가
말 속도	느리고 힘듦 유형에 따른 독특한 패턴이 나타남	말 시작 시 힘들어함 시작 이후에 비교적 정상적인 말 속도를 보이기도 함

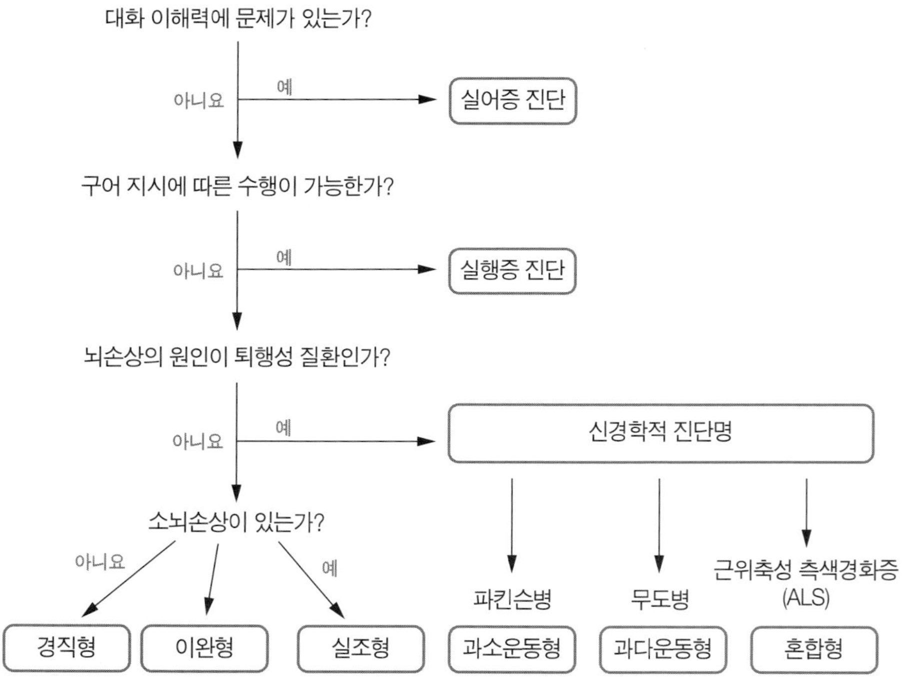

[그림 9-1] 마비말장애의 감별 진단

〈표 9-2〉 마비말장애 유형과 특성

유형	구어 문제		신체운동 증상
	주된 특징	기타 특징	
경직형	부정확한 조음, 꽉 쪼인 듯한 음성, 느린 말 속도	과대비음, 단음도, 단강도, 강세 감소, 모음 왜곡, 짧은 발화 길이, 목쉰 소리 지속, 과도한 말 강세	과도한 긴장, 편마비, 과도한 반사
이완형	과대비성, 약하고 기식화된 음성, 발화 중 숨소리가 많이 들림, 자음 오류	단음도, 단강도, 거친 음성, 전체적으로 짧은 발화 길이	저긴장성(이완성), 반사운동 감소, 연축(fasciculation), 위축(atrophy)
실조형	비일관적인 자음 오류, 발화 중간 말 강세 변화가 큼, 불규칙한 조음 파열, 불규칙한 말 속도	거친 음성, 모음 발음이 길어짐, 발화 중간 쉼 간격이 길어짐, 모음의 억양이 하강함	저긴장성, 반사 기능 감소, 의도 떨림현상(intention tremor)
과소운동형	말 속도가 빠름, 속도 조절이 힘듦, 몰아치는 듯한 말, 단음도, 단강도, 강세 감소 증례: 파킨슨병	낮은 음도, 기식화된 음성	근강직, 운동 속도 느림, 떨림현상(tremor), 안면 표정 변화 거의 없음, 보폭이 짧고 발걸음이 빠름
과다운동형	〈빠른 운동 속도〉 음절 간 쉼 길이가 긴 편, 발화 중 부적절한 쉼이 많음, 속도 변화가 큼, 모음 왜곡, 과도한 강세 변화 증례: 무도병(chorea)	자음 오류, 단음도, 거친 음성, 전체적으로 짧은 발화 길이, 불규칙한 조음 파열, 갑작스러운 말 강세 변화, 과대비성, 힘이 들어간 듯한 거친 음성	불수의적인 운동 발생(움직임의 속도나 동작이 갑작스럽게 커졌다가 작아졌다함, 일정하지 않음)
	〈느린 운동 속도〉 음절 간 쉼 길이가 긴 편, 비정상적인 쉼 발생, 갑작스러운 음성 멈춤(voice arrest), 말소리 연장, 불규칙한 조음 파열, 과도한 강세 변화 증례: 이긴장성(dysthonia)	전체적으로 짧은 발화 길이, 강세가 점진적으로 감소, 말 속도 느림, 조음 오류, 거친 음성, 꽉 쪼인 듯한 목쉰 소리	운동 속도가 계속적으로 느려짐, 예측할 수 없는 불수의적 운동 발생
혼합형	앞의 다섯 가지 유형의 마비말장애 가운데 두 가지 이상의 유형이 혼합된 형태		

1. 초기 면담

마비말장애 환자의 초기 면담 과정은 다른 장애 유형과 마찬가지로 환자의 기본적인 병력에 대한 자료 수집부터 시작한다. 이 과정 동안에 실어증의 동반 유무를 파악하는 것이 중요하다. 기본적인 질문(나이, 주소, 가족관계, 취미 등)을 통해서 환자가 질문에 적절한 대답을 하고 있는지 알아보도록 한다.

마비말장애 환자는 대개 병원으로 의뢰되는 경우가 많다. 따라서 언어치료 실습학생들은 병원이라는 환경에서 이루어지는 환자의 면담 과정에 대한 상황을 간접적으로 익히는 것에서 도움을 받을 수 있다. 제한된 시간 내에 많은 수의 환자를 면담하고 최대한 필요한 정보를 놓치지 않도록 효율적인 정보 수집 방법을 익혀야 한다.

다음은 마비말장애 환자와의 초기 면담에서 수집해야 할 기본 정보들이다. 아동과 성인을 구분하여 면담 유형과 질문 사항을 구분할 필요가 있음을 기억하자.

- 뇌손상 발생 시기
- 동반장애의 여부와 정도
- 현재 재활 유무 및 유형
- 전체적인 말 명료도
- 어눌한 말을 보상하려는 행동 유무 및 유형
- 삼킴 문제
- 가족 간의 주된 의사소통 방식

모든 상담에서 이루어지는 과정은 녹화 혹은 녹음을 하도록 하며, 면담 과정에서 관찰되는 특이 사항은 반드시 메모를 해 둔다. 화자의 말 명료도 수준에 대한 주관적인 견해, 화자의 자발적인 발화 점검 능력, 청자의 반응에 따라 환자 스스로 말을 수정하는 전략들(큰 소리로 말하기, 천천히 말하기 등)에 대한 정보를 수집한다. 다음은 면담 과정에서 고려해야 할 기본적인 사항이다.

- 신체운동 기능에 대한 정보를 수집한다.
- 환자가 말하는 동안 안면 근육의 움직임이나 표정 변화를 관찰하여 메모한다.
- 물리치료나 작업치료를 받는 경우에는 환자의 주의 집중력과 신체 피로감을 고려하여 치료 전에 언어 진단 및 평가를 예약하도록 한다.
- 삼킴 문제가 심각한 경우에는 관련 의료전문가에게 의뢰한다.

2. 평가 계획 및 실시

1) 평가 계획

마비말장애 평가에서 기본적인 평가 내용과 준비 사항은 〈표 9-3〉과 같다. 기본적으로 환자의 인지력을 평가하기 위해 대화 내용 샘플링을 실시한다. 그런 다음 호흡, 발성, 조음기관 운동 능력에 대해 선별평가를 한다. 모음 /ㅏ/를 최대한 길게 연장 발성하기(발성시간 체크 및 음성에 대한 청지각적 분석을 동시에 실시), '퍼' '터' '커' '퍼터커'를 각각 최대한 빠르게 반복하기(속도, 정확성 등 체크) 등

〈표 9-3〉 마비말장애의 평가 내용 및 준비 사항

평가 내용	준비 사항
대화 내용 샘플링	질문지, 녹음 및 녹화 도구, 발화 샘플기록지
호흡, 발성, 조음기관 운동 능력 선별 평가	기록지, 녹음 및 녹화 도구, 초시계, 거울
조음 정확도 및 말 명료도 평가	조음검사 도구, 읽기 지문, 발음기록지, 녹음 및 녹화 도구
말 속도 평가	읽기 지문, 기록지, 녹음 및 녹화 도구, 초시계
음성 및 공명 장애 평가	음성음향학적 분석기기(CSL, Dr. Speech, Visi-Pitch 등), 공명분석기기(Nasometer 등), 기류역학 평가기기(Aerophone 등), 설압자, 펜라이트
동반장애(실어증, 실행증 등) 여부 평가	대구실어증진단검사, 한국판 웨스턴 실어증검사(K-WAB) 등

이 포함된다. 다음으로 조음 정확도 및 말 명료도를 평가한다. 대상자가 주로 성인인 점을 감안하여 사전에 성인용 조음검사 그림이나 어휘를 계획해 두는 것이 좋다. 낱말 수준에서 조음을 검사한 후 긴 문장 수준 내 명료도 평가를 준비하도록 한다. 또한 마비말장애 유형을 미리 감안하여, 유형별 오조음이 많이 출현하는 음소를 중심으로 음소 대비짝(예, 살 : 잘)으로 구성된 평가도구를 준비하는 것도 좋다. 이외에 구문이나 긴 문장 읽기 과업에서의 말 속도 평가, 음성 및 공명 문제에 대한 보다 심층적인 평가가 있다. 부가적으로 동반장애의 유무와 그 특이점을 구분할 수 있는 평가 계획도 마련되어야 한다.

2) 평가 실시

간혹 언어치료사가 검사 자체의 의의와 결과 예측에 대한 임상적 가치를 정확히 이해하지 못하고 검사만을 위한 검사를 실시하는 경우가 있다. 물론 검사 종결 이후에 결과 분석을 통해 종합적인 해석을 하는 것도 좋지만, 검사하는 동안 검사의 임상적 가치를 충분히 이해한다면 보다 효율적인 정보를 얻을 수 있다. 이러한 점을 언어치료 실습학생이 주지하고, 검사 실시 전에 그 검사를 통해서 얻게 되는 임상적인 정보를 미리 메모 혹은 기억해 두어야 한다. 더불어 평가 시에 검사자는 정확한 모델을 제시하도록 노력해야 한다. 교대운동속도 파악을 위해 '퍼'를 3~4번 반복하는 데 걸리는 소요시간을 측정한다고 할 경우, 언어치료사의 모델링에 따라 환자들의 수행력이 달라질 수 있다. "최대한 빠르고 정확하게 반복해 주세요."라고 지시하면서 정확한 모델링을 보여 주는 대신에 모델링 없이 " '퍼'를 대략 10번 정도 반복해 보세요."라고 말한다면 환자의 수행력은 달라질 것이다.

안면운동 및 조음기관 기능 평가 다양한 얼굴 표정(웃기, 미소 짓기, 찡그리기 등) 변화를 평가하고 입술, 혀, 턱, 연구개 등의 운동 정확성, 속도, 기동성(운동 변화의 민첩성) 등을 평가한다. 얼굴 표정 변화에서는 코를 중심으로 상하 좌우를 기준으로 하여 안면의 마비가 심한 부위를 체크한다. 그리고 마비가 있는 부위와 없는 부위의 얼굴 표정을 비교한다(미소 짓기 과업에서 한쪽 입술 모서리가 올라갔는지 아래로 내려갔는지를 좌우 비교함). 그리고 위생장갑을 착용한 손으로 마비가 있는 부위의 근육을 움직인 다음 환자에게 동일한 방향으로 움직이도록 지시하고 그 수행력을 평가한다.

또한 각 조음기관 간에도 어느 부위가 운동 기능이 많이 저하되어 있는지를 체크한다. 단순히 문제의 유무를 파악하는 것도 중요하지만, 그 정도 차이를 비교하여 기록해야 한다. 예를 들어, 혀의 힘 정도를 파악하기 위해 환자에게 혀를 내밀도록 지시한 다음, 혀 위에 설압자를 올려놓고 검사자가 지그시 누르면서 환자에게 설압자 힘에 대항하여 혀를 올리도록 지시한다. 이때 환자가 설압자를 들어올리는 운동 기능과 힘의 정도를 간접적으로 평가할 수 있다.

이와 관련된 준비물로는 의료장갑(위생장갑), 설압자, 휴지, 위생수건(촉감이 부드러운 것) 등이 필요하다.

조음기관의 협응 능력 평가 교대운동속도 및 연속운동속도 검사를 한다. 교대운동속도('퍼' '터' '커' 각각 연속 반복) 및 연속운동속도('퍼터커'를 이어서 반복) 측정을 위해서는 초시계를 준비해야 한다.

조음 평가 조음검사를 위해 아동용 그림자음검사를 많이 사용한다. 그러나 뇌성마비 아동 이외의 성인 마비말장애 환자에게 그림자음검사는 사실상 적절하지 않다. 이는 그림 수준이 아동이기 때문에 성인 환자에게 불쾌감을 줄 수도 있다. 이럴 경우 다른 그림을 준비하여 실시하거나, 혹여 준비를 못한 경우에는 환자에게 그림 수준이 맞지 않겠지만 발음의 정확도를 보고자 한다는 것을 미리 설명해 주어야 한다.

음성 평가 환자와 대화를 나누거나 검사를 하는 동안 언어치료사가 느끼는 환자 음성의 전반적인 특징을 메모한다. 지나치게 목소리가 작거나 힘이 없다든지, 반대로 힘이 많이 들어간다든지, 쥐어짜는 소리나 목쉰 소리 등에 대한 청지각적 소견을 검사기록지에 간단히 메모해 두어야 한다. 또한 심층검사에서 음성 분석기기를 통한 음향학적 · 기류역학적 평가를 실시할 수 있다. 음향학적 평가는 CSL, 닥터 스피치(Dr. Speech), 비지 피치(Visi-Pitch) 등의 음성 분석기를 이용한다.

호흡 및 공명 평가 최대연장발성 시간(maximum phonation time: MPT), 구강과 비강의 호흡 분리 능력, 비성도(nasality) 및 비강 유출(nasal emission) 정도를 평가한다. 최대연장발성 시간을 알아보기 위해 초시계를 준비해야 한다. 마비말장애 환자들의 공통된 문제일 수 있는 비성도는 구강 공명음으로 구성된 10~20개 정도의 낱말, 구문을 읽게 함으로써 파악할 수 있다. 비강 유출 정도를 간단히 알아보기 위해 일정 간격의 눈금이 표시된 CD 뒷면을 이용할 수 있다. 비음측정기(Nasometer)를 사용하여 객관적인 비성도 수치(nasalance score)를 측정할 수도 있다.

발화 명료도 평가 발화 명료도 평가를 위해 '산책'(정옥란, 1994)이나 '가을'(김향희, 1996) 문단을 주로 활용한다. 평가하는 동안 즉시 전사하는 것이 힘들고 발화 오류 부분에 대한 표시를 놓칠 수도 있기 때문에 환자가 읽는 동안에 녹음 및 녹화를 하도록 한다. 읽기 문장은 환자 개인에게 친숙한 내용이어도 된다. 그리고 평가 전에 한두 차례 내용을 미리 볼 수 있도록 하거나 편하게 읽는 연습을 하도록 해도 좋다. 명료도에 대한 평가 방법으로는 3점 또는 5점 척도로 평정하는 방법과 발화한 전체 단어 수에서 알아들을 수 있는 단어 수를 백분율로 나타내는 방법이 있다.

다음은 말 산출 영역(호흡, 발성, 공명, 조음)별로 해당 평가 요소를 정리한 내용이다.

- 호흡
  - 안정 시의 호흡 상태
  - 발화 시의 호흡 패턴
  - 특정 행동이나 제스처와 함께 말을 할 경우의 호흡 패턴
  - 구강과 비강의 호흡 분리 및 코와 입의 호흡 교차
  - 최대연장발성 시간

  - 발화 시 호기 조절
  - 발화 명료도를 향상시키는 데 필요한 호기 조절 시간
- 발성
  - 음도: 음의 높낮이 및 변화
  - 강도: 소리 크기 및 변화
  - 음질: 꽉 조인 듯한 음성, 힘이 없는 듯한 음성, 거친 음성, 기식화된 음성, 목쉰 음성의 정도
  - CSL, 닥터 스피치, 비지 피치(Dr. Speech, Visi-Pitch) 등 음성 분석기기를 통한 발성 분석
- 공명
  - 구강 및 비강의 호흡 분리, 코와 입의 호흡 교차
  - 발성 시 과대비성 및 과소비성의 정도
  - 조음 산출 시 비음의 동반 정도
  - 구강자음 산출 시 비강 유출의 정도
  - 비음 측정기를 통한 객관적인 비음도 혹은 비성도 평가
- 조음
  - 전체적인 발음의 정확도 및 명료도 평가
  - 문장 발화 명료도 평가: 두 낱말, 세 낱말 문장 수준 이상
  - 호기 조절과 동시에 발화 시 명료도 평가
  - 기본 호기 지속시간과 실제 발화 음절과 관련하여 명료도 평가(예: 환자의 호기 지속시간이 평균 3초인 경우, 3초 동안에 발음될 수 있는 음절 수를 2~3개로 가정할 때 실제로 환자에게 3초 동안 2~3개 음절의 어휘를 발음하도록 한 후 그 명료도를 평가한다.)

모든 의사소통장애 평가에서도 강조되듯이 평가하는 동안에 환자의 상태에 대해 성급하게 진단을 내리지 않도록 한다. 말장애와 관련하여 가능한 한 모든 평가를 실시하고, 의학적인 정보, 언어치료사의 개인적인 소견(제2 언어검사자의 판단 소견을 참조해도 좋음) 등을 토대로 종합적인 판단을 해야 한다.

다음은 평가 실시에서 고려해야 할 기본적인 사항이다.

- 환자가 비협조적인 태도를 보일 경우 당황하지 말고 천천히 설명해 준다. 평가 실시 전 검사 절차에 대해 미리 얘기해 주는 것도 도움이 된다.
- 안면 운동기능이나 근력 평가 시 환자 얼굴에 접촉해야 할 경우 반드시 위생장갑을 착용하도록 한다.
- 접촉하였던 환자의 얼굴 부위는 반드시 수건으로 닦아 주도록 한다.
- 설압자로 환자의 혀를 눌러 혀 힘의 저항 정도를 평가할 때에는 검사자가 스스로 자신을 대상으로 심하지 않은 자극 정도를 미리 실험해 보는 것이 좋다.
- 성인용 조음검사에 적절한 그림카드를 미리 준비해 두도록 한다.
- 의학적인 정보를 가능한 한 많이 참조하여 말장애에 미칠 수 있는 평가 요인을 세심하게 계획해야 한다.
- 섭식 문제에 대한 상담 및 평가는 관련 전문가를 추천하거나 직접 의뢰하도록 한다. 또한 침 흘리기, 입 다물기, 물 삼키기 등 시각적으로 쉽게 관찰되는 특징에 대해서는 반드시 기록해 둔다.

3. 보고서 작성

마비말장애 평가보고서 작성은 크게 세 가지 형식을 필수적으로 갖추어야 한다.

- 수집된 평가 정보의 구분 및 분류가 선행되어야 한다.
- 환자의 마비말장애 유형(〈표 9-1〉 참조)과 장애 정도를 직·간접적으로 파악할 수 있도록 내용을 진술해야 한다.
- 환자의 평가 결과가 치료 권고 사항과 밀접한 관련성을 가져야 한다.

기본적으로 평가보고서에는 환자의 배경 정보(뇌손상 시기 전후의 모든 정황 포함), 불분명한 말 명료도와 관련하여 환자가 토로하는 불만 사항, 병력, 교육력, 직업 등에 관한 사례력 조사, 영역별(조음, 언어, 유창성, 음성, 구강·안면 기능, 청력 등) 평가 내용 정리, 평가 시 주요한 발견점들, 치료에 대한 구체적인 권고 사항, 기타 전문가에게의 의뢰 유무, 환자와 보호자에 대한 제안점 등이 포함된다. 가능한 한 환자의 신경학적 정보에 대해 세심하게 수집하고 보고할 수 있어야 한다. 퇴행성 운동질환이 주된 원인으로 발생한 마비말장애의 경우에는 환자의 치료 진행 여부가 예후에 중요한 정보를 제공하기 때문이다. 〈표 9-4〉는 평가보고서 작성 시 포함되어야 할 내용을 정리한 것이다.

〈표 9-4〉 마비말장애 진단 및 평가보고서 내용

항목	내용
개인 정보	나이, 성별, 생년월일, 연락처, 검사일, 주보호자, 가족관계
배경 정보	뇌손상 유형(뇌졸중, 뇌외상, 바이러스 감염 등), 뇌손상 발생 시기, 수술 시기, 재활 여부 및 종류, 뇌손상 전 병력, 손잡이, 신경학적 정보(MRI, CT 사진, 뇌손상의 구체적 부위), 가족과의 주된 의사소통 방식 등
평가	최대연장발성 시간(maximum phonation time: MPT) 교대운동속도(alternative motion ratio: AMR) 연속운동속도(sequential motion ratio: SMR) 조음기관 운동 능력(OSMSE-R) 비강유출(nasal emission) 평가 음성의 청지각적 평가 - 무의미 음절 및 낱말 수준에서의 모음 및 자음 정확도 평가 읽기 문장이나 자발화 샘플에서의 명료도 평가 자세 변화에 따른 말 산출 능력 조음 오류에 대한 자극 반응도 읽기 속도 및 말 명료도 음성의 음향학적·기류역학적 평가
검사 결과	호기의 지속 능력, 구강압의 세기, 비성의 정도, 조음 정확도, 연속 구어 내 조음 및 명료도, 전체 발화 명료도
임상적 인상	마비말장애 정도 및 유형, 저하된 말 명료도 주요 변수의 유형과 정도, 자극 유형에 따른 명료도 향상 유무
권고 사항	치료 유무, 치료의 방향, 재검사의 유무와 종류, 섭식 및 삼킴 능력 평가의 의뢰, 동반장애(실어증, 실행증 등)의 유무, 기타 재활 관련 전문가에게의 의뢰 여부, 정기적 가족상담

〈이렇게 해 보세요!〉

언어치료 실습학생의 실수	임상감독자의 조언
과소운동형 마비말장애 환자에게 조음검사만을 실시하고 100%의 정확도를 보인 경우 다른 검사를 실시하지 않는다.	낱말 수준에서의 조음 산출력은 거의 정상 수준임을 설명한다. 연속 발화에서의 조음 정확도와 명료도 검사, 그리고 음성검사, 말 속도 검사를 권고한다.
교대운동속도 검사에서 정확한 모델링을 하지 않는다.	'퍼'를 가능한 빠르고 정확하게 산출하도록 설명하고 나서 2~3회 반복해서 모델링을 보여 주도록 권고한다.
모음 /ㅏ/ 연장 발성에 대한 모델링에서 검사자가 지나치게 불안한 음성을 산출한다.	최대한 안정되고 모범적인 모델링을 보여 주어야 함을 강조한다.
음성 분석기기의 조작법을 제대로 익히지 못하고, 검사에서 이리저리 헤매고 있다.	임상감독자가 대신 음성검사를 실시한다. 검사를 마친 후에 언어치료 실습학생에게 음성검사 사용법을 익히도록 권고한다.

4. 치료 계획 및 실시

1) 장단기 계획

마비말장애 치료의 궁극적인 목표는 말 명료도의 개선이다. 따라서 장단기 목표는 언어치료 실습학생의 임상실습 기간을 고려하여 구나 문장 수준, 이야기 말하기, 대화 수준 등에서 말 명료도를 개선시키기로 정할 수 있다. 말 명료도 개선은 마비말장애 환자의 현재 상태보다 좀 더 나은 발화 상태로 말 산출 패턴을 변화시키는 것이다. 실어증을 동반하지 않은 마비말장애 환자의 경우에는 자신의 발화를 모니터링하며 수정할 수 있는 능력이 있다. 그러나 뇌손상으로 인해서 이미 비정상적으로 습관화되어 버린 말 패턴을 바꾸기 위해서는 많은 노력이 필요하다.

단기목표에서는 마비말장애 정도에 따라 다음과 같은 영역에 대한 집중적인 중재를 목표로 한다.

- 호흡 훈련
- 조음기관 기능 훈련
- 조음 정확도 향상
- 말 속도 조절
- 억양 변화
- 음성의 강도 및 음도 변화

〈표 9-5〉 마비말장애 정도에 따른 단기목표 설정의 예

<table>
<tr><th>장애 정도</th><th>사례 특성</th><th>단기목표의 예</th></tr>
<tr><td rowspan="2">매우 심함
(very severe)</td><td>• 청자가 알아듣기 매우 힘들다.
• 조음기관의 마비가 심하여 기본 모음 산출이 힘들다.
• 침 흘리기가 심하다.</td><td>• 조음기관 기능 향상시키기
• ○초간 연장 발성하기
• 교대운동속도 증가시키기
• 1음절 수준에서의 조음 정확도 증가시키기</td></tr>
<tr><td colspan="2">• 낱말 수준의 조음 정확도가 매우 낮은 경우에는 조음기관의 마비가 심한 정도를 함께 고려하여, 조음기관 기능 훈련과 1~2음절 수준에서의 조음 정확도 및 명료도 향상에 초점을 둔다.</td></tr>
<tr><td rowspan="2">심함
(severe)</td><td>• 말 속도가 매우 느리다.
• 콧소리가 많이 난다.
• 낱말 수준의 발화는 알아듣기 쉬우나 연속 구어는 비교적 힘들다.
• 발화 중간에 숨소리(흡기)가 많이 난다.
• 안면에 마비가 약간 있으나 천천히 움직이는 것은 가능하다.</td><td>• 구강압 증가시키기
• ○초간 큰 소리(현재 수준보다 높게)로 연장 발성하기
• 교대운동속도를 정확한 발음으로 속도 증가시키기
• 낱말 수준에서 조음 정확도 증가시키기
• 2~3문장 수준에서 힘 주어 발성하기</td></tr>
<tr><td colspan="2">• 낱말 수준에서의 조음 정확도가 비교적 좋은 경우에는 연속 구어(2~3단어) 수준에서의 조음 정확도 및 명료도를 향상시키는 데 초점을 둔다.</td></tr>
<tr><td>중도
(moderate)</td><td>• 낱말 수준의 조음은 정확하다. 그러나 연속 구어 내 말 명료도 수준은 낮은 편이다.
• 전체적으로 말장애가 매우 심하지는 않으나 알아듣기 힘든 경우가 많다.
• 말 속도가 비교적 빠른 편이며, 말 뭉침이 많이 나타나고 음성의 떨림도 나타난다.
• 목쉰 소리가 심하다.
• 음성 크기가 작다.</td><td>• 큰 소리로 ○초간 연장 발성하기 (소리의 크기 정도는 환자의 현재 수준보다 높게 설정한다. 성대의 지나친 무리를 두지 않도록 한다.)
• 1음절어를 큰 소리로 정확히 반복하기
• 3~4낱말 문장 수준에서 큰 소리로 천천히 발화하기</td></tr>
</table>

이러한 단기목표는 서로 연관성이 있으며, 2~3개 연계하여 목표로 설정할 수 있다. 장기목표에서는 앞의 단기목표의 훈련이 실제 발화에서 의식적으로 정확히 수행될 수 있어야 한다. 앞에서 언급한 목표들의 예는 환자의 마비말장애 정도에 따라 달라질 수 있다. 〈표 9-5〉는 마비말장애 정도에 따른 단기목표의 일례다.

이상의 내용들은 마비말장애 유형과 관련하여 수립할 수 있는 목표들의 예를 제시한 것이다. 하지만 중증의 마비말장애로 분류되더라도 뇌손상의 유형이 퇴행성인 경우에는 말 산출과 관련된 목표보다는 보완대체 의사소통 중재 측면을 고려해야 한다. 퇴행성 운동질환인 경우에는 병의 진행 속도에 따라 말 산출 자체에 초점을 두기보다는 의사소통을 도울 수 있는 보조적 방법을 시도해야 한다. 그러나 이러한 보완대체 의사소통 중재도 환자의 의지와 판단, 현재의 말 산출 수준, 수행 가능한 신체운동 기능, 보호자의 의견 등을 고려해야 한다.

2) 회기 계획

회기별 목표는 호흡, 발성, 공명, 조음, 전체적인 말 속도 조절 측면에서 가장 문제가 되는 영역에서 두세 가지 정도를 설정한다. 제한된 치료 시간을 고려하여 목표 수를 설정해야 한다. 그리고 목표 내용이 서로 연결될 수 있도록 계획해야 한다.

조음은 한 낱말 수준의 목표보다 2~3낱말 문장 수준의 조음 정확도 향상을 목표로 한다. 말 속도 조절에 대한 목표는 적어도 3낱말 이상의 문장 수준에서 시작하도록 한다. 기억해야 할 점은 회기별 목표 진술은 언어치료사가 주관적으로나 객관적으로 측정 가능한 것이어야 한다.

〈이렇게 해 보세요!〉

언어치료 실습학생의 실수	임상감독자의 조언
구강을 통해 호흡하기(호흡), 습관적인 발성 크기보다 약간 크게 모음 발성하기(발성), 구강 압력 증가시키기(공명)의 세 가지 목표를 별도로 진술한다.	안정된 복식호흡, 큰 소리 발성, 구강압 증가의 공통된 매개 변수는 '큰 소리로 발성하기' 과업으로 정리될 수 있음을 설명한다. 큰 소리 발성이 안정된 복식호흡을 바탕으로 하며, 상대적으로 구강 압력이 증가하기 때문이다.

머리-몸통 조절과 발성 지도의 목표를 별개로 진술한다.	'머리-몸통 조절'은 물리치료적 접근이다. 발성 지도 자체가 목표가 되고, 발성 자세의 조절은 치료 활동에 진술이 되도록 지시한다.
회기별 치료 목표를 너무 세분화하여 많이 설정한다.	지나치게 작게 세분화된 목표를 공통된 하나의 목표로 수정할 것을 권고한다.
구강압 증가를 위해 '촛불 불기' 활동을 목표로 설정한다.	촛불 불기 자체는 임의적인 자극법이므로 발성이나 발화 수준에서 발성 크기를 증가시킬 수 있는 목표를 계획하도록 지시한다.
모델링보다 구어적 설명을 너무 많이 한다.	'큰 소리로 발성 및 발화하기'에 대한 모델링을 몇 차례 보여 주도록 권고한다.

3) 치료 실시

마비말장애 치료는 기본적으로 '호흡-발성-공명-조음' 순서를 따른다. 이 단계들은 하나의 고리로 연결되어 있음을 기억해야 한다. 환자의 말장애 정도와 유형을 고려하여 단계별 활동의 비중이 달라질 수 있다. 예를 들어, 호흡 자체가 힘이 드는 경우에는 다른 단계에 비해 호흡 훈련(호기의 양 증대, 호기압 증가)에 비중을 많이 두게 된다. 이때 호기 산출 훈련과 더불어 발성 지도(호기 시 /ㅏ/ 연장 발성하기)가 함께 이루어진다.

다음은 말 산출 단계별 치료 접근 방법이다.

호흡 훈련 복식호흡을 통한 안정된 연장발성 확립, 흡기 및 호기 조절력 향상에 초점을 둔다. 단, 연장발성 훈련 시 발성 길이에 지나치게 주의를 주지 않아도 된다. 정상적인 성인의 경우 대략 20~25초이기는 하지만 개인차가 크다. 중요한 점은 안정된 연장발성과 자발적인 호기의 양 및 길이 변화가 가능하도록 훈련하는 것이다. 가능한 한 연장발성 훈련이 실제 말하기 상황(기본 모음의 연장발성, 단어 내 혹은 구문 내에서 연장발성하기 등)과 연계되도록 훈련해야 한다.

발성(음성) 지도 음도와 강도의 변화에 초점을 둔다. 음성 훈련은 크게 세 가지 형태로 나뉠 수 있다. 성대근의 근력과 내·외전의 모양을 고려하여 근긴장을 점진적으로 증가시키는 발성 훈련, 반대로 근긴장을 점진적으로 이완시키는 발성 훈련, 그리고 두 방법을 동시에 연결하는 훈련이다. 예를 들어, 음성의 '강도나 음도'에 초점을 두어 '강도를 점진적으로 증가시키기'(음도는 일정하게 유지함), '음도를 점진적으로 높이기 혹은 내리기'(강도는 고정함) 등의 훈련이 있다. 파킨슨병 환자(과소운동형 마비말장애)의 경우에는 '강도 크기 증진'에 초점을 둔 치료법인 LSVT(Lee Silverman Voice Therapy) 방법이 말 명료도 개선에 효과적이다(Ramig et al., 1995). 이외에도 Boon의 음성치료 방법 중 마비말장애 환자를 위한 훈련법을 선택적으로 사용해도 된다. 무엇보다 중요한 점은 환자가 의식적으로 자신의 발성 변화를 인식하고 수정할 수 있도록 CSL이나 비지 피치같은 음성 분석기기를 이용하여 시각적 피드백을 제공하는 것이다. 안정된 발성이 확립된 후에는 즉각 낱말이나 2~3어절의 문장으로 연결하여 지도한다.

공명(비성) 훈련 과대비성 감소와 구강 압력 증대를 위해 실제 불기와 같은 훈련이 흔히 이용된다. 그러나 불기 자체가 비성을 효과적으로 감소시키기는 어렵다. 따라서 불기 활동과 실제 발화음이 연계되어야 한다〔예: '프흐-'(불기 반복) → '프흐-아'(모음 소리 연결) → '프(흐)아 도'(파도)〕. 이외에도 중재 접근법들이 효과적이지 못하고 환자의 수행력 또한 저조한 경우, 그리고 구조적인 결함이나 기능의 저하가 심각한 경우에는 대체 방법을 고려해야 한다. 즉, 외과적 수술, 보철기(prosthesis) 착용을 고려해야 한다.

조음 지도 조음 오류를 고려하여 '낱말-구(문장)-긴 문장-자발화' 수준에서 조음 지도를 한다. 조음의 오류 유형과 심각도는 안면근육의 마비 혹은 약화의 정도와 관계된다. 따라서 자음과 모음의 정확한 조음을 위해서는 조음기관(턱, 입술, 혀, 등)의 근육 기능 향상이 요구된다. 호흡, 발성, 비성 개선 지도와 마찬가지로 조음기관 근육 훈련은 반드시 관련 음소들과 연계해야 한다. 덧붙여 기억해야 할 점은 마비말장애 유형에 따라 조음기관의 운동 범위, 기동성, 근긴장 정도 등이 다르다는 점이다. 이러한 근력의 특성을 고려하여 이를 향상시켜 나갈 수 있는 훈련 과업을 구성해야 한다. 참고로 〈표 9-6〉에 마비말장애의 유형에 따라 보다

〈표 9-6〉 마비말장애 유형별 조음기관 운동 방향

운동 방향 마비말 장애 유형	근긴장 감소	근력 증가	유동적인 근력 향상	음소 자극법	조음운동 계획
경직형	○	○	○	○	
과소운동형	○		○	○	
과다운동형			○	○	
실조형			○	○	
이완형		○	○	○	
말실행증				○	○

많은 비중을 두어야 할 훈련 영역에 ○ 표시를 하였다.

말 속도 및 운율 변화 조절 의식적으로 말 속도와 운율(억양)을 조절하도록 한다. 말 속도와 운율은 말 명료도와 관련이 깊다. 대체로 말 속도를 증진시키기보다 의도적으로 느리게 하여 상대방이 말을 분명하게 지각하도록 하는 것에 초점을 둔다. 운율 변화 훈련은 마비말장애 환자의 말 명료도 저하가 단조로운 음도나 강도의 문제와 깊은 연관이 있는 경우에 실시하면 효과적이다. 예를 들어, 말의 어절 간 문미 부분 억양을 의도적으로 올리는 훈련(예: 어제는↗ 비가↗……)이 있다. 이 훈련은 부자연스럽지만 말 속도 조절과 더불어 억양을 올릴 때 성대근 긴장 증가의 효과가 있어서 전체적인 말 명료도 개선에 긍정적인 영향을 준다. 뇌성마비 아동의 경우 화자의 습관적인 발성 길이 수준에 맞추어 발화할 음절 수 혹은 낱말 수를 계산하여 '한 호기에 발화하기'를 지도한다. 예를 들어, 연장발성시간이 평균 약 4초가량이라면, 4초 동안에 발화할 수 있는 음절 수는 4~6개의 범위가 될 것이다.

〈이렇게 해 보세요!〉

언어치료 실습학생의 실수	임상감독자의 조언
더 큰 소리로 발성하기를 시범 보일 때 지나치게 쑥스러워하고 제대로 못한다.	치료 전에 충분히 발성 훈련을 하도록 한다.
경직형 마비말장애 환자에게 힘이 많이 들어가는 조음운동을 실시한다.	경직형인 경우에는 근긴장이 다소 이완되고 자연스럽게 움직일 수 있는 운동을 실시하도록 권고한다.
말 속도 조절에 대한 과제 계획을 언어치료사의 말 길이 모방에 의존하도록 한다.	말 속도의 변화를 시각적으로 보면서 이를 따라 모방할 수 있는 과업으로 구성하도록 한다.
회기별 목표에 기재된 모든 과업을 환자의 주의 집중을 고려하지 않고 모두 수행한다.	치료 전 환자의 상태를 파악하고 최대한 많은 에너지가 소모되지 않는 과업을 우선적으로 선별하여 활동하도록 한다.
CSL 음성 분석기기의 활용법을 이해하지 못한다. 환자의 음성 산출 결과(화면에 제시된 그래프 변화)를 제대로 설명하지 못한다.	음성의 강도와 음도 변화를 통해 환자의 음성이 어떻게 변화되며, 전체적인 발화의 명료도와 어떤 식으로 연계되는지를 설명하도록 지시한다.
이완형 마비말장애 환자에게 조음 지도만을 실시한다.	보다 힘 있는 발성으로 낱말, 구, 문장 수준에서 발화할 수 있도록 치료 과업을 구성하게 한다.

5. 진전(종결)평가

진전보고서 작성은 최대한 치료 목표, 평가도구, 치료 전후의 결과 등으로 간결하게 진술되도록 한다. 정기적인 보고, 회기별 보고, 치료 종결 시의 최종 진전 보고 등 다양한 시기별 보고가 있다. 어떤 식으로든지 환자들의 치료 과업 수행력에 대한 진전 상태를 성실하게 체크하는 것이 주요한 관건이다.

회기별 진전 보고에서는 일정한 평가 양식에 맞춘 보고나 당일 치료 이후의 환자 상태에 대한 변화를 간단히 서술식(전문용어로 나열식은 괜찮으나 소설식 표현은 금물)으로 보고해도 된다. 치료 목표와 활동에 대한 환자의 수행력 특성이나 치료 과정에서 예상하지 못했던 환자의 반응(긍정적 혹은 부정적)도 기록하도록 한다. 이러한 것은 기술적 · 질적 보고에 포함될 수 있다. 반면, 환자의 수행력을 한눈에 파악할 수 있는 양적 보고 방식도 필요하다. 환자 수행력 결과들을 수치화하여 보고서를 작성하려면 치료 전 평가나 시도치료(trial therapy)에서 실시하였던 평가들을 전체적 혹은 부분적으로 실시한다. 예를 들어, 음성의 변화를 지속적으로 체크하기 위해 CSL 음성 분석기기를 활용함으로써 객관적인 수치들을 기록하여 그래프화할 수 있다. 청지각적 평가와 음향학적인 평가가 함께 이루어진다면 음성 개선에 대한 보다 신뢰할 만한 결과를 제시하게 된다.

진전평가는 궁극적으로 화자의 말 명료도(치료 상황, 일상 대화 상황)가 향상되고 있는가를 제시해야 한다. 즉, 어떤 식으로든 말 명료도 변화에 대한 진전평가를 간략하게라도 제시하도록 한다. 치료 상황에서 환자와의 대화나 치료 과업 수행 시의 발화를 녹음 및 녹화하여, 발화 자체를 전사하거나 말 명료도 평정척도를 활용함으로써 말 명료도 평가를 실시한다. 이때 다른 사람과 함께 평가하여 신뢰도를 체크하면 더욱 바람직하다.

[그림 9-2]는 실조형 마비말장애(소뇌손상 원인) 환자에 대한 진전 과정을 한눈에 볼 수 있도록 제시한 척도의 일례다. 선별검사와 심층검사를 통해 환자 발화에서 주로 관찰되는 문제들과 더불어 환자 자신이 호소하는 문제를 중심으로 한 내

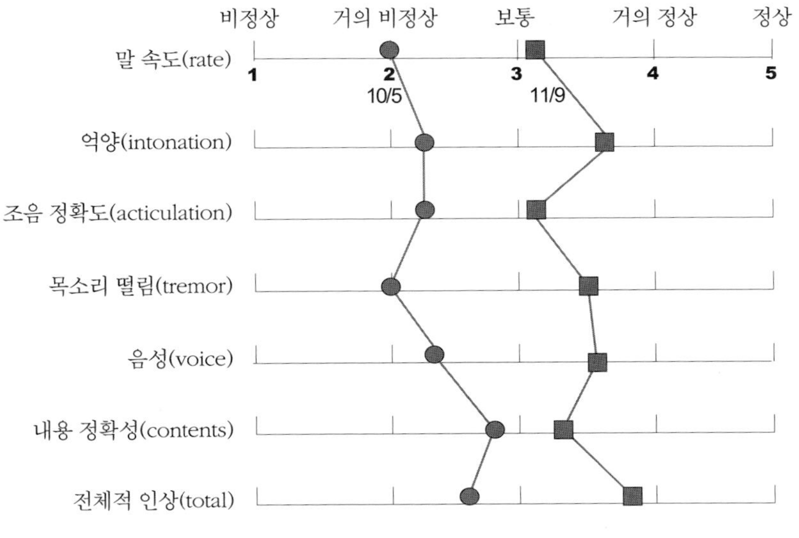

[그림 9-2] 실조형 마비말장애 환자의 진전 그래프 사례(이옥분, 2004)

용들이다. 말 속도, 억양, 조음 정확도, 목소리 떨림, 음성, 말 내용의 정확성, 전체적인 인상 등을 정상 성인 화자들의 말 특성과 비교하여 평가한다. 이러한 평가 양식은 언어치료사가 직접 평가할 수 있으며, 가정에서도 보호자나 기타 관련 대화자를 통해서 체크할 수 있다.

치료 종결평가에서는 치료 전 진단평가에서 실시하였던 영역들과 거의 일치되는 말 산출 영역의 평가 결과를 보고하도록 한다. 또한 치료 목표에 맞춘 과업 수행에 대한 평가들도 요약적으로 기록되어야 한다. 혹시 환자의 갑작스러운 사유로 인해 치료를 종결하게 된 경우라도 종결 직전까지 환자의 발화 상태에 대한 임상적인 견해를 제시하도록 한다.

참 고 문 헌

권도하, 석동일, 김영태, 정옥란, 강수균(1994). 언어진단. 대구: 한국언어치료학회.

김향희(1996). 운동실조형 마비성 구음장애에 적용되는 지각적, 음향학적, 생리학적 도구에 관하여: 환자 사례를 중심으로. 제2회 음성학 학술대회 자료집. 대한음성학회.

정옥란(1994). 음성과 음성치료. 서울: 원미사.

이옥분(2004). 발화 내 어절 간 쉼 조절 훈련이 실조형 운동구어장애자의 발화 명료도에 미치는 영향: 사례연구. 제13회 한국언어치료학회 학술발표대회, 61-70. 대구: 한국언어치료학회.

Darley, F. C., Aronson, A. E., & Brown, J. R. (1969). Differential diagnostic patterns of dysarthria. *Journal of Speech and Hearing Research, 12*, 246-269.

Duffy, J. R. (1995). *Motor speech disorders: Substrate, differential diagnosis, and management*. San Diego, CA: Singular Publishing.

Dworkin, J. P. (1991). *Motor speech disorders: A treatment guide*. St. Louis, MO: Mosby-Year book.

Ramig, L., Countryman, S., Thompson, L., & Horii, Y. (1995). A comparison of two forms of intensive speech treatment for Parkinson's disease. *Journal of Speech and Hearing Reserch, 38*(6), 1232-1251.

Yorkston, K. M. & Beukelman, D. R. (1981). Ataxic dysarthria: Treatment sequences based on intelligibility and prosodic considerations. *Journal of Speech and Hearing Disorders, 46*, 398-404.

Yorkston, K. M., Hammen, V. L., Beukelman, D. R., & Traynor, C. D. (1990). The effect of rate control on the intelligibility and naturalness of dysarthric speech. *Journal of Speech and Hearing Disorders, 55*, 550-560.

사례 1. 파킨슨병을 동반한 마비말장애

기본 정보 및 현행 언어 수준

환자 A는 54세의 남성으로 파킨슨병을 겪고 있다. 발병 후 경과 기간은 6년 정도 되었으며, 지속적으로 약물을 복용하고 있다. 그러나 점차 말하는 것이 힘들어지고, 전화통화에서는 상대방과의 대화가 힘들다고 하였다. 언어 인지력 문제는 없었으며 치매 또한 관찰되지 않았다. 보행하는 데 어려움이 생겨서 자주 걷는 운동을 한다고 하였다. 입술 동작이 다소 어둔하였으며, 약간의 침 흘리기가 관찰되었으나 삼킴에는 이상이 없었다. 후두 스트로보스코피 검사 결과 성대가 휜(bowed) 모양이 관찰되었다. 대상자 발화의 전체적인 인상은 목쉰 소리가 심하고 말소리 크기가 작았으며 약간 서두르는 듯한 느낌을 주었다. 조음평가에서 모음과 자음의 산출은 정확하였다. 그러나 연속 구어에서 말의 처음 시작 부분은 어느 정도 알아들을 수 있었으나 계속될수록 말 뭉침(rushed speech, 몰아치는 듯한 인상을 줌)이 심해서 명료도는 극히 저하되었다. 음성의 강도와 음도가 일정하지 않고 떨림 증상이 동반되었다.

평 가

선별평가로 MPT 측정과 교대운동속도 검사를 실시하였다. 음성의 청지각적 평가를 위해 GRBAS를 실시하였고, 비공식적으로 음도, 강도, 음질의 비정상성을 5점 척도로 평가하였다. 음향학적 평가에서는 CSL 4300B의 MDVP를 사용하여 Fo(Hz), jitter(%), vFo(%), shimmer(%), vAm(%), NHR을 측정하였다. 닥터 스피치 4.0 기기를 사용하여 HNR, NNE 값을 측정하였다. 구강 내 혀 위치의 변화를 추정하기 위해 기본 모음의 F1 값과 F2 값을 측정하여(스펙트로그램 분석) 모음도를 산출하였다(정상 화자 모음도와 비교). 조음 정확도를 측정하고 문장 읽기에서의 말 속도 및 말 명료도 검사를 실시하였다.

장단기 목표

파킨슨병 환자를 대상으로 치료 효과가 입증된 LSVT(Lee Silverman Voice Therapy; Lamig et. al., 1995) 치료 원리를 토대로 강도 증가에 초점을 둔 치료를 계획하였다. 동시에 말 속도 조절(천천히 말하기)을 통한 치료를 계획하였다. 이 목표는 전체적인 말 명료도 개선에 초점을 둔 것이다.

- 장기목표 1. 큰 강도의 목소리로 15~20초가량 발화를 지속할 수 있다.
- 단기목표

1-1. 복식호흡을 통해 큰 목소리로 20초 정도 연장 발성할 수 있다.

1-2. 지문 읽기에서 큰 목소리로 15~20초 정도 지속하여 발화할 수 있다.

- 장기목표 2. 대화 상황에서 의식적으로 천천히 말할 수 있다.
- 단기목표
  2-1. 읽기 문장에서 음절 단위(점진적으로 어절 단위)로 쉼을 두어 발화한다.
  2-2. 구두 질문(두 낱말 혹은 세 낱말 수준의 대답 유도)에 대해 어절 단위로 쉼을 두어 자발적으로 발화한다.

치료 활동 예

치료 활동은 장기목표 1과 장기목표 2가 함께 연계될 수 있도록 구성하였다. 먼저 안정된 복식호흡을 형성하고 보다 큰 강도로 발성 및 발화하는 데 초점을 두었으며 동시에 평소보다 말 속도를 느리게 조정하였다. 강도 크기는 환자의 습관적인 발성 크기(청지각적 · 음향학적 측정)보다 훨씬 큰 정도(예: 고함치듯이) 수준에서 시작한다. 이때 발성 크기에 대해 시각적 피드백(도표로 제시, 비지피치 프로그램 활용 등)을 제시한다. 그리고 큰 소리 발성 후 즉시 동일한 강도로 단어나 문장 읽기나 혼잣말하기를 유도하여 반복적으로 훈련해야 한다. 최종적으로 확립된 발성 패턴(소리 크기)을 스스로 조절할 수 있는 수준에 도달하도록 해야 한다. 기본적인 치료 절차는 다음과 같다.

- 발성 크기에 초점
  1. 복식호흡을 훈련한 후 습관적인 발성 크기보다 큰 소리로 연장 발성하도록 한다.
  2. 마치 고함을 치듯이 발성하도록 한다. 약 5회 정도 반복한 이후 동일한 강도로 단어를 소리 내어 읽도록 한다(5회 반복).
  3. 단계 2 연습 후 즉시 큰 소리로 지문을 읽도록 한다(5회 반복). 반복 횟수는 환자의 수행력에 따라 조정한다.
  4. 평상시 발화와 연습 후 발화를 녹음하고 비교하여 들려준다(CSL이나 비지 피치 사용).

- 속도 조절에 초점
  5. 제시된 지문을 음절 단위로 끊어서 천천히 큰 소리로 읽도록 한다(예: 파 · 파 · 파……)
  6. 단계 5와 같이 제시된 지문을 어절 단위로 끊어서 천천히 읽도록 한다(예: 파도가 · 파파파 · 소리를 · 낸다)
  7. 언어치료사의 질문에 동일한 패턴으로 대답하게 한다. (언어치료사: "파도가 어떻게 소리를 낸다고요?" 환자: "파파파 · (혹은 파 · 파 · 파) · 소리 · 내요 · .")
  8. 단계 7에서 대답한 말을 좀 더 편안하게(자연스럽게) 반복해서 발화하도록 한다.

참고자료

사례 2. 실조형 마비말장애

기본 정보 및 현행 언어 수준

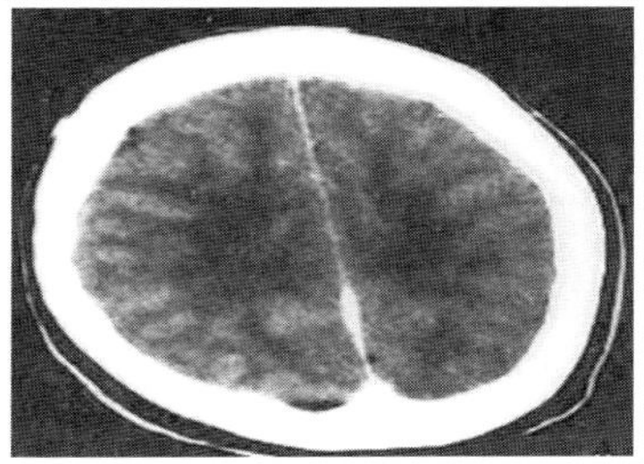

환자 B는 25세 여성으로 대뇌상해와 뇌혈관 사고로 몇 차례 수술을 겪었다. 신경학적 진단 소견은 좌우 대뇌 크기의 비대칭, 과도한 소뇌 위축(cerebellar atrophy)이었으며 간헐적인 발작 증세를 동반하였다. 대화에서 약간의 인지적인 문제가 의심되었으나 일상적인 대화 이해력과 자신의 의사 표현에는 큰 어려움이 없었다. 보행 시 신체 좌우 움직임의 균형이 깨어지고, 앉기나 걷기 모두에서 일정한 자세 유지가 힘들었다. 침 흘리기가 자주 나타났으며, 씹기는 다소 느렸으나 삼킴에는 문제가 없었다. 기타 실행증, 시지각 문제 등은 관찰되지 않았다. 낱말 수준에서 조음은 정확한 편이었으나, 연속 발화 내 조음 정확도 및 발화 명료도(평가 결과 평균 70% 정도 수준)가 크게 떨어졌다. 특히, /ㄹ/ 조음이 부정확하였다. 음성은 전반적으로 약한(asthenic) 인상을 주었고, 목쉰 소리가 현저하게 지각되었다. 연장발성 시 음성 떨림이 뚜렷하였으며, 대화식 구어에서도 음도와 강도 변화가 심하여 말의 억양이 매우 부자연스러웠다. 이러한 증상은 감정적으로 약간 흥분하거나 피곤할 때 더욱 심해졌다. 눈에 띄는 점은 말하는 도중에 조음(혹은 발화의 일부 어절)이 붕괴되는(breakdown) 현상이었다. 전체적인 말 속도는 대체로 느린 편이었다.

평 가

호기 산출력 평가로 최대연장발성 시간(MPT)을 측정하였으며, 조음기관 운동 협응 능력을 알아보기 위해 교대운동속도(AMR)와 연속운동속도(SMR)를 측정하였다. 조음 정확도 검사를 위해 그림자음검사를 실시하였다. 말 명료도 평가에서는 우선 각 100음절로 구성된 총 3개의 지문을 읽게 하고 명료도를 측정하였다. 명료도 평가는 7점 척도로 나누어 평가하였다. 발화의 자연스러움 평가에서는 Yorkston 등(1990)이 제시한 평가지를 번안 및 수정하여 사용하였다. 음질에 대한 청지각적 평가는 GRBAS를 사용하였다. 억양 분석에서는 훈련 문장(예: '버스를 탈까요, 택시를 탈까요?') 발화를 녹음하여 PC콰이어러(PC quirer) 기기로 정상인의 말 억양과 비교 · 분석하였다. 목소리 떨림의 정도를 알아보기 위해 vAm, vFo, VTI 값을 측정(CSL 4400 기기 이용)하였다. 총체적으로 말 명료도 저하와 가장 관련 깊은 청지각적 문제 요인을 판단하기 위해 6명의 청자(언어병리학 전공자)들이 음성(강도, 음도, 음질), 억양(운율), 조음, 말 속도 등의 측면에서 평가하였다. 대구실어증진단도구를 이용하여 언어 인지력 정도도 알아보았다.

장단기 목표

환자 B의 말 명료도 저하에 미치는 주된 문제 요인은 청지각적으로 자연스럽지 못한 억양 패턴과 작은 음성 크기였다.

- 장기목표 1. 독백 수준에서 /ㄹ/ 음소의 정확도 및 명료도가 90% 이상 증가된다.
- 단기목표
  1-1. 두 낱말 발화(문장 읽기, 그림 설명하기, 질문에 답하기)에서 /ㄹ/ 음소가 들어가 낱말을 큰 소리로 정확히 발음할 수 있다.
  1-2. 3~4낱말 문장 수준에서 /ㄹ/ 음소를 큰 소리로 정확히 발음할 수 있다.

- 장기목표 2. 문장 수준에서 의도적으로 억양을 조절할 수 있다.
- 단기목표
  2-1. 구문 수준에서 제시되는 다양한 억양 패턴을 정확히 모방할 수 있다.
  2-2. 3~4문장의 문단 수준에서 제시되는 다양한 억양 패턴을 스스로 조절할 수 있다.

치료 활동 예

/ㄹ/ 음소의 정확도와 명료도 향상을 위한 치료 활동은 구문이나 긴 문장 수준에서 /ㄹ/ 음소가 있는 낱말을 큰 소리로 발화하는 데 초점을 두었다. 또한 입술이나 혀의 협응력과 기동성을 증가시키기 위해 정확한 입술 모양 만들기, 혀 내밀기, 오므리기, 혀로 입술 핥기 등의 운동을 병행하였다. 조음기관 기능 훈련 이후 즉각적으로 관련 있는 낱말과 구문 읽기 연습을 실시하였다. 부자연스러운 억양을 개선하기 위한 치료 활동은 실조형 마비말장애 사례의 운율 조절 훈련 효과가 보고된 문헌(Yorkston & Beukelman, 1981; Yorkston et al., 1990)을 참고하여 계획하였다. 이 훈련은 발화를 어절 단위로 구분하여 각 어절의 마지막 부분에서 의도적으로 억양을 올리는 어절 간 쉼 조절 훈련으로 기본 절차는 다음과 같다.

1. 안정된 연장발성 시간 증가, 소리 강도 증가, 음도 변화 훈련을 반복한다.
2. 모음과 무의미 음절을 훈련 자극 언어로 활용하여 음절 간, 어절 간 쉼 부분의 음성을 의도적으로 올리도록 한다(예: '파파파↗ 파파파↗', '타타타↗ 타타타↗', '파타카↗ 파타카↗').
3. 읽기 문장을 활용하여 문장 내 어절 간 끝나는 부위에 '↗' 표시를 하고 두 번째 단계와 동일하게 억양을 상승시키도록 한다.
4. 언어치료사의 구어 질문에 단계 3의 억양으로 그대로 대답하도록 한다. 최대한 자연스럽게 말하도록 한다.

제10장 유창성장애

언어치료학 또는 언어병리학을 전공하는 학생이라면 누구나 유창성장애 혹은 말더듬에 관한 과목을 필수과목으로 수강할 것이다. 이를 통해 학생들은 말더듬을 자신만만한 영역으로 여기게 되었을까? 대부분의 학생이 말더듬을 까다롭다고 여기거나 막연한 두려움을 갖고 있다고 털어놓는다. 이러한 두려움은 어디서 오는 것일까? 아마도 공부하면서 알게 된 말더듬의 여러 가지 특징 때문일 것이다. 예를 들면, 3~5세경의 아동에게 흔히 나타나는 '정상적 비유창성'과 말더듬을 구분하여야 하며, 말더듬은 경험하더라도 80% 정도는 자연 회복되고, 또한 말더듬 문제는 말을 통해 겉으로 드러나는 비유창성뿐만 아니라 내면적인 문제도 함께 다루어야 하며, 치료 후에도 재발이 가능하다는 것 등이다. 이러한 사실이 특히 말더듬 문제의 평가와 치료를 난해한 과제로 느끼게 만든다.

하지만 우리가 '말더듬'이 아닌 '말더듬을 경험하고 있는 대상자와 그 가족'에 초점을 맞춘다면 말더듬의 중재 과정은 언어치료사들에게 아주 특별한 경험을 갖게 만드는 시간이 될 것이다.

이 장에서는 언어치료 실습학생이 접할 가능성이 큰 취학 전 말더듬 아동을 중심으로 말더듬의 중재 과정을 살펴본다.

1. 초기 면담

부모 스스로 아동의 비유창성을 지각하거나 어린이집이나 유치원 선생님 혹은 주위 사람들로부터 말더듬에 대한 걱정을 듣게 되면, 부모들은 말더듬에 관한 여러 가지 정보를 수집하고 해결책을 찾아 나서게 된다. 대부분의 언어치료실 홈페이지 게시판에서 이러한 부모의 걱정과 질문을 쉽게 볼 수 있다. 언어치료 실습학생은 부모의 실제 걱정이 언제, 어떻게 시작되는지를 많이 찾아 읽어 보고 느껴 볼 필요가 있다. 부모가 말더듬 문제를 언어치료실에 의뢰하기까지의 과정이 그리 간단하지 않다는 것을 알아야 하고, 또 말더듬의 발생과 이후의 변화 과정이 다양함을 실제로 알 수 있기 때문이다. 대부분의 부모는 찾아가기 쉬운 소아과에서 말더듬 문제를 상담하기도 하고 주변의 친지나 부모에게 상의하기도 한다. 부모는 "클 땐 다 이래요! 뭘 이런 걸 가지고 걱정하세요?" "아범도 어렸을 때 그랬는데 금방 아무렇지도 않게 말을 잘 하더라. 괜히 애 기죽이지 말고 내버려 둬라." 와 같은 답변을 듣게 되기 쉽다. 가장 중요한 '조기 중재'의 시기를 놓치게 되는 것이다. 그러므로 언어치료실 홈페이지 게시판을 통해서든 직접 전화를 이용해서든, 말더듬 문제로 인한 상담을 하게 되면 좀 더 적극적으로 다가갈 필요가 있다. 언어치료실을 찾아온다고 해서 반드시 '기나긴 치료의 여정'이 시작되는 것이 아니라는 것도 알려 주어야 한다. 오히려 초기에 언어치료사의 평가를 받아봄으로써 말더듬 문제의 악화를 방지할 수 있고 직접 중재가 아닌 부모교육이나 간접 중재를 통해 말더듬 문제를 해결할 수 있음을 알려 주어야 한다.

부모와의 상의를 통해 아동의 평가를 계획할 때에는 가능한 한 자세하고 정확한 정보를 수집해 두는 것이 좋다. 언어치료실에서 수집하는 기초적인 정보 외에 말더듬의 시작 시기와 현재 상태에 대해 자세하게 물어야 한다. 많은 경우 부모가 '말더듬' 때문에 걱정이라고 하면 언어치료사들은 그대로 받아들이고 말더듬에 대한 평가만을 준비하기 쉽다. 그러나 말더듬 문제로 찾아온 아이들 중에는 말더듬보다는 언어 문제나 인지 문제 등이 더 중요한 문제인 경우도 상당히 있다. 그러므로 부모의 '진단'에 의존해서는 안 되고, 현재 아동이 말할 때 보이는 말더듬에 대해 예를 들어 줄 것을 요구하는 등 사실을 듣는 것이 중요하다.

무엇보다 초기 말더듬은 변화무쌍하기 때문에 어느 날은 말더듬이 너무 심해 보여서 부모가 당장 치료실을 찾을 필요성을 느끼지만 어느 날은 언제 그랬냐는 듯이 괜찮아 보일 수도 있다. 이러한 이유로 유독 말더듬의 경우에는 평가 당일에 아무 연락 없이 나타나지 않는 경우가 종종 있다. 그러므로 초기 면담을 할 때 평가일 즈음에 말더듬이 줄어들어 평가 필요성이 없다고 느껴지면 반드시 미리 연락을 주도록 부탁하는 것이 좋다. 부모의 연락이 없더라도 언어치료사는 평가 1~2일 전에 반드시 다시 연락하여 아동의 최근 상태에 대해 묻고 평가를 그대로 진행할 것인지 혹은 연기할 것인지를 결정하여야 한다.

또한 아동이 이미 다른 기관에서 평가나 치료를 받은 경험이 있는지를 확인하여, 진단보고서나 치료 진전(종결)보고서 등을 가지고 오면 평가와 이후 계획 수립에 큰 도움이 된다는 것을 전해야 한다.

〈이렇게 해 보세요!〉

언어치료 실습학생의 실수	임상감독자의 조언
부모가 얘기하는 '의견'에 의존하여 실제 상태에 대한 정보를 확인하지 않는다.	부모에게 아동의 말더듬을 구체적으로 예를 들어 보도록 하고, 아동의 언어와 인지 능력에 대한 정보도 수집한다.
평가 전에 다시 평가 일시를 확인하지 않는다.	평가 1~2일 전에 전화하여 아동의 현재 상태에 대해 묻고 평가를 진행할 필요가 있는지 상의한다.

2. 평가 계획 및 실시

1) 평가 계획

평가 전에 우선 초기 면담 시 수집한 정보를 토대로 평가 계획을 세워야 한다. 언어치료 실습학생들은 잘 알려진 공식 검사에 의존하기 쉬운데, 평가 계획은 어떤 검사도구를 사용할 것인가에 초점이 맞추어져서는 안 된다. 평가해야 할 영역들이 무엇이며, 각각의 영역에서 아동의 연령과 능력에 비추어 볼 때 어떤 검사 방법을 사용할 수 있는지를 순차적으로 생각해야 한다. 장애 영역에 따라서는 표준화된 검사도구가 없을 수 있는데, 그럴 경우에는 비공식적인 검사 방법을 찾아내서 준비해야 한다. 표준화된 검사도구가 있는 영역이라 하더라도 표준화된 검사만으로 아동의 능력이나 상태를 충분히 파악하기는 어렵기 때문에 다양한 비공식적 절차를 활용하여 심화검사를 할 수 있도록 방법을 찾아야 한다.

부모가 미리 제시한 주문제가 말더듬이라 하더라도 말더듬만을 평가하려고 해서는 안 된다. 말더듬에 영향을 미치는 다른 영역들, 즉 어휘(의미), 형태/통사, 화용 영역 등을 관찰하고 평가할 수 있도록 계획하여야 한다. 간단한 평가와 관찰을 통해 문제가 발견될 경우에는 보다 정확한 검사를 하도록 계획하여야 실제 평가에서 순발력 있게 대처할 수 있다.

대상자와 가족이 치료실에 들어서는 순간부터 귀가할 때까지 각각에게 무엇을 요구하고 관찰 · 평가할 것인지를 자세하게 계획해 둘수록 시간 낭비와 불편함을 없앨 수 있다. 특히, 말더듬의 경우에는 평가시간에 아동의 현재 상태를 충분히 관찰하기 어려울 수 있으므로 부모의 이야기를 듣는 시간을 충분히 계획하는 것이 필요하다. 그리고 아동에 대한 평가 상황에 공식 검사 과제 이외의 다양한 상황(예: 부모와의 놀이, 언어치료사와의 자유놀이, 대기실에서의 낯선 사람들과의 대화 등)도 포함시켜야 한다.

평가 계획을 마치고 나면, 실시할 검사와 사례면담지 등을 꼼꼼하게 파악하여야 한다. 표준화된 검사라면 검사 지침서를 읽고 연습하여 그대로 능숙하게 시행할 수 있도록 준비한다. 비공식 검사를 계획하였을 경우에는 해당 영역에 대한 평가 방식과 과제에 대하여 많이 고민하여야 한다. 대부분의 경우 강의 교재, 관련 주제를 다룬 학위논문이나 학회지 논문에서 도움이 되는 정보를 얻을 수 있으므로 충분히 시간을 갖고 찾아보기를 권한다. 또한 사례면담지에 포함된 질문를 꼼꼼하게 읽어 보고 '말더듬'에 대한 평가에서 해당 질문이 어떤 목적으로 포함되었을지를 생각해 본다면 큰 도움이 될 것이다.

〈표 10-1〉에 말더듬의 진단평가 절차 및 준비 사항을 제시하였다.

〈표 10-1〉 말더듬 진단평가에 포함되어야 할 검사

검사 내용	준비 사항
말더듬과 관련된 공식 검사를 실시한다.	검사도구, 기록지, 녹화 및 녹음할 것
공식 검사에 포함되지 않는 상황들에서 관찰한다.	기록지, 상황에 필요한 것들(장난감, 그림책 등), 녹화 및 녹음할 것
조음기관에 문제가 없는지 살펴본다.	설압자, 펜라이트, 기록지
언어발달에 문제가 없는지 검사한다.	검사도구, 기록지
말더듬 관련 정보, 발달 관련 정보 등을 수집한다.	사례면담지

〈이렇게 해 보세요!〉

언어치료 실습학생의 실수	임상감독자의 조언
공식 검사 위주로 계획한다.	아동의 말더듬 상태를 제대로 파악하기 위해 어떤 과제를 실시하는 것이 필요한지를 생각해 본다.
비공식 검사 과제나 상황을 구체적으로 계획하지 않는다.	검사하고자 하는 영역과 목적에 적절한 과제와 상황을 구체적으로 준비한다.
말더듬 영역만 계획하느라 관련된 영역에 대한 검사를 빠뜨린다.	말더듬에 영향을 미칠 수 있는 언어 영역과 조음기관의 구조적 혹은 기능적 문제, 심리적 원인, 가정환경 등을 모두 염두에 두어야 한다.
실시할 검사의 검사 지침이나 사례면담지를 제대로 숙지하지 않는다.	미리 검사 지침을 자세하게 읽고 동료와 함께 연습해 본다. 사례면담지의 질문을 꼼꼼하게 읽어 둔다.

2) 평가 실시

평가에 필요한 검사도구와 기록지를 꼼꼼하게 챙기고 녹화할 준비를 해 둔다. 언어치료 실습학생이 말더듬 평가를 하고 보고서를 쓰기 위해서는 평가 과정을 녹화하는 것이 매우 중요하다. 아동의 얼굴을 포함한 상반신이 제대로 보일 수 있도록 캠코더의 위치와 거리 조절을 미리 해 두도록 한다. 아동을 자리에 앉힌 후에 캠코더를 조작할 경우 아동의 주의가 흐트러져서 검사의 진행에 매우 방해가 될 수 있다. 또한 캠코더의 조작 방법을 숙지하여 평가 진행 중에 방해가 되지 않도록 하여야 한다. 캠코더로 녹화하더라도 기본적인 또는 특징적인 사항을 놓치지 않고 기록해 두는 것이 도움이 된다. 예를 들어, 말한 음절 수와 발생한 비유창성 개수를 모두 헤아릴 수는 없지만 어떤 비유창성이 주로 발생하는지, 특별히 비유창성이 증가하거나 감소하는 상황이 있다면 어떤 상황인지 즉시 기록해 두는 것이 필요하다.

언어치료 실습학생은 평가 진행이 계획대로 이루어지지 않을 때 매우 어려워한다. 하지만 어떤 평가도 마음먹었던 대로 수월하게 진행되기 어렵다는 것을 기억하고 융통성 있게 순발력을 발휘하여 대처하도록 한다.

부모면담과 아동평가의 순서는 어느 것을 먼저 하는 것이 좋다고 단정 지어 말하기 어렵다. 상황에 따라 보다 수월하게 진행할 수 있는 순서를 취하여 융통성 있게 대처하여야 한다. 부모가 이전에 다른 기관에서 받았던 진단보고서나 치료 진전(종결)보고서를 가져왔을 경우에는 부모면담을 우선 실시하여 아동에게 직접 평가할 내용을 조정하는 것이 더 효율적이다. 아동이 낯선 장소와 평가자에게 적응하는 것이 어려워 보이면 부모와의 놀이를 먼저 실시한 후에 평가자와의 평가를 진행하는 것이 도움이 될 수 있다.

부모면담을 할 때 언어치료 실습학생들은 사례면담지에 쓰인 질문을 글자 그대로 묻고 부모의 보고를 그대로 받아들이는 것으로 만족하기 쉽다. 이는 아동에 대해 누구보다 잘 알고 있는 사람이 부모라고 생각하기 때문일 수도 있지만, 대부분의 경우 부모의 말에서 어떤 내용이 중요하고 중요하지 않은지, 좀 더 확인해야 할 내용은 없는지를 생각해 볼 여유가 없기 때문으로 보인다. 평가를 진행하는 언어치료 실습학생도 아직 서투르기 때문에 경황이 없을 수 있지만, 낯선 곳에 와서 자녀의 일로 평가를 받는 부모도 당황스럽기는 마찬가지다. 자녀에 대한 질문이라고 하더라도 그 질문의 의미를 충분히 이해하고 정확하고 의미 있는 답을 하는 것이 쉽지 않다. 그러므로 평가자는 부모가 작성한 사례면담지를 토대로 보다 정확하고 필요한 정보를 수집하기 위하여 면담을 진행하여야 한다. 또한 진단 결과를 설명하거나 보고서를 작성할 때에는 부모면담에서 수집한 정보가 실제 아동의 평가에서 평가자가 직접 관찰한 사실과 일치하는지도 생각하여야 한다.

언어치료 실습학생들은 공식 검사를 실시할 때만 캠코더를 켜 두거나 열심히 아동의 반응을 관찰하고 기록하기 쉽다. 하지만 아동의 실제 말더듬 상태나 가족 안에서의 상호작용 실제를 제대로 파악할 수 있는 기회는 오히려 검사 외의 시간에 주어질 수 있다. 평가실에 들고 날 때나 대기실에서의 부모와 아동 간의 대화 또는 상호작용, 평가 사이사이에 이루어지는 아동의 자발화나 반응을 유심히 관찰하고 기억하여야 한다.

흔히 평가는 치료의 시작이며, 치료는 평가의 연장이라고 한다. 아동의 상태를 정확하게 파악하기 위해서 질문을 던지고 검사 지침에 따라 정확하게 검사를 실시하는 것은 무엇보다 중요하다. 그러나 부모나 아동의 궁금증에 대해 친절하게 답해 주고, 반응할 기회를 다시 한 번 주었을 때나 단서를 제공하였을 때 또는 상황을 달리하였을 때 아동의 반응이 달라지는지를 관찰하는 것 또한 중요하다. 이러한 언어치료사의 태도는 부모와 아동에게 신뢰감을 주며 이후 이어질 치료에서의 관계 형성을 보다 수월하게 한다. 평가를 통해 우리가 알고자 하는 것이 단순히 아동의 현재 비유창성 비율이나 음절 수와 같은 수치가 아니라는 것을 기억하여야 한다. 평가를 통해 우리는 이후 아동에 대한 중재의 방향과 효과적인 치료 계획을 세울 정보를 수집하고자 하기 때문이다.

대상 아동의 말더듬의 원인과 치료 방향을 파악하기 위해서 말더듬이 어떤 요인에 의해서 출현하고 변화하는지를 관찰하여야 한다. 이를 위해서는 상황에 따라 평가자가 제시하는 무엇이 달라지고 있는지를 평가자 스스로 조절하고 깨달을 수 있어야 한다. 예를 들면, 평가자의 말 속도, 과제의 인지적 난이도, 주고받는 언어의 언어학적 수준(의미, 형태, 통사, 화용 측면 등), 제시되는 자극의 친밀성 등을 언어치료사가 의도적으로 조절할 수 있어야 한다.

말더듬을 주문제로 치료실을 방문하였더라도 아동의 말·언어 능력을 간단하게 평가하여 또래에 맞는 발달이 이루어지고 있는지 확인하여야 한다. 만약 염려되는 부분이 있다면 평가 회기를 한 번 더 계획하여 심화평가를 실시하는 것이 필요하다.

언어치료 실습학생은 말더듬을 발생시키고 지속시키는 요인 중에 '환경' 요인과 '심리' 요인이 포함되어 있음을 알고 있을 것이다. 부모면담도 환경 요인에 대한 정보를 수집할 수 있는 기회이지만, 이외에도 부모와 아동의 상호작용을 치료

실 안에서 관찰하는 것이 필요하다. 또한 아동이 치료실이나 평가자에 대해 보이는 반응이나 부모와의 상호작용에서 보이는 모습 등에서 염려되는 점이 있다면 소아정신과나 심리치료실에 보다 전문적인 평가를 의뢰하는 것이 좋다.

〈이렇게 해 보세요!〉

언어치료 실습학생의 실수	임상감독자의 조언
기기 조작에 서툴러서 검사 진행에 방해가 되고 아동의 주의 집중을 방해한다.	기기를 미리 아동의 자리와 키에 맞추어 설치해 두고, 기기 조작 방법을 여러 차례 연습하여 능숙하게 만든다.
검사 준비가 제대로 되어 있지 않거나, 절차를 숙지하지 못하였거나, 기록에 시간이 걸려서 검사를 순조롭게 진행하지 못한다.	연령에 적절한 검사도구와 검사기록지를 준비하고 사전에 충분히 검사 실시 방법을 숙지해 둔다.
부모에게 '수사관'처럼 정보를 수집하려고만 하거나, 아동에게 경직된 모습을 보인다.	부모가 걱정하고 궁금해하는 것들에 대해 친절하고 전문가답게 답해 준다. 검사 지침에 따라 정확하게 실시하면서, 아동의 수행에 대해 칭찬과 격려를 아끼지 않도록 한다.
녹화하고 있다고 해서 기록을 하지 않는다.	녹화와는 별개로 관찰되는 중요한 사항을 즉시 기록해 둔다.
평가 계획대로만 진행하려고 한다.	아동과 부모의 상황에 따라 순서나 내용을 조정하거나 다음 회기를 준비할 수 있어야 한다.
면담 시 앵무새처럼 부모의 답변을 확인한다.	부모가 이미 작성한 답변을 읽고, 추가적으로 확인할 사항과 보충할 내용을 구분하여 유익한 면담을 하도록 한다.
말더듬 문제만 평가하고 관찰한다.	말더듬에 영향을 미칠 수 있는 말·언어, 인지, 정서 부분들에도 관심을 갖는다.
말에서 드러나는 비유창성의 종류나 횟수에만 관심을 갖는다.	상황에 따른 말더듬의 변화를 살피고 아동이 말에 어려움을 느끼는지 주의 깊게 관찰한다.
평가 상황에서만 아동을 관찰한다.	평가 사이사이에 보이는 아동의 말과 태도에 중요한 정보가 담겨 있음을 기억하고 관찰한다.

3) 자료 분석하여 평가보고서 작성하기

진단보고서에는 대상자의 배경 정보, 평가 결과, 주된 문제인 말더듬 특성과 중증도, 영향을 미치는 요인, 동반장애 등을 정리하고 임상적 인상을 기술한 후 권고 사항을 제시한다. 평가 결과의 경우 표준화된 검사에서 얻을 수 있는 수치를 보고하는 것에 그쳐서는 안 되며 자세한 내용을 체계적으로 정리하여 보고하는 것이 좋다. 권고 사항은 간단하게 '언어치료 요함'이라고 적는 것보다는 구체적으로 어떤 치료 방법이 도움이 될 것인지와 중요한 치료 목표도 함께 기술하는 것이 좋다. 다음은 평가보고서 작성 시 고려할 내용들이다.

- 배경 정보에 주호소 문제와 의뢰자 혹은 의뢰기관을 밝힌다. 과거력에는 평가자가 수집한 모든 정보를 두서 없이 적는 것이 아니라 영역별로 구분하여 중요한 정보를 중심으로 기술한다. 누구에게 들은 내용인지를 구체적으로 적고, 평가자의 사견은 포함시키지 않는다.
- 검사 시 아동의 태도는 문제행동이나 염려되는 반응이 관찰되었을 경우 구체적으로 행동의 예를 들어 기술하도록 하며, 특정 분야의 전문가만이 사용할 수 있는 표현을 사용하는 것은 주의하여야 한다.
- 공식 검사 결과는 결과 수치만 쓰지 말고 과제에 따른 강 · 약점이나 공통점 등을 파악하여 기술하도록 한다.
- 주된 증상이나 특별히 심할 때 나타나는 증상 등을 구분하여 적는다. 실제 예를 함께 적는 것이 좋다. 비유창성이나 부수행동의 유형뿐만 아니라 반복 단위 수, 지속 시간, 긴장 동반 여부, 말 속도 변화 등의 자세한 양상을 관찰하여 보고한다. 대상 아동의 문제를 가장 잘 드러내 주는 측면을 수량화하여 보고한다.
- 제시한 과제의 난이도와 종류에 따라 어떤 영향을 받았는지를 전반적으로 파악하여 기술한다.
- 말더듬 외 영역에서의 관찰이나 검사 결과는 별 문제가 발견되지 않았을 경우는 '무슨 검사에서 어떤 내용을 살펴보았는데 별다른 이상이 발견되지 않았

다.' 정도로 적는다.

- 임상적 인상에는 간단하게 '말더듬' 혹은 '유창성장애'라고만 적지 말고 진전 정도와 중증도를 함께 기록한다.
- 결과 요약에는 앞에 적은 평가 결과를 반복 기술하지 않고 각각의 검사 결과에 따라 영역별로 아동이 어느 수준에 도달해 있는지, 어떤 강 · 약점이 있는지를 파악하여 정리한다.

3. 치료 계획 및 실시

1) 장단기 계획

이제 치밀하게 평가 계획을 수립하여 평가를 실시하고 여러 차례 분석과 검토를 거쳐 진단보고서를 작성한 노력이 빛을 발해야 하는 순간이다. 하지만 언어치료 실습학생은 장단기 치료 계획을 수립할 때 진단 과정에서 얻은 정보와 무관하게 치료 계획을 세우는 실수를 저지르기 쉽다. 진단 과정에서 얻은 정보와 심사숙고하여 내린 결론이 치료 계획과 유기적으로 연결되어야 대상 아동에게 가장 적절한 치료 계획을 세울 수 있음을 기억하자. 무엇보다 말더듬 치료 계획을 고민하기 전에 일반적인 치료 계획에 필요한 요건을 확인하고 공부하여야 한다. 예를 들어, 치료 계획에는 치료 목표나 목표를 달성하는 데 요구되는 절차 등이 구체적으로 포함되어야 하는데, 이러한 내용을 기술할 때 지켜져야 할 구체적인 지침을 우선 따르도록 해야 한다.

언어치료사로서 자신이 세운 치료 계획이 말더듬에 대한 자신의 견해를 대변하는 것이라는 사실을 기억하기를 권한다. '말더듬' 과목을 수강하면서 말더듬 원인론과 치료 접근법 등에 대하여 배우고 토론한 내용과 자신이 확립한 철학을 지금 활용할 수 있어야 한다. 지금 만나게 된 아동을 통해서 다시 또는 새롭게 말더듬에 대해 공부하고 다양한 치료 접근법을 탐색하고 공부하려는 열정을 보여야 한다.

연령, 말더듬 진행 정도, 말더듬에 주로 영향을 미치는 요인, 동반장애 유무 등에 따라 치료 접근법과 구체적인 프로그램을 달리 계획하여야 한다. 모든 말더듬 아동에게 적합한 하나의 치료 계획을 기대해서는 안 된다는 얘기다. 지금 내가 만나고 있는 한 명의 아동에게 필요한 치료 계획을 짜는 데 집중할수록 유능한 언어치료사가 될 수 있다.

전체 중재 기간, 치료 회기의 횟수와 길이 등도 말더듬 대상 아동과 치료기관에 따라 상당한 차이를 보일 수 있다. 집중적인 단기치료에서는 신속한 변화를 예상할 수 있지만 치료 효과의 전이가 쉽지 않고, 장기간에 걸친 치료에서는 변화가 더딜 수 있는 반면에 일상생활과의 연계가 쉬운 장점이 있다. 무엇보다 언어치료 실습학생으로서 현재 주어진 상황을 충분히 이해한 후에 치료 계획을 수립하는 것이 필요하다.

어디선가 본 듯한 모든 가능한 치료 목표를 한꺼번에 포함시키려고 하지 말고, 아동의 말더듬에 가장 영향을 미치는 것으로 보이는 요인을 찾아내어 접근하여야 한다. 예를 들어, 말더듬 치료를 계획할 때 기계적으로 말 속도 감소와 긴장 완화를 따로따로 다루려고 하기 쉬운데, 개별 대상자에 따라 특히 더 문제되는 요인을 집중적으로 다루면서 다른 요인이 어떻게 변화해 가는지를 관찰하며 조절하는 것이 효과적이다.

말더듬 치료에서는 외적으로 드러나는 증상의 감소뿐만 아니라 내면적인 증상의 감소가 중요하기 때문에 대상 아동의 내면적인 문제를 언제부터 어느 정도로 다룰 것인지 계획하여야 한다. 즉, 치료 목표로 선택하였다고 하더라도 중재 과정에서 실제로 다루는 시기나 순서를 결정하는 것이 중요하다. 아동의 특성과 반응에 따라 말에 대한 자신감과 같은 내면적 문제를 먼저 다루고 나서 외현적 증상의 감소를 다루는 것이 필요할 수도 있고, 그 반대의 순서가 필요할 수도 있다. 진단 과정에서 얻은 결론과 초기 치료에서 나타나는 반응에 따라 치료 과정을 조율하여야 한다.

말더듬 외의 문제가 동반된 아동의 경우에는 해당 영역의 목표도 함께 계획하여야 한다. 이때 가장 중요한 것은 영역에 따라 제시되는 목표나 과제의 수준이 다른 영역에 부담이 되지 않도록 조절하는 것이다.

각각의 장기목표에 따라 단계를 나누어 단기목표를 계획한다. 하나의 장기목표에 포함되는 여러 개의 단기목표는 시간의 흐름, 즉 대상자의 수행 변화에 따라 설정할 수도 있고, 여러 방향에서 동시에 접근하기 위해 설정할 수도 있다. 임상감독자로서 언어치료 실습학생에게 자신이 세운 장단기 목표의 근거를 합리적으로 설명해 볼 것을 요구하면 매우 곤란해하는데, 이는 목표를 세울 때 기존의 치료 계획서를 막연하게 참고하기 때문이다. 단기목표는 언어학적 길이나 복잡성, 말하는 상황(장소, 상대방 등), 말 속도, 제시되는 단서의 종류나 빈도 등에 따라 체계적으로 변화시키도록 한다. 치료 목표를 세울 때 실제 중재에서 사용할 치료 절차나 치료 방법, 강화 계획 역시 구체적으로 계획하여 포함시키는 것이 좋다. 이는 이후의 치료 기간 내내 작성하게 될 회기 계획에 지속적으로 반영되어야 하기 때문이다.

말더듬 아동의 경우에는 선택하는 치료 방법에 따라서, 즉 직접치료와 간접치료 간에, 그리고 유창성 형성법, 말더듬 수정법, 통합적 접근법에 따라서 장단기 목표가 사뭇 다를 수 있다. 그러므로 언어치료 실습학생은 치료에 관한 책자나 치료 계획서를 참고할 때 전반적으로 어떤 치료 방법에 근거하여 쓰였는가를 우선 논리적으로 생각하여야 이해 가능하고 설득력 있는 치료 계획을 수립할 수 있다.

〈이렇게 해 보세요!〉

언어치료 실습학생의 실수	임상감독자의 조언
진단 과정에서 얻은 정보나 결론과 무관한 치료 계획을 세운다.	진단 과정에서 얻은 정보와 결론과 유기적으로 연결된 치료 계획을 세운다.
모든 말더듬 아동에게 쓰일 수 있는 치료 계획을 세운다.	해당 아동에게 필요한 개별화된 치료 계획을 세운다.
말더듬에서 가능한 모든 치료 목표를 포함시킨다.	해당 아동의 말더듬에 가장 영향을 미치는 요인부터 접근한다.
외적으로 드러나는 증상에만 집중한다.	내면적인 문제가 있다면 언제, 어떻게 다룰 것인가를 계획한다.
말더듬에 관련된 목표만을 포함시킨다.	여러 가지 언어 영역과 조음 영역 등에서 필요한 목표도 함께 포함시킨다.
장기목표 아래의 단기목표를 기계적으로 계획한다.	장기목표에 도달하기까지의 과정을 논리적으로 계획한다.

함께 계획하기 어려운 치료 접근법이나 프로그램 등을 섞어 놓는다.	자신의 말더듬에 대한 견해를 분명하게 하고 해당 아동에게 어떤 치료 접근을 할 것인지를 결정한 후 일관성 있는 계획을 세운다.

2) 회기 계획

장단기 목표와 현재 아동의 수행 정도에 근거해서 회기별 치료 목표를 설정한다. 언어치료 실습학생들의 경우 한 회기에 치료 목표를 여러 개 설정하는 경우가 많은데, 이는 회기에 실시할 활동 하나에 여러 목표를 한꺼번에 기술하기 때문이다. 여러 가지 목표를 염두에 둘 수 있는 활동이라고 하더라도 이번 회기에 어떤 영역의 목표를 위해 실시하는 활동인가를 생각해야 한다.

어느 영역의 치료에서나 마찬가지로 치료 목표에는 자극 유형(stimulus type), 과제 방법(task mode), 반응 수준(response level)이 포함되어야 하며, 이 세 가지의 변화에 의해 '위계(hierachy)'가 구성된다. 아동에게 목표 반응을 유발하기 위해 사용할 자극의 종류는 직접적인 신체적 도움, 사물이나 사진, 그림과 같은 구체적인 도구부터 말이나 글자와 같은 상징적인 도구까지 다양하기 때문에 치료 단계에 따라 적절한 것을 선택하여야 한다. 현재 회기에서 목표 반응을 얻기 위해 언어치료사가 제공할 도움이 어느 정도인가에 의해 과제 방법이 달라질 수 있는데, 예를 들어 모방, 단서/촉진 제공, 자발적 수행 등이 있다. 목표 반응 수준은 말의 길이와 복잡성의 증가에 따라, 또 상황의 위계에 따라 달라질 수 있다.

치료 목표 문장을 기술할 때는 언어치료사가 대상자에게 기대하는 구체적인 행동, 그 행동이 나타나야 하는 조건, 성취해야 하는 기준을 포함시켜야 한다. 이렇게 해야만 실제 치료에서 아동의 수행을 구체적으로 평가하고 치료 효과를 보고할 수 있다. 막연하게 치료 목표를 기술하게 되면 실제 치료에서 언어치료사가 대상자에게 무엇을 기대하는지가 불분명하며 언어치료사 자신도 대상자에게 어떤 도움을 줄지가 불분명하기 때문에 일관성 없는 치료를 하게 되기 쉽다. 목표 문장의 예로 '아동은 20개의 그림카드 중에 10개 이상을 자발적으로 말 속도를 지켜(1초에 3음절) 이름(낱말)을 말할 수 있다.'를 들 수 있다.

한 회기에 포함시키는 치료 목표를 1~2개로 제한하되 여러 가지 활동에서 다양하게 연습할 수도 있고, 여러 영역의 치료 목표를 한 회기에 포함시켜 적절한 활동을 계획할 수도 있다. 아동의 연령, 주의 집중 정도, 문제 영역의 개수 등에 따라 선택하여야 한다.

언어치료 실습학생의 경우에는 지난 회기에 대한 구체적인 비교 없이 다음 회기 치료 목표를 높여 설정하는 경향이 있는데, 반드시 지난번 회기에 나타난 대상자의 목표 수행 결과에 근거하여 치료 목표를 조절하여야 한다. 지나치게 쉽거나 어려운 목표는 대상자의 흥미와 성취감을 떨어뜨릴 수 있기 때문에 주의하여야 한다.

3) 치료 방법

어느 영역에서나 마찬가지겠지만, 말더듬을 치료하기 위해서는 사람의 변화를 끌어내고자 할 때 일반적으로 사용할 수 있는 방법과 말더듬 영역에서 특별히 사용되는 방법을 모두 이해할 필요가 있다. 언어치료 실습학생이 대상자로부터 목표하는 변화를 충분히 끌어내기 어려운 것은 사람을 대할 때 요구되는 기본적인 치료 절차와 치료 행동을 이해하지 못한 채 특정 영역에서 요구되는 절차나 행동만을 적용하려 하기 때문이다. 하지만 관계 형성과 치료 동기 부여, 성취감 고취 등은 구체적인 말더듬 치료 방법보다 더 우선하여 중요하게 다루어야 한다.

말더듬 치료는 우선 직접치료를 할 것인가 간접치료를 할 것인가에 의해 방법이 많이 달라진다. 간접치료를 실시할 경우에는 아동보다는 부모와 환경에 더 집중하게 되며, 언어치료사는 부모와 아동의 다양한 상호작용을 관찰하고 부모의 행동에 대해 구체적인 피드백을 주게 된다. 그리고 부모와 아동의 상호작용에 참여함으로써 목표 행동을 모델링해 주는 것이 필요하다. 간접치료에서는 무엇보다 부모가 자신감을 갖고 성취감을 느끼게 하는 것이 중요하다.

직접치료에서는 우리가 흔히 말하는 '유창성 형성법' '말더듬 수정법' '통합적 접근법' '인지적 재구조화' 등의 다양한 치료 방법을 사용할 수 있다. 치료 목표와 치료 방법은 언어치료사의 견해에 따라 논리적 설명이 가능하도록 연결되어야 하며, 실제 치료에서 대상자에게 적용해 본 후에 가장 적절한 방향으로 융통성 있게 수정되어야 한다. 언어치료 실습학생이 어떻게 지시 또는 설명하고 모델링을 할 것인가를 구체적으로 계획하고 자연스럽게 진행할 수 있도록 수차례 미리 연습해 본다. 예를 들어, 기류의 관리, 부드러운 발성의 시작, 음절 연장을 통한 말 속도 감소 등을 어떻게 설명하고 모델링할 것인지 충분히 연습해 본다. 대상자의 수행에 대해 어떤 피드백을 주고 어떤 강화 계획을 적용할 것인지도 치료 단계에 따라 달리하여야 한다. 이 모든 사항을 자세하게 계획할수록 효율적이고 성공적인 치료를 할 수 있다.

4) 치료 활동

언어치료 실습학생들이 작성한 회기계획서를 살펴볼 때 가장 안타까움이 많은 부분이 '치료 활동'이다. 언어치료 실습학생은 오랜 시간 고심하여 장단기 치료 목표를 설정하였지만 정작 치료 목표와 치료 활동이 어울리지 않는 경우가 많다. 더 정확하게 얘기하자면, 치료 활동 부분만 떼어서 읽었을 때 치료 목표를 짐작하기 어렵고 언어 치료 계획으로 보기 어려운 경우가 많다. 어떤 과제나 놀이를 할 것인지만을 기술하는 것으로는 불충분하며, 선택한 활동을 통해 치료 목표를 어떻게 성취할 것인지, 언어치료 실습학생과 대상자가 각각 무엇을 어떻게 할 것인지를 구체적으로 기술해야 한다.

한 회기에 실시하는 활동은 회기 길이에 따라 다르겠지만, 대부분 3~4개 정도가 적당하다. 활동은 아동이 흥미를 느낄 수 있는 것으로 선택하고, 지루하지 않을 정도의 시간 내에 마치도록 하고, 지나치게 쉽거나 어렵지 않은 것이 좋다. 말더듬의 경우에는 활동을 통해 어느 정도의 길이와 복잡성을 지닌 말을 하게 될 것인가를 충분히 계획하여야 하고, 어느 정도의 인지적 · 심리적 어려움을 부과할 것인지 위계를 설정하여야 한다. 겉으로 볼 때 같은 활동이라고 하더라도 이러한 위계에 따라 사뭇 다른 치료 목표를 다룰 수 있다.

〈이렇게 해 보세요!〉

언어치료 실습학생의 실수	임상감독자의 조언
활동 하나에 여러 가지 목표를 설정한다.	여러 가지 목표가 가능한 활동이더라도 실제 회기에는 한두 가지 목표로 제한한다.
한꺼번에 다룰 수 없는 목표를 제시한다.	현재 단계에서 함께 다룰 수 있는 목표인지를 생각해 본다.
목표 문장이 구체적이지 않다.	관찰 가능한 행동과 조건, 기준을 구체적으로 기술한다.
무조건적으로 이전 회기에 비해 높은 치료 목표를 설정한다.	지난 회기에 나타난 대상자의 목표 수행 결과에 근거하여 치료 목표를 조절한다.
말더듬 치료 기법만을 적용한다.	치료 전반적으로 요구되는 절차를 우선 이해한다.
치료 목표와 치료 방법이 유기적으로 연결되지 않는다.	목표하는 행동을 효율적으로 증가·감소시킬 수 있는 방법인지 충분히 생각한다.
치료 활동을 언어치료 계획답게 기술하지 않는다.	선택한 활동 속에서 언어치료 실습학생과 대상자가 어떤 행동을 함으로써 치료 목표를 성취할 것인지가 드러나도록 기술한다.
한 회기에 너무 적거나 많은 활동을 계획한다.	지루하거나 부담스럽지 않도록 활동의 길이와 가짓수를 계획한다.

5) 치료 실시

성공적인 치료는 '대상자가 즐거움을 느낄 수 있고 매번 성취감을 느끼고 돌아갈 수 있을 때' 가능해진다. 언어치료 실습학생은 치료 계획대로 치료를 진행하고자 하는 의욕이 앞서기 때문에 의도하지 않게 대상자를 힘들게 할 수도 있다. 치료를 진행하면서 대상자의 수행이나 이해가 예측했던 대로 이루어지지 않을 때에는 치료 활동 자체를 바꾸거나 그 순서를 바꾸어 보거나 목표 수준을 낮추는 등과 같이 융통성 있게 대처해야 한다.

우선, 아동의 연령과 지적 능력에 적절한 언어와 자료를 이용하여 목표 행동과 활동 내용을 설명해 주고, 일관성 있게 정확한 모델링을 해 주어야 한다. 아동이 이해했는지 확인하기 위해 바로 따라 해 보도록 하거나 설명해 보도록 할 수도 있다. 아동의 수행에 대해 적절한 순간에 촉진해 주고, 구체적으로 피드백을 줌으로

써 수행을 효과적으로 향상시킬 수 있어야 한다. 언어치료 실습학생은 아동의 부정확한 수행에 대해서도 '잘했어'와 같은 칭찬을 하기도 하는데, 이는 바람직하지 않다. 정확하고 구체적인 피드백은 아동의 수행을 향상시킬 수 있으며 가장 효과적인 강화 수단이 될 수 있다. '네가 방금 말한 방식은 선생님이 원하는 것과 다르다.'는 메시지 자체가 위험한 것이 아니라 그것을 전달하는 언어치료 실습학생의 태도가 아동에게 더 큰 영향을 미친다는 것을 명심하기를 바란다. 아동의 수행에 대해 피드백을 줄 때 반드시 기억해야 할 것은 오늘의 치료 목표, 즉 성공 기준이 무엇인가 하는 것이다. 성공 기준에 따라 동일한 수행에 대해서 주어질 수 있는 피드백은 달라질 수 있다. 예를 들어, 초당 3음절의 말 속도가 목표 행동일 때 초당 4음절의 말 속도로 말한 경우에는 '이번엔 조금 빠르게 말했구나. 다시 좀 더 천천히 말해 보겠니?'와 같은 피드백을 줄 수 있다. 반대로 초당 2음절의 말 속도로 말했다면 '아주 천천히 잘 말할 수 있구나. 하지만 이제는 조금 더 빨리 말해 보기로 하자. 다시 말해 보겠니?'와 같은 피드백을 줄 수 있다. 이러한 형성 과정(shaping)을 통해 아동이 최종적인 치료 목표에 도달하도록 도울 수 있다.

언어치료사와 대상자 간의 좋은 관계는 어떤 것일까? 아동의 의사를 충분히 반영하고 아동의 호기심과 흥미를 불러일으키는 활동을 진행하더라도 언어치료사의 의도를 벗어나는 상황이어서는 바람직하지 않다. 언어치료 실습학생이 아동의 요구에 끌려가면서 좌절감을 경험하고 있다면 대상 아동의 특성을 정확하게 파악하고 어떻게 바람직하지 않은 요구나 행동을 감소시킬 것인지 그 해결책을 찾아야 한다.

언어치료 실습학생은 대상 아동의 반응과 함께 언어치료사의 행동을 주의 깊게 모니터링해 보아야 한다. 물론 임상감독자의 직·간접적 감독을 통해 조언을 들을 수 있지만, 자기 스스로 치료 장면을 녹화하여 자신의 모습을 관찰하고 모니터링하는 것도 언어치료사로서의 능력을 향상시키는 데 도움이 된다.

〈이렇게 해 보세요!〉

언어치료 실습학생의 실수	임상감독자의 조언
의욕이 앞서서 대상자를 힘들게 한다.	치료할 때 대상자의 반응을 주의 깊게 관찰하고 융통성 있게 대처한다.

대상 아동에게 무엇을 할지 분명하게 설명하지 못한다.	아동이 이해할 수 있도록 일관성 있고 정확하게 활동을 설명하고 목표 행동을 모델링한다.
부정확한 반응에 대해서도 칭찬한다.	정확하고 구체적인 피드백을 친절하게 전달하는 것이 효과적이다.
아동의 주장이나 요구를 적절하게 거절하지 못한다.	언어치료 실습학생의 계획이나 의도를 벗어나는 요구를 받아들이지 않도록 하고, 아동이 참여하고 싶은 치료 활동을 계획하는 데 집중한다.
자신이 어떤 치료 행동을 하는지 잘 알지 못한다.	언어치료 실습학생 자신의 행동도 대상 아동의 반응처럼 주의 깊게 모니터링하고, 감독자의 조언을 적극적으로 수용한다.
아동이 지루해하거나 이해하기 어려운 활동을 계획한다.	대상 아동의 인지적 · 심리적 특성을 고려하여 활동을 계획한다.

6) 회기별 진전 노트 작성하기

치료하면서 아동의 반응을 정확하게 기록하여야 한다. 기록은 치료의 효과나 효율성을 정확하게 파악하고 보고하기 위해서 반드시 필요하다. 시간을 최대한 절약하면서 필요한 정보를 놓치지 않기 위해서는 치료 전에 미리 각 목표 행동의 관찰 방법에 적절한 기록지를 개발하고 나름의 기록 방법을 찾는 것이 필요하다. 예를 들어, '자발적으로 부드럽게 발성을 시작하여 말하기를 10회 이상 지킬 수 있다.'가 목표라면, 목표 행동이 출현할 때마다 횟수를 표시할 수 있다. 또 '자발적으로 부드럽게 발성을 시작하여 말하기를 90% 이상 지킬 수 있다.'가 목표라면, 기회가 주어질 때마다 수행 여부를 기록하여 활동 종료 후에 비율을 산출해서 기록해야 한다. 치료 목표를 정확하게 이해하고 대상자에게 기대하는 목표 행동을 치료 계획서에 분명하게 기술하였을 때 정확하고 적절하게 기록할 수 있다.

마찬가지로 대상자나 부모에게도 숙제를 내줄 때 구체적으로 기록해 오도록 하는 것이 좋다. 치료 목표와 과제에 따라 적절한 기록지를 고안하여 제공하고 가정이나 학교, 직장에서 행동을 관찰하고 기록하여 보고하도록 하면 치료 효과의 전이와 일반화 정도를 보다 구체적으로 파악할 수 있다.

치료보고서 혹은 진전 노트에는 목표 행동을 중심으로 기록하는 것이 우선이지만 해당 회기의 목표 행동이 아니더라도 의미 있는 반응의 경우에는 따로 비고란에 기록해 두었다가 다음 회기에 참고하여 반영하도록 한다. 치료하는 동안에 예상대로 잘 진행되지 않은 상황이 있거나 좋은 아이디어가 떠올랐을 경우에도 비고란에 기록해 두었다가 다음 회기 계획에 참고하도록 한다.

〈이렇게 해 보세요!〉

언어치료 실습학생의 실수	임상감독자의 조언
치료 시 일어나는 일을 기록하지 않는다.	치료 목표에 관련된 반응을 주로 기록하고, 그 밖의 반응이더라도 의미 있는 것들을 기록한다.
무엇을 관찰하고 어떻게 기록할지 미리 계획하지 않는다.	목표 행동과 진전 단계에 따라 관찰 및 기록 방법을 미리 계획한다.
이전 회기에 내 준 숙제에 대한 피드백을 주지 않는다.	숙제에 따라 기록지를 고안하여 제공하고 치료를 시작할 때 숙제 수행에 대한 피드백을 준다.
이전에 했던 실수를 반복한다.	치료를 방해하거나 수월하게 하는 아동의 문제행동이나 특성을 기록해서 다음 회기에 참고한다.

4. 진전(종결)평가

언어치료 실습학생들은 언어임상실습을 마치기 전에 대상자의 진전 정도를 평가하여 진전보고서를 제출하여야 한다. 장단기 목표별로 초기 평가 시 대상자의 수준이 어떻게 변화하였는지를 보고한다. 장단기 목표에 완벽하게 도달하지 못하였더라도 어떤 변화가 있었는지를 구체적으로 기술하는 것이 중요하다. 진전평가 시에는 초기 평가와 동일한 평가를 실시할 수도 있고 학습 효과를 피하기 위해 동일한 목적으로 개발된 다른 검사나 비공식 검사를 실시할 수도 있으나 장단기 목표에 따른 변화를 측정하기에 가장 적절한 방법을 선택하는 것이 중요하다. 진전보고서에는 진전 정도뿐만 아니라 치료 종결 여부, 이후 치료의 방향과 새로운 장기목표 제언 등을 포함시킬 수 있다.

언어치료 실습학생으로서 언어임상실습을 할 때 가장 요구되는 태도는 학위 과정에서 배운 이론 지식을 어떻게 실제 임상과 연결 지을 것인지 고민하고 탐구하는 것이다. 임상실습 과목은 학위 과정에서 이수해야 하는 어떤 과목보다 어렵고 많은 시간을 요구한다. 하지만 졸업 후 임상현장에 나가서 모든 임상적 결정을 혼자 내려야 할 때 느끼게 될 막중한 책임감을 상상해 본다면 임상감독자와 함께하는 언어임상실습은 매우 소중한 기회임을 깨닫게 될 것이다. 또한 말더듬 아동이나 성인, 그리고 그 가족과 함께하는 동안에 언어치료 실습학생 역시 성장하고 변화하는 기회를 갖게 될 것이다.

사례. 초기 말더듬 아동

기본 정보 및 현행 언어 수준

○○(6;2)는 유창성장애를 주문제로 치료실을 방문하였다. 어머니의 보고에 의하면 ○○의 발달은 전반적으로 정상적이었다고 한다. 아동의 말더듬은 작년 6~7월경에 할머니가 발견하였다. 질문에 대답하거나 익숙하지 않은 낱말을 말할 때, 질문할 때, 가족에게 말할 때 더 심해진다고 한다. 말더듬 행동의 유형으로는 첫 음절 반복이 두드러지며, 아동 자신은 자신의 말더듬에 대해 인식하지 못하거나 무관심한 것 같지만, 의도한 대로 말이 잘 나오지 않을 때 얼굴을 찡그리거나 책상을 치는 등의 부수적인 행동도 나타난다고 하였다. 검사 결과 주문제인 말더듬은 심한 정도였다. 대부분의 상황에서 '반복' '막힘' '연장' '낱말 단절' 등의 핵심적 비유창성 유형이 단순하게 또는 복합적으로 자주 나타나고 있으며, '삽입' '중단된 말' '수정' 등의 정상적 비유창성 유형도 나타났다. 부수적인 행동으로는 몸 흔들기, 얼굴 찡그리기, 숨 들이마시기, 책상 두드리기 등이 다소 눈에 띄게 관찰되었다.

평 가

○○에게 실시한 평가는 다음과 같다.

- 그림어휘력검사(김영태 외, 1995)
- 취학 전 아동의 수용언어 및 표현언어 발달척도(PRES; 김영태, 성태제, 이윤경, 2003)
- 언어문제해결력 검사(배소영, 임선숙, 이지희, 2000)
- 파라다이스-유창성 검사(심현섭, 신문자, 이은주, 2004)

장단기 목표

○○에게 6주간의 간접치료 후 직접치료를 실시하였다. 치료 목표로 ERA-SM(Easy, Relaxed Approach with Smooth Movements)의 자발적인 사용과 양육 및 언어 환경 개선을 선정하였다. 아동의 연령과 말더듬 정도를 고려하여 간접치료를 먼저 실시하되, 유지 및 관찰 기간을 두지 않고 곧바로 이어서 직접치료를 실시하였다. 다음은 ○○의 장단기 목표 중 일부다.

- 장기목표 1. 가족과 대화할 때 도움 없이 ERA-SM을 지켜 98% 이상 유창하게 말할 수 있다.
- 단기목표

1-1. 언어치료사의 도움 없이 낱말 수준에서 ERA-SM으로 98% 이상 유창하게 말할 수 있다.

1-2. 언어치료사의 도움 없이 구문과 문장 수준에서 ERA-SM으로 98% 이상 유창하게 말할 수 있다.

1-3. 언어치료사의 도움 없이 대화와 혼자 이야기 상황에서 ERA-SM으로 98% 이상 유창하게 말할 수 있다.

• 장기목표 2. 부모(주양육자)가 아동의 말더듬을 증가 · 감소시키는 요인을 이해하고 아동의 환경을 개선할 수 있다.

• 단기목표

2-1. 정상적인 말 · 언어 발달 과정과 정상 비유창성에 대한 지식을 습득한다.

2-2. 아동의 말더듬을 관찰함으로써 말더듬이 증가되고 감소되는 상황을 찾아낼 수 있다.

2-3. (부모와 아동의) 상호작용을 관찰하여 아동의 말더듬에 영향을 미칠 수 있는 (부모 자신의) 구어적 · 비구어적 행동 특성을 언어치료사의 도움 없이 찾아낼 수 있다.

2-4. 상호작용 시 언어치료사의 도움 없이 말더듬 유발 요인을 감소시키고 유창성을 증진시킬 수 있는 행동을 취할 수 있다.

치료 활동 예

1. 여러 가지 말하기 방법이 있다는 것을 다양한 비유를 통해 알게 하고, ERA-SM을 다른 방법과 대조하였을 때 변별하게 한다. 아동과 다양한 말하기 방법과 그 예를 얘기해 본다. 나비, 호랑이, 배추벌레, 토끼, 사자 흉내 내기를 해 본다. 어느 것이 쉽고 어려운지 얘기를 나눈다. 아동에게 말하기가 힘든지 쉬운지 묻고, 만약 힘들다면 언제 힘이 드는지, 말하기 힘든 이유는 무엇이라고 생각하는지 대화해 본다.
2. 아동 스스로 말하는 방법을 조절할 수 있게 한다. 언어치료사와 게임을 하면서 ERA-SM을 지킬 때와 지키지 않을 때를 서로 모니터링한다. 미리 같은 개수의 토큰을 나누어 가진 후에 ERA-SM을 지키지 않을 때에는 상대방의 토큰을 뺏어갈 수 있도록 한다. ERA-SM을 지켰을 때에는 스스로 토큰함에서 파란색 토큰을 가져갈 수 있다.
3. 낱말 수준에서 시작하여 운반구(carrier phrase), 문장, 이야기하기 등의 수준까지 ERA-SM으로 말하게 한다. (운반구 수준에서 실시한 활동의 예: 차고 그림을 아동에게 주고 오토바이, 자전거, 트럭, 버스 등 다양한 교통기관 그림을 언어치료사가 갖는다. 언어치료사가 가게 주인 역할을 맡아 아동이 '오토바이 주세요.'라는 식으로 ERA-SM으로 말하였을 때 해당 그림을 주어 차고에 붙이게 한다.)
4. 부모로 하여금 1주일 동안 가정에서 아동의 말더듬을 관찰하고, 어떤 상황에서 말더듬이 나타나는지 관찰기록지에 구체적으로 기록하게 한다. 어떤 이유로 말더듬이 발생하였는지 생각해 보고 그 이유를 함께 기록해 오도록 한다.
5. 상호작용 프로파일을 이용하여, 아동과 상호작용할 때 부모 자신의 상호작용 행동을 관찰하고 분석할 수 있도록 한다.
6. 매일 최소 5분 이상의 '바람직한 상호작용 시간'을 여러 차례 갖도록 한다. 과제기록지를 이용해 아동의 변화와 부모 자신의 변화에 대해 자세하게 기록하도록 한다.

제11장
음성장애

음성의 문제는 우리 주변에서도 쉽게 관찰될 수 있다. 아기가 아닌 다음에야 살아오면서 음성의 문제를 경험해 보지 않은 사람은 없을 것이다. 음성장애는 한 사람의 일생 전체를 비추어 볼 때 그야말로 발생률 100%의 질환이다.

그러나 음성장애로 인하여 음성치료를 받는 사람의 수는 많지 않다. 약물치료나 수술적 처치, 즉 의학적 처치를 받는 사람들은 많겠지만 음성치료를 받는 사람은 많지 않다. 이는 음성치료에 대한 무지 때문일 수도 있으나 더 큰 이유는 음성 문제를 심각하게 생각하지 않는 것에도 원인이 있다. 음성에 문제가 생겼다고 해서 사회생활을 못할 이유는 없기 때문에 상대적으로 치료에 대한 의욕이 낮다. 그러다 보니 음성치료를 받는 환자도 적고, 치료가 끝나서 종결하게 되는 환자는 더욱 적다.

이러한 환자를 어떻게 평가하고 치료를 진행할 것인가? 이 장에서는 이에 대해 생각해 본다.

1. 초기 면담

음성장애가 의심되는 환자는 쉽게 구분해 낼 수 있다. 일상생활에서 우리는 "너, 목소리가 안 좋은 것 같다."라든가 "너, 목소리가 왜 그래?"라는 말들을 수도 없이 해 왔다. 그러므로 목소리에 변화가 왔다는 것은 굳이 전문가가 아니라도 쉽게 알아차릴 수 있다.

그러한 환자들이 병원 외래를 거치지 않고 음성치료실로 바로 오는 경우는 최소한 국내에서는 없다고 봐도 무방하다. 국내에서는 거의 모든 음성치료실이 병원 안에 개설되어 있다. 음성장애의 시작과 종료가 의사와 더불어 이루어지기 때문에 원활한 평가와 치료를 위해서도 음성치료실은 병원 안에 위치해 있는 것이 좋다. 따라서 음성치료실에 음성 문제를 가지고 방문하게 되는 환자들은 대부분 의사의 진료를 받고 온다.

만약 의사의 진료를 받지 않고 온 환자가 있다면(상담을 위해 방문하는 환자들은 그럴 수도 있다) 의사의 진료부터 받도록 권한다. 가볍게는 후두염부터 심각하게는 후두암까지, 음성에 문제가 있는 환자는 거의 모두가 쉰 목소리를 낸다. 목소리만 듣고 진단을 내릴 수 있는 경우는 없다. 물론 성대구증(sulcus vocalis)의 경우에는 목소리만 듣고도 그 병명을 짐작할 수 있지만 그것만으로 확정 지을 수는 없다. 의사의 진료를 받아야 음성치료를 고려할 만한 대상인지의 여부를 판단할 수 있다.

이미 진료를 받고 방문한 환자라면 진단명을 확인하도록 한다. 진단명이 평가나 치료를 하는 데 절대적이지는 않지만 효과적인 참고자료가 될 수 있다. 그러나 진단명을 모른 채로 음성치료실에 오는 환자도 많다. 그러한 경우에는 환자가 가지고 있는 병에 대해 어떤 설명을 들었는지 말해 보도록 한다. 그 대답으로도 진단명을 파악하기가 어렵다면 그쯤에서 그만둬라. 후에 환자 기록으로 확인해도 충분하다.

음성치료실에 오는 환자들이 가장 먼저 물어보는 질문은 대개 음성치료가 무엇인가, 그리고 치료는 되는 것인가 하는 것이다. 이 질문에 대해 얼마나 성실하게, 전문가답게 설명해 주느냐가 언어치료사에 대한 환자의 신뢰 정도를 결정한다. 음성에 문제가 있는 환자들은 다른 장애가 동반되어 있지 않는 한, 지적 능력이 정상이고 언어치료사보다 똑똑한 환자도 많다. 따라서 지금 내 앞에 있는 언어치료사가 실력이 있다고 판단되어야 치료를 받아 보려고 할 것이다. 초기 면담이라고 가볍게 생각하면 안 된다.

음성 문제를 치료받기 위하여 방문한 환자가 아주 어리다면 어떻게 해야 할까? 필자의 경험으로 보건대, 만 6세 이전의 아이들에게는 음성치료의 효과가 크지 않다. 물론 치료를 하면 증세가 약간 호전되기는 하지만 완치를 기대하기는 어렵다. 그렇다고 해서 문제가 있어서 병원을 찾은 환자를 아무런 조치도 취하지 않은 채 몇 년 뒤에 오라고 할 수는 없다. 그렇다면 어떻게 해야 하는가? 어린 아이라고 해도 마이크에 대고 목소리를 내는 정도는 충분히 할 수 있으므로 평가는 할 수 있다. 평가 과정을 통하여 아동의 음성 상태를 설명해 주고, 음성위생(vocal hygiene) 지침을 전달해 주도록 한다. 아동의 음성 문제는 대부분 음성의 오남용에 기인하므로 이 음성위생만 준수하도록 해도 어느 정도의 개선을 기대할 수 있으며 최소한 악화는 되지 않는다.

직장 문제로 시간을 낼 수 없다는 성인 환자에게는 뭐라고 해야 할까? 최소한 평가는 받도록 권해야 한다. 아무리 직장에 매어 있다고 해도 평가를 받으러 올 시간 정도는 낼 수 있다. 음성에 대한 평가를 실시하고 음성위생 지침을 전달해 준다. 그리고 1~2개월이 지난 후 다시 한 번 음성치료실에 오도록 권한다. 그때 어느 정도의 진전이 있으면 계속 음성위생을 준수하는 것만으로 충분할 수 있지만, 그렇지 않다면 언어치료사의 직접적인 치료가 필요하다는 것을 알려 준다.

한편으로 음성전문가가 듣기에도 목소리에 별 문제가 없는 것으로 판단되는 환자가 대단한 열의를 가지고 치료를 받으러 오기도 한다. 'Reality distance'라는 말이 있다. 말 그대로 사실과의 괴리를 뜻한다. 성인 음성장애 환자 중에 특히 이런 경우가 많다. 전문가가 듣기에도 음성의 문제가 없는 것 같은데 자기 스스로는 문제가 심각하다고 생각하는 환자들이 이에 속한다. 왜 이런 괴리가 생기는가? 그 이유는 '환자가 느끼는 음성 산출의 불편감'에 있다. 후두에 문제가 생기면 설혹 그 문제가 심각하지 않다고 해도 목소리를 내기가 편하지 않다. 이 환자들은 그러한 불편감을 자신의 음성 문제에 부가시켜 생각하기 때문에 자기 문제가 심각하다고 생각한다. 그러한 불편감의 문제는 환자 자신이 아니면 알 수가 없는 문제다. 아무리 언어치료사가 알 수 없는 문제라고 해도 환자 자신이 목소리를 내기가 불편하다면 그 역시 치료해야 할 대상이 된다. 다른 환자와 똑같이 평가하고 치료해야 한다.

2. 평가 계획 및 실시

1) 평가 계획 및 준비

음성 문제에 대한 평가는 대개 면담, 음성 녹음, 청지각적 평가와 기계적 평가로 진행된다. 대부분의 병원은 음성평가에 대한 프로토콜을 가지고 있고, 이 프로토콜은 대개 병원이 보유하고 있는 음성평가 기기에 따라 달라진다. 다시 말하면, 사용하는 기기를 제외하면 프로토콜에는 큰 차이가 없다는 것이므로 특별한 경우가 발생하지 않는 한 그에 따라 진행하면 된다.

면담은 대개 병원마다 가지고 있는 기록지에 기록을 하면서 진행되므로 기록지를 준비해 두도록 한다. 녹음을 위해서는 녹음기와 마이크를 준비하고 작동에 문제가 없는지 사전에 확인해 두도록 한다. 기계적 평가 역시 사용할 기기에 문제가 없는지 사전에 확인한다. 만약 다루어 본 적이 없는 기기라면 사전에 충분히 연습해 두어 미숙한 모습을 보이지 않도록 한다. 대부분 동일한 음성평가 기기를 두 대 이상 가지고 있는 경우는 거의 없으므로 다른 언어치료사 혹은 의사의 검사 일정과 중복되지 않는지도 확인해 두도록 한다.

2) 평가 실시

면담에서는 환자의 배경 정보, 병력 및 수술력, 음성에 대한 환자 및 주변인의 견해, 음성 사용 사례에 대한 정보를 얻도록 한다. 환자가 말하는 내용뿐 아니라 그 말을 할 때의 음성 산출 습관, 특징 등을 함께 기록해 두는 것이 좋은데, 이때 가능하면 환자와 약간 떨어져서 기록하는 것이 좋다. 환자가 유심히 쳐다보고 있는 상황에서 "자신의 상황을 변호하기 위해 불필요한 말이 많아지곤 한다."와 같이 안 좋은 습관을 기록하기는 쉽지 않기 때문이다. 면담을 하면서 환자의 음성 음도, 강도, 음질에 대해서도 판단해 보도록 하며, 말할 때 목에 힘을 준다든가 헛기침을 자주 한다든가 등의 음성 산출과 관련된 습관도 함께 기록한다.

음성장애 환자, 특히 음성 남용으로 성대에 문제가 생긴 환자들은 '상당히' 말이 많다. 그것 때문에 성대에 문제가 생긴 환자들이니, 검사 상황이라고 해도 여전히 말이 많다. 그러나 그들이 하는 말 중에는 예기치 못한 유용한 정보가 들어 있기도 하므로 무조건 차단하면 안 된다. 그리고 대부분의 환자는 말하는 것 자체를 좋아하기 때문에 시간상의 이유로 이를 자주 차단하면 급기야는 반감을 갖게 된다. 이는 라포 형성 차원에서도 좋지 않은 일이다. 그렇다고 해서 그냥 두면 시간 낭비가 된다. 어떻게 해야 친밀감 형성을 방해하지 않으면서 시간 낭비도 하지 않을 수 있을까? 불필요하게 말이 길어진다 싶으면 적절한 곳에서 주의를 환기시키고 검사 상황으로 돌아오도록 한다. 병원에 따라서는 시간에 따라 평가비용이 달라지기도 하는데, 이런 세팅에서는 그 점을 상기시켜 주는 것도 좋은 방법이다.

면담을 하는 동안은 녹음을 할 필요가 없을까? 면담하는 동안의 녹음 및 녹화는 이상적인 일이다. 하지만 현실적으로는 쉽지 않다. 그러므로 자발화를 할 때와 문단 낭독을 할 때 음질이 확연히 차이가 나는 경우가 아니라면 면담 상황을 모두 녹음 및 녹화하지는 않는 것이 보통이다.

면담 상황을 모두 녹음해 둘 필요는 없지만, 음성이란 즉시적이고 찰나적인 것이기 때문에 어느 정도 치료가 진행되면 환자 스스로도 자신의 목소리가 이전에 어떠했는지 잊어버리곤 한다. 때문에 환자 음성에 대한 기록이 반드시 필요하며 환자 음성을 녹음하는 시간은 꼭 있어야 한다. 다양한 수준, 예를 들면 모음 연장 발성이나 낱말 및 문단 낭독 등을 통해 산출된 환자의 음성을 녹음해 둔다. 물론 스피커를 통하여 재생되는 음성은 직접 듣는 음성에 비해 음질이 다르게 들릴 수도 있지만 성능 좋은 녹음기를 사용하면 그 차이를 최소화할 수 있다. 그리고 무엇보다도 녹음기가 음질을 왜곡시킨다고 해서 녹음을 하지 않을 수도 없기 때문에 최대한 성능이 좋은 녹음기를 사용하여 녹음하도록 한다.

청지각적 평가로는 대개 일본 음성언어의학회에서 만든 GRBAS 척도평정법이 가장 널리 사용되고 있다. GRBAS 평정법은 간단하면서도 유용한 도구지만 주로 음질과 관련된 정보를 평가하기 때문에 음도나 강도, 말 속도 등의 비정상성을 표시할 수는 없다. 그러므로 이런 추가 정보는 따로 기록해 두는 것이 좋다. GRBAS 평정법은 대부분의 주관적인 평가 방법이 가지고 있는 단점, 즉 기계적 평가에 비해 신뢰도가 낮다는 문제를 가지고 있다. 이를 해결하려면 경험으로 숙련성을 쌓는 방법밖에 없다. 귀는 많이 들어야 트인다. 책으로 공부한다고 해결되는 문제가 아니다. 그러므로 치료실을 방문하는 환자뿐 아니라 후두 전문의의 협조를 통하여 많은 환자의 음성을 듣고 판단하는 연습을 하는 것이 중요하다.

그럼 숙련되기 전에는 어떻게 할까? 가장 좋은 방법은 여러 사람이 듣고 협의하는 것이다. 대개 숙련되지 못한 평가자가 평가하기 어려워하는 경우는 그 중증도가 중간 정도일 때다. 아주 미약하거나 아주 심각한 경우와 같이 양극단인 경우에는 일치하는 정도가 높지만, 어중간한 경우에는 일치도가 현저히 감소한다. 그러므로 이렇게 판단하기 어려운 음성은 여러 사람이 듣고 의논하는 것이 믿을 만한 결과를 제시해 줄 수 있다.

환자의 음성을 청지각적으로 평가할 때 중요한 것은 환자를 대면한 상태에서 직접 평가하는 것이 가장 좋다는 것이다. 성능 좋은 녹음기는 현장의 음성과 재생 음성의 차이를 최소화할 수 있다고 했지만, 아무리 성능이 좋다고 해도 그 둘의 차이를 '0'으로 만들 수는 없다. 특히, 쉰 목소리에 섞여 있는 잡음은 대개 고주파의 특성을 보이기 때문에 재생의 과정에서 왜곡되기가 매우 쉽다. 그러므로 부득이한 상황을 제외하고는 모든 청지각적 평가는 환자를 대면한 상태에서 실시하도록 한다.

기계를 이용한 평가는 음성장애 환자에 대한 평가에서 중요한 비중을 차지하는데, 그 이유는 청지각적 평가가 갖고 있는 낮은 신뢰도의 문제를 보완해 줄 수 있기 때문이다. 특히, 청지각적 평가에서 숙련성이 부족한 검사자는 더더욱 기기를 이용한 객관적 평가를 최대한 활용하는 것이 좋다. 하지만 절대로 주의해야 할 것은 기계가 산출해 낸 결과를 맹신하면 안 된다는 것이다. 기계의 가장 큰 단점은 융통성이 부족하다는 것이다. 환자가 목소리를 가다듬어 잘 내려고 하면 기계는 그대로 나쁘지 않은 결과를 제시해 준다. 반대로 그다지 나쁘지 않은 음성도 주변 잡음이 함께 분석되면 현저히 나빠진 결과를 제시해 주기도 한다. 숙련된 검사자는 자신의 판단과 기계적 검사 결과가 일치하지 않으면 자신의 귀를 믿는다. 기계적 평가는 어디까지나 지각적 평가의 부족한 객관성을 보충해 주기 위해 사용하는 보완적인 방법임을 잊지 않도록 해야 한다.

기계적 평가를 할 때 가장 중요한 것은 주변이 조용해야 한다는 것이다. 특히, MDVP(Multidimensional Voice Program, Kay PENTAX사)와 같은 음질분석기기를 사용할 때에는 더욱더 그렇다. 컴퓨터는 융통성이 없어 주변 잡음도 그대로 함께 분석하기 때문에 사실과는 다른 결과를 제시할 수도 있다.

MDVP 검사를 할 때 주의해야 할 사항 중 또다른 하나는 환자가 평상시의 음도와 강도로 음성을 산출하도록 하는 것이다. MDVP의 검사어로 '아'의 연장발성을 사용하는데, 대개의 환자는 평소와 다른 소위 '만들어 낸' 목소리를 낸다. 이는 다른 사람의 목소리를 분석하는 것과 다를 바가 없다. 그러므로 평상시의 음성을 유도해 내야 하는데, 평소에는 '아'를 연장발성할 일이 거의 없기 때문에 의외로 평상시 음성과 비슷하게 '아'를 내는 것이 쉽지 않을 수도 있다. 그런 경우 대개 숫자 세기 등의 자동발화 후에 그 목소리에 맞추어 '아'를 연장하도록 하는 방법을 사용하곤 한다. 주소 말하기, '저는 ○○○입니다.'와 같이 평소에 자주 사용하는 발화를 이용하는 것도 한 방법이다.

기계로 검사를 하다 보면 의외로 이해를 잘 못하는 환자들이 종종 있다. 지적 능력이 정상적인 성인 환자인데도 이해를 잘 못하고 엉뚱한 행동을 하기도 한다. 우리야 그 기계를 자주 사용해 봤으니 당연히 잘하겠지만 환자들은 대부분 처음 접하는 기계이기 때문에 잘 못하는 것이 당연하다. 그러니 이해를 잘 못한다고 해서 답답해할 것도 없고 엉뚱한 행동을 한다고 해서 웃을 것도 없다.

기계를 사용하여 검사를 하면 그 결과는 대개 기계 스스로가 분석해서 제공한다. 조음음운장애나 언어발달장애처럼 검사자가 손으로 분석하는 경우는 거의 없다. 손으로 계산하는 방법도 있기는 하지만 '쓸데없이' 시간이 많이 들 뿐 아니라 심지어 틀릴 수도 있으므로 기계가 제공하는 결과를 보는 것이 가장 좋다. 그리고 대개는 그 결과를 종이에 출력할 수도 있다. 한 가지 검사가 끝나면 다음 검사를 진행하기 전에 꼭 그 결과물을 출력해 두도록 하며 다음 검사로 넘어가기 전에 꼭 검사에 사용한 음성이나 분석 결과를 저장해 두도록 한다.

최근 들어 그 중요성이 증가하고 있는 평가 방법 중 하나로 환자의 자기보고법(self-report)이 있다. 앞서 언급한 면담이나 청지각적 평가 혹은 기계적 평가는 검사자 중심의 평가 방법인 것에 비하여 이 방법은 환자 중심의 평가 방법이다. 환자 스스로 설문지에 응답하는 형식이므로 그 신뢰도가 다른 평가에 비해 낮을 수도 있지만 환자가 적극적으로 참여하는 평가라는 점에서 그 의의를 찾을 수 있다. 가장 널리 알려진 VHI(Vocal Handicap Index)는 1997년에 고안된 것으로 신체적(physical: P), 기능적(functional: F), 정서적(emotional: E) 영역에서 각각 10문항씩 총 30문항에 대해 환자가 직접 보고한 내용으로 평가하는 방법이다. 국내에서는 아직 해외만큼 널리 쓰이고 있지 않으나 차차 그 관심이 고조되어 가는 만큼, 적극적으로 활용하는 것도 바람직할 것이다.

평가가 끝나면 반드시 환자에게 정확하면서도 쉬운 말로 결과를 설명해 주어야 한다. 언어치료사 역시 환자 입장이 되었을 때 검사를 하고도 자세한 설명을 듣지 못하게 되면 언짢은 기분이 든다. 따라서 각각의 수치가 무엇을 의미하는지 설명해 주되 jitter니 shimmer니 하는 전문용어는 가능하면 쓰지 말고 쉬운 말로 풀어서 설명해 준다. 환자들은 전문용어를 남발하는 전문가보다는 쉬운 말로 설명해 주는 전문가를 더 능력 있는 사람으로 생각한다.

3) 평가보고서 작성하기

음성치료실은 고유의 평가보고서 혹은 진단보고서 양식을 가지고 있으며, 대개 환자 기록에 함께 첨부되기 때문에 그 형식은 병원에서 승인을 받게 되어 있으므로 임의로 바꿀 수도 없다. 양에 따라 길이를 조절할 수는 있지만 형식을 바꿀 수는 없는 경우가 많다. 대체로 병원에서 사용하는 결과보고서는 모두 길이가 길지 않다. 음성치료실에서 작성하는 보고서도 대개 1쪽 내외다. 그러므로 사실 현재 한국언어장애전문가협회에서 사용하는 진단보고서 양식은 병원에서 그대로 사용하기에는 너무 길다. 그러나 여기에서 특정 병원의 보고서 양식에 따라 설명할 수는 없으므로 협회에서 사용하는 양식에 따라 진행하도록 하겠다.

협회에서 사용하는 진단보고서에 따르면 상단에 장애 유형을 쓰는 부분이 있다. 음성장애 환자에 대한 언어치료 실습학생들의 진단보고서를 보면 진단명에 '성대결절' '만성 후두염' 등으로 써 놓는 경우를 흔하게 볼 수 있는데 이건 잘못된 것이다. 성대결절, 만성 후두염 같은 것은 모두 의학적 진단명으로 언어치료사가 내릴 수 있는 진단명이 아니다. 예를 들어, 성대결절로 음성에 문제가 생긴 환자가 내원했다면 그에 대한 언어병리학적 진단명은 '성대결절로 인한 음성장애'로 하는 것이 타당하다.

배경 정보에는 면담을 통해 얻은 정보를 정리해서 기록한다. 주소, 구체적인 증세, 가족, 직업(학생이라면 학년), 병력, 수술력, 사고력, 음성에 대한 견해, 음성 사용 사례에 대해 정리하여 기록한다. 언어치료 실습학생의 경우 보고서 양식에 합당하지 않은 구어적 표현(예: '소리를 막 지른단다.' '너무 심한 것 같았다.' 등)을 쓰는 것이 자주 관찰된다. 보고서는 공식 문서이며 동료 언어치료사는 물론 의사, 담임교사 등 타 분야 관련자들까지도 볼 수 있는 문서다. 따라서 문서 작성에 주의를 기울여야 하며, 그런 맥락에서 작성 후 교정 작업을 통해 오·탈자가 없도록 해야 한다. 그리고 환자나 보호자의 말을 인용할 때에는 반드시 인용했다는 것을 표현해야 한다. 언어치료 실습학생들의 보고서를 보면 타인의 보고에 의한 내용이 분명함에도 불구하고 '~라고 하였다.'라고 하지 않고 '~하였다.'로 기록하여, 마치 검사자 자신이 관찰한 사실을 기록한 것처럼 보이게 하는 경우가 종종 관찰된다. 이는 보고서를 읽는 다른 사람으로 하여금 혼란을 줄 소지가 있으므로 자신이 관찰한 내용과 타인의 보고에 의한 내용을 명확히 구분하여 표현하도록 해야 한다.

음성장애 환자는 음성 문제 외의 다른 문제를 동반하는 환자가 아니라면 대개 말 산출 기관에는 문제가 없다. 그러나 환자의 발화를 통해서 반드시 확인해야 하며, 확인을 했다면 그에 대해서도 기록해 두어야 한다. 언어치료 실습학생들이 보고서를 작성할 때 자주 하는 또 하나의 실수는 검사를 했지만 이상이 없을 때 그 사실을 기록하지 않는다는 점이다. 그런 경우 그 검사를 안 해서 기록을 안 했다고 생각할 수 있기 때문에 검사가 꼼꼼하게 이루어지지 않았다고 생각할 수 있다. 그러므로 검사를 했으나 이상이 없는 경우에는 '검사 결과 이상 소견이 발견되지 않았다.'로 기록해야 하고, 음성장애 환자의 말 산출 기관에 대한 검사처럼 검사 도구를 이용하지는 않았으나 환자의 발화 등으로 미루어 짐작할 수 있는 경우에는 '공식적인 도구를 이용하여 검사하지는 않았으나 환자의 발화를 통하여 판단한 결과 이상 소견이 없는 것으로 사료되었다.' 등으로 기록해 두는 것이 좋다.

말, 언어 및 의사소통 능력을 기록하는 부분에서는 검사자가 직접 실시한 검사의 결과를 정리하여 기록하도록 한다. 검사자가 직접 평가한 청지각적 평가 결과, 기계적 검사 결과, 환자 보고법(실시했다면)의 응답 결과를 기록한다. 여기에는 검사자 자신이 한 검사 결과를 기록하도록 하고, 다른 사람이 검사한 결과, 즉 환자로부터 전해 듣거나 환자 기록에 있는 내용을 보고 알게 된 검사 결과는 배경 정보란에 기록하는 것이 좋다. 검사 결과가 세밀하고 정확하게 기록된 보고서는 좋은 보고서다. 거기에 그 결과에 대한 해석과 검사자의 견해를 첨부하면 더욱 좋은 보고서가 된다. 환자의 어떤 음성 사용 특성이 결과에 영향을 미쳤을지 판단해 보고, 이것이 이후 치료에 어떤 영향을 미칠지, 어떤 변수로 작용할지를 판단한 후 그 내용을 기록하도록 한다.

요약 부분에서는 앞서 기록했던 검사 내용을 간단하게 정리하도록 한다. 이 부분은 다른 사람들이 보고서를 읽을 때 가장 주의 깊게 읽는 부분이기도 하며, 보고서를 충분히 검토할 시간이 없을 때 유일하게 읽는 부분이기도 하다. 그러므로 간단 명료하면서도 중요한 내용을 빠뜨리지 않도록 해야 한다. 이 부분에서 언어치료 실습학생들이 자주 보이는 실수 중 가장 큰 것은 본문에서 언급된 적이 없는 내용을 기록한다는 것이다. 이 부분은 요약을 적는 부분이지 기타 사항을 적는 곳이 아니다. 요약 부분에 본문에 없던 내용이 나온다는 것은 말이 안 되는 일이다. 요약 부분을 기록하다가 빠진 부분이 있다면 반드시 본문 중에 그 내용을 첨가해야 한다. 이 부분만 보고도 환자가 가지고 있는 문제에 대한 그림을 제대로 그릴 수 있을 정도가 되어야 한다. 그러자면 중요한 핵심어가 이 안에 모두 포함되어 있어야 한다.

제언 부분에서는 어떤 측면을 치료해야 하고 그러기 위해 보호자, 주변인들로부터 어떤 부분의 도움을 구할 것인지 기록한다. 마지막으로는 적절한 치료 시기와 횟수를 기록한다. 치료 시기나 횟수는 환자의 상황에 따라 달라질 수 있으므로 그런 점을 충분히 고려해서 정해야 한다. 예를 들어, 그다음 주에 허리 디스크 수술을 받기로 예정되어 있는 환자라면 수술을 끝내고 충분히 활동을 재개할 수 있을 정도로 상처가 아문 뒤에 음성치료를 시작하는 것이 좋다. 그 사이에 1, 2회 정도 치료를 할 수도 있겠지만, 수술 및 회복에 몇 주의 시간이 걸린다면 어차피 연습했던 내용들을 다 잊거나 혹은 기억은 하더라도 '감(感)'을 잃었을 가능성이 높다. 치료 횟수도 마찬가지다. 직장을 가지고 있는 환자라면 1주일에 한 번 시간을 내기조차 어렵다. 그런 환자에게 치료 효과를 위해서 두 번을 나오도록 '강요'할 수는 없다. 직장 때문에 자주 나오기 어렵다는 것이 핑계가 아닐 수도 있다. 따라서 환자의 상황을 충분히 고려해 주어야 한다. 어차피 제언이니 달라지면 어떠냐 해서 쉽게 생각하지 말아야 한다.

3. 치료 계획 및 실시

평가를 한 후에 비정상성 소견을 보이는 문제가 나타나 치료를 하기로 결정했다면 그다음 단계는 치료 계획을 세우는 것이다. 음성치료는 다른 언어치료에 비하면 치료기간이 짧다. 환자가 비협조적이거나 예기치 못한 일로 치료에 공백이 생기지만 않으면 대개 2, 3개월 안에 끝나게 된다. 그렇기 때문에 음성치료를 위한 치료 계획을 세울 때에는 대개 장단기 치료 계획을 따로 세우지 않는다. 2, 3개월에 끝나는 치료를 장기로 나누고 단기로 쪼개다 보면 단기목표는 결국 회기 목표가 되기 때문이다. 그래서 치료해야 할 궁극의 목표를 장기목표로 본다면 음성치료에서 장기목표는 세울 수 있겠지만 단기목표는 따로 설정하지 않는 것이 보통이다.

1) 치료 목표 선정

음성치료에서 장기목표의 대상이 되는 것은 음성 산출 및 성대에 영향을 미치는 좋지 않은 음성 사용 습관이다. 일반적으로는 음성 남용의 제거, 호흡 지지 증가, 근육 이완, 부드러운 음성 산출 등이 그 목표가 된다. 그리고 이들을 다시 모음 연장, 무의미 음절, 낱말, 문장, 문단 수준으로 세분화하면 그 각각이 바로 한 회기의 목표가 된다.

한 회기에 하나의 목표만을 치료 대상으로 하는 경우는 거의 없다. 음성장애 환자는 1주일에 1회만 치료를 받으러 오는 환자가 많다. 이런 환자를 대상으로 해서 1주일에 1개의 목표만을 치료한다면 한 번 실시한 목표 활동을 다음에 또 실시하기까지 3, 4주 정도의 간격이 생기게 된다. 이는 매우 비효율적인 방법이다. 대개는 2, 3개 정도의 목표를 한 회기 동안의 치료 목표로 정하는 것이 좋다.

2) 치료 접근법 선정

장기계획이 세워지면 각각의 목표에 적합한 치료 접근법을 선정해야 한다. 대개 현장에서 많이 쓰이는 음성치료 접근법으로는 Boone, McFarlane 및 Von Berg(2005)의 25가지 접근법, LSVT(Lee-Silverman Voice Treatment), 발성 기능 훈련(vocal function exercises), 공명 치료(resonant therapy) 등이 있다. 이 중 어떤 접근법을 취할 것인가는 환자의 증세에 따라 달라진다. 음성치료는 대증(對症) 치료(symptomatic therapy)를 원칙으로 한다. 즉, 증세에 대해서 치료하며 그 어떤 것보다도 환자의 증세를 우선하여 고려한다.

환자의 증세에 따라 치료 접근법을 1차적으로 선정하였다면 그다음에는 시도치료를 통해서 최종 확정 짓도록 한다. 언어치료사의 경험에 비추어 특정 접근법이 유용할 것으로 판단된다고 하더라도 그것이 환자로부터 좀 더 나은 음성을 끌어내지 못한다면 그 방법은 결국 소용없게 된다. 그러므로 시도치료의 절차가 필요한 것이다. 환자에게 사전 설명을 하지 않은 상태에서 유용할 것으로 예상되는 치료 접근법을 시도해 보도록 한다. 이때 그 접근법을 통하여 좀 더 양호하면서도 편안한 음성이 산출된다면 그 접근법은 사용할 만한 것이 된다. 예를 들어, 차폐(masking) 접근법의 경우 헤드폰을 씌우고 시끄러운 잡음을 들려주는 속에서 음성을 산출하도록 해 보았을 때 평소보다 음성 강도가 증가하는 양상을 보인다면 그 사용이 유용할 것으로 판단할 수 있다.

때로는 굳이 시도치료를 거치지 않아도 평가 결과를 이용하여 치료 접근법을 확정하는 경우도 있다. 예를 들어, Boone, McFarlane 및 Von Berg(2005)의 접근법 중 '음성 남용의 제거(elimination of abuses)'는 평가 과정 가운데 면담을 통하여 음성 남용이나 오용의 사례가 있었다면 바로 적절한 치료 접근법으로 채택할 수 있다. 또한 '호흡 훈련(respiration training)'도 기계적 평가 중 비정상적인 최장 연장발성지속시간(MPT)을 보였다면 시도치료 없이도 사용을 결정할 수 있다.

3) 치료 실시

장기목표가 정해진 후 회기 목표가 정해지고 그에 대한 치료 접근법도 선정되었다면 이제 계획 단계에서 더 이상 할 일은 없다. 그다음 단계는 바로 직접적인 치료를 시작하는 것이다.

앞서 언급한 것과 같이 한 회기에 2, 3개의 치료 목표를 선정했다면 한 회기 동안 이루어지는 활동의 종류도 대략 그 정도가 된다. 대개 한 회기의 음성치료 시간은 40분 안팎이기 때문에 최대한 시간 낭비 없이 진행된다고 하더라도 한 회기 동안 이루어지는 활동의 수는 2, 3개 정도가 적당하다.

치료를 원활히 진행하려면 당연히 치료 기법에 대해 언어치료사가 숙지하고 있어야 한다. 감기 때문에 병원에 갔는데 의사가 계속 책을 보면서 물어본다면 신뢰가 가겠는가? 치료 시작 전에 그날 할 활동에 대해 숙지하고 충분히 연습해 두어야 한다. 당연한 말이지만 언어치료사는 환자보다 잘해야 한다.

음성치료에서는 특히 귀가 중요하다. 언어치료사가 듣고 판단해야 할 단위가 단어도 아니고 음소도 아닌 음성이기 때문에 그 작은 음질의 차이를 판단하고 즉각적으로 피드백을 줄 수 있어야 한다. 올바른 반응을 보이지 않았는데도 그것을 감지해 내지 못하고 넘어가게 되면 그 환자는 결국 잘못된 음성 습관을 고치지 못하게 된다. 그러므로 음성언어치료사는 귀를 잘 훈련해야 한다.

각각의 치료 활동에 대한 시간 배분에서 언어치료 실습학생들이 자주 보이는 오류 중 하나는 계획된 모든 활동이 그 회기 안에 다 이루어져야 한다고 생각하는 것이다. 즉, 40분의 한 회기 동안 2, 3개의 활동을 하기로 계획하였다면 무슨 일이 있어도 그 활동을 모두 실시해야 한다고 생각하는 것이다. 이건 아주 잘못된 생각이다. 아무리 계획을 잘 세웠다고 하더라도 세부적인 회기의 활동 내용은 환자의 반응이나 상황에 따라 달라지기 마련이다. 계획대로 이루어지지 않을 가능성은 얼마든지 있다. 그럼에도 불구하고 정해진 시간 내에 계획된 활동을 다 하려고 하다 보니 환자들에게 반응을 강요하게 되는 것이다. 그런 상황은 의외로 자주 관찰된다. 환자에게 무엇인가를 질문하거나 반응하도록 한 후에는 당연히 환자가 대답이나 반응할 수 있는 시간을 주어야 한다. 그러나 많은 경우 미처 환자가 그럴 사이도 없이 언어치료사가 답을 말해 버리고 다음으로 진행한다. 이건 올바른 진행이 아니다. 그렇다고 마냥 환자가 대답하기를 기다리는 것도 좋지 않다. 환자에게 반응을 요구하고 환자가 뭐라고 할 때까지 30초 이상을 기다리고 있는 언어치료 실습학생들도 종종 볼 수 있다. 그 사이에 간간이 정반응을 유도할 수 있는 언급이라도 하면 좋으련만 내내 침묵으로 일관한다. 그 침묵은 환자에게는 대단한 압박감을 준다. 가장 어려운 일이긴 하지만, 환자에게 반응할 시간은 '적절히' 주어져야 한다.

시간 배분과 더불어 또 자주 관찰되는 문제는 40분 동안의 치료 계획을 할 때, 예를 들어 3개의 활동을 하기로 했다면 40분을 3개의 활동으로 나누어 활동마다 정확히 13분의 시간을 배정하는 것이다. 여러 가지 치료 접근법을 적용하고자 했다고 해도 환자의 문제에 따라 그 경중은 당연히 다르다. 예를 들어, 최장연장발성지속시간이 12초인 성대결절 환자에게 호흡 훈련과 음성 남용 제거의 두 접근법을 적용하기로 했다면, 더 비중을 두어야 할 것은 후자다. 그러므로 시간 배분을 할 때 전자보다 후자에 시간을 좀 더 할애해야 한다.

치료를 처음 시작할 때에는 환자와 친숙하지 않기 때문에 원활한 진행이 어렵다. 아동 환자들은 대개 치료 의욕이 적고 또 음성치료라는 것이 기본적으로 재미있는 치료가 아니기 때문에 더욱 치료에 참여시키기가 어렵다. 이런 상황에서는 억지로 끌어들이려 하면 오히려 역효과가 난다. 필자는 아동 환자든 성인 환자든 환자가 치료에 적극적이지 않을 때는 라포 형성을 위해 때로는 한 회기 모두를 포기해도 좋다고 생각한다. 하지만 이때 성인 환자의 경우에는 환자 자신에게, 아동 환자일 경우에는 보호자에게 왜 한 회기를 이런 식으로 '허비'했는지를 설명해 주어야 한다. 언어치료사의 신념이 모두 환자나 보호자에게 이해되는 것은 아니기 때문이다.

음성장애 환자의 특징 중 하나는 질문이 많다는 것이다. 언어치료사에게 하는 질문도 상당히 많고 그 종류도 다양하다. 그중에는 음성장애와 전혀 상관없는 문제까지 질문하기도 한다. 그런 문제에야 대답을 못해도 상관없지만 음성장애와 관련된 문제에 대답해 주지 못한다면 언어치료사에 대한 신뢰감에 금이 가게 된다. 그러므로 어떤 말 · 언어장애군도 다 그렇겠지만 음성장애의 경우 환자를 치료할 때 지속적으로 연구하고 공부하는 자세가 필요하다. 간혹 언어치료사가 예상하지 못한, 또는 생각해 보지 못한 질문을 하는 환자들도 있다. 그때 비록 책에서 본 기억은 없지만 상황을 논리적으로 생각하면서 답변을 하다 보면 어느덧 환자가 수긍하는 답변이 완성되곤 한다. 그렇게 해 준 답변이 나중에 논문이나 책의 내용 중에서 발견되기도 한다. 필자도 그런 경험이 종종 있는데 그때 생각한 것은 '임상가로서의 직관 혹은 통찰을 믿어라. 의외로 믿을 만하다.'는 것이었다. 그러나 중요한 사실 하나는 그 직관이 올바른 지식에 기초하지 않고 있다면 절대로 믿을 수 없다는 것이다.

음성장애뿐 아니라 모든 말 · 언어장애군 환자들이 치료기간에 호소하는 내용 중 하나는 "치료실에서 선생님이 하라고 하면 좀 되는 것 같은데 보통 때 말할 때는 그게 잘 안 돼요."라는 것이다. 이건 당연한 반응이다. 예를 들어, 하품-한숨 접근법(yawn-sigh technique)을 지금 무의미 음절 단계에서 연습하고 있는데 평상시의 자발화에서 이루어질 리가 없지 않은가. 그러나 이것이 환자에게는 당연한 지식이 아니기 때문에 걱정스러워하고 치료 효과가 없는 것으로 잘못 생각하는 것이다. 따라서 환자에게 이러한 점을 충분히 알려 주고 설명해 주어야 한다.

음성장애 환자들은 대개 말이 많다. 별로 중요해 보이지도 않는 사소한 것인데도 장황하게 말을 늘어놓는다. 음성치료를 할 때 시간 배분에 문제가 생기는 가장 큰 원인 중 하나가 이것이다. 평가 과정 중에서도 언급했지만, 이는 적절한 상황에서 끊도록 해야 한다. 최대한 정중하면서도 단호하게 치료 활동으로 돌아오도록 해야 한다. 그렇게 안 하면 때로는 한 회기를 모두 환자의 말을 들어 주다 끝날 수도 있다. 그렇지만 무조건 끊는 것이 좋은 것은 아니다. 때로 환자가 장황하게 늘어놓는 말 속에 유용한 정보가 숨어 있기도 하다. 필자도 어느 환자의 장광설 중에 스팀 마사지할 때 쓰는 도구가 습포법(hydration)에 유용하게 활용될 수 있다는 것을 알게 되었다. 그리고 심리적 문제가 동반된 환자들, 대표적으로 전환실성증(conversion aphonia) 환자들은 들어 주는 것만으로도 큰 위안이 되어 언어치료사를 더욱 따르게 되기도 한다.

음성치료를 하다 보면 치료 초기에는 오히려 목소리가 나빠진 것처럼 들릴 때도 있다. 이전에는 쉰 목소리를 덜 내기 위해 목에 힘을 준다든지 소리를 크게 낸다든지 하는 전략을 사용했는데, 음성치료를 시작하면서 그런 것을 안 하게 되니까 오히려 음질은 더 안 좋아지는 것처럼 들릴 수도 있다. 그런 측면 때문에 음성치료를 시작하면 초기에는 기식성 음성(breathy voice)은 더 증가하는 것처럼 들린다. 하지만 상대적으로 거친 음성(rough voice)은 차차 감소한다. 그러다가 어느 정도 시간이 지나면 기식성 음성도 차차 감소하면서 음성이 '나아지게' 된다. 그러니 초기에는 너무 진전에 연연하지 않도록 한다.

음성치료의 가장 주된 환자군은 성대결절을 동반한 환자, 즉 음성 과다 사용 환자들이다. 이들은 음성위생을 지키는 것이 가장 중요하다. 한 회기 동안 치료를 해서 음성을 개선시켰어도 음성 남용을 하게 되면 약간 쌓인 개선점들이 다시 깎이게 되기 때문에 치료를 장기화시킬 수 있다. 음성위생에는 해야 할 것(Do's)과 하지 말아야 할 것(Do not's)이 있다. 해야 할 것과 하지 말아야 할 것이 비슷하면 음성은 악화되지는 않지만 개선되지도 않는다. 해야 할 것이 하지 말아야 할 것보다 많으면 음성은 개선된다. 반대로 하지 말아야 할 것이 해야 할 것보다 많으면 음성은 악화된다. 그러므로 음성위생을 지킬 때 중요한 것은 해야 할 것과 하지 말아야 할 것의 비율이다. 하지 말아야 할 것들을 많이 한 날은 그만큼 해야 할 것을 많이 해서 비율을 맞추도록 한다.

음성을 많이 쓰는 것이 습관이 된 환자들에게 음성을 쓰지 않도록 하면 일부 환자는 너무 스트레스를 받는다고 호소한다. 예를 들어, 커피를 하루에 석 잔씩 마시던 환자에게 어느 날 갑자기 커피를 마시지 말라고 하는 것은 불가능에 가깝다. 그러므로 하지 말아야 할 것들이 처음부터 '0'이 되기를 기대하면 안 된다. 차차 줄여 가도록 한다. 노래를 못 불러서 스트레스가 쌓인다고 하면 노래를 조금 부르고 그만큼 물을 많이 마시든지 습포를 많이 하든지 하라고 해서 깎인 만큼 보충하라고 하면 된다.

음성장애 환자들은 앞에서도 얘기했지만 정상적인 사회생활을 하고 있는 사람들이다. 그러다 보니 음성치료가 절실하지 않은 환자가 많으며 치료를 중간에 중단하는 환자도 상당히 많다. 시간을 내기가 어렵다는 경우도 있고, 비용이 많이 들어서 어렵다는 경우도 있으며, 치료 효과가 초기에 일찍 나타나지 않다 보니 신뢰하지 못해서 그러는 경우도 있다. 그런가 하면 어느 정도 다니다 보니 연습하는 방법을 스스로 터득하여 집에서 혼자 계속 하겠다고 하는 경우도 있다. 그래서 음성치료는 종결까지 꾸준히 진행되는 환자가 많지 않다. 이는 경험이 많은 언어치료사들에게도 드문 일이 아니므로 치료를 중단하는 환자가 생기더라도 절망할 필요는 없다.

4) 회기별 진전 노트 작성하기

치료하기 전에는 치료 계획서를 작성하고 치료가 끝난 뒤에는 치료 결과를 기록한다. 정반응이 몇 번 나타나서 어느 정도의 정반응률을 보였는지는 중요하지 않다. 중요한 것은 그 내용이다. 정반응률이 얼마인지보다는 반응 자체에 대해서 정확하게 기록한다. 그러려면 시간이 오래 지나기 전에 치료 결과를 기록해야 한다. 치료 회기가 끝난 직후에 하는 것이 가장 좋으나, 그 직후에 다른 일이 있어 기록이 어렵다면 최소한 그날 안에 기록해 두는 것이 좋다.

치료 결과를 기록하다 보면 치료 결과라고 보기는 어렵지만 기록은 해 두어야 할 사항이 생기곤 한다. 예를 들어, 아동에게 강화제로 스티커를 사용했는데 어머니가 집 안의 아무 곳에나 스티커를 붙이고 다니니 다른 걸로 달라고 했다고 하자(실제로 필자가 경험한 일이다). 이를 치료 결과라고 보기는 어렵다. 하지만 기억해 두어야 할 일이니 어딘가에 기록은 해 두어야 한다. 그러한 것들을 기록하기 위해 필자는 치료 계획서 아래 부분에 비고란을 만들었다. 거기에 치료 결과 외에 기억해 두어야 할 일을 기록해 두었다.

회기별 치료 계획서를 작성하고 그 계획서에 결과를 기록할 때에는 세밀하게 적어 두어야 한다. 그래서 나중에 비슷한 특성을 지닌 환자를 치료해야 할 때 그 기록을 다시 보면 기억이 날 정도가 되어야 '쓸모 있는' 치료보고서가 된다.

4. 진전(종결)평가

언어치료사의 적절한 치료 활동과 환자 및 보호자의 적극적인 협조로 치료가 끝났다면 마지막으로 할 일은 진전(종결)평가다. 대개 다음과 같은 네 가지 기준이 충족되면 치료를 종결한다.

- 환자가 음성을 산출하는 데 별다른 불편함이 없고 자신의 음성에 만족해야 한다.
- 언어치료사가 듣기에 양호한 음성을 편안하게 산출해야 한다.
- 검사 결과, 모든 수치가 정상 혹은 정상에 가까운 수치를 보여야 한다.
- 이비인후과 외래에서 실시한 내시경 검사 결과, 병소가 완전히 혹은 대부분 제거되어야 한다.

음성장애전문가들은 정상적인 음성을 좋은 음성, 깨끗한 음성에 두지 않는다. 물론 그 측면도 상당히 중요하기는 하지만 그보다 더 중요한 것은 '편안한 음성'이다. 그러므로 음성장애전문가의 판단으로는 음질이 아직 완전하지 않더라도 환자가 음성 산출에 편안함을 느낀다면 치료를 종결할 수 있다.

세 번째와 네 번째의 기준에 충족되는지 확인하려면 이비인후과 외래를 통해 후두내시경 검사를 받도록 하고, 치료 전에 실시한 것과 똑같은 검사를 실시하도록 한다. 그리하여 치료 전과 비교해 보고 어느 정도의 진전이 있었는지, 어느 정도의 문제가 남아 있는지 확인한다. 기계적인 평가를 실시했을 때, 간혹 아직도 정상치에서 멀리 떨어져 있는 수치가 있을 수도 있다. 그러한 경우는 계속 음성 사용에 주의를 기울이게 하면서 1개월 정도 뒤에 재검사를 받도록 하는 것이 좋다. 이는 환자에 대한 추후관찰(follow-up) 측면에서도 좋은 일이다.

청지각적 · 기계적 평가가 끝나면 환자의 음성을 녹음한 후 치료 전 음성과 비교해서 들어 보도록 한다. 물론 그러려면 종결평가 전에 치료 전 음성이 녹음된 테이프 혹은 파일을 찾아 놓아야 한다. 그러면 언어치료사는 물론 환자도 이전의 음성에 비해 지금 음성이 얼마나 좋아졌는지를 확실히 알 수 있게 된다.

녹음까지 하고 나면 마지막으로 앞으로 어떤 점을 주의해야 할지 설명해 준다. 성대의 문제, 음성의 문제는 한번 발병했다가 치료되었다고 해서 이후에 영영 재발하지 않는 것이 결코 아니다. 그러므로 재발을 막기 위해서는 꾸준히 음성위생을 준수하고 성대에 부담이 되는 발성법을 사용하지 않도록 주지시켜야 한다.

사실 언어치료 실습학생들이 음성장애 환자를 대상으로 치료실습을 하는 경우는 많지 않다. 음성치료실이 개설된 병원이 아니면 음성장애 환자를 접하기 어렵기도 하고, 질문이 많다 보니 경험이 많지 않은 언어치료 실습학생들로서는 감당하기가 어려우며, 치료에 대한 동기 부여가 적다 보니 치료에 적극적으로 참여시키기 어려울 수도 있다. 그렇기 때문에 대부분의 음성장애전문가들은 실습을 통해서보다는 현장에서 바로 환자들을 치료하면서 경험을 쌓는 경우가 많다.

경험 부족 때문에 초기에는 환자들이 오는 것이 두렵고 부담스러울 수도 있다. 그건 누구나 그렇다. 음성장애전문가로 자부하고 있는 필자도 초기에는 환자 한 사람을 두고 전전긍긍하며 치료했던 경험이 있다. 그런 과정을 거쳐 경험이 쌓이면서 숙련된 음성장애전문가가 되는 것이다. 지금은 많은 실수를 하고 미숙하겠지만 그런 경험 또한 숙련가를 만드는 밑거름이 된다. 실수는 누구나 하는 것이므로 두려워할 것이 없지만, 두려운 것은 같은 실수를 두 번 하는 것이다. 실수에 미련은 두지 말되 면밀하게 분석하여 같은 실수를 또 반복하지 않는다면 언젠가는 음성치료 분야의 중요한 일익을 담당하는 음성장애전문가가 될 수 있을 것이다.

→ 참 고 문 헌

안회영(1992). 음성검사법. 서울: 진수출판사.

표화영(2001). MDVP의 실제와 활용. 고도흥 외(공편). 음성 및 언어분석 기기 활용법. 서울: 한국문화사.

표화영(2004). 음성장애의 지각적 평가. 한국언어청각임상학회(편). 2004 언어 · 청능장애 여름연수회. 서울: 한학문화.

Aronson, A. E. (1990). *Clinical voice disorders: An interdisciplinary approach* (3rd ed.). New York: Thieme.

Boone, D. R., McFarlane, S. C., & Von Berg, S. L. (2005). *The voice and voice therapy*. Boston: Pearson Education.

Prater, R. J. & Swift, R. W. (1984). *Manual of voice therapy*. Boston: Little, Brown and Company.

Ramig, L. O. & Dromey, C. H. (1996). Aerodynamic mechanism underlying treatment-related changes in vocal intensity in patients with Parkinson disease. *Journal of Speech and Hearing Research, 39*, 798-807.

Thyme-Frøjæ, K. & Frøjæ-Jensen, B. (2001). *The accent method: A rational voice therapy in theory and practice*. Bicester: Speechmark Publishing.

Wilson, J. A., Webb, A., Carding, P. N., Steen, I. N., Mackenzie, K., & Deary, I. J. (2004). The Voice Symptom Scale (VoiSS) and the Vocal Handicap Index (VHI): A comparison of structure and content. *Clinical Otolaryngology, 29*, 169-174.

사례. 성대결절로 인한 아동 음성장애*

기본 정보 및 현행 언어 수준

아동은 내원 당시 6세 11개월로 초등학교 1학년이었으며, 2월 중순에 내원했으므로 곧 2학년으로 올라갈 예정이었다. 목소리가 굵고 코가 답답함을 주호소로 내원하였으며 외래에서 후두내시경 검사 결과 양측성 성대결절을 진단받고 본 치료실로 의뢰되었다. 가족으로는 아버지, 어머니, 언니, 남동생이 있었으며, 내원 당시 어머니가 임신 중이었고 치료 중간에 어머니가 출산을 하여 가족 상황의 변화가 있었다. 특기할 만한 가족력 및 수술력은 없었고 병력으로 보고된 것으로는 알레르기성 비염이 있었다. 아동이므로 당연히 음주, 흡연, 카페인 음료의 섭취 사례는 없었으며, 탄산음료 중 콜라를 좋아하기는 하나 어머니가 잘 사 주지 않아서 자주는 못 마신다고 보고하였다. 큰 소리를 지르는 일도 많고, 헛기침을 특히 많이 하며, 노래 부르는 것을 좋아하여 자주 부르는 편이라고 하고, 말도 많이 하는 것으로 보고되었다. 어머니의 보고로는 다른 사람들이 답답해할 정도로 쉰 목소리를 내며 친구들이 놀리는 정도라고 하나, 본인은 자신의 목소리가 좋은 것 같다고 응답하였다. 자신의 목소리에 대한 통찰이 매우 부족한 것은 모든 성대결절 아동이 보고하는 공통적인 반응으로 치료의 진전을 가장 많이 저해하는 요소 중 하나다. 대부분의 성대결절 아동은 자신의 목소리 자체에 대해서는 물론 자신이 소리를 많이 지르는지, 말을 많이 하는지에 대해서도 통찰이 없는 경우가 많다.

치료 전 평가

아동 음성의 음질을 파악하기 위한 음향학적 검사는 CSL(Computerized Speech Lab; Kay Elemetrics사)의 MDVP(Multi-dimensional Voice Program)로 실시하였고, 발성 시 공기 활용의 효율성을 파악하기 위한 공기역학적 검사는 에어로폰 II(Aerophone II; Kay Elemetrics사) 중 최대연장발성지속시간(MPT)으로 실시하였다. 음질에 대한 청지각적인 검사는 일본 음성언어의학회에서 제시한 주관적 평정 방법인 GRBAS 검사로 실시하였다.

이러한 검사도구를 이용하여 분석한 치료 전 음성 상태는 〈표 1〉에 제시되어 있다. 표에서 보는 바와 같이, MDVP 검사 결과 jitter, shimmer, NHR 모두 정상 범주에서 현저히 벗어나 있는 양상을 보였다. 에어로폰 II 검사 결과에서 MPT는 현저히 짧았으나, 그에 비해 MFR은 큰 문제를 보이지 않아 발화 시 공기의 효율적인 사용이 미흡한 것으로 나타났다.

치료 전략

검사 결과 아동은 성대결절로 인한 성대폐쇄부전으로 말미암아 심각한 음질 저하를 보이고 있었

*이 사례는 2003년 한국언어청각임상협회에서 실시한 언어 · 청능장애 연수회에서 발표한 것이다.

〈표 1〉 성대결절 환자의 치료 전 음성 분석 결과

측정 항목	측정치	잠정적 정상치
Jitter (%)	4.598	<1.5
Shimmer (%)	9.324	<2.5
NHR(noise-to-harmonic Ratio)	0.2103	<0.15
MPT(maximum phonation time) (Sec)	5.480	>15
Max. FR(maximum flow rate) (ml/sec)	180	<180
MFR(mean flow rate) (ml/sec)	132	50~120
Max. FR-MFR (ml/sec)	48	<80
GRBAS	G(2) R(2) B(1) A(0) S(0)	

으며, 음성 남용 및 오용의 사례를 동반하고 있었고, 발화 시 확보한 공기를 효율적으로 사용하지 못하는 것으로 나타났다. 이에 따라 언어치료사는 성대에 부담을 주지 않는 편안한 발성법을 습득하도록 하고, 음성 남용 및 오용 사례를 제거하도록 하며, 발화 시 공기 사용의 효율성을 증가시키는 것을 목표로 하여 주 2회 치료하기로 하였다.

치료 과정

1) 시도치료

첫 회기에는 어떤 치료 접근법이 아동에게서 더 나은 음성을 산출할 수 있는지를 파악하기 위해 시도치료를 실시하였다. 여러 접근법을 적용해 본 결과, 머리 자세 조절(head positioning) 접근법 중 고개를 젖히고 산출하는 음성이 평상시 생활 자세인 앞을 보는 자세로 산출하는 음성보다 더 편안한 음성을 산출하는 것으로 나타났다. 발화 시 입을 많이 벌리지 않는 것으로 나타났으므로 저작 접근법을 사용하기로 하였고, 발화를 시작할 때 갑작스럽게 시작하는 강한 성문 접촉(hard glottal attack)의 양상을 보이는 것으로 나타났으므로 하품-한숨 접근법을 사용하기로 했다. 그 외에도 MPT가 짧았으므로 호흡 훈련을 첨가하고, 음성 남용이 심각하므로 음성 남용의 제거를 위한 음성위생 준수 상황 점검도 치료 프로그램에 포함시키기로 했다.

2) 머리 자세 조절 접근법의 과정

이 접근법의 첫 단계 연습은 고개를 뒤로 젖힌 상태에서 산출하는 음성과 평상시 생활하는 자세, 즉 앞을 보는 자세에서 산출하는 음성 간의 차이를 줄이도록 하는 것부터 시작하였다. 2회 치료 회기에서는 앞을 본 자세에서 숨을 들이마시고 배에 힘을 준 상태에서 발성하게 하여 편안하게 '아'를 발성하도록 함으로써 그 차이를 줄이도록 하였고, 모음으로 구성된 무의미 1음절어(예: '아' '에' '이' '오' '우' '으' '어')에서의 치료를 진행하였다. 3회기에서는 단모음 두 개를 연결한 무의미 2음절어(예: '아에' '에이' 등)에서 연습하게 하였고, 4회기부터는 자음을 첨가한 무의미 1음절어(예: '가' '네' '도' 등)에서 연습하게 하였다. 11회기부터는 낱말 수준으로 진행하여 숫자 세기, 요일 이름 말하기 등 자동발화에서 시작하여 낱말 목록을 읽는 것으로 진행하였다. 23회기부터는 짧은 문장으로 진행하였고 이때부터 저작 접근법과 병행하여 진행하였다. 즉, 머리 자세 조절 접근법을 이용하여 편안하게 발성하면서 저작 접근법을 이용하여 충분히 턱을 벌려 주면서 문장을 읽을 수 있게 하였다. 32회기부터는 긴 문장으로 진행하였고, 34회기부터는 짧은 이야기를 읽는 것으로 진행하였다.

3) 저작 접근법의 과정

첫 단계 연습은 저작 동작을 통하여 충분한 구강 개방을 익히도록 하는 과정으로, 2회기에 츄잉검을 이용하여 저작 동작을 연습하려고 했으나 츄잉검의 종류가 마음에 안 든다고 거부하여 진행을 못하였다. 4회기부터 저작 접근법을 연습하기 시작했는데, 일단 저작 동작을 크게 하여 츄잉검을 씹도록 한 후 서서히 발성을 첨가하여 턱이 크게 벌어지는 단계에서 '아' 등의 개모음(開母音)을 산출하도록 하였다. 그 동작이 익숙해지면 츄잉검 없이 저작 동작만으로 개모음을 산출하도록 하였다. 이 연습은 6회기에는 모음으로 구성된 무의미 1음절어(예: '아' '에' 등)로 진행하였고, 7회기부터 10회기까지는 CV(자음+모음) 형태의 무의미 1음절어로 진행하였다. 11, 12회기 때에는 저작 동작 없이 입을 크게 벌리면서 모음 및 CV 형태의 무의미 1음절어를 연습하도록 하였다. 13회기부터 낱말로 진행하였고, 23회기부터는 짧은 문장과 진행하면서 머리 자세 조절 접근법과 병행하였다.

4) 하품-한숨 접근법

이 아동에게는 언어치료사가 약간 변형한 하품-한숨 접근법을 사용하였다. 첫 단계는 유리창에 김 서리게 하는 듯이 한숨을 내쉬면서 그 끝에 '아'를 천천히 작게 시작하여, 한숨과 '아'가 자연스럽고 부드럽게 맞물려 부드럽게 시작하는 '하' 소리가 날 수 있도록 연습하게 하였다. 이는 2회기부터 4회기까지 진행하였고, 4회기 후반부부터는 다른 모음을 연결하여 '헤, 히, 호, 후, 흐, 허'를 부드럽게 시작할 수 있도록 하였다. 7회기부터는 앞서 연습했던 CV('C'='ㅎ') 1음절어 뒤에 CV('C'=모든 자음)의 1음절어를 첨가하여 무의미 2음절어에서 연습하도록 하였다(예: '하가' '헤게' 등). 23회기부터는 선행되는 한숨의 길이를 최대한 줄여서 무의미 2음절어를 산출하도록 하였고, 31회기부터는 한숨 소리 없이 제1음절어를 부드럽게 시작할 수 있도록 하였으며, 33회기에서는 제1음절어의 자음을 'ㅎ'에서 유성음인 'ㄴ, ㅁ'으로 진행하였다. 34회기는 모음을 부드럽게 시작할 수 있도록 연습하게 하였는데, 이때 닥터 스피치 중 'Speech Training'을 이용하여 시청각적 피드백을 주었다.

5) 호흡 훈련의 과정

호흡 훈련의 첫 단계는 발성을 배제한 호흡 훈련으로 날숨을 충분히 길게 연장할 수 있도록 하고 들숨 및 날숨의 길이를 원하는 만큼 조절할 수 있도록 연습하게 하였다. 호흡 훈련은 10회기부터 시작하였다. 셋을 셀 동안 숨을 들이마시는데, 이때 숨을 끊지 말고 들이마시도록 하며 들이마시는 양을 균등하게 하도록 하였다. 그 후 이와 연결하여 숨을 셋 셀 동안 내쉬도록 하였는데 끊지 말고 균등하게 하는 것은 들숨 때와 같았다. 이것이 양호하게 수행되면 들이마시는 숨은 셋으로 고정하지만 내쉬는 숨은 둘씩 늘려 다섯, 일곱, 아홉으로 늘려 나갔다. 이를 11회기까지 진행하였고, 12회기부터는 발성을 첨가하는 두 번째 단계로 진행하였다. 두 번째 단계는 충분히 숨을 들이마신 후 '아'를 최대한 연장발성하게 하고 이를 초시계로 측정하는 과정으로, 처음에는 9초 이상 지속할 수 있도록 하는 것을 목표로 하여 진행하였다. 3회 이상 연속으로 목표한 시간을 초과 달성하면 목표한 시간을 1초씩 늘려 나갔다. 이 연습은 마지막 치료 회기인 34회기까지 진행하였다.

6) 음성 남용 및 오용의 제거

아동이 처음 내원하여 평가를 마친 후 음성위생 준수 사항을 전달하였다. 이후에는 매 회기 치료를 시작하기 전에 준수 사항들을 잘 지켰는지 확인하였고 충분히 지키지 못한 사항이 있는 경우 이에 대한 주의를 주었다.

치료의 종결

치료는 총 25주간 34회 이루어졌다. 이중 8, 15, 22, 29회기는 치료의 진전 상황을 파악하기 위한 중간평가의 회기였으므로 이때에는 MDVP 검사와 에어로폰 II 검사만 실시하였고 치료는 진행하지 않았다. 이는 시도치료의 회기였던 1회기 때도 마찬가지였다. 그러므로 실제로 치료가 이루어진 시기는 29회였다.

〈표 2〉는 그동안 이루어진 중간평가 결과와 종결평가 시에 실시한 검사의 결과다. 표에서 보는 것처럼 최초의 중간평가부터 종결평가까지 개선과 저하가 반복하여 나타나는데, 음질은 대체로 첫 번째 회기 중간평가 때 가장 현저한 개선을 보인 것으로 나타났다. 우연히도 중간평가 전에 감기에 걸

〈표 2〉 성대결절 환자의 중간 평가 및 치료 종결 음성 분석 결과

측정 항목	치료 전	1회 중간평가	2회 중간평가	3회 중간평가	4회 중간평가	치료 종결
Jitter(%)	4.598	2.456	1.931	1.822	1.999	1.001
Shimmer(%)	9.324	2.339	4.217	4.469	4.306	5.523
NHR	0.2103	0.0715	0.1308	0.1508	0.1379	0.1355
MPT(Sec)	5.480	6.040	7.360	8.280	8.000	8.200
Max. FR(ml/sec)	180	198	152	106	140	146
MFR(ml/sec)	132	137	94	73	69	116
Max. FR-MFR(ml/sec)	48	61	58	33	71	30
GRBAS	G(2) R(2) B(1) A(0) S(0)	G(1) R(0.5) B(1) A(0) S(0)	G(1) R(0.5) B(1) A(0) S(0)	G(1) R(0.5) B(1) A(0) S(0)	G(1) R(0.5) B(1) A(0) S(0)	G(0.8) R(0.8) B(0.5) A(0) S(0)

려서 평소보다 안 좋은 음성 상태에서 중간평가가 이루어진 때가 간혹 있으므로 이것이 저하와 개선이 반복되어 나타나도록 한 원인 중 하나로 판단된다.

초기에는 환자가 새로운 것을 접해서 그런지 강한 호기심을 보이며 열심히 했는데 전체 치료기간의 절반 정도인 17, 18회기에 들어서자 서서히 해이해지는 양상을 보이기 시작(이즈음에 동생이 새로 생겼다)하여 간혹 졸기도 하고 건성으로 한 적도 있었다. 음성위생 준수 사항은 비교적 잘 지켰으나 소리를 지르거나 짜증내는 소리를 내는 것은 그다지 감소하지 않았던 것으로 나타났다.

치료 종결 시의 기계적 검사 결과로는 shimmer가 약간 높고 공기역학적 측면도 개선의 여지가 남아 있는 상황이었다. 그러나 청지각적으로는 음질 상태가 비교적 양호한 것으로 판단되었고, 환자 자신 및 부모도 목소리가 많이 나아졌다고 하였으며, 개선의 정도가 종결 시기에 즈음하여 정체 상태(plateau)에 들어서고 있었으므로 치료를 종결하였다.

제12장

아동기 중복언어장애

언어치료사들이 임상현장에서 가장 많이 만나는 장애 유형은 아마도 아동언어장애일 것이다. 아동기 언어장애에는 단순언어장애(Specific Language Impairment: SLI)와 같이 언어 이외의 다른 영역, 즉 인지나 사회성, 말 산출 기관 및 기능, 청력 등의 영역에서는 특별한 문제 없이 언어발달에만 문제를 보이는 경우도 있으나 실제로는 언어장애가 인지 및 학습이나 사회성 등과 같은 영역에서의 발달장애와 동반되어 나타나는 경우가 대부분이다. 이처럼 인지나 사회성 등과 같은 동반장애로 인하여 언어장애를 갖는 경우를 아동기 중복언어장애라 한다. 아동기 중복언어장애에는 지적장애 및 자폐범주성 장애와 같이 인지나 사회성 문제를 동반하고 있는 경우는 물론 청각이나 뇌병변장애로 인해 말·언어장애를 동반하는 청각장애, 뇌성마비 등도 모두 포함된다. 그러나 이 책에서는 청각장애를 별도의 장으로 다루고 있으며 뇌병변장애의 말(speech) 문제는 9장 마비말장애에서 부분적으로 언급하고, 이들의 언어 문제는 동반된 지적장애 정도에 따라 달라지므로 이 장에서는 지적장애 및 자폐범주성 장애와 같이 발달장애를 동반한 아동을 중심으로 살펴보고자 한다.

1. 초기 면담

중복언어장애 아동의 언어치료 역시 평가를 위한 초기 면담부터 시작한다. 초기 면담은 아동에 대한 기초 자료를 수집하는 중요한 과정일 뿐 아니라 언어치료사가 아동이나 아동의 보호자를 처음 만나서 서로에 대한 첫인상을 결정하는 자리다. 서로에 대한 첫인상은 이후의 치료 과정에 지대한 영향을 미치므로 초기 면담은 많은 준비를 통해 이루어져야 한다.

중복언어장애 아동의 경우도 초기 면담을 통해 다른 아동언어장애와 마찬가지로 주된 의사소통 문제나 발달력, 진단 및 치료력 등의 정보를 수집한다. 그러나 중복언어장애의 경우 동반장애가 아동의 언어 및 의사소통 능력에 미치는 영향이 크므로 이와 관련된 정보를 더 자세하게 수집한다. 예를 들어, 임신 및 출산이나 발달 상태에 대한 정보는 아동의 문제가 언제, 어떠한 원인으로 발생하였는가를 이해하는 데 도움이 된다. 또한 소아정신과나 심리학자들에게서 진단을 받은 경험이 있는 경우 진단명은 무엇이었는지, 장애 정도는 어느 정도였는지에 대한 정보도 수집한다. 진단기관이나 진단 시기에 대한 정보도 아동의 진단 내용을 이해하는 데 참고자료가 될 수 있다. 진단뿐 아니라 치료 및 교육과 관련된 정보도 반드시 수집한다. 아동이 어디에서, 언제부터 언제까지 치료교육을 받았는지 기록한다. 아동이 받은 교육 내용이 무엇이었는지, 그리고 치료교육 활동에 대한 아동의 반응은 어떠하였는지는 추후 치료를 계획할 때 유용한 정보가 될 수 있으므로 반드시 자세하게 자료를 수집한다.

가족관계 및 가족력에 대한 정보도 중요하다. 가족이 어떻게 구성되어 있는지, 가족 중에 발달 문제를 가진 사람은 없었는지에 대한 정보는 아동의 문제나 그 원인을 이해하는 데는 물론 아동의 치료접근법을 결정하는 데에도 유용한 정보가 된다. 중복언어장애 아동의 경우 대부분 지속적인 치료교육이 요구되는데, 이를 위해서는 가정에서의 연계가 매우 중요하다. 따라서 가족관계에 대한 정보 수집 시 가족이 아동의 문제에 대해 어느 정도 이해하고 있으며, 아동의 교육에 대해서 어떠한 태도를 갖고 있는지를 파악하여야 한다. 정보 수집은 보호자에게 질문지를 주고 작성하게 하는 것도 좋으나 가급적이면 언어치료사가 직접 질문하여 자료를 수집하는 것이 좋다. 보호자가 질문의 내용을 정확히 이해하지 못할 수도 있고 추가 질문을 통해 더 자세한 정보를 수집할 수도 있기 때문이다. 또한 초기 면담시간 동안에 아동이나 보호자를 직접 관찰한 경험은 추후 진단 및 평가를 계획하는 데 도움이 된다.

수집된 정보는 일정한 양식에 따라 정리하여 기록한다. 아동의 정보는 연대기 순으로 기록하는 것이 좋으며, 너무 장황하지 않게 짧고 간략하게 제시한다. 더불어 아동의 장애 원인을 직접 관찰하거나 수집한 자료가 아닌 경우에는 누구에 의해 보고된 내용인지를 명확하게 제시하는 것이 필요하다.

〈이렇게 해 보세요!〉

언어치료 실습학생의 실수	임상감독자의 조언
초기 면담 시 시선을 보호자나 아동에 두지 않고 면담지만 보면서 발달력, 진단력, 교육력 등 제시된 질문을 문어 형태 그대로 읽는다.	면담지를 읽지 말고 보호자나 아동을 바라보며 자연스러운 구어 형태로 질문한다. 면담지를 보지 않고도 질문을 할 수 있도록 미리 혼자 혹은 언어치료 실습학생들끼리 짝을 지어 연습을 많이 하는 것이 좋다.
이미 보호자가 앞의 질문에서 답변한 내용도 면담지에 제시된 순서에 따라 기계적으로 다시 질문한다.	보호자가 이미 답변한 내용을 여러 번 반복해서 되풀이해서 질문하지 않게 답변 내용을 질문지의 해당 문항에 잘 정리해서 기록한다.
보호자가 질문을 이해하지 못하는 경우나 질문에 대해 간단히 응답하여 답변 내용이 미흡한 경우에도 추가 질문을 하지 않고 다음 답변으로 넘어간다.	보호자가 질문을 잘못 이해하는 경우에는 다시 충분히 이해할 수 있도록 설명해 준다. 답변이 충분하지 않은 경우 필요한 내용이 유도될 수 있도록 추가 질문을 제시한다.
진단이나 치료 · 교육과 관련해서는 주로 경험 여부나 시기에 대한 정보만을 수집하는 경우가 많다.	진단이나 치료 · 교육과 관련된 구체적인 정보, 예를 들어 진단 및 치료 시기, 기관, 결과 등을 가급적 자세하게 질문한다. 특히 자료 및 교육 내용을 추후 치료 계획 시 도움이 되므로 자세히 질문한다.
정보 수집 시 주로 아동과 관련된 정보만을 수집한다.	가족들이 아동과 어떻게 상호작용하는지, 아동의 언어 문제는 인식하고 있는지, 그리고 언어치료에 대해서는 어떤 태도를 갖는지 등은 추후 언어치료에 큰 영향을 미친다. 따라서 정보 수집 시 가족과 아동의 관계나 가족의 요구 등과 관련된 정보도 수집하는 것이 좋다.

아동의 배경 정보 수집에만 관심을 두며, 보호자나 아동이 궁금해하는 점에는 관심을 두지 않는다.	초기 면담은 아동에 대한 정보를 수집하는 것을 주목적으로 하는 자리이나, 동시에 아동 또는 보호자가 궁금해하는 정보를 제공하는 자리이기도 하다. 따라서 보호자들에게 궁금한 내용이 있는지 질문할 수 있는 기회를 제공한다.
보호자가 아동의 진단명이나 장애 정도, 장애 원인, 그리고 인지나 학습과 같이 언어치료 영역 외의 질문을 하는 경우 당황해서 잘 모른다고 대답하거나 정확하지 않은 정보를 제공한다.	보호자가 진단명이나 장애 정도에 대해 질문하는 경우 장애 진단은 의사나 심리학자들이 하는 것이며, 언어치료사는 언어 진단만 하는 것이라고 완곡히 말씀드린다. 인지나 학습과 같이 잘 모르는 분야에 대해서는 잘 모르는 분야이므로 추후 알아보고 다시 말씀드리겠다고 답변한다.

2. 평가 계획 및 실시

1) 진단 및 평가 계획

초기 면담을 통해 얻은 정보와 아동의 행동을 관찰한 결과에 기초하여 아동의 의사소통 능력을 진단하고 평가하기 위한 계획을 수립한다. Leonard(1990)는 언어장애 아동의 언어 능력 평가 시 다음과 같은 세 가지 내용을 고려하여야 한다고 제시하였다.

- 정상 발달 기준에 기초해서 아동의 언어 및 의사소통 발달 정도를 평가한다.
- 장애 유형이나 주의를 요하는 특별한 특성 또는 구조를 판별한다.
- 언어장애와 관련되는 원인이나 조건을 살펴본다.

중복언어장애 아동에 대한 평가를 계획할 때에도 이러한 점을 고려하여 현행 언어 능력은 물론 아동의 언어장애를 유발하는 행동 특성이나 관련 요인을 살펴보는 것이 중요하다. 언어 및 의사소통 발달 수준과 의사소통 영역별 강약점, 언어 및 의사소통 능력에 영향을 미칠 수 있는 관련 영역에서의 기능 등을 평가할 수 있도록 계획해야 한다.

중복언어장애 아동에게 언어평가를 계획할 때에는 평가 영역('무엇을 평가할 것인가')과 평가 절차('어떻게 평가할 것인가')를 모두 포함하여야 한다. 그리고 평가 영역과 평가 절차를 결정할 때에는 아동의 언어 및 의사소통 수준이나 동반장애의 유형 장애 정도 등을 고려해서 결정하여야 한다.

먼저 언어 및 의사소통 수준에 따라서는 아동이 구어를 사용하는지, 혹은 아직 비구어 상태에 머물러 있는지를 고려한다. 구어를 사용하는 아동은 언어 능력 평가에 중점을 두어 수용언어와 표현언어 능력을 평가하거나, 언어 영역별로 언어의 구문, 형태, 의미, 화용 및 음운 능력을 평가할 수 있다. 그리고 평가 절차로 공식 검사나 자발화 분석과 같은 절차를 활용할 수 있다. 반면, 아동이 아직 구어를 사용하지 못하는 경우에는 의사소통 능력을 중심으로 평가한다. Wetherby와 Prizant(1991)는 언어 이전기의 의사소통 평가 시 의사소통 기능, 의사소통 수단, 발성에 포함된 자음 목록, 언어 이해 능력, 상징 행동을 평가하는 것이 중요하다고 언급하였다. 이러한 내용은 주로 행동관찰이나 공식 검사를 활용해 평가할 수 있다.

아동이 지닌 동반장애는 아동의 평가 결과에 영향을 미칠 수 있다. 예를 들어, 지적장애 아동의 경우에는 인지적인 문제 때문에 검사 절차를 이해하지 못할 수 있으며, 이 때문에 검사 수행이 어려울 수 있다. 자폐범주성장애 아동의 경우에는 행동 문제로 인해 검사 자체에 관심을 두지 않을 가능성이 높으며 검사 수행 자체가 어려울 수 있다. 따라서 아동의 이러한 행동 특성을 고려하여 평가를 계획하여야 한다. 대안으로는 보호자 보고를 통한 평가와 아동 행동 관찰을 통해 평가를 실시할 수 있는데, 이 경우 정해진 검사도구를 활용하여 평가를 실시하는 것보다 검사자가 아동의 발달이나 아동 행동 특성에 대해 가지고 있는 지식과 아동과의 실제 상호작용 능력이 요구될 수 있다.

아동의 동반장애 유형과 더불어 장애 정도 역시 평가에서 주요 고려 사항이 된다. 장애가 심한 경우에는 주로 기능적인 의사소통 능력을 평가하며, 평가 절차도 보호자를 활용하거나 아동의 행동을 관찰하는 방법을 활용하는 것이 좋다. 장애가 경한 경우에는 아동의 생활연령에 적합한 평가 절차를 따르는 것이 좋다.

중복언어장애 아동의 경우에는 인지나 사회성 등과 같이 언어 및 의사소통 능력에 영향을 미칠 수 있는 관련 영역에 대한 평가도 고려하여야 한다. 관련 영역의 평가는 해당 분야의 전문가에게 평가를 의뢰하고 그 결과를 참조하는 것이 가장 좋으나, 사정이 여의치 않은 경우에는 발달점검표(체크리스트)나 언어치료사들이 사용할 수 있는 약식 검사를 활용하여 직접 평가할 수도 있다. 또한 아동의 행동을 관찰한 후 정상 발달 자료를 준거로 해석하는 것도 좋은 방법이 될 수 있는데, 이는 관련 분야의 발달 자료에 대한 해박한 이해가 선행되어야 한다. 아동의 상징놀이 평가는 의사소통과 관련된 인지 기능이나 사회성 기능 등을 평가하는 좋은 절차로 활용할 수 있다.

중복언어장애 아동을 평가할 때 가족은 아동과 관련된 정보를 제공해 주는 중요한 정보원이기도 하지만, 동시에 아동의 의사소통에 영향을 미칠 수 있는 주요 요인이기 때문에 평가 대상으로도 중요하게 고려되어야 한다. 일반적으로 가족평가에는 가족이 아동에게 적절한 의사소통 환경을 만들어 주는지, 그리고 아동과 효

〈표 12-1〉 장애 정도에 따른 평가 영역 및 평가 절차

<table>
<tr><th rowspan="2"></th><th colspan="2">아 동</th><th colspan="2">가족 및 의사소통 환경</th></tr>
<tr><th>평가 영역</th><th>평가 절차</th><th>평가 영역</th><th>평가 절차</th></tr>
<tr><td>경도</td><td>언어 능력을 중심으로 한 평가
• 언어 이해
• 언어 표현
• 조음음운 능력
• 기타 관련 영역</td><td>• 검사도구를 활용한 직접 평가
• 자발화 분석</td><td rowspan="2">가족평가
• 가족의 요구
• 가족의 우선순위
• 가족과 아동의 상호작용: 아동의 의사소통에 대한 반응, 의사소통 전략 사용

의사소통 환경
• 아동이 어떠한 상황에서 가장 많이 의사소통하는가?
• 아동이 누구와 가장 많이 의사소통하는가?</td><td rowspan="2">• 보호자 면담
• 체크리스트
• 아동과 가족들의 상호작용 관찰</td></tr>
<tr><td>중도</td><td>의사소통 능력을 중심으로 한 평가
• 의사소통 기능
• 의사소통 수단: 제스처, 발성
• 언어: 이해 및 표현
• 상징 기능
• 발성 및 조음 기능
• 삼킴 기능
• 기타 관련 영역: 감각운동기의 인지기능, 언어이전기의 사회성 기술 등</td><td>• 행동관찰: 자연스러운 관찰, 구조화된 관찰
• 보호자 면담 체크리스트 활용</td></tr>
</table>

율적으로 의사소통하는지를 평가한다. 아동과 가족 구성원 간의 상호작용 관찰을 통해 아동의 의사소통 행동에 대한 반응, 상호작용 빈도, 아동의 의사소통 촉진 기술 등을 측정할 수 있다.

〈표 12-1〉은 장애 정도에 따른 평가 영역 및 평가 절차에 대한 요약을, [그림 12-1]은 중복언어장애의 진단평가 절차를 도식화하여 제시하였다.

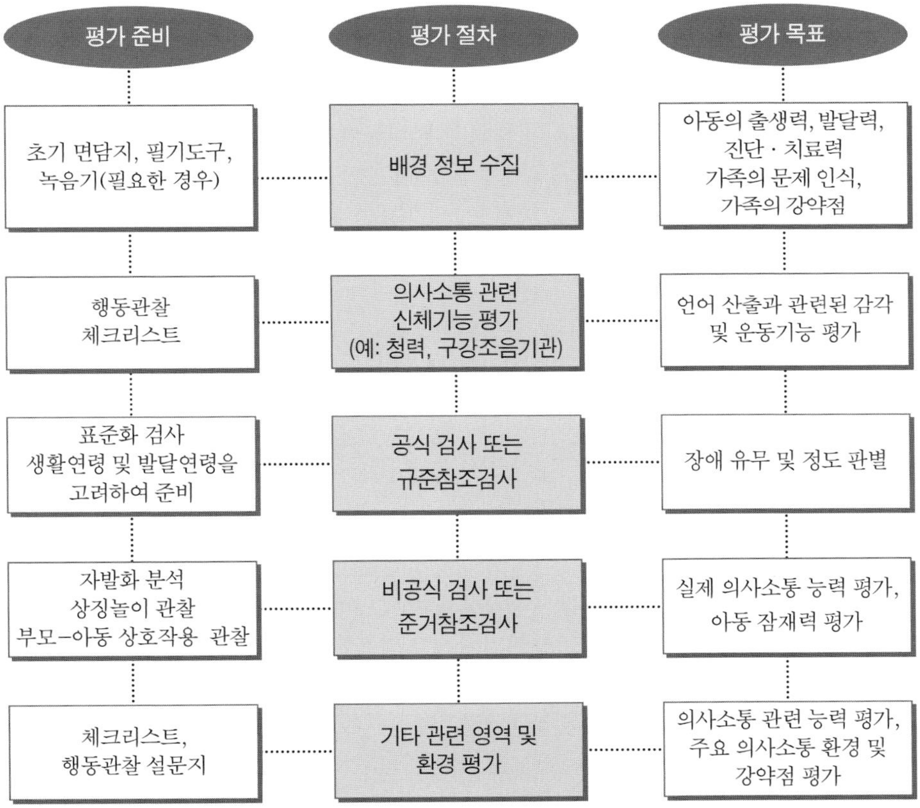

[그림 12-1] 중복언어장애 진단 · 평가 절차

〈이렇게 해 보세요!〉

언어치료 실습학생의 실수	임상감독자의 조언
언어 및 의사소통 영역만을 평가에 포함한다.	중복언어장애 아동의 경우 언어 및 의사소통 능력이 동반장애와 밀접한 관계를 갖는다. 따라서 필요한 경우에는 발달점검표나 행동관찰 등을 통해 인지나 사회성과 같은 발달 영역에서 문제가 없는지 평가하도록 계획한다. 단, 이때의 평가는 아동의 의사소통과 관련된 정도만을 평가하는 것으로 발달 영역에 대한 심도 깊은 평가는 해당 분야의 전문가가 실시하는 것임을 명심한다.
공식 검사만을 중심으로 하여 평가 절차를 계획하며, 공식 검사 결정 시 주로 아동의 현행 언어 및 의사소통 수준만을 고려한다.	중복언어장애 아동의 경우 행동 문제를 동반하는 경우가 많다. 아동의 행동 문제가 심한 경우에는 아동에게 직접 검사를 실시하기 어려운 경우가 많다. 따라서 언어 및 의사소통 기능이 좋더라도 아동의 행동 문제가 심한 경우에는 보호자 보고 방식이나 관찰을 통해 언어 및 의사소통 행동을 평가하도록 계획한다.
공식 검사 선택 시 아동의 생활연령만을 고려한다.	중복언어장애 아동은 대부분 생활연령에 비해 발달이 지체되어 있으므로 공식 검사 선택 시 생활연령과 더불어 발달연령을 반드시 고려하도록 한다. 장애가 심한 경우에는 발달연령을 우선적으로 고려하여 검사를 선택한다.
아동에 대한 평가만을 계획한다.	가족과 아동 간의 상호작용 패턴이나 의사소통 환경 등은 아동의 현행 의사소통 능력은 물론 추후 중재 과정에 큰 영향을 미친다. 따라서 가족이나 의사소통 환경에 대한 평가도 계획하도록 한다.

2) 평가 실시

진단 및 평가 계획에 따라 평가를 실시한다. 평가를 실시하기 위해서는 단계별로 평가 목표를 점검하고 필요한 준비물부터 꼼꼼하게 챙겨야 한다.

평가 준비가 갖추어졌으면 평가 절차에 따라 평가를 실시한다. 먼저 초기 면담은 앞에서 설명하였으므로 그다음 단계인 의사소통 관련 신체기능 평가부터 살펴보고자 한다.

의사소통 관련 신체기능 평가 의사소통 관련 신체기능으로는 크게 청각기관과 말 산출 기관의 기능을 살펴볼 수 있다. 청각의 경우 놀이나 사람들과 상호작용하는 동안 아동이 소리에 어떻게 반응하는가를 관찰한다. 이때 아동이 소리를 듣지 못하는 것인지 아니면 소리를 듣고도 반응하지 않는 것인지를 잘 판단해야 한다. 간혹 청각장애 아동을 자폐범주성장애 아동이 아닌지, 혹은 반대로 자폐범주성장애 아동을 청각장애 아동이 아닌지 의심하고 평가에 의뢰하는 경우가 있다. 구분이 어려운 경우에는 이비인후과 전문의나 소아정신과 전문의와 같은 해당 전문가에게 검사를 의뢰하는 것이 좋다.

구강조음기관 기능은 OSMSE-R과 같은 프로토콜을 활용하여 평가할 수 있다. 그러나 실제로 실시해 보면 아동들이 지시를 잘 따라 하지 않는 경우가 많다. 이런 경우 사탕이나 초콜릿 등의 과자를 입술 위, 아래, 옆에 대 주고 혀로 핥게 하여 혀의 기능을 살펴보고, 과자를 먹게 하여 입술이나 턱, 혀 등의 기능을 관찰한다. 중복언어장애 아동, 특히 다운증후군이나 프래더윌리증후군 등으로 인해 지적장애를 동반하는 경우는 구강조음기관의 기능이 저하되어 있는 경우가 많다. 구강조음기관의 기능은 말 산출에 영향을 미치므로 아동들의 표현언어 능력이 말 산출 능력과 관련되는가를 살펴보기 위해서는 반드시 평가하여야 한다.

언어 및 의사소통 능력평가 언어 및 의사소통 능력은 검사도구를 활용하여 직접 검사하는 방법, 아동 행동을 관찰하는 방법, 보호자 면담을 통해 평가하는 방법을 활용할 수 있다.

먼저, 검사도구를 활용하여 평가하는 경우에는 반드시 정해진 검사도구를 사용하여 검사요강에 제시된 절차에 따라 검사를 진행하여야만 한다. 그러나 중복언어장애 아동의 경우 인지나 행동 문제로 인해 정해진 검사 절차에 따라 검사를 실시하기 어려운 경우가 많다. 이런 경우 검사 결과에 영향을 미치지 않는 수준에서 아동의 장애 유형이나 정도에 따라 검사 실시 순서나 반응 양식을 수정할 수도 있다.

검사를 실시하는 동안 평가자는 항상 중립적인 태도로 평가에 임해야 한다. 중복언어장애 아동, 특히 지적장애 아동은 평가자가 제시하는 내용을 스스로 해결하려 하기보다는 평가자의 태도에 의존해서 문제를 해결하려는 경우가 많다. 일부 아동에게는 평가자의 시선조차도 단서가 될 수 있다. 따라서 평가자의 태도가 아동의 검사 수행의 단서가 되지 않도록 항상 주의하는 것이 필요하다.

검사 중에는 아동이 검사에 주의 집중하고 있는가를 항상 주의 깊게 살펴본다. 대부분의 중복언어장애 아동은 동시주목(joint attention)에 문제를 보인다. 이러한 특징으로 인해 평가자가 과제를 제시하였을 때 실제 수행이 가능한 내용도 제시한 자료에 주의를 두지 않아서 수행하지 못할 수 있다. 따라서 평가자는 검사 문항마다 아동이 주의를 두고 있는가를 확인한 후 검사 문항이나 지시문을 제시하여야 한다. 동시에 검사자의 시선은 항상 아동에게 향하도록 한다. 검사에 숙달되지 않은 언어치료 실습학생의 경우 시선이 아동이 아니라 검사지나 검사자료에 향해져 있어서 아동이 검사 자료에 제대로 주의를 두고 있는지 파악하지 못하는 경우가 많다. 일부 언어치료 실습학생들의 경우는 검사지를 한 손에 들고 다른 한 손으로 검사도구를 조작하면서 검사를 실시하는 경우도 더러 있다. 이 경우 아동이 제시된 검사도구를 만지거나 갑자기 자리를 이탈하는 등의 부적절한 행동을 하면 통제하기가 어렵다. 그러므로 검사자는 반드시 평가 대상자에게 일차적으로 주의를 두어야 하며, 이를 위해서는 검사도구 및 실시 절차에 숙달되어 있어야 한다.

아동의 반응에 대해서는 반응의 옳고 그름에 상관없이 긍정적인 강화를 충분히 제공하여 아동의 검사 수행을 촉진하도록 한다. 긍정적 강화는 검사의 수행 결과에 대한 것이 아니라 아동이 검사에 반응해 준 행동에 대한 것이어야 한다. 일부 표준화된 검사의 경우 강화나 촉진 절차까지 제한하는 경우도 있다고 하나 언어검사의 경우에는 촉진 또는 강화의 제공을 그다지 엄격하게 제한하지 않고 있다. 따라서 아동이 검사에 참여할 수 있도록 강화를 적절히 사용하는 것이 좋다.

검사 결과는 아동이 반응한 즉시 그 자리에서 기록한다. 예전에 필자가 임상감독을 하였던 어떤 언어치료 실습학생은 검사를 계속 실시만 하고 기록을 하지 않았다. 나중에 왜 검사 결과를 기록하지 않았냐고 질문하였더니 검사 실시와 기록 두 가지를 한꺼번에 하기가 힘들어서 나중에 기록하려고 하였다고 대답하였다. 검사가 끝나고 난 다음에도 아동의 반응을 잘 기억할 수 있을 것 같지만 생각보다 어렵다. 항상 검사자는 반응 내용을 즉각, 그리고 효율적으로 기록하는 습관을 가져야 한다. 결과를 기록할 때에는 가급적 기록하는 모습을 아동에게 보이지 않도록 조심한다. 중복언어장애 아동이라도 자신이 지금 검사를 받고 있다는 사실은 인식한다. 때문에 수행이 끝날 때마다 평가자가 어떻게 기록하는지를 궁금해한다. 어떤 언어치료 실습학생은 책상 위에 검사지를 펼쳐놓고 기록하여 아동이 기록 내용을 보고 "틀렸어요?" 하고 묻는 경우도 있었다. 검사도구 같은 것들을 활용하여 검사지를 가리면서 결과를 기록하는 것도 요령이 될 수 있다.

검사 결과를 규준에 기초하여 해석할 때에는 주의가 필요하다. 대부분의 중복장애 아동들은 생활연령과 발달연령 간에 차이가 크며 생활연령과 발달연령의 편차는 아동들의 나이가 많아질수록 커진다. 예를 들어, 구어 표현에서 한두 낱말 단계에 머물러 있는 아동들은 나이가 들수록 지체 정도가 점차 증가한다. 하지만 아동의 장애가 더 심해지는 것은 절대 아니다. 같은 맥락으로 등가연령에 기초하여 아동들의 수행을 해석할 때에는 주의가 필요하다. 예를 들어, 3세 아동이 등가연령 2년으로 측정되어 1년 지체된 것과 8세 아동이 7세로 측정되어 1년 지체된 경우는 똑같이 1년 지체되어 있어도 그 의미는 같지 않다.

백분위수를 통해서 아동들의 수행 결과를 해석할 때에도 주의가 필요하다. 현재 우리나라에서 사용되는 대부분의 아동용 언어검사가 백분위수로 결과를 해석할 수 있게 하고 있다. 그러나 백분위수는 검사 문항이나 또래 규준에 포함된 아동의 수가 충분하지 않은 경우에는 그 결과가 왜곡되는 경우가 더러 있다. 예를 들어, 어떤 검사의 경우에는 단 한 문항의 수행 여부로 10~20퍼센타일이 달라진다. 경우에 따라서는 문항 하나로 장애 여부가 결정된다. 따라서 검사 결과를 규준에 기초하여 해석하되, 그 결과가 갖는 의미를 이해하고 필요한 경우에는 그 수치의 의미에 대해 기술하는 것도 좋을 것이다.

〈이렇게 해 보세요!〉

언어치료 실습학생의 실수	임상감독자의 조언
표준화된 검사를 실시할 때 동반장애의 특성을 전혀 고려하지 않고 검사요강에서 제시된 절차를 엄격하게 준수하여 검사를 실시한다.	표준화된 검사는 검사요강에 제시된 내용에 맞게 실시하는 것이 올바른 태도다. 하지만 아동의 장애 유형이나 정도를 고려하여 실시 절차나 반응 양식을 수정할 수도 있다. 단, 검사 절차에서의 수정이 검사 결과에 영향을 미쳐서는 안 된다.

검사 실시나 아동의 행동에만 집중하여 언어치료 실습학생 자신이 어떠한 태도를 취하는지에 대해서는 인식하지 못하는 경우가 많다.	평가 시 평가자의 언어 표현은 물론 자세나 태도 역시 아동들에게는 단서가 될 수 있다. 따라서 이러한 것들이 평가 결과에 영향을 미치지 않도록 항상 중립적인 태도를 보이도록 한다. 특히, 지적장애 아동들의 경우에는 외부적 단서에 의존하여 문제를 해결하려는 경향이 강하므로 평가자는 시선 처리와 같은 사소한 것도 신경 쓰는 자세가 필요하다.
검사를 실시할 때 검사 문항을 읽느라 아동이 제시하는 검사자료에 주의를 집중하는지에 대해서는 관심을 두지 않는다.	대부분의 중복언어장애 아동은 주의 집중에 문제를 보이며, 적절한 주의를 주지 않는 경우에는 과제에 관심이나 주의를 두지 않는다. 따라서 아동들이 검사에 주의 집중을 하고 있는가를 항상 주의 깊게 살펴보고, 매 문항마다 주의를 환기시켜 주는 것이 필요하다.
아동이 검사를 수행하였을 때에도 중립적인 태도를 취하느라 적절히 반응해 주지 않는다.	검사는 아동에게 매우 길고 힘든 시간이 될 수 있다. 따라서 아동의 검사 수행을 촉진할 수 있도록 강화해 준다. 단, 강화의 제공이 아동의 검사 결과에 영향을 미치는 것이 되어서는 안 된다.
아동의 수행 결과를 규준에 기초하여 수치적인 의미로만 해석한다.	검사 결과를 규준에 비추어 해석할 때 아동의 생활연령과 발달연령은 물론 장애 정도를 고려하여 주의 깊게 해석한다.

언어치료사는 사례 정보나 다른 전문가들로부터 적극적으로 정보를 수집해야 함은 물론, 직접관찰을 통해 아동들을 평가할 준비를 갖추어야 한다. 평가 시 관찰된 아동의 행동 특성은 배경 정보나 직·간접의 검사를 통해 수집된 자료와 마찬가지로 아동을 평가하는 데 중요한 정보가 될 수 있다. 2장에서 서술한 것처럼 관찰은 검사도구로 측정하기 어려운 기능을 직접관찰을 통해 평가할 수 있으며, 공식 검사도구들로는 측정하기 힘든 세세한 부분까지도 측정할 수 있다. 특히 중복언어장애 아동의 경우 그들의 행동 문제 때문에 검사를 통해 평가하기 힘든 경우가 많으므로 이러한 관찰 평가 절차를 적극적으로 활용하여야 한다.

보통 관찰은 아동의 행동을 보고 기술하면 되기 때문에 특별한 기술이 요구되지 않는 것 같지만 실제로는 많은 지식과 경험이 필요하다. 예를 들어, 제한된 시간 동안 아동의 자연스러운 의사소통 행동을 관찰할 수 있는 환경이 어떠한지를 판단하여야 하며, 이때 자료는 어떠한 것을 준비하여야 하는지, 상호작용 대상자는 누구로 할 것인지를 결정해야 한다. 언어치료 실습학생의 경우 짧은 시간 동안 제한된 환경에서 관찰된 자료로 아동의 의사소통 행동을 일반화하여 기술하는 것을 많이 보았다. 관찰 자료는 아동들의 행동을 대표할 수 있을 만큼 충분해야 하며 다양한 상황에서 수집하여야 한다. DSM-IV에 제시된 주의력결핍 과잉행동장애(ADHD) 진단 준거를 보면 나열된 아동의 행동이 최소한 두 군데의 다른 장소에서 관찰되어야 한다고 명시되어 있다. 같은 맥락으로 언어치료사도 관찰을 통해 아동들의 의사소통 행동을 평가할 때 최소한 두 군데의 다른 의사소통 상황에서 자료를 수집하는 것이 좋다.

〈이렇게 해 보세요!〉

언어치료 실습학생의 실수	임상감독자의 조언
아동에 대한 직접검사가 시작된 이후에 아동의 행동을 관찰하기 시작한다.	아동의 행동에 대한 검사는 평가 중에는 물론 보호자와의 면담이나 언어치료실에 입실하고 퇴실할 때 등 여러 상황에서 실시한다.
주로 검사를 실시하는 동안 아동이 검사에 집중하였는지, 평가자의 지시를 잘 따랐는지 등과 같이 검사 수행 시 태도만 관찰한다.	평가 시 아동에게서 관찰하는 모든 것이 중요한 정보가 된다. 따라서 검사 수행 시 아동의 반응만이 아니라 아동의 외현적 특성(체구가 생활연령에 적합한지, 외모나 신체 기능에 두드러지는 특징들은 없는지), 보호자나 평가자와의 상호작용 특성(아동이 자발적으로 상호작용을 시도하는지 혹은 상대방의 상호작용 시도에 대해 적절히 반응하는지), 두드러지는 문제행동의 여부(자해행동이나 공격행동 혹은 자기자극 행동 등) 등과 자연스러운 맥락에서 아동이 보이는 의사소통 행동이나 수단을 살펴본다.

관찰은 자연적인 관찰과 구조화된 관찰이 있다. 필자는 언어치료 실습학생들에게 두 가지 방법을 병행할 것을 권장한다. 자연적인 관찰에서는 아동들이 빈번하게 사용하는 의사소통 행동이나 그 형태를 관찰할 수 있다. 그러나 관찰되지 않은 행동은 아동이 '할 수 없기' 때문인지 '하지 않았기' 때문인지 판단하기가 어렵다. 이럴 때에는 특정 의사소통 행동이 발생할 수 있도록 상황을 구조화하여 행동을 관찰하는 것이 필요하다. 특히 장애가 심한 중복언어장애 아동의 경우에는 그

기능이 매우 제한되어 있어서 긴 시간 동안 관찰하여도 관찰된 행동이 매우 적을 수 있다. 이럴 때에는 아동의 의사소통 행동을 유도할 수 있도록 환경을 구조화하여 평가하여야 한다.

일부 언어치료 실습학생은 반드시 시간을 별도로 할애하여 관찰을 진행하여야 한다고 생각한다. 그러나 관찰은 언제 어느 순간에도 가능하다. 보호자와 초기 면담을 진행하는 동안 틈틈이 아동의 놀이 행동이나 보호자와의 상호작용 행동 등을 관찰하며, 추후 아동에게 평가를 실시하는 동안에도 관찰을 지속할 수 있다. 또한 검사도구를 활용하여 평가할 때에도 단순히 검사 결과만을 기록하는 것이 아니라 검사 도중에 관찰된 아동의 행동을 관찰하고 기록한다.

보호자 면담은 보통 직접면담을 실시하거나 표준화된 도구 및 체크리스트 등을 사용할 수 있다. 일반적으로 보호자 면담 절차는 나이가 어린 영유아 언어평가 시 많이 활용되는데, 나이가 많더라도 장애 정도가 심하여 직접적인 검사 실시가 어려운 중복언어장애 아동에게도 폭넓게 활용될 수 있다. 3장에서 이미 설명한 것처럼 면담 절차는 보호자를 대상으로 하기 때문에 실시가 상대적으로 용이하나 아동의 행동을 직접적으로 관찰하지 못한다는 단점이 있다. 따라서 아동의 행동 관찰을 병행하거나, 아동의 실제적인 의사소통 행동이 잘 수집될 수 있도록 면담 질문을 잘 구성하도록 한다. 또한 평가자의 면담 기술에 따라 평가 내용이 많이 달라질 수 있으므로 면담을 효율적으로 실시할 수 있도록 많은 경험을 쌓는 것이 필요하다.

3) 보고서 작성

보고서 작성은 4장에 제시된 일반적인 보고서 작성 요령을 따른다. 한 가지 강조하고 싶은 것은 보고서가 단지 결과만을 나열한 것이 아니라 수행 결과에 따라 아동의 주문제가 무엇인지, 그리고 그것이 아동의 중복언어장애와 어떠한 관계가 있는지 드러날 수 있도록 통합적으로 작성되어야 한다. 소아정신과에서 근무하는 어떤 임상심리전문가로부터 언어치료사가 작성한 언어평가서는 왜 그렇게 다 똑같냐는 소리를 들은 적이 있다. 평가한 아동이 지적장애건 자폐범주성 장애건

ADHD 아동이건 간에 보고서 내용이 동일하다는 것이다.

이는 언어치료사가 평가하는 내용이 언어 및 의사소통 영역에 국한되어 있기 때문에 평가보고서가 유사할 수도 있겠지만, 평가를 실시하거나 보고서를 작성할 때 아동들이 갖는 동반장애를 고려하지 않기 때문일 수도 있다고 생각된다. 아동들이 두드러지게 나타내는 언어나 의사소통 문제가 무엇인지, 그리고 그것이 동반장애와는 어떻게 관련되는지를 파악하려고 노력하여야 한다. 이를 위해서는 언어 및 의사소통 발달이나 장애에 대한 지식뿐 아니라 아동들이 보이는 중복장애 특성에 대해서도 많은 지식을 갖추어야 한다. 아직 전공 지식이나 임상 경험이 풍부하지 않은 언어치료 실습학생들의 경우에는 동반장애를 고려한 차별적인 보고서 작성이 쉽지 않을 것이다. 따라서 평가를 실시하고 결과를 해석하는 과정은 물론 보고서를 작성하는 과정에서도 반드시 임상감독자의 지도에 따라야 한다.

〈이렇게 해 보세요!〉

언어치료 실습학생의 실수	임상감독자의 조언
보고서 작성 시 언어 및 의사소통 수준이나 문제만을 나열한다.	아동들의 언어 및 의사소통 문제가 동반장애와 어떻게 관련되는가를 생각해 보고, 임상감독자의 조언을 받아 보고서를 작성한다.

〈중복언어장애 아동의 의사소통 및 언어치료 원칙〉

- 언어 및 의사소통 발달은 아동의 전체 발달의 일부분으로 고려되어야 한다.
- 언어 및 의사소통 치료는 아동의 전체 교육 활동의 일부분이 되어야 한다.
- 성공적인 언어 및 의사소통 치료는 양육자와 언어치료사와의 협력을 통해서 이루어진다.
- 언어 및 의사소통 목표를 수립할 때 아동의 현행 수준은 물론 학습 잠재력까지 고려한다.
- 언어 및 의사소통 목표를 수립할 때 아동의 발달 수준은 물론 생활연령, 장애 유형이나 정도까지 고려한다.
- 언어 및 의사소통 중재 활동과 전략을 결정할 때 아동의 동기와 선호도를 우선적으로 고려한다.
- 치료는 가급적 아동이 속한 자연스러운 환경 내에서 실시하며, 치료실에서 치료

를 진행하는 경우 일상 상황으로의 일반화를 반드시 고려한다.
- 아동이 의사소통을 하고자 하는 의도나 동기를 가질 수 있도록 자연스러운 환경을 구조화하는 것이 중요하다.
- 아동이 치료 진행을 예측할 수 있도록 일상적인 상황(routine)을 만드는 것이 필요하다.
- 바람직한 언어 및 의사소통 행동에 대해서는 강화를 제공하며, 강화는 아동의 행동에 수반되는, 자연스러운 강화가 되도록 한다.

3. 장단기 치료 계획

진단·평가 후에는 아동의 장기목표를 계획하여야 한다. 장기목표를 수립할 때에는 일반적으로 발달적 접근과 기능적 접근의 두 가지 접근법을 취할 수 있다. 먼저 발달적 접근은 정상적인 의사소통 행동 발달 과정을 기초로 하여 수립한다. 쉽게 말해서, 발달적인 순서에 따라 치료 목표를 수립하는 것이다. 기초선 평가를 통해 아동의 현행 언어 수준이 평가되면 발달적으로 그다음에 수행되어야 할 것이 치료 목표로 선택되는 것이다. 한 낱말 표현을 주로 사용하는 아동에게 두 낱말 조합을 치료 목표로 수립하는 것이 그 예가 될 수 있다.

반면 기능적 접근은 아동에게 필요한 내용을 우선적으로 고려하여 치료 계획을 수립하는 것을 말한다. 즉, 아동의 일상에서 빈번하게 사용되거나 특히 중요한 기능을 담당하는 의사소통 행동을 목표로 수립하는 것이다. 현재 구어를 전혀 표현하지 못하는 아동에게 아동의 필요에 따라 '아파요'라고 표현하는 것을 우선적인 치료 목표로 설정하는 것을 예로 들 수 있다. 이처럼 기능적인 접근에 따라 목표를 수립하는 경우에는 아동의 환경을 먼저 분석하는 것이 필요하다. 아동이 일주일 동안 어떻게 생활하는지 자세한 시간표를 작성해 보는 것도 좋은 방법이 될 수 있다.

중복언어장애 아동의 언어치료 목표를 수립할 때 또 하나 기억해야 할 점은 아동의 현행 언어 수준은 물론 장애 정도를 고려하여야 한다는 것이다. 중복언어장애 아동은 동반장애로 인해 언어발달 수준이 생활연령에 비해 많이 뒤떨어져 있을 뿐만 아니라 평생 구어를 사용하지 못할 수도 있다. 따라서 언어평가 시 비구어적인 의사소통 능력을 평가하는 것을 강조하였던 것처럼 치료 계획을 수립할 때에도 반드시 구어적인 의사소통에만 목표를 두지 않고 비구어적인 의사소통 능력도 중요한 목표 행동으로 고려해야 한다. 아직 구어를 사용하지 않는 아동들에게는 ① 의사소통 의도를 증진시키고, ② 의사소통 의도를 보다 적절한 수단을 통해서 표현하게 하며, ③ 의사소통 기능을 보다 다양하게 하는 것 등을 치료 목표로 고려한다. 또한 구어 습득이 어려운 아동들에게는 보완대체 의사소통(AAC)과 같은 대체 의사소통 기술을 중재하는 것도 필요하다. 일반적으로 AAC는 주로 뇌성마비나 마비말장애와 같이 신체장애를 동반하거나 청각장애와 같이 감각장애를 갖는 대상자에게 적용하는 것으로 알려져 있다. 그러나 장애가 심한 지적장애 아동이나 자폐범주성장애 아동들에게도 AAC를 적용하고 있으며, AAC의 적용이 이 아동들의 의사소통 행동을 향상시킬 뿐만 아니라 나아가서는 구어 습득 및 사용에도 좋은 영향을 미친다고 보고되고 있다. 따라서 언어치료 실습학생들은 AAC에 대한 이론적 · 경험적 기반을 마련하여 필요한 아동들에게 적용할 수 있도록 준비를 갖추어야 한다.

치료 접근법을 결정할 때, 대체로 아동의 나이가 어리거나 동반장애가 심하지 않은 경우에는 발달적 준거에 따라 목표를 수립하는 반면, 아동의 나이가 많거나 동반장애가 심한 경우에는 기능적 접근을 따른다. 하지만 실제 치료 목표를 수립할 때에는 한 가지 접근법만을 고집하지 않고 발달적 접근과 기능적 접근을 조화시키는 것이 좋다.

중복언어장애 아동의 장단기 계획 수립 시 고려해야 할 또 다른 사항은 목표 수준을 적절하게 설정해야 한다는 것이다. 경험이 없는 언어치료 실습학생의 경우 아동들의 현행 언어 수준만을 고려하여 목표를 수립하기 때문에 한 학기 또는 일년 동안 배우기에는 너무 크게 목표를 수립하는 경우가 대부분이며, 드물게는 목표를 너무 작게 수립하기도 한다. 장단기 목표를 계획할 때에는 아동의 현행 언어 수준만이 아니라 아동들의 학습 잠재력도 고려하여 적정 수준의 목표를 수립하는 것이 필요하다.

이러한 점은 장기목표를 단기목표로 세분화할 때도 고려해야 한다. 쉽게 배우지 못하는 아동들은 장기목표를 단기목표로 나눌 때보다 작게 세분화하여야 할 것이며, 상대적으로 쉽게 배우는 아동들은 단기목표를 크게 나누어야 한다. 이 역시 아동들의 학습 능력을 고려하여 결정하여야 한다. 장기목표를 단기목표로 세분화하는 과정은 '3장 언어임상실습의 과정'을 참고로 하기 바란다.

〈이렇게 해 보세요!〉

언어치료 실습학생의 실수	임상감독자의 조언
아동의 장애 유형이나 정도와 상관없이 장단기 목표를 수립한다.	아동의 요구와 수준을 고려하여 장기목표를 수립하고 그에 맞게 단기목표를 세분화하여야 한다.
모든 아동에게 발달 준거에 따라 목표를 수립한다.	목표 수립 시 아동의 기능 수준이나 가르치고자 하는 내용을 고려하여 기능적 접근을 따를 것인지 발달적 접근을 따를 것인지를 결정한다.
장단기 목표 수립 시 아동의 현행 언어 수준만 고려하고 학습 잠재력은 고려하지 못한다.	장단기 목표를 수립할 때에는 아동의 현행 언어 수준을 고려할 뿐만 아니라 아동의 학습 잠재력이나 행동 패턴도 함께 고려하여야 한다.

4. 회기 치료 계획

회기 치료를 계획할 때 우선적으로 고려해야 할 점은 한 회기 동안 가르칠 치료의 수를 결정하는 것이다. 한 회기 동안 가르치기에 3~4개 정도의 목표가 적절하나 목표 행동의 성격이나 아동의 성격에 따라 회기 목표의 수를 조절한다. 치료 목표는 가르치는 내용의 난이도나 활동의 특성을 고려하여 쉬운 것과 어려운 것, 또는 아동이 재미있어 하는 것과 그렇지 않은 것을 교대로 제공할 수 있도록 구성한다.

치료 목표가 결정되면 치료 활동 및 자료, 강화 등의 절차를 결정해야 한다. 먼저 치료 활동이나 자료를 결정할 때에는 아동의 흥미도나 치료 목표에 적합한 활동이나 자료를 선택하는 것이 중요하다. 단, 이때 아동의 생활연령을 고려해야 한다. 앞에서도 언급하였듯이 중복언어장애 아동은 생활연령에 비해 발달 수준이 많이 뒤떨어져 있는 경우가 대부분이다. 때문에 발달 수준에 비추어 이들을 너무 어리게 생각하거나 상대하는 경우가 많다. 하지만 중복언어장애 아동 역시 나이가 들어감에 따라 자아의식이 달라지기 때문에 치료 내용이나 활동을 그에 따라 적절히 변화시켜야 하며, 그보다 더 중요한 것은 이들을 하나의 인격체로 대하는 기본적인 자세를 갖추어야 한다는 점을 명심해야 한다.

치료 활동이나 자료를 결정할 때 아동들이 흥미나 관심을 보이는 것을 선택하는 것도 무엇보다 중요하다. 아동이 활동이나 자료에 관심을 기울이지 않는 경우 학습이 원활히 이루어지지 않기 때문이다. 중복언어장애 아동들은 일반 아동들과는 달리 관심을 보이는 활동이나 자료들이 극히 제한되고, 관심의 대상도 다른 경우가 많다. 따라서 이 아동들이 어떠한 활동이나 자료들에 관심을 보이는지 파악하는 것이 어렵다. 이들이 관심을 보이는 것들을 파악하기 위해서는 관찰이나 보호자 면담 등을 통해 정보를 수집하려는 노력이 필요하다.

중복언어장애 아동들에게 언어 중재를 할 경우에는 아동들이 치료 활동을 예측할 수 있도록 일상적인 상황(routine)이 중요하다. 매번 바뀌는 치료 환경이나 활동은 아동들에게 다음에 발생할 상황을 예측하지 못하게 함으로써 아동을 불안하게 할 뿐만 아니라, 문제행동 등을 야기하는 원인이 되기도 한다. 이러한 현상은 자폐범주성장애 아동들에게서 특히 쉽게 관찰된다. 아동들이 짧은 치료 시간 동안이라도 치료가 어떻게 진행될지를 예측할 수 있도록 반복적이고 일상적인 상황을 만들어 주도록 하며, 절차를 바꾸는 경우에는 아동들이 미리 준비할 수 있도록 미리 반복해서 설명해 주도록 한다. 시간표나 알람 소리와 같은 시청각적 자료를 활용하는 것도 좋은 방법이 된다.

치료 활동을 반복적으로 구성하는 것은 학습 효과를 고려할 때에도 매우 중요하다. 지적장애 아동을 비롯한 대부분의 중복언어장애 아동들은 학습이 쉽게 이루어지지 않기 때문에 일회성 치료만으로 목표 언어 또는 의사소통 행동을 습득하기 어렵다. 따라서 완전한 학습이 이루어질 때까지 치료를 반복하는 것이 필요하다. 단, 매번 같은 활동을 반복하는 경우 아동이 지루해할 수 있으므로, 같은 목표를 몇 가지 활동으로 구성하여 반복하거나, 소수의 목표를 주기적으로 반복하는 주기적 접근(cycling approach)을 활용하는 것도 좋은 방법이 될 수 있다.

치료할 활동이 결정되면 이를 세부적인 절차로 기술해야 한다. 언어치료 실습학생들의 경우 치료 절차를 기술할 때 활동을 어떤 순서로 진행할 것인가를 중심으로 기술하는 경우가 많은데, 그보다는 각각의 절차에서 언어치료사가 어떠한 중재 전략을 사용할 것인지, 그리고 상황을 어떻게 구조화할 것인지를 고려하는 것이 필요하다. 동반장애가 심하여 언어 능력이 매우 제한되거나 의사소통 의도를 거의 보이지 않는 아동들에게는 먼저 의사소통을 하고자 하는 동기를 갖게 하는 것이 무엇보다 중요하다. 아동이 원하는 것을 손에 닿지 않는 곳에 두거나 부족하게 제공해서 아동으로 하여금 도움이나 사물을 요청하도록 환경을 구조화 하는 것이 필요하다.

언어치료 전략을 적용할 때에도 동반장애의 유형이나 장애 정도를 고려해야 한다. 의사소통 의도가 없는 경우에는 아동의 주도를 따르며 모델링을 제공해 주는 아동중심적 절차를 활용하는 것도 효과적이나 인지 기능이 매우 낮거나 문제행동이 심해서 학습을 잘 하지 못하는 아동들의 경우에는 불필요한 자극을 제한하고 가르치고자 하는 것을 언어치료사가 선택해서 반복 훈련시키는 치료사 중심법이 적합할 수 있다. 단, 치료사 중심법을 적용하는 경우에는 가르친 목표 언어를 아동이 일상적인 의사소통 환경 안에서 사용할 수 있도록 일반화까지 고려하도록 한다.

강화를 계획할 때에는 아동의 수행을 가장 잘 촉진하는 것이 무엇일까를 고민하여 강화제를 선택하는 것이 필요하다. 경험이 많은 언어치료사는 '아동에게 가장 효과적인 강화제를 선택하는 것만으로도 치료의 절반은 성공한 것과 같다.'는 말을 하기도 한다. 이처럼 효과적인 강화제를 선택하기 위해서는 아동의 행동이나 생활을 유심히 관찰하는 것이 필요하다. 더불어 강화제를 선택할 때 고려해야 할 점은 가급적 자연스러운 강화를 제공하라는 점이다. 가장 자연스러운 강화제는 아동의 행동 수행에 대한 후속결과(contingency)로 자연스럽게 제공할 수 있는 것이다. 아동이 좋아하는 사물을 이용하여 요구하기를 유도하였을 때 아동이 적절한 행동으로 요구하기를 시도하였다면 요구하기를 유도한 사물을 아동에게 주는 것이 그 좋은 예가 될 수 있다.

중복언어장애 아동의 치료를 계획하고 실시할 때 고려해야 할 점 중 하나는 이 아동들이 보이는 문제행동을 어떻게 다룰 것인가 하는 것이다. 대부분의 중복언어장애 아동들은 정도에 차이는 있으나 문제행동을 한두 개 정도는 가지고 있다. 이러한 문제행동은 아동들의 학습 과정에는 물론 타인과의 상호작용을 심각하게 방해하는 경우가 많다. 따라서 문제행동을 적절하게 다루지 못할 경우 아동들에게 효과적으로 치료를 제공하기는 매우 어렵다고 할 수 있다. 일부 언어치료사들의 경우 언어나 의사소통을 평가하고 치료하는 절차나 방법에 대해서는 훈련을 많이 받았으나 중복언어장애 아동들의 문제행동을 다루는 방법은 충분히 훈련받지 못하여 치료 활동을 진행하는 데 어려움을 겪기도 한다. 하물며 임상 경험이 거의 전무한 언어치료 실습학생의 경우에는 그 어려움이 더욱 크다. 문제행동에 대한 가장 좋은 접근 방법은 행동이 발생한 이후에 교정하려고 하는 것보다 문제행동이 발생하지 않도록 사전에 미리 예방하는 것이다. 문제행동을 예방하기 위해서는 아동의 문제행동이 발생하는 상황을 잘 관찰하는 것이 필요하다. 문제행동(behavior)의 '선행사건(antecedent)'과 '후속결과(consequence)'를 분석하는 ABC 분석 방법이 문제행동을 이해하고 이에 대한 접근 방법을 결정하는 데 도움이 될 것이다. 언어치료 실습학생은 중복장애아동의 언어평가 및 중재에 대한 학습과 훈련만큼이나 이 아동들의 문제행동을 다루는 방법에 대해서도 공부하고 훈련받는 것이 필요하다.

이상을 통하여 중복언어장애 아동을 치료하는 과정에서 고려해야 할 사항들을 초기 면담, 언어진단 및 평가, 장단기 치료 계획, 그리고 회기 치료 계획으로 나누어 살펴보았다. 이 장의 끝에는 실제 중복언어장애 아동 사례에 대한 임상실습 지도 내용에 대하여 각기 언어 및 의사소통 수준이 다른 두 아동의 사례를 참고로 제시한다.

〈이렇게 해 보세요!〉

언어치료 실습학생의 실수	임상감독자의 조언
아동의 태도를 고려하지 않고 가르치고자 하는 욕구만으로 회기 목표를 결정한다.	아동의 학습 동기나 학습 잠재력을 고려하여 적절한 수준의 치료 목표를 설정한다. 지나치게 높은 목표 수준이나 많은 양의 목표는 성취 경험을 제한하여 아동을 학습된 무기력에 빠뜨릴 수도 있다.

아동의 흥미도나 능력을 고려하지 않고 일반적인 상식에 근거하여 활동을 결정한다.	활동을 결정할 때에는 우선적으로 아동의 흥미나 관심사를 고려한다.
아동의 생활연령을 고려하지 않고 활동을 결정한다.	중복장애 아동은 실제 발달연령과 생활연령의 편차가 크다. 활동 및 자료 선택 시 발달연령만 고려하는 경우 아동의 생활연령에 부적절할 수 있다. 따라서 반드시 생활연령도 함께 고려하여 결정한다.
회기 치료 계획 시 활동의 진행 순서만을 고려한다.	활동 절차를 계획할 때에는 각 절차마다 치료사가 사용할 전략이나 상황을 어떻게 구조화할 것인가를 염두에 둔다.
장애 유형이나 정도를 고려하지 않고 모든 아동에게 아동중심적 치료 전략을 적용한다.	아동의 주요 문제나 장애 유형을 고려해서 적절한 치료 전략을 적용한다.
기계적인 형태의 강화만을 제공한다.	강화는 기계적인 것이 아니라 자연스러운 형태로 제공되어야 하며, 아동의 수행에 대한 후속결과로 제시될 수 있는 것이 가장 좋다.

참 고 문 헌

김민성, 배소영, 박창일(2007). 아동용발음평가(APAC). 인천: 휴브알앤씨.

김영태(역)(1994). 구강조음기관의 기능 선별검사(Oral Speech Mechanism Screening Examination-Revised). 권도하, 석동일, 김영태, 정옥란, 강수균(공저). 언어진단. 대구: 한국언어치료학회.

김영태, 김정희, 윤혜련, 김화수(2003). 영 · 유아 언어발달검사(SELSI). 서울: 파라다이스복지재단.

배소영, 곽금주, 장유경, 성현란(2006). MacArthur-Bates Communicative Development Inventory-Korean(M-B CDI-K). 한국 언어장애전문가 전문요원교육 자료집.

Leonard, L. B. (1990). Language disorders in preschool children. In G. H. Shames & E. H. Wiig (Eds.), *Human communication disorder: An introduction* (3rd ed., pp. 159-192). New York: Merrill/Macmillan.

Wetherby, A. & Prizant, B. (1991). Profiling young children' s communicative competence. In S. Warren & J. Riechle (Eds.), *Causes and effects in communication and language intervention* (pp. 217-254). Baltimore, MD: Paul H. Brookes.

Wetherby, A. & Prizant, B. (2002). *Communicative and Symbolic Behavior Scale* (CSBS). Chicago: Reversible Publishers.

참고자료

사례 1. 무언어 수준의 전반적 발달장애(PDD) 아동

기본 정보 및 현행 언어 수준

○○은 생활연령이 5세 8개월인 남아로, 소아정신과 전문의에 의해 만 3세경 전반적 발달장애로 진단받았으며 심한 의사소통장애를 동반하고 있다. 표준화 언어검사인 SELSI에서 언어연령이 12개월(수용언어 11개월, 표현언어 14개월)로 측정되어 수용 및 표현 언어 모두 생활연령에 비해 많이 지체되어 있다.

○○은 의사소통 의도가 거의 없고, 타인에 대한 관심이나 상호작용도 나타내지 않으며, 상대방의 상호작용 시도에 대해서도 반응을 보이지 않거나 기계적으로 반응하는 경우가 대부분이다. 자발적으로 의미 있게 산출하는 발화는 없으며, 간혹 기분 내키는 경우 언어치료사 또는 엄마의 모델링에 따라 '엄마, 뽀뽀, 주세요'를 기계적으로 모방하기도 한다. 엄마나 아빠 등 익숙한 사람이 '앉아' '가져와' '주세요' 등의 행동 지시를 하는 경우 이를 이해하고 수행하기도 하나 일관되지 않으며, 자신의 이름을 불렀을 때에도 주의를 기울이지 않는다.

신체나 운동 기능에는 큰 문제가 없으며, 일상생활의 신변 처리도 가능하다. 가족을 제외한 다른 사람들에게는 거의 관심을 기울이거나 상호작용하지 않는다. 손가락을 흔드는 상동 행동이나 허공을 향해 미소 짓기 등과 같은 부적절한 행동을 보이며, 가끔 이유 없이 울거나 짜증을 내는 일들도 있다. ○○은 현재 월요일부터 금요일까지 통합어린이집에 다니고 있으며, 그 외의 시간은 주로 엄마와 함께 집에서 시간을 보내고 있다.

평 가

○○에게 실시한 평가는 다음과 같다.

- 수용 및 표현 언어: SELSI(Sequenced Language Scale for Infants; 김영태 외, 2003)
- 의사소통 의도 및 기능, 의사소통 수단, 자유목록, 상징행동: CSBS(Communication and Symbolic Behavior Scale; Wetherby & Prizant, 2003), 행동관찰

장단기 목표

○○는 현재 구어를 의미 있게 사용하지 못할 뿐 아니라 의사소통 의도가 거의 없고 타인과의 상호작용도 매우 제한된 상태이므로 먼저 언어치료사와의 동시 주목과 모방행동 증진을 일차적 목표로 하였으며, 이를 기초로 의사소통 기능에서 요구하기를 관습적인 제스처나 구어 모방으로 표현하도록 하는 목표를 수립하였다. 또한 비구어 단계 아동에게는 수용언어 증진 역시 중요한 목표가 되므로 아동이 이해하는 사물 이름과 행동 지시어의 수를 증가시키고, 지시가 주어졌을 때 보다 일관된 행동을 수행하도록 하는 데 치료의 중점을 두었다.

• 장기목표 1. 언어치료사와의 놀이 활동 중에 동시 주목과 모방행동이 증진된다.

• 단기목표

1-1. 언어치료사가 장난감이나 행동으로 아동의 주의를 유도하였을 때 해당 장난감이나 행동을 10분의 놀이 중에 9회 이상 바라보는 행동을 5초 이상 유지할 수 있다.

1-2. 언어치료사가 반복적으로 시행하는 친숙한 행동을 10분의 놀이 중에 9회 이상 모방한다.

1-3. 언어치료사가 반복적으로 시행하는 친숙한 행동과 발성을 10분의 놀이 중에 9회 이상 모방한다.

• 장기목표 2. 행동 또는 사물 요구하기를 제스처와 발성으로 표현한다.

• 단기목표

2-1. 언어치료사가 아동이 원하는 물건을 제시하며 사물 요구하기를 유도하였을 때 10회의 기회 중에 9회 이상 제스처(예: 손 내밀기) 또는 구어(예: 줘)로 표현한다.

2-2. 언어치료사가 놀이를 하다가 멈추었을 때 계속 행동할 것을 10회의 기회 중에 9회 이상 제스처(예: 손으로 잡아당기기) 또는 구어(예: 해)로 표현한다.

2-3. 언어치료사가 도움이 필요한 상황을 만들고 행동 요구하기를 유도하였을 때 10회의 기회 중 9회 이상 제스처(예: 물건 내밀기) 또는 구어(예: 해 줘)로 표현한다.

• 장기목표 3. 일상 사물 이름이나 행동 지시어를 이해하고 수행할 수 있다.

• 단기목표

3-1. 가정생활과 관련된 사물 이름 또는 사람 명칭 10개를 언어치료사의 지시에 따라 실물자료나 그림자료에서 가리키거나 줄 수 있다.

3-2. 어린이집과 관련된 사물 이름 또는 사람 명칭 10개를 언어치료사의 지시에 따라 실물자료나 그림자료에서 가리키거나 줄 수 있다.

3-3. 가정이나 어린이집에서 반복적으로 이루어지는 행동 지시어 10개를 언어치료사가 활동 중에 제시하였을 때 이해하여 수행할 수 있다.

치료 활동 예

1. 풍선을 들고 아동을 향해 "불어." 하고 언어적으로 모델링한다. 풍선에 바람을 가득 채운 다음 아동을 향해 흔들어 준다. 아동이 쳐다보지 않는 경우에는 풍선으로 아동의 얼굴을 가볍게 두드려서 동시 주목을 유도한다. 아동이 풍선을 바라보면 풍선을 놓아서 날아가게 한다. 언어치료사는 아동이 풍선이 소리 내며 날아가는 모습에 관심을 가질 수 있도록 "우와~" 하고 과장된 소리를 내며 풍선 쪽을 손으로 가리킨다. 풍선이 바닥에 떨어지면 집어 와서 아동 앞에 보여 준다. 다시 "불어." 하면서 풍선을 불고는 앞의 과정을 반복한다. 아동이 활동에 계속 주의를 두면 풍선을 들고 1~2초 정도 기다려서 아동의 행동 요구를 유도한다(시간지연법). 아동이 행동하지

않으면 아동에게 신체적인 도움을 주어 제스처나 발성 모방을 촉진한다. 같은 활동을 반복한다. 아동의 반응이 증가하면 지연시간을 점차 늘려 간다. 이와 같은 절차를 비눗방울 놀이나 장난감 자동차 굴리기 등과 같은 활동에 적용할 수 있다.

2. 아동이 좋아하는 과자를 투명한 통에 담아 준비한다. 과자를 하나 꺼내서 아동의 눈앞에서 보여 주며 "과자(또는 까까)"라고 모델링한다. 그다음 "○○(아동 이름) 한 번." 하면서 아동에게 과자를 먹여 주고, "선생님 한 번." 하면서 언어치료사가 먹는다. 같은 절차를 반복한다. 아동이 과자 먹기 활동에 관심을 갖고 자기 차례를 기다리고 있다고 판단되면 아동의 차례가 되었을 때 과자를 바로 주지 않고 잠시 아동의 눈앞에서 과자를 들고 기다린다(시간지연법). 1~2초 정도 경과되었는데도 아동이 반응을 보이지 않으면 언어치료사가 아동이 과자를 달라는 제스처를 하도록 신체적으로 촉진한 후 과자를 준다. 같은 과정을 반복하면서 아동의 반응이 증가하면 점차적으로 신체적 촉진을 제거하고 지연시간을 늘려 간다.
3. 집안놀이(또는 어린이집 놀이) 재료를 상자에 준비해 놓고 실물자료를 하나씩 꺼내며 아동에게 해당 사물 이름을 들려준다. 놀잇감을 가지고 놀면서 목표 낱말을 반복적으로 들려준다. 해당 회기 목표 낱말을 더 강조해서 집중적으로 들려준다. 놀이 중간에 "○○(목표 낱말)이 어디 있지?" 하고 아동에게 묻는다. 아동이 반응을 보이지 않으면 아동의 손을 잡아 해당 사물을 가리키게 하며 해당 사물 이름을 언어적으로 모델링한다. 같은 과정을 반복한다. 아동이 언어치료사의 지시에 따라 목표 낱말을 가리키면 "와~ 잘했어!" 하고 얼굴 표정과 목소리를 과장해서 강화해 주며, 아동이 해당 사물을 만지며 놀 수 있는 기회를 좀 더 제공한다. 아동이 실물자료에서 목표 낱말을 이해하면 사진자료나 그림자료를 함께 제시하여 실물자료와 사진 또는 그림자료가 같은 사물을 지칭한다는 것을 이해하도록 돕는다. 아동이 그림 상징을 이해하면 그림책을 함께 보면서 그림에서 목표 낱말을 지적할 수 있게 한다.
4. 아동에게 목표 낱말이 그려진 그림카드를 보여 주면서 목표 낱말을 언어적으로 모델링한다. 목표 낱말 그림카드를 종이비행기 날리듯 치료실 바닥으로 날린다. 카드를 날릴 때 "휘융~" 하고 효과음을 내어 아동의 관심을 유도한다. 다음 목표 낱말 그림카드들도 같은 방식으로 치료실 바닥으로 날린다. 카드를 모두 날린 후 아동을 언어치료사 앞으로 오게 해서 언어치료사가 뒤에서 안는 자세로 세운다. 그리고 "○○○(목표 낱말) 가져와." 하고 지시해서 바닥에 떨어진 카드 중 해당 카드를 가져오게 한다. 아동이 목표 카드를 가져오면 "우와~ 잘했어!" 하고 칭찬하고 아동의 목에 걸어 준 지갑에 담아 준다.

※ 이상의 활동은 언어치료사가 선택해서 아동에게 제시할 수도 있고, 아동이 선택할 수 있도록 미리 환경을 구조화할 수도 있다.

사례 2. 초기 언어습득기의 다운증후군 아동

기본 정보 및 현행 언어 수준

○○이는 생활연령이 6세 5개월인 다운증후군 여아로 수용 및 표현 언어 지체를 보이고 있다. SELSI 결과에서 수용언어는 30개월, 표현언어는 22개월 수준으로 생활연령에 비해 언어 능력이 많이 지체되어 있으며, 특히 표현언어 능력이 더 지체되어 있다. 자발화 분석에서는 100개의 발화 중 이해 가능한 발화가 37개로 말 명료도가 많이 떨어진다. 발화는 대부분 한 낱말 수준이며, 간혹 두 낱말 조합의 발화도 포함되어 있다(예: 엄마 가). 발화에서 산출된 어휘는 대부분 사물 이름이었으며 의사소통 기능은 이름대기, 대답하기, 따라하기였고 요구하기와 거부하기 등도 관찰되었다. 어머니 보고로 작성된 M B CDI-K 영유아용에서는 총 284개 낱말 중 96개 낱말을 표현하는 것으로 보고되었다(주로 음식, 일상생활, 신체 부위 범주의 낱말).

○○는 아동용 발음검사에서 자음 정확도가 65%로 중등도의 조음음운장애를 동반하고 있다. 평상시에도 입을 약간 벌리고 있으며, 혀가 큰 편이고, 치열이 고르지 않은 상태였다. 입술을 둥글게 내밀기, 양볼 부풀리기, 아랫입술 물기 등은 가능하였지만, 혀를 위아래, 좌우로 움직이는 것은 잘 하지 못하였다. 길항운동에서 AMR은 초당 3회 정도 반복하였으며, SMR은 하지 못하였다.

○○는 신체도 또래에 비해 작은 편이며, 행동도 약간 느린 편이나 일상생활에는 전혀 문제가 없다. 사회성은 매우 좋아서 언어치료사에게 붙임성 있게 행동하며, 또래에게도 관심이 많다고 한다. 그러나 간혹 고집을 피우거나 때리는 행동으로 관심을 표현하는 등의 부적절한 행동을 보이기도 한다. 현재 통합유치원에 다니고 있으며, 언어치료와 더불어 주 2회의 감각통합훈련을 받고 있다.

평 가

○○에게 실시한 평가는 다음과 같다.

- 수용 및 표현 언어: SELSI(Sequenced Language Scale for Infants; 김영태 외, 2003), M B CDI-K(배소영 외, 2006), 자발화 분석
- 조음음운: 아동용 발음평가(김민정, 배소영, 박창일, 2007)
- 구강조음기관의 기능선별검사(OSMSE-R, 김영태 역, 1994)
- 상징놀이: 행동관찰

장단기 목표

○○는 현재 구어 의사소통을 시작하였으나 표현하는 어휘가 매우 적고 말 명료도도 매우 낮은 상황이다. 따라서 치료의 중점을 기본적인 어휘 표현 증진과 조음치료를 통한 말 명료도 증진에 둔다. 목표 어휘는 발달적 측면과 기능성을 모두 고려하여 일상생활에서 많이 사용되면서 2~3음절의 음

절 구조가 단순한 낱말로 선택하도록 한다. 또한 간혹 두 낱말 발화가 나타나기 시작하므로 낱말을 두 낱말 조합 형태로 확장될 수 있도록 촉진한다. 그 외 ○○는 의사소통 의도는 많은 편이나 제한된 표현 능력이나 의사소통 기술 부족으로 제스처나 발성을 사용하여 부적절한 형태로 의사소통하는 경우가 많다. 따라서 구어 사용 빈도를 증가시키고, 의사소통 의도를 적절한 태도로 표현하는 것도 고려하였다.

- 장기목표 1. 집과 유치원에서 자주 사용되는 어휘를 이해하고 표현한다.
- 단기목표

1-1. 집 안 또는 유치원에서 몸 가꾸기(씻기 및 옷 입기)와 관련된 어휘 15개를 놀이 활동이나 그림카드를 이용한 활동 안에서 이해하고 표현한다. (연속해서 3회기 동안 표현하는 경우 학습한 것으로 간주, 이하 동일)

1-2. 집 안 또는 유치원에서 먹기(식사하기, 간식 먹기)와 관련된 어휘 10개를 놀이 활동이나 그림카드를 이용한 활동 안에서 이해하고 표현한다.

1-3. 유치원의 미술 활동(그리기, 만들기)과 관련된 어휘 10개를 놀이 활동이나 그림카드를 이용한 활동 안에서 이해하고 표현한다.

1-4. 유치원의 음악 활동과 관련된 어휘 10개를 놀이 활동이나 그림카드를 이용한 활동 안에서 이해하고 표현한다.

1-5. 집 안 장소명과 사물명 20개를 이해 · 표현하고 집 안 사물을 장소와 관련 지어 분류한다.

- 장기목표 2. 다양한 구조화된 놀이 상황에서 두 낱말 조합 문장을 이해하고 표현한다.
- 단기목표

2-1 놀이 상황에서 언어치료사가 '행위자-행위' 형태의 문장으로 지시하였을 때 해당 행위를 10번의 기회 중 9번, 연속해서 3회기 이상 수행한다.

2-2 놀이 상황에서 언어치료사가 모델링하거나 언어적 촉진을 준 상황에서 '행위자-행위' 형태의 두 낱말 조합을 10번의 기회 중 8번, 연속해서 3회기 이상 산출한다.

2-3 놀이 상황에서 언어치료사가 '대상-행위' 형태의 문장으로 지시하였을 때 해당 행위를 10번의 기회 중 9번, 연속해서 3회기 이상 수행한다.

2-4 놀이 상황에서 언어치료사가 모델링하거나 언어적 촉진을 준 상황에서 '대상-행위' 형태의 두 낱말 조합을 10번의 기회 중 8번, 연속해서 3회기 이상 산출한다.

• 장기목표 3. 의사소통 기능 중 요구하기와 부정하기, 거부하기를 구어로 표현한다.

• 단기목표

3-1. 언어치료사가 아동과의 놀이 활동 중에 사물 요구하기 상황을 만들었을 때 '주세요(줘)'라고 구어로 사물 요구하기를 5번의 기회 중 4번, 연속해서 3회기 이상 자발적으로 산출한다.

3-2. 언어치료사가 아동과의 놀이 활동 중에 행동 요구하기 상황을 만들었을 때 '해 주세요(해 줘)'라고 구어로 행동 요구하기를 5번의 기회 중 4번, 연속해서 3회기 이상 자발적으로 산출한다.

3-3. 언어치료사가 아동과의 놀이 활동 중에 부정하기 상황을 만들었을 때 '아니야(아니)'라고 구어로 부정하기를 5번의 기회 중 4번, 연속해서 3회기 이상 자발적으로 산출한다.

3-4. 언어치료사가 아동과의 놀이 활동 중에 거부하기 상황을 만들었을 때 '싫어(안 해)'라고 구어로 거부하기를 5번의 기회 중 4번, 연속해서 3회기 이상 자발적으로 산출한다.

• 장기목표 4. 파열음 /ㅂ/ /ㄷ/ /ㄱ/를 2음절 낱말 어두 초성 위치에서 80% 이상 정조음한다(장기목표 4의 단기목표나 활동 계획은 '7장 조음음운장애'를 참고하라).

치료 활동 예

1. 어휘 지도 활동: 인형놀이를 통해 목욕하기와 옷 입기 상황에서 사용되는 어휘를 지도한다. 먼저 언어치료사와 아동이 각각 한 세트씩 인형놀이를 나누어 갖는다. 언어치료사가 인형 옷을 하나씩 벗기면서 옷 이름(예: 바지, 윗도리, 양말, 팬티 등)을 하나씩 모델링한다. 모델링할 때에는 목표 언어를 강조해서 집중적으로 들려준다. 언어치료사는 아동이 언어치료사와 같은 절차로 행동을 수행하도록 도와준다. 벗긴 옷은 책상 한쪽에 가지런히 놓아 둔다. 옷을 벗긴 다음 목욕하기 행동도 같은 요령으로 진행한다. 아동에게 목표 언어를 모델링할 때에는 해당 사물을 아동 눈높이까지 들어 올리며 강조해서 들려주는 것이 중요하다. 목욕이 다 끝난 다음에는 아동에게 "팬티 입자, 팬티 어딨어?" 하고 질문하여 목표 어휘를 이해하고 있는지 확인한다. 아동이 목표 사물을 정확히 고르지 못하면 언어치료사가 아동의 손을 팬티 쪽에 놓아 주며 "팬티 여기 있네, 팬티. 이게 뭐라고?" 하고 질문하여 목표 어휘를 모방해서 표현하도록 촉진한다. 아동이 인형에게 팬티를 다 입히면 "팬티 입었어, 팬티? 잘 했어." 하고 강화해 준다. 같은 요령으로 다음 단계를 진행한다. 치료가 진행에 따라 매 회기 강조해서 들려주는 낱말을 바꾸어 주며, 아동이 목표 어휘를 이해하고 자발적으로 표현해 감에 따라 점차 도움을 감소시킨다. 이와 같은 절차를 부엌놀이, 간식 먹기, 만들기, 그리기 등의 활동에 적용할 수 있다.
2. 두 낱말 지도 활동: 우유팩을 이용하여 연필꽂이 만들기 활동을 준비한다. 언어치료사가 풀을 꺼내 들고 아동에게 "이게 뭐지?" 하고 묻는다. 아동이 대답을 하지 못하면 "풀" 하면서 목표 낱말을 강조해서 들려준다. 같은 요령으로 준비물을 하나씩 꺼낸다. 색종이가 발라져 있는 우유팩

에 미리 준비된 여러 모양(예: 사과, 딸기 등 아동이 아는 사물 그림)을 붙인다. 먼저 언어치료사가 "선생님 사과 붙여야지." 하고 사과 그림을 고른 후 풀을 칠하면서 "풀 칠해." "사과 칠해." 하고 '대상-행위' 관계의 목표 언어를 모델링한다. 그리고 바로 "선생님 뭐 해?" 하고 질문한다. 아동이 대답하지 못하면 "풀 칠해." 하고 정반응을 들려준다. 사과를 우유팩에 붙이면서 "사과 붙여."도 같은 요령으로 모델링하고 아동의 반응을 유도한다. 아동에게는 "○○이는 뭐 할래?" 하고 질문하고, 아동이 원하는 그림을 고르면 풀을 칠하고 우유팩에 붙일 수 있도록 도와준다. 아동이 그림에 풀을 칠하고 붙이는 동안에 "○○이 뭐해?" 하고 질문하여 '풀 칠해' '딸기 붙여' 등의 표현을 유도한다. 아동이 대답하지 못하면 목표 언어를 강조해서 다시 들려주고, 자발적으로 대답하면 "우와~ 딸기 붙여?" 하고 과장해서 반응해 준다. 우유팩이 완성되면 아동의 이름을 써서 아동에게 준다. "○○아, 딸기 붙여, 딸기 칠해." 등과 같이 지시하는 이해 활동을 포함할 수도 있다. 치료가 진전됨에 따라 점차 도움의 양을 감소시킨다. 같은 절차를 앞에서 제시한 인형놀이나 그림 그리기, 간식 먹기 활동 등에도 적용할 수 있다.

3. 요구하기: 앞에서 제시한 활동에서 언어치료사가 그림을 풀로 칠해서 우유팩에 붙이고 "우와, 선생님 사과 붙였네. 사과. 우와~ 예쁘다." 하며 과장해서 보여 준다. 그러고는 아동에게 풀을 주지 않고 "○○이 붙여." 하고 촉진한다. 아동이 무언가를 찾는 행동을 보이면 "뭐 줄까?" 하고 물어서 풀을 요구하도록 유도한다. 아동이 대답하지 못하면 풀을 아동 눈앞에 보여 주면서 "뭐 줘?" 하고 묻는다. 아동이 손을 뻗어 풀을 잡으려고 하면, "풀 주세요(줘)." 하고 목표 언어를 모델링한다. 아동이 모방하면 풀을 아동에게 준다. 아동이 모방하지 않는 경우에는 "풀 줘." 하고 정반응을 다시 한 번 들려준 후 아동에게 풀을 건넨다. 같은 절차를 다른 활동에도 응용할 수 있다.
4. 부정하기: 2의 활동에서 아동에게 우유팩에 붙이고 싶은 그림을 고르게 한다. 아동이 '딸기'를 달라고 요구하면, "이거?" 하면서 다른 그림을 집어 든다. 아동이 아니라고 고개를 흔들면 "아니요." 하고 모델링한다. 그리고 또 다른 그림을 집어 들며 "이거?" 하고 질문하여 목표 행동을 다시 한 번 유도한다. 너무 여러 번 반복하면 아동이 활동을 포기할 수 있으므로 두 번 정도 반복하는 것이 적절하다.

제13 장

청각장애를 동반한 말·언어장애

청각장애가 있으면 단순히 '소리를 잘 듣지 못한다.'고 생각하기 쉽다. 그러나 청각장애는 감각 문제뿐만 아니라 소리와 다른 정보를 통합하는 문제를 동반하므로 통합하는 기관의 문제, 즉 '뇌의 문제'이기도 하다. 소리만을 강조하는 입장에서 보면 인공와우이식 수술이 늘고 각종 청각 관련 보장구가 발달하여 이전보다 큰 보청력을 확보하게 되면서 듣기와 깊은 관련이 있는 말·언어발달도 자연스럽게 이루어지리라는 기대를 하게 되었다. 물론 장애의 조기발견과 보장구 발달로 심도 청각장애 영유아도 이전보다 높은 말·언어발달이 가능하게 되었다. 그러나 영유아기의 중이염으로 인한 약간의 청력손실도 말·언어발달에 영향을 미친다는 연구가 있듯이, 개인차가 있지만 청각장애는 초기 말·언어발달과 학령기의 언어 습득에 영향을 미치게 된다. 과거보다 말·언어발달이 자연스럽게 이루어져 걱정이 없을 것 같던 아이들이 초등학교 고학년으로 올라갈수록 저빈도(고난이도) 어휘 습득, 제2언어 습득, 언어 학습에 어려움을 겪는다는 임상 결과는 이에 대한 근거가 될 수 있으며 보청 이외의 치료와 학습이 필요한 이유이기도 하다.

언어치료 실습학생은 청각장애 대상자를 치료실습 할 때 '소리'와 '언어' 양면을 함께 이해하고 고려해야 한다. 언어치료 실습학생이 '소리' 또는 '언어' 어느 하나에만 초점을 두면 대상자의 조화로운 언어발달과 의사소통 능력 증진에 실패할 수 있다. '소리를 지금까지 어떻게 들어 왔고, 현재는 어떻게 듣는지'에 따라, 그리고 '지금까지 어떻게 언어발달이 이루어져 왔고 현재의 의사소통 능력은 어떤지'에 따라 언어평가, 장단기 계획 및 치료 접근이 달라져야 한다.

여기에서 수화와 구화(구어)에 대해 잠깐 언급하기로 하겠다. 청각장애인 사회에서 수화와 구화에 관한 논쟁은 과거부터 있어 왔고 또 앞으로도 이루어질 것이다. 언어치료 실습학생은 자주 '청각장애인의 구화 사용 능력을 꼭 치료해야 하나요?'라는 질문을 한다. 간단히 대답한다면, 전문가로서 할 수 있는 영역에서 대상자의 요구를 따르라고 하고 싶다. 청각장애인 청소년을 치료하다 보면 이에 관련된 질문을 대상자를 통해 직접 듣기도 한다. 이때는 언어치료 실습학생의 입장을 설명하기보다 임상감독자의 지도를 받으면서 관련 책자, 웹사이트 및 협회를 편중되지 않게 소개하여 청각장애인 스스로 찾아가도록 안내한다. 언어치료 실습학생은 객관적인 입장에서 대상자를 대하도록 한다.

이 장에서는 주로 구화 사용을 바라는 청각장애인을 대상으로 치료하는 경우를 가상하고 언어치료 실습학생을 위한 글을 쓰도록 하겠다. 만약 수화를 사용하는 대상자를 치료한다면 되도록 수화를 사용할 수 있는 언어치료 실습학생이 수화의 언어 특성을 알고 수화의 의미, 구문, 화용을 다룰 수 있어야 한다.

청각장애 아동이나 청소년을 평가 · 치료할 때는 청각장애 특성을 고려하여 듣기, 언어, 학습의 여러 측면을 살펴보아야 한다. 중재 계획을 세울 때 이를 통합하여 접근할 수 있어야 하기 때문이다.

1. 초기 면담

언어치료 실습학생이 청각장애 아동의 보호자를 처음 만나게 되면 무엇을 물어보아야 할지 당황하게 된다. 청각장애 아동의 면담에서도 다른 의사소통장애의 경우처럼 언어발달 정도에 대한 정보를 수집한다. 여기에 청각과 관련된 정보를 더 포함하면 된다.

청각과 관련된 정보는 다음과 같다. 청각장애의 원인, 청각장애를 처음 진단받은 연령, 청력검사 정보, 보장구를 착용하기 시작한 연령 및 착용 기간(지속적으로 착용하지 않았을 경우), 보장구 종류와 유형, 보장구 조절 상태, 주된 의사소통 수단 등이 있다. 만약 인공와우 수술을 받았다면 인공와우 수술 시기, 수술 기관, 착용 귀, 제조회사 및 모델, 맵핑 횟수 및 어음 처리 방식 등에 대한 정보도 수집한다. 이러한 내용은 김영욱(2007), 김희남, 박홍준 및 채성원(2005), 이규식 등(2006), 이상흔 등(2006) 또는 Tye-Murray(2004)를 보면 자세히 나와 있어서 언어치료 실습학생이 도움을 받을 수 있다.

어떤 보호자는 첫 면담에서 아이의 부정적인 면만 말하기도 한다. 장애를 수용하고 이제 아이를 위해 무언가를 해 주고 싶은 경우나 좋아져야 할 부분이 너무 많이 눈에 띄었을 때 그러하기 쉽다. 이럴 때 아이가 보장구를 착용한 후에 좋아진 점이나 변화에 초점을 맞추어 질문을 하면 즐거운 면담시간과 정확한 정보 모두를 얻을 수 있다. 반대로 어떤 보호자는 잘하는 것만 이야기하기도 한다. "우리 아이가 잘 듣지 못하지만 똑똑해요."라고 말하는 경우가 많은데, 이는 아이에 대한 자긍심이 높은 보호자에게서 자주 보이는 모습이다. 이럴 때에는 아동이 할 수 있는 목록을 조사하고 객관적인 정보를 기록할 수 있는 면담지를 제공하는 것이 도움이 된다.

우선 언어치료 실습학생은 실습기관에서 사용하는 질문지를 준비한다. 더 필요하다면 면담에서 얻은 정보를 토대로 임상감독자와 상의하여 확인할 질문을 문서화해서 보호자와 추가 면담을 한다. 한 번의 면담으로 모든 정보를 얻으려고 무리하지 않는 것이 좋다.

보장구 착용 전후에 나타난 언어 변화는 반드시 확인한다. 보장구 착용 전후에 산출한 자음 목록, 언어 표현 능력, 대화 능력은 검사나 치료에 중요한 기초 자료이자 예후 추정에 도움이 된다. 예를 들어, "보청기를 착용하기 전에 /ㅁ, ㄸ, ㅊ/를 우연히 발음했다고 하셨는데, 착용한 후에는 어떻게 소리를 내는지 예를 들어 주시겠어요?" "이전에는 '엄마', '떠으(줘요)'라고 하다가 지금은 말이 길어졌다고 하셨네요. 발음이 정확하지 않더라도 어머니가 알아들을 수 있는 가장 긴 말의 예를 들어 주시겠어요?" "이전에는 아이가 제스처와 몇 마디 말만 하고 어머니가 하는 말을 듣지 않았다고 하셨는데 지금은 아이와 어떻게 대화를 하시나요?"라고 구체적으로 물어본다.

언어치료 실습학생은 청각장애 관련 질문을 미리 이해하고 보호자에게 정확히 설명할 수 있도록 준비한다. 이는 보호자의 신뢰를 얻기 위해서도 중요하다. 보호자가 면담지를 작성하는 동안 혹시 놓치는 정보는 없는지 주의를 기울인다. 예를 들어, "아이 앞에서 명확하게 말하면 아이가 아는 낱말을 소리만 듣고 모두 이해할 수 있나요?" "의미는 모르고 소리만 듣고 따라 하는지, 아니면 말소리를 듣고 의미까지 아는지요?"와 같은 질문은 보호자가 쉽게 이해하지 못할 수 있다. 다른 언어장애 면담지에서 볼 수 없는 질문은 말로 자세히 설명한다. 보호자가 면담지를 작성하는 동안 작성 내용에 주의를 기울이면서 아동이 보이는 행동, 성격, 듣기 특성, 의사소통 수단과 전략 등을 관찰한다. 이렇게 파악한 정보는 이후의 평가 계획 수립에 반영할 수 있다. 예를 들어, 면담을 하는 동안 아이가 장난감을 조립하지 못하자 보호자가 "선생님한테 다른 거 달라고 해."라고 말하였다. 그러자 아이가 보호자를 보지 않고 있었는데 바로 장난감을 버리고 면담자에게 다가왔다고 상황, 행위자, 결과 등을 객관적으로 기록한다. 이는 아동이 문장을 듣고 최소한 두 개의 의미 단위를 이해했다는 것을 알려 주는 중요한 정보가 된다. 또 다른 예로 아이가 부서진 장난감 조각을 들고 보호자에게 다가갔는데, 보호자가 "그게 뭐지?"라고 혼잣말처럼 말하자 아이가 "네!"라고 대답하였다. 이는 아이가 의문문의 억양을 들을 수 있거나 대답하기를 의사소통 기능으로 사용한다는 것을 알려 주지만 '무엇'의 의미를 배워야 한다는 정보를 담고 있다. 아동을 관찰하기 위해 상호작용을 하는 상대, 장소, 시간을 구분하여 철저하게 계획을 세우고 진행하는 습관을 갖는 것이 좋다. 면담 후에 항목별로 다시 정리하여 어떻게 기록하고 해석해야 할지 감독을 받는다. 면담이 짧게 이루어지더라도 주어지는 정보는 엄청나다. 작은 정보를 지나치게 해석하지 않고 유용한 정보를 골라 정리하고 해석하는 방법을 배울 수 있어야 한다.

면담시간에 보여 주는 대상자의 음성과 조음을 확인한다. 보청력이 비슷한 아동인데도 어떤 아동은 전혀 문제가 없는 반면, 다른 아동은 스타카토 식으로 끊어지듯 말하거나 공명에 문제가 있거나 대상자의 보호자만 말을 알아듣는 경우가 있다. 보장구가 말소리를 입력해 주는 정도와 아동의 말소리 지각 처리 능력에 따라 음성이나 조음이 달라지기 때문이다. 그러므로 다른 의사소통장애 아동용 면담지를 사용하게 되었다면 청각장애만의 음성 · 조음음운 특성이 있음을 고려해 보호자가 기록하는 내용을 보면서 추가 질문을 해야 한다. 언어치료 실습학생이 어떤 추가 질문을 할지 모르겠다면 면담지를 보면서 임상감독자와 상의해 질문 내용을 구체적으로 기록해 둔다. 예를 들어, "어머님이 ~라고 하셨는데, ○○이 그렇게 말하는 억양이나 발음은 어떤가요?" 나 "여기에 청각장애 아동이 말할 때 나타날 수 있는 발음 특성 목록이 있습니다. 혹시 대답하기 어려우면 이 중에서 어떤 것인지 체크해 주세요."라고 질문할 수 있다. 대상자가 학령기 아동이나 청소년이면 본인에게 발음하기 어려운 음이 무엇인지 직접 물어볼 수도 있다.

대상자의 평균적인 언어발달 단계를 기준으로 면담 결과를 기록한다. 청각장애 아동은 몇 낱말만 산출하는 단계에서도 경험에 의해 시각적으로 배운 영어를 말하기도 하고 '행복'과 같은 낱말을 한자나 한글로 쓰기도 한다. 이러한 내용을 보호자가 말하면 초보 언어치료 실습학생은 아동의 언어 능력에 대해 자신이 무엇을 평가해야 할지 혼란스러워 한다. 앞의 아동에 대해 "어려운 추상적 한자어를 쓸 수 있다."라고 기술하면 과잉평가가 된다. 이러한 특수사항은 면담지의 비고란이나 기타에 기록해 둔다. 예를 들어, 아동이 자주 사용하는 어휘로 호칭 2개, 동작어 3개, 사물 이름 3개가 있으며 주로 한 낱말로 표현한다고 한다. 어려운 어휘로 '행복'을 말하고 가장 긴 구문으로 "엄마 이따 해."를 산출한다. 산출하는 상황으로는 우유를 주었을 때 '행복'이라고 말한다고 하며, 다른 놀이를 하고 싶을 때 엄마에게 '엄마 이따 해.'라고 말한다고 기술할 수 있다. 이렇게 보호자의 보고 내용을 있는 그대로 기록하며 객관적인 입장을 유지한다.

치료 대상자가 청소년이라면 본인에게 치료에서 원하는 것이 무엇인지 직접 물어본다. 면담을 할 때 보호자뿐만 아니라 대상자에게서 정보를 수집한다. 초등학교 고학년이나 중학생은 상대적으로 대화가 쉽고 언어치료사의 목표를 받아들여 치료에 잘 협조할 것 같으나, 정체성을 찾기 시작하는 시기이고 분명하게 자기주장을 하여 면담이나 치료를 어렵게 할 수 있다. 예를 들어, 언어치료 실습학생에게 첫 면담에서 "면담이랑 검사 없이 치료만 해 주세요." "B 치료실이 좋으니 그곳에서 이야기해요." "나는 발음만 치료받고 싶어요." 등과 같이 자신만의 요구를 하기도 한다. 이때 무조건 대상자의 요구를 따를 필요는 없다. 다른 대상자와 마찬가지로 치료실, 치료시간, 언어치료 실습학생과의 규칙을 지키도록 분명히 표현해야 한다.

대상자가 언어치료 실습학생보다 '서너 살' 어리거나 훨씬 나이가 많을 때도 있다. 이 경우 언어치료 실습학생은 "내 말을 듣지 않을 거야." 또는 "나를 우습게 볼 거야."라고 생각하고 겁을 내기도 한다. 그러나 임상가다운 태도를 유지한다면 나이 차이는 중요하지 않다. 다만, 복장, 음성, 말투, 용어에 신경을 쓴다. '형, 누나처럼 대하면 더 효과가 있지 않을까?'라고 생각해서 편하게 다가가는 언어치료 실습학생도 있다. 이럴 경우 한두 회기는 치료에 협조를 얻을 수 있으나, 대상자가 이유 없이 결석을 하거나 서로 예의를 지키지 못해 얼굴을 붉히기도 하므로 주의한다. 처음부터 언어치료 실습학생은 청각장애 대상자에게 전문가다운 태도를 유지해야 한다. 그렇다고 모든 것을 가르치려는 태도만을 보이면 다음 검사나 치료를 거부하기도 한다. 언어치료 실습학생은 청각장애 청소년의 말을 들을 준비가 되어 있어야 한다. 면담, 검사 및 치료에서 서로 존중하는 대인관계 기술도 필요하다. 특히, 인지 및 사회 연령은 또래와 비슷하지만 언어 능력이 낮을 때 대상자를 어린아이처럼 대하기 쉬우므로 주의한다. 면담에 사용하는 언어 수준은 낮추되 사회적인 대화 기술은 대상자의 연령에 맞추어야 성공적인 면담을 할 수 있다.

청각장애 청소년과 구어로 대화하기 어렵다면 짧고 분명하게 쓴 글 자료를 준비해서 질문하고 대상자가 직접 대답을 쓰도록 한다. 조기교육 및 재활 덕택으로 '필담'으로 성공적인 대화를 할 수 있는 경우가 많지만, 필담이 어려운 대상자도 있으므로 읽기와 쓰기 능력에 따라 글 자료를 준비해야 한다.

대화 내용을 잘 이해하지 못했는데도 '아는 척'하는 청소년이 있다는 것도 유의한다. 면담시간에 언어치료 실습학생의 질문이나 다음 약속에 대해 "네"라고 대답했는데 약속과 전혀 다른 시간과 장소에 와서 언어치료 실습학생을 곤란하게 할 수 있다. 그러므로 중요한 정보는 직접 써서 대상자와 공유한다. 되도록 수첩, 메모장 등을 이용한 기록 방법과 문자 메시지, 인터넷 메신저 등의 통신수단을 함께 이용하라고 권하고 싶다. 이러한 내용은 차트에 남겨 놓아 임상감독자나 다른 언어치료 실습학생이 언제나 볼 수 있게 해야 한다.

청소년의 경우에 언어의 기능적인 측면에 대해서도 물어야 한다. 예를 들어, 청소년이 즐겨 찾는 피시방 · 음식점에서의 보청기 · 인공와우 사용 정도와 대화 방식을 물어본다. 친구와의 대화, 교사의 수업, 운동장에서의 활동에서 들을 수 있는 정도도 중요하다. 언어 문제라기보다 또 다른 보장구(예: FM 보청기)가 필요한 상황이라면 청능사에게 문의하도록 한다. 언어 영역에서는 각 장소와 상황에서 사용되는 단어와 문장, 말투와 문체를 알고 있는지, 들으려는 준비가 되어 있는지 확인해야 한다. 음악이나 운동을 즐기는 대상자는 지나치게 시끄럽게 듣는지, 과격한 운동을 할 때 보장구나 귀를 보호하는지 등을 물어본다. 귀에 관련된 위생을 잘 지키지 않는 것 같으면 청능사에게 의뢰하여 체계적인 교육을 받을 수 있도록 해야 한다.

면담 내용을 기초로 임상감독자의 지도 아래 평가 계획을 수립하고, 평가 실시 날짜와 시간을 결정하여 보호자에게 알린다. 평가 계획에는 실시 검사 유형과 이유, 소요시간도 포함된다. 만약 아동이 다른 기관에서 말·언어 평가나 관련 검사를 받았다면 보호자에게 보고서를 가져오도록 하여 임상감독자에게 확인을 받고 차트에 보관하도록 한다. 보호자가 청력검사 관련 정보를 모를 경우에는 청능사에게 의뢰하여 상담 또는 검사를 빠른 시일 안에 받을 수 있도록 안내한다.

〈청각장애 아동의 초기 면담에서 특별히 수집해야 할 내용〉

- 청각장애 진단 연령
- 청력검사 결과 확인
- 보장구를 착용하기 시작한 연령, 보장구의 종류와 유형, 조절 상태
- 아동의 주된 의사소통 수단
- 교육력, 치료력, 가족력
- 동반장애 유무
- 주된 의사소통 수단
- 보호자가 느끼는 주된 문제점과 요구
- 대상자 본인이 치료에서 원하는 요구
- 언어 이해와 듣기에 관련된 질문

2. 평가 계획 및 실시

1) 평가 계획

청각장애를 동반한 말 · 언어장애 정도는 청력 및 교육력, 치료력, 동반장애의 유무 등에 따라 개인차가 크다. 청각장애 대상자의 언어 능력이 높은데도 낮은 조음 능력 때문에 언어 능력이 과소평가되기도 하고, 반대로 자연스러운 대화 능력 때문에 언어 능력이 과대평가될 수도 있다. 이러한 특징으로 인해 언어치료 실습학생은 초기 면담 결과로 평가 계획을 수립하기 어려울 수 있다. 언어치료 실습학생은 임상감독자의 감독을 받으면서 대상자에 맞는 평가 계획을 수립해야 한다. 청각장애 아동의 말 · 언어 진단 영역 및 내용은 크게 의사소통 수단과 방법, 수용언어, 표현언어, 듣기, 조음 및 음성으로 나누어 볼 수 있다. 수용언어나 표현언어에 대한 평가 영역과 선별검사는 일반적인 언어발달검사와 동일하다.

청력손실로 인해 검사의 진행이 원활하지 않을 수 있으므로 의사소통 수단을 미리 알아두어 검사에 어려움이 없도록 계획한다. 즉, 아동의 의사소통 수단 및 이해 정도를 미리 파악하여 언어검사에서 듣지 못하는 것으로 인한 불이익이 없도록 계획을 수립한다.

검사를 잘 수행할 수 있도록 환경도 고려한다. 주변의 소음은 듣기를 저해하는 원인이 되므로 조용한 환경에서 아동이 잘 들을 수 있도록 한다. 독화에 많이 의존하는 학생이라면 세부 검사를 실시할 때 아동이 검사자의 얼굴을 보며 검사를 수행하도록 한다. 읽을 수 있는 아동에게는 글 자료를 제시하여 검사 문항을 정확히 이해하도록 돕는다. 이러한 조건도 검사 이전에 미리 계획하고 실시한 후에 검사지에 기록한다. 아동에게 억지로 소리만 들으라고 하거나 검사자의 얼굴을 보게 하거나 글자를 읽으라고 강요하지 않는다. 다른 아이들과 마찬가지로 편안한 환경에서 언어검사를 실시하는 것이 중요하다. 검사 대상자의 듣기 수준을 정확히 평가하고 언어 습득에 듣기를 얼마나 활용하는가를 파악해야 한다.

언어치료 실습학생이 만나는 대상자의 대부분이 학령전기와 학령기 아동이므로, 여기서는 학령전기와 학령기(청소년기를 포함) 청각장애의 일반적인 진단평가 과정을 살펴본다.

학령전기의 말 · 언어 영역 말 · 언어 평가 영역과 방법은 일반적인 의사소통장애 아동의 평가와 같다. 많이 사용하는 공식 검사에 '수용 · 표현 어휘력(REVT)' '취학 전 아동의 수용언어 및 표현언어 발달척도(PRES)' '우리말 조음음운평가(U-TAP)'나 '아동용 발음평가(APAC)' 등이 있으며 '구문 · 의미이해력검사'나 '언어문제해결력검사'도 일부 연령에 사용할 수 있다. 이야기 평가는 3~5장 정도로 구성된 이야기를 주고 아동에게 이야기를 꾸미도록 시키거나, 그림을 보면서 이야기를 들려주고 그 이야기를 아동이 다시 말하도록 하는 비공식 검사를 이용한다.

조음검사를 할 때 청각장애 아동은 알고 있는 어휘 및 문장과 그렇지 않은 어휘 및 문장, 또는 음운 환경이 복잡한 문장과 그렇지 않은 문장 간에 조음 정확도가 다를 수 있으므로 확인해야 한다. 청각장애 아동은 자음은 물론 모음에서 오조음이 있을 때가 많은데, 언어치료 실습학생은 이를 확인하지 못하기 쉬우므로 주의한다. 예를 들어, 모음의 비음화나 후설모음의 전설모음화가 있을 수 있는데 다른 말 · 언어장애에서 자주 관찰되지 않는 특성이라 간과하기 쉽다.

CSL이나 나조미터 등의 음성분석기기를 사용해 음성 분석을 할 수 있다면, 아동의 음성을 녹음하여 객관적으로 분석한다. 상황에 따른 혹은 지속적인 과소 · 과대 비음은 없는지, 스타카토식으로 발성하지는 않는지 등도 확인하여 아동의 음성에 대한 임상적 인상을 기록한다. 그러나 청각장애 아동의 음성 특성은 복합적이기 때문에 기기에 의한 특정 수치보다 청지각적인 판단이 더 많은 정보를 주므로 청지각적 평가에 의존하는 것이 일반적이다. 청지각적 평가를 위해서는 GRBAS와 같은 척도검사나 윤미선(2003a)이 고안한 음성평가 프로파일을 사용할 수 있다.

말 · 언어 평가 중 어떤 부분에서 공식 검사 이외의 심화검사가 필요하다면 임상감독자의 지시에 따라 목적에 맞는 비공식 검사를 만들어 검사한다.

학령전기의 듣기 영역 듣기검사를 할 때 언어치료 실습학생이 가장 저지르기 쉬운 실수는 아동의 듣기 활용 여부에 관계없이 모두 AO(auditory only) 조건에서만 검사하는 것이다. 듣기검사는 아동이 언어를 습득하거나 일상생활을 할 때 청각 정보를 얼마나 활용할 수 있는가를 평가하는 것이라는 점을 잊지 말아야 한다. 따라서 검사의 목적, 청력손실 정도, 듣기를 어느 정도 활용하는가를 파악하여 검사 조건 및 방법을 결정해야 한다. 외국의 경우 검사 목적이나 조건에 따라 쓸 수 있는 듣기검사도구가 세분화되어 개발되어 있지만, 우리나라의 경우 듣기검사 자체가 많지 않으므로 기존의 검사도구를 활용하고 조건을 달리하여 검사한다.

검사 방법으로는 청각 단서만 제공하는 것, 시각 단서만 제공하는 것, 그리고 청각 단서와 시각 단서를 함께 제공하는 것의 세 가지가 있다. 이 세 가지 방법 중 우리나라에서는 청각 단서만 제공하는 경우와 청각과 시각 단서를 함께 제공하는 경우가 많이 사용된다. 조건을 달리하여 검사를 시행하였을 때에는 시행 조건을 반드시 결과지에 함께 기록한다.

듣기검사는 크게 환경음, 억양과 같은 초분절적 요소, 음소/낱말/문장과 같은 분절적 요소로 나누어 평가한다. 이야기 수준의 듣기검사는 아동의 언어 수준이나 생활연령을 고려하여 간단한 이야기를 들려주고 아동이 그 내용을 얼마나 파악할 수 있는가를 평가한다. 이때 검사를 시행한 조건을 반드시 함께 기록한다. 폐쇄형(closed-set)과 개방형(open-set)으로 검사 조건을 달리할 수 있다. 현재 우리나라에서는 청각언어재활을 위한 평가 가이드(EARS-K)나 학회지의 연구자료로 발표된 검사를 쓰기도 한다. 최근 단계별로 검사 목적에 맞는 검사들이 개발되고 있으므로 선택해서 사용한다. 목적에 맞는 검사도구를 구할 수 없으면 대상자의 수준에 맞게 검사 목록과 채점 방법을 조절한다.

검사를 시행할 때 검사자와 대상자 간의 거리, 앉는 위치, 주변의 소음, 빛의 방향 등은 아동이 듣고 보는 데에 영향을 미칠 수 있으므로 검사 목적에 부합하지 않는 환경들이 아동의 수행에 영향을 미치지 않도록 계획하고 준비한다. 검사는 조용한 환경에서 이루어져야 하지만, 학령전기 유치부 아동이 생활하는 환경은 대부분 유치원과 같이 시끄러운 곳이므로 소음이 있는 상황에서 문장이나 이야기 듣기검사를 시행해 볼 수 있다.

청각장애라고 해서 언어검사를 소홀히 한 채 듣기검사만 실시하거나 듣기가 어렵다고 해서 언어검사만 실시하는 경우가 있다. 그러나 모든 영역에 대해서 검사를 실시하여 아동의 듣기 수준, 언어발달 정도, 의사소통 능력을 정확히 파악해야 한다.

학령전기이지만 언어 이전 단계 아동인 경우에는 크게 언어 및 의사소통 기능과 듣기로 나누어 평가한다. 그러나 언어발달 이전기의 아동을 직접 평가할 수 있는 공식 검사는 없으므로 이 시기의 아동들은 주로 놀이를 관찰하여 기록하는 등의 비공식 평가나 부모 보고를 이용하여 듣기발달과 언어발달 수준을 평가한다. 부모가 체크하는 검사도구로는 'IT-MAIS' 'MUSS' 'M-B CDI-K' '영 · 유아 언어발달검사(SELSI)' 등이 있다.

학령기 및 청소년기의 말 · 언어 영역 학령기 및 청소년기 대상자의 말 · 언어 평가 영역과 검사 방법도 학령기 언어장애 아동과 같다. 수용 및 표현 언어, 조음 음운, 이야기의 이해 및 표현, 읽기 및 쓰기 영역에서 평가를 계획한다. 학령기 및 청소년기 대상자는 선호하는 의사소통 양식이 분명한 경우가 대부분이므로 미리 물어보고 대상자의 요구를 반영하여 검사를 계획한다. 만약 검사에 글 자료가 필요하다면 준비하여 제시하는 방법 및 제시 시간 등을 사전에 계획한다.

학령기의 경우 활용할 수 있는 공식 검사가 많지 않으므로 필요하다면 특정 영역의 심화검사를 만들어야 한다. 예를 들어, 읽기검사는 '기초학습기능 수행평가체제'에 포함된 읽기검사, '읽기진단검사' 등을 활용할 수 있지만, 교과서나 아동의 연령에 맞는 자료를 이용해 비공식적으로 읽기 유창성, 내용 이해 및 추론 등의 능력을 파악할 수 있는 검사를 준비한다. 쓰기 또한 공식적으로 사용할 수 있는 검사가 거의 없으므로 저학년 아동의 경우 주제를 주고 쓰게 하거나 일기 등을 활용하여 간접적으로 파악할 수 있다.

초기 면담에서 대상자가 조음하기 어렵다고 보고한 음소와 선별검사에서 드러난 오조음 유형 및 오류 패턴을 참조하여 임상감독자의 지시를 받아 심화검사를 계획한다. 이때 해당 음소가 대상자의 조음 정확도나 말 명료도 증진에 효과적일지도 고려해야 한다. 청각 정보, 언어 능력 등을 종합하여 현실적인 기초선 평가를 계획한다.

언어 능력 외에도 의사소통 전략을 적절히 사용하는가를 평가해야 한다. 공식적인 의사소통 전략 평가 검사도구가 없으므로 대화를 통해 관찰하여 기록하거나 체크리스트를 만들어 평가한다. 즉, 대화를 하면서 아동이 대화 규칙을 잘 알고 적절히 대화를 이어 나가는지, 대화 전략을 사용할 수 있는지, 대화에 어떤 태도로 임하는지 등을 관찰할 계획을 세운다. 물론 심화검사의 필요성 여부를 판단하거나 심화검사를 만드는 것은 언어치료 실습학생이 하기 어려우므로 임상감독자의 지도에 따른다.

학령기 및 청소년기의 듣기 영역 듣기의 검사 범위와 방법은 학령전기 아동과 같다. 학령기 및 청소년기 대상자는 맥락이나 상황 단서를 의사소통에 활용하는 능력이 좋은 경우가 있다. 그러므로 듣기검사 결과와 함께 검사 대상자가 듣기 능력을 어떻게 학습 및 의사소통에 활용하는가를 파악할 수 있도록 노력한다.

〈청각장애 아동 평가 계획 시 주의 사항〉

- 모든 의사소통 영역을 고르게 평가하도록 계획한다.
- 검사 시 필요하다면 글자 자극을 함께 준비한다.
- 조음검사를 할 때 모음과 자음, 낱말, 문장 수준에서 모두 검사하도록 한다.
- 검사 대상자의 수준과 검사 목적에 따라 듣기검사 조건을 결정한다.
- 청각적인 정보를 충분히 알고 계획을 수립해야 한다.
- 듣기검사의 검사 환경(검사실에서의 거리, 소음, 앉는 위치, 빛의 방향)을 계획한다.

〈이렇게 해 보세요!〉

언어치료 실습학생의 실수	임상감독자의 조언
유의미한 언어 표현이 없으므로 표현 언어 평가를 계획하지 않는다.	가정에서 표현하는 어휘가 있을 수 있으므로 부모 체크리스트를 사용한다. 그리고 의사소통 의도를 가지고 일관되게 사용하는 발성이나 몸짓이 있는지 확인한다.
유의미 낱말 듣기검사에서 아동이 모르고 있는 어휘가 많이 포함된 검사도구를 사용한다.	아동이 어휘를 몰라서 오반응하게 된다. 아동이 알고 있는 어휘로 듣기검사를 한다.

2세 아동에게 여러 그림을 이용해 들은 것을 가리키는 검사를 계획한다.	어휘를 이해하고 있더라도 2세 아동은 여러 개의 그림 중 변별, 확인하여 가리키는 능력이 아직 발달하지 않았으므로 보기의 수를 줄이고 사물로 대치하여 실시한다.
아동 연령에 맞는 공식적인 듣기검사가 없으므로 듣기검사를 계획하지 않는다.	비공식 검사를 찾아본다. 부모 체크리스트를 만들어 활용하거나, 사물을 준비해서 놀이를 통해 아동의 듣기 반응을 직접 확인한다.
'구문 · 의미이해력검사' '언어문제해결력검사'의 검사 문항을 들려주고 대상자가 가리키도록 계획한다.	듣는 것만으로 언어검사가 어려울 수가 있으므로 글자 자극을 반드시 준비하도록 한다.
학교 성적이 상위권일 때 언어가 또래 수준이라고 생각되어 언어검사를 실시하지 않고 듣기검사만 계획한다.	학교 성적이 상위권이라 해도 전반적인 언어 능력이 낮을 수 있으므로 언어 능력을 확인할 수 있는 방법을 생각해 본다.

2) 평가 실시

평가를 실시하기 전, 언어치료 실습학생은 평가 계획에 따라 사전 연습을 여러 차례 해서 평가 절차에 익숙해져야 한다. 검사 결과 해석과 임상감독자 지도에 필요하다면 녹화나 녹음기기도 준비한다. 언어치료 실습학생이 제대로 검사를 실시했는지 지도받으려면 대상자의 일부 반응만이 아니라 전체 검사 과정을 녹화나 녹음한다. 청각장애 대상자의 말을 그 자리에서 받아 쓰기 어려운 경우에는 특히 녹음을 해 놓을 필요가 있다. 또한 청각장애 대상자의 말소리는 현장에서는 이해한 듯하지만 녹음 후에 다시 들을 때는 명료하지 않은 경우가 많으므로 되도록 녹음과 동시에 검사하면서 받아 적도록 한다. 검사 전에 녹음기의 작동 여부를 확인하고, 청각장애 대상자의 말을 녹음할 때는 되도록 좋은 음질을 얻을 수 있는 외장 마이크와 녹음기를 사용한다. 물론 청각장애 대상자 또는 보호자에게 녹음 또는 녹화 허락과 서명을 받아 놓는다. 이러한 과정은 실습하고 있는 기관의 규정을 따른다.

평가 시 제일 먼저 해야 할 일은 보장구의 정상 작동 확인이다. 어린 아동이나 보장구를 착용한 지 얼마 안 된 청소년은 보청기나 인공와우 기기의 작동 여부를 잘 모를 때가 많다. 언어치료 실습학생이 작동 여부를 확인하기 어려우면 보호자에게 확인을 부탁한다. 아동과 간단한 대화를 통해서 친밀감을 형성하고 평가 목적이나 방법을 설명하면 평가에 대한 아동의 거부감이나 긴장감을 낮출 수 있다.

언어검사의 경우 검사 문항마다 대상자가 검사자를 잘 쳐다보는지 확인한다. 다른 곳을 보고 있거나 검사자의 말이 다 끝나지 않았는데 성급하게 고개를 숙이거나 돌리면 검사자의 말이 끝날 때까지 잘 보고 듣도록 지시한다. 대상자가 검사자를 볼 때를 놓치지 말고 "선생님을 잘 보세요. 그리고 잘 듣고 그림에서 하나 가리키세요."라고 분명하게 지시한다. 대상자가 검사 방법을 잘 이해하고 자신의 언어 능력만큼 반응을 하고 있다고 생각된다면 일부러 검사자를 바라보라고 요구하지 않는다.

언어치료 실습학생이 "청각장애 아동은 잘 못 들으니까 들을 때까지 여러 번 문제를 말해 주어야 하나요?"라고 질문할 때가 있다. 청각장애라고 해서 무조건 몇 번씩 반복해서 들려줄 필요는 없다. 듣지 못한 것이 분명하거나 다시 들려 달라고 대상자가 부탁했을 때 한두 번 반복해서 들려준다. 그러나 이런 일이 일어나지 않도록 처음에 검사 문항을 잘 듣도록 지시하는 것이 더 중요하다. 틀렸는지 맞았는지에 대해 말로 언급하거나 표정으로 드러내지 않도록 주의한다.

듣기검사 중에는 검사자가 소리의 강도와 음도를 일정하게 유지해야 하는 검사가 있다. 제시하는 단어의 강도와 음도를 변화시키면 듣기검사 결과가 달라질 수 있으므로 주의한다. 그러나 모든 듣기검사 상황에서 강도와 음도를 일정하게 유지하며 들려주지는 않는다. 예를 들어, 문장 듣기검사는 검사요강에 있는 것처럼 또렷하고 자연스럽게 들려주어야 한다. 이러한 실수를 줄이려면 녹음된 검사 자극을 사용하라고 권하고 싶다. 언어치료 실습학생이 쉽게 하는 실수로 듣기검사를 한 다음에 실시하는 언어검사에서도 강도와 음도를 일정하게 유지하여 어색하게 들려주는 경우가 있다. 언어검사는 다른 의사소통장애 대상자를 검사할 때와 마찬가지로 자연스럽게 들려준다.

아동이 검사에 잘 임하고 있다면 칭찬 등으로 강화해 준다. 검사의 진행을 방해하지 않는 범위 내에서 간단한 게임 같은 강화를 해도 좋다. 아동의 반응에 따라 검사 중간에 쉬거나 검사를 두 회기로 나누어 실시할 수도 있으므로 언어치료 실습학생의 계획을 아동에게 강요하지 않도록 한다.

언어치료 실습학생의 경우 검사를 실시하면서 눈으로 무심코 정답을 쳐다보거나 검사지를 넘기면서 몸짓으로 가리키는 등의 단서를 줄 수 있다. 그러므로 아동에게 단서를 제공하지 않도록 다른 언어치료 실습학생과 짝을 이루어 검사하는 것을 연습하거나 비디오로 자신의 모습을 찍어서 점검해 보는 것도 이러한 실수를 막을 수 있는 좋은 방법이다.

비구조적인 상황에서의 자연스러운 듣기 반응을 관찰하여 함께 기록한다. 관찰이나 비공식적인 검사 수행 결과를 언어치료 실습학생이 판단하고 기록하기는 어려울 수 있다. 반드시 임상감독자의 지도를 받아 검사의 수준과 범위를 결정하고 반응을 기록한다.

듣기검사 결과를 해석할 때에는 아동의 오반응이 듣기 능력의 제한에 의한 것인지, 검사 문항에 포함된 어휘나 문법 형태소, 구문 능력에 대한 이해 등 언어 능력에 의한 것인지를 잘 파악하여야 한다. 아동이 다른 사람의 말소리를 들으려는 태도 또한 중요하다. 검사자가 말을 하는 동안 집중하여 끝까지 듣는지, 드문드문 여러 낱말을 따라 말하면서 들은 문장을 재구성하려고 노력하는지 관찰한다.

〈이렇게 해 보세요!〉

언어치료 실습학생의 실수	임상감독자의 조언
입을 가리고 '그림어휘력검사'를 실시하였다.	자연스러운 조건 또는 글자를 보여 주며 실시해야 한다.
대상자의 말 명료도가 낮아서 '언어문제해결력검사'의 발화자료를 수집했는데 전사를 할 수가 없다.	말 명료도가 낮으면 말로 대답하는 것과 함께 직접 답을 쓰도록 한다.
보청기가 꺼져 있는데 듣기검사를 실시하였다.	모든 검사를 실시하기 전에 보장구가 정상적으로 작동하는지를 확인한다.
검사자가 빛을 등지고 앉아서 대상자가 검사자의 얼굴을 보기 어려웠다.	밝은 쪽으로 향하고 앉아서 검사자의 얼굴이 대상자에게 잘 보이도록 한다.
듣기검사를 할 때 말 속도가 너무 느려서 부자연스러웠고 목소리를 너무 크게 해서 목도 아팠다.	약간 느리지만 자연스럽고 분명하게 말하고, 말소리는 대화할 때의 크기로 들려준다.

〈청각장애 아동 진단 · 평가 시 주의 사항〉

- 검사를 실시하기 전에 보장구가 정상적으로 작동하는지 확인한다.
- 언어검사를 할 때 충분히 잘 보고 들을 수 있는 조건인지 확인한다.
- 청각장애라고 해서 항상 검사 문항을 여러 번 들려주지 않아도 된다.
- 듣기검사의 조건 및 말의 크기, 말 속도, 거리 등을 함께 기록한다.

3. 평가보고서 작성

1) 배경 정보 기록하기

아동의 신체발달, 언어발달, 진단 및 치료력, 교육력, 가족력, 기타 장애 진단 정보, 주된 의사소통 수단, 청력손실 정도, 보청기 또는 인공와우 착용 기간과 관련 정보 등 재활에 중요한 정보를 간략하게 제시한다.

2) 평가 절차

검사 이름, 개발자, 개발 연도를 기록한다. 널리 쓰이지 않는 비공식 검사나 임상감독자의 지도를 받아 만든 검사라면 검사 내용, 절차 및 조건을 간단히 설명해 둔다. 설명이 길어지면 평가 결과에 기록한다.

3) 평가 결과 기록하기

평가 영역별로 아동이 수행한 객관적 결과를 기록하고 관찰된 언어 행동을 기술한다. 평가 절차에서 쓰지 못한 검사의 조건을 함께 보고한다. 하나의 검사라도 세트별로 조건을 달리하여 실시했을 수 있다. 예를 들어, 어휘검사에서 A세트는 문장 완성하기로, B세트는 이름대기로 실시하였을 때 각 절차를 기술하고 나서 아동의 반응을 기록한다. 경우에 따라 검사가 불가능한 경우도 있다. 그 이유가 아동의 현재 수준을 설명하는 데 도움이 된다면 기록한다. 그러나 평가 계획을 세울 때 대상자의 기초선을 측정할 수 있는 검사를 선택하는 것이 우선이다.

언어치료 실습학생은 대상자에게 알맞은 검사를 만들기 위해 열심히 노력한다. 공식 검사와 같은 신뢰도나 타당도를 확보하기 어렵겠지만, 대상자가 그 조건에서 보여 준 수행 정도는 준거로 유용하므로 주의 깊게 준비하고 해석해야 한다. 언어치료 실습학생은 이렇게 신경 써서 만든 비공식 검사 및 기록지를 차트에 남기지 않는 경우가 많다. 그러나 공식 검사와 마찬가지로 비공식 검사도 검사 절차나 내용을 알 수 있게 작성하여 차트에 첨부해야 한다.

4) 임상적 인상

평가 결과를 바탕으로 아동의 주된 강점과 약점이 드러나도록 쓴다. 언어치료 실습학생은 혼자서 임상적 인상을 파악하여 작성하기 어렵다. 반드시 임상감독자로부터 어떻게 문제를 파악해야 하는지 지도를 받은 후 작성한다.

대상자의 현재 언어 수준과 특성을 요약하여 기술하는 것은 숙련된 언어치료사에게도 큰 부담이 된다. 검사 결과를 종합하고 해석해서 진술해야 하는 어려운 작업이기 때문이다. 더구나 청각장애 대상자는 어떻게 이야기를 듣는지, 한 번에 어느 정도의 양을 듣고 정보를 처리할 수 있는지, 언어 수준이 쉬울 때와 어려울 때 듣는 정도가 어떻게 달라지는지 파악해야 한다. 현재 언어 수준은 치료 목표 수립에 근거가 되지만, 듣는 태도나 정보를 처리할 수 있는 능력이 장기목표나 치료 접근법 설정에 영향을 미칠 수 있다.

5) 권고 사항

임상적 인상을 바탕으로 어떤 중재가 필요한지 쓴다. 임상적 인상과 마찬가지로 권고 사항 역시 언어치료 실습학생이 혼자서 작성하기 어려운 부분이므로 반드시 임상감독자의 지도하에 작성한다.

청각장애이기 때문에 반드시 듣기에 대한 권고 사항이 있어야 하는 것은 아니다. 대상자에게 가장 우선되어야 할 영역을 기록한다. 보장구나 기타 듣기 문제에 관련해서 전문적인 도움이 필요하다면 이비인후과 의사나 청능사에게 의뢰한다고 쓴다.

〈이렇게 해 보세요!〉

언어치료 실습학생의 실수	임상감독자의 조언
검사 결과를 듣기 조건(AO/AV)을 나누어 기록하지 않았다.	듣기 조건에 따라 반응을 나누어 기록한다.
청력 정보가 없어서 아동의 듣기 능력을 해석하기 어려웠다.	청력, 보청력에 대한 정보를 배경 정보에 기록하여 아동의 검사 결과 해석에 참고한다.
듣기검사 결과가 0점 또는 100점이었다.	보고서 작성 전에 대상자의 듣기 능력 수준을 고려한 심화검사를 실시하였어야 한다.
말 · 언어 능력은 잘 요약하였으나 듣기 능력은 검사 결과만을 나열하였다.	검사할 때 아동에게 제시한 단서들과 초분절적, 분절적 영역에서의 검사 결과를 종합하여 아동의 듣기 능력을 종합적으로 파악하도록 한다.
평균 순음 청력만을 기록하였다.	주파수 대역별로 청력을 기록한다.
조음검사 결과에 전체 조음 정확도만 기록하였다.	대상자의 청력, 보청력 및 듣기 능력이 각 음소의 조음에 영향을 미칠 수 있으므로 음소별 반응이나 오조음 패턴을 기록한다.
구체적인 검사 결과 없이 언어 능력 정상이라고 기술하였다.	언어 능력이 또래 능력에 속하더라도 검사 조건과 구체적 검사 결과를 기록해 놓는다.

4. 장단기 치료 계획

언어치료 실습학생이 장단기 계획을 독립적으로 수립하는 것은 어렵다. 말 · 언어 영역과 듣기 영역의 관계를 파악하여 종합적으로 계획을 수립해야 하는데, 그들은 언어 또는 듣기 어느 하나에 치중된 계획을 수립하는 실수를 많이 한다. 종합해서 계획을 세워야 두 영역이 통합 발달하도록 대상자를 도울 수 있다. 임상감독자의 지도를 받아 평가 결과를 바탕으로 각 영역의 목표를 잡는 과정을 경험하는 것이 바람직하다.

장기목표를 계획할 때 언어발달과 연령을 고려하고, 강점과 약점은 무엇인지, 향후 언어 및 듣기 발달에 꼭 필요한 부분이 무엇인지, 또 생활연령을 고려할 때 기능적으로 필요한 것이 무엇인지 등을 살펴보고 중재의 우선순위를 결정한다. 장단기 목표에 따른 활동, 치료 접근법, 강화 방법 등은 앞에서 제시된 다른 유형의 언어장애인의 경우와 비슷하므로 이를 참고한다.

첫 낱말 습득 이전의 아동이라면 일상에서 말소리 및 여러 가지 소리에 대해 즐겁게 듣기, 또래 유아가 듣는 말을 좋은 언어 환경에서 반복해서 듣기, 말의 개념을 알아가기 등이 중요하다.

여러 낱말을 산출할 수 있는 아동이라면 초기 낱말 목록 늘리기, 자발화에서 문장 길이나 문법 형태소 유형을 늘리기, 여러 낱말로 된 구나 문장 이해하기, 산출 자음목록 늘리기, 말을 들으려는 태도 형성하기 등을 우선 목표로 하는 경우가 많다. 이 시기에는 조음음운 영역의 목표도 중요한데, 기초선 평가 결과로 장단기 계획을 수립하였더라도 치료 진전에 따라 임상감독자와 상의해서 심화검사를 다시 하기도 한다. 대부분 이 시기의 심화검사는 자발화에서의 조음음운 분석과 따라 말하기로 이루어진다. 생후 48개월까지의 청각장애 아동의 듣기와 언어발달을 돕는 방법은 윤미선, 최은아, 구호림(2007)이 쉽게 설명하고 있어서 언어치료 실습학생이 참고하면 도움을 받을 수 있을 것이다.

학령전기 아동 또는 비슷한 수준의 언어발달을 보이는 아동이라면 문장과 이야기, 부족한 어휘, 긴 문장 듣기, 기초적인 읽기 및 쓰기, 그리고 대화 운용에 대한 장단기 계획이 주를 이루게 된다. 이 시기 아동에게는 의식적으로 문단이나 이야기를 듣고 이해할 수 있는 능력을 길러 주어야 학교에서의 학습을 준비할 수 있다. 알고 있는 어휘나 문장으로 이루어진 문단을 듣고 질문에 대답할 수 있어야 한다. 언어치료 실습학생은 이 시기의 청각장애 아동에게 문단이나 이야기를 산출하는 구체적인 방법, 이야기를 듣고 이해하는 방법, 모르는 어휘를 문맥 단서로 의미 유추하는 방법을 안내해 주어야 한다.

초등학교 1~3학년 수준의 언어발달 시기라면 간단한 설명문, 유창한 읽기, 또래와의 대화, 긴 이야기 듣기, 분석적 듣기, 조음에 관련된 장단기 계획을 수립한다. 말 · 언어 전반에 걸쳐 대상자의 의사소통 능력이 보다 자연스러워져야 한다. 또래와 주제를 놓고 대화하면서 타협이나 설득도 시도해야 한다. 듣기가 어려운 언어 환경에 있거나 청각적 보상이 어렵다면 언어적인 보상을 하면서 들을 수 있는 방법을 알려 주어야 하는 시기이기도 하다. 잘 들리지 않는 소리가 있는 문장들을 들려주고 청각장애 아동에게 그 소리가 들리지 않는 이유와 이야기를 들을 때 보상할 수 있는 방법과 전략을 알려 준다. 아직 조음 정확도가 낮은 모음과 자음이 있다면 이에 대한 집중적인 치료 계획을 세운다. 이야기 수준의 산출과 수용이 가능한 아동이라면 조음음운 치료가 더 빨리 이루어져도 좋다. 그러나 건청아동의 발달 이정표만을 기준으로 한 지나치게 빠른 접근은 치료기간을 길어지게 할 수도 있으므로 시작 시기를 임상감독자와 상의해야 한다.

학령기 및 청소년의 경우는 낱말의 정의나 은유의 이해, 언어적인 추론 능력, 효율적인 대화 기술, 읽기 및 쓰기 기술 등이 목표가 될 것이다. 장단기 목표를 계획할 때에는 반드시 해당 영역의 평가 결과를 근거로 해야 한다. 평가를 하지 않은 영역의 목표를 세운다거나, 평가 결과를 보았을 때 6개월~1년 안에 도저히 달성할 수 없는 무리한 계획을 세우는 일이 없도록 한다. 장단기 목표를 '어떻게 수립해야 하지?'라는 생각이 든다면 아동의 현재 언어 수준에 대한 명확한 정보가 없다는 것을 뜻한다. 이때는 영역별로 기초선 평가를 다시 해야 한다.

장단기 계획서를 작성할 때에는 일반적인 주의 사항을 따른다. 청각장애 대상자의 계획서를 작성할 때 수용언어와 듣기 영역의 목표를 혼동하지 않도록 주의한다. 예를 들어, '크리스마스'를 듣고 따라 한 청각장애 아동이 있다고 하자. 그렇다고 이 아동이 '크리스마스'를 반드시 알고 있다고 할 수는 없다. 반대로 '동물' '집' '학교'와 같은 개념을 이해하고 있는 청각장애 아동이더라도 해당 단어를 듣고 확인하지 못하는 경우도 있다. 그러므로 대상자가 앞으로 이해해야 할 언어와 들어야 할 언어는 현재 이해 능력과 듣기 능력에 따라 달라져야 한다. 일반적으로 수용언어 목표는 이해할 수 있는 언어 수준보다 약간 더 어려운 수준에서 수립한다. 언어 듣기 목표라면 현재 수용언어 수준보다 더 쉬운 수준에서 수립해야 하고, 들을 수 있는 음운 환경, 낱말, 문장, 이야기 수준도 중요한 기준이 된다. 예를 들어, '○○가 알고 있는 어휘로 구성한 20개의 문장 따라 말하기에서 4

어문까지 따라 말하였다. 길이가 더 길어지면서 다른 어휘로 대치하거나 생략을 하였다. 관형절을 안은문장에서 ○○는 할 수 없다고 말하며 포기하였다.'고 하자. 대상자가 자발화에서 안긴문장을 실수 없이 여러 번 사용하였더라도 듣기 목표는 이보다 낮아야 한다. ○○의 수용언어 목표는 더 어려운 어휘 익히기나 설명문 이해가 될 수도 있다. 듣기 영역의 준거는 객관적으로 확인 가능한 방법을 제시한다. 앞의 사례를 예로 든다면, "○○은 6개월 후에 알고 있는 어휘로 구성한 20개의 문장 따라 말하기에서 관형절을 안은문장까지 따라 말할 수 있다."라고 할 수 있다.

청각장애라고 해서 무조건 듣기 능력 향상 하나만 목표가 되는 것은 아니다. 듣기 능력의 향상을 통해 언어 습득이 촉진되고 의사소통이 향상되는 것이 목표라는 점을 잊어서는 안 된다. 대상자의 구화 의존도가 낮다면 무리하게 듣기 수행을 목표로 하기보다 의사소통에 유용한 듣기를 목표로 하는 것이 더 타당하다.

두 청각장애 아동 사례의 프로파일, 치료 전략 및 장단기 계획을 뒤에 참고자료로 실었다. 사례 1은 한 낱말기에서 낱말 조합기로 발달하는 아동이고, 사례 2는 초등학교 4학년으로 비교적 언어 능력이 좋은 아동이다. 때로 장단기 계획만을 보면 언어장애 아동의 계획과 그리 다르지 않다고 느끼기도 한다. 그러나 치료 전략이나 회기 활동에서 지금까지 말한 것과 같은 차이가 나타나게 된다. 회기 계획과 실시에서 이를 더 자세히 다루어 보겠다.

〈청각장애 아동의 장단기 목표 수립 시 주의 사항〉

- 말 · 언어와 듣기 영역의 관계를 파악하고 두 영역이 통합될 수 있도록 한다.
- 장기목표는 실시한 평가 결과를 근거로 수립한다.
- 단기목표는 단계적으로 장기목표를 이룰 수 있도록 수립한다.
- 생활연령, 듣기 및 언어 능력을 기초로 기간 안에 달성할 수 있는 목표를 수립한다.
- 수용언어 목표와 듣기 목표를 혼동하지 않는다.
- 객관적으로 확인 가능한 듣기 목표의 달성 근거를 제시한다.

〈이렇게 해 보세요!〉

언어치료 실습학생의 실수	임상감독자의 조언
① 달성하기 어려운 듣기 목표를 수립하거나, ② 수용언어와 듣기를 혼동하여 기술하거나, ③ 확인이 어려운 준거를 제시하였다(예: 첫 맵핑이 1개월 전에 있었던 1세 6개월 아동의 6개월 후 장기목표- '목표 어휘 100개 중에서 90개를 듣고 이해한다').	① 생활연령, 보청력, 언어 및 듣기 능력을 고려하여 목표 어휘 수를 조절한다. ② 어휘 이해 목표인지 듣기 목표인지 분명하게 구분한다. ③ '이해한다'는 표현은 대상자의 반응을 확인하기 어려우므로 '듣고 고른다'나 '듣고 대답한다'와 같이 확인 가능한 준거를 제시한다.
평가가 이루어지지 않은 영역에 대한 장기목표를 수립하였다.	장기목표 수립의 기초선이 될 수 있는 검사를 실시한다.
듣기 장기목표에서 '~를 듣고 표현한다.'라고 기술하였다.	목표를 기술할 때에는 수용언어나 표현언어, 듣기 중 한 가지 영역에 초점을 둔다.
"다양한 문법 형태소를 사용하여 올바른 문장을 표현할 수 있다."라고 기술하였다.	'다양한' '올바른'과 같은 모호한 용어보다 구체적인 문법 형태소를 제시한다.
수화를 주요 의사소통 수단으로 하는 대상자에게 조음과 AO 조건에서의 듣기 능력 증진을 장기목표로 하였다.	말 명료도 증진이나 독화 능력 향상과 같은 현실적인 목표를 수립한다.
분석적이고 구조적인 듣기만으로 단기목표를 수립하였다.	생활연령, 듣기 능력에 맞다면 종합적이거나 절충적인 듣기 활동도 계획에 반영한다.

5. 회기 치료 계획

장단기 계획에서 단계적으로 필요한 활동, 치료 접근법, 강화 방법을 수립하였다면 이를 근거로 회기 계획을 세운다. 치료를 처음 시작하는 언어치료 실습학생은 임상감독자의 도움을 받아 장단기 목표별로 회기 계획을 세우는 것이 바람직하다. 한두 학기 실습을 한 언어치료 실습학생은 혼자서 회기 계획을 수립해 보고 임상감독자의 지도를 받는다.

청각장애 아동을 처음 치료하는 언어치료 실습학생은 아동이 보청기나 인공와우를 하고 있다는 사실만으로 긴장하고 당황하기 쉽다. 그러나 대상자의 기초선을 근거로 치료 계획을 수립하고 회기 목표를 달성해 간다는 것은 다른 대상자들과 마찬가지다. 회기 목표는 반드시 대상자의 현행 언어 수준에 근거하여 발달근접 영역에서 수립해서 대상자가 수행할 수 있어야 한다. 그리고 심리적인 측면이 다른 영역에 영향을 끼치므로 대상자가 치료 과정을 통해 자신감을 가질 수 있도록 고려해야 한다. 대상자의 현행 수준을 무시하고 장단기 치료 목표를 이루기 위해 너무 어려운 것을 회기 목표로 제시하지 않는다.

앞의 예에서 장기목표가 안은문장을 듣고 이해하는 것이었는데, 처음 회기부터 '5~6어문 이상의 안은문장' 이해가 목표라면 대상자가 한 회기에 도달하기 어렵다. 이렇게 되면 치료를 하는 동안 실패를 거듭하게 되어 자신감을 잃고 치료 동기가 낮아지며 언어치료 실습학생을 신뢰하지 않게 된다. 앞의 예로 설명하면, 대상자가 도전할 만한 초기의 회기 목표로는 '3어문으로 표현할 수 있는 18개의 그림이 있을 때, 두 문장을 듣고 두 그림을 차례에 맞추어 고를 수 있다.'가 될 수 있다.

치료 목표가 결정되면 목표를 달성하는 데 가장 적합한 도구 및 자료를 결정한다. 치료 목표에 적합한 도구를 결정할 때에는 아동의 언어 능력 및 목표뿐 아니라 생활연령을 함께 고려해야 한다.

청각장애를 동반하여 언어발달이 매우 지체된 경우, 생활연령이 높은데도 기초어휘나 기본 문법 등 낮은 수준의 언어적인 내용을 가르쳐야 하는 경우가 있다. 이때 자료는 물론 목표 언어 선택에서도 주의가 필요하다. 언어 수준은 비슷해도 아동의 생활연령에 따라 사회적으로 꼭 필요한 어휘가 달라지기도 한다. 앞의 예에서 대상자가 만약 초등학교 고학년인데 다음 두 문장을 들려준다고 가정해 보자. "사자가 그물에 걸렸어요."와 "여자 친구가 게임기 샀어요." 두 문장 중에 어떤 문장이 동기를 높여 줄지는 누구나 알 수 있다. 동화책에 나올 만한 유아용 그림보다는 여자 친구가 게임에 열중하고 있는 장면을 찍은 사진이나 사실적 그림의 경우에 대상자가 편안하게 치료에 참여할 것이다.

5~6세 남자 아동과 집 안 사물 이름 익히기를 할 때 소꿉놀이 세트(그것도 아주 크고 분홍색인 집 세트)나 그림 동화책 자료를 준비하는 언어치료 실습학생이 있다. 대상자가 소꿉놀이를 좋아하는 아동이라면 괜찮을 것이다. 그러나 가구나 소품들이 많이 나오는 비디오나 CD 프로그램을 준비한다면 더 동기를 유발할 수 있을

것이다. 그리기를 좋아하는 남자아이에게 큰 종이, 가족 사진 및 크레파스를 주고 어떤 행동을 할지 상상해 보자. 언어치료 실습학생은 스스로 무엇을 준비하면 좋을지 조사하고, 그 목표와 도구를 사용하였을 때 어떻게 치료가 이루어질지 생각하면서 여러 차례 수정해야 한다. 장단기 목표에 도달하려면 여러 회기에 걸쳐 대상자가 목표 언어를 의미 있게 경험하고 익힐 수 있어야 한다. 대상자의 치료에 대한 동기를 높여 의미 있는 경험을 하게 하려면 언어치료 실습학생이 초기 면담 과정부터 대상자의 심리, 인지, 운동 등 기타 영역에 대한 정보를 잘 파악하고 있어야 한다.

강화 절차를 조절하면 회기 목표를 이루는 데 도움이 된다. 예를 들어, 아동이 잘 들었을 때 보상으로 자신이 듣고 고른 것을 마음대로 조작하게 하거나, 목표에 맞게 표현하였을 때 아동의 표현에 맞는 재미있는 결과를 제공하는 강화를 계획할 수 있다. 아동이 즐겁게 치료에 참여할 수 있도록 하는 치료 활동 자체가 하나의 강화 활동이 되는 것이다. 시기별로 구체적인 예를 들어 살펴보자.

영유아 또는 초기 낱말 습득 이전의 청각장애 아동의 치료 목표를 수립할 때는 음성 및 음운 환경이 시청각적으로 뚜렷한 어휘와 의사소통 기능이 뛰어난 어휘를 목표 어휘로 선택하곤 한다. 그리고 낱말의 의미를 알아가도록 유아어와 관련지어 들려주기도 한다. 예를 들어, '빵빵'과 '차' '음머'와 '소' '까까'와 '과자'가 있다. '코코' '코 자' 등은 몸짓과 함께할 수 있고 아이들이 좋아하는 상징놀이가 가능하므로 초기에 집이나 치료실에서 많이 들려주는 어휘다. 의사소통이 기능적으로 뛰어난 어휘로는 '엄마' '이거' '싫어' '아냐' '물' '주세요(줘)' 등이 있다. 물론 대상자 특성이나 생활연령에 따라 어휘 선택을 다르게 한다. 예를 들어, 나이가 많은 아이가 이 단계라면 선호하는 이름 중에서 목표 어휘를 선택한다. 자세한 것은 초기 어휘 발달 목록에 대한 논문이나 책자를 참고한다.

청각장애 영유아의 목표 어휘를 찾는 과정은 언어치료 실습학생이 배운 조음음운발달이나 음향음성학뿐만 아니라 언어 및 심리 발달에 대한 지식이 필요하므로 어려울 수 있다. 그러므로 임상감독자의 지도를 받으면서 연습한다.

초기 문장이 출현하기 시작하면 낱말 목록 늘리기, 의미나 구문 능력 높이기(의미관계 유형, 문장 길이 및 문법 형태소 유형 늘리기), 여러 개의 낱말 듣기 및 자음 목록 늘리기가 장기목표가 될 수 있다고 하였다. 이 시기에 형성되는 듣기 태도가 무엇보다 중요하다고도 하였다. 집중해서 적극적으로 상대방의 말을 들으려는 태도는 의사소통 능력 증진에 큰 영향을 미치기 때문이다. 주위의 말소리를 놓치지 않고 들으려는 태도는 다른 아이들과 비슷한 경로의 언어발달을 위한 기본이 된다. 그런데 언어치료 실습학생은 이 시기의 치료 계획을 수립할 때 지나치게 언어적인 단위에 초점을 두기 쉽다. 예를 들어, 언어발달을 빠르게 촉진하려는 욕심으로 반복해서 같은 언어 유형을 연습하는 전형적인 언어치료사 중심의 회기 계획을 수립하는 경우가 있다. 언어치료사 중심으로 치료하더라도 자연스러움을 더할 수 있는 숙련된 언어치료사이거나 건청 아동처럼 일상생활에서 다양한 청각적 언어 경험을 할 수 있는 청각장애 대상자라면 이러한 회기 계획 아래 새로운 구문과 의미를 빠르게 습득할 수도 있다. 그러나 청각장애 아동은 제한된 청각적 언어 경험을 하는 경우가 많으므로 자연스럽고 의미 있는 환경에서 집중해서 새로운 구문과 의미를 익힐 필요가 있다.

이 시기의 청각장애 아동에게는 조음음운 면에서도 주의가 필요하다. 건청 아동의 조음음운 발달 및 대상자의 언어발달 정도와 비교하여 지체된 음소를 치료 목표로 결정해야 한다. 목표를 정할 때는 청각장애 아동의 조음음운 발달 특성도 알아야 한다. 청각장애 아동은 건청 아동에 비해 조음 시 주변 음운 환경의 영향을 더 받는다. 그리고 어떤 자음이 출현한 후의 일반화 기간이 건청 아동보다 긴 경향이 있다. 장단기 계획에 있는 목표 음소라도 지속적으로 오류율이 낮아지고 있다면 임상감독자와 상의하여 촉진을 할지 기다릴지를 결정한다. 청각장애 아동의 조음음운 영역 치료 목표는 특정 음소의 정조음률을 높이는 것보다는 아동의 조음 목록을 늘리는 데 초점을 두는 것이 좋다.

학령기 및 청소년기 청각장애 대상자를 치료할 때에는 도움이 필요한 영역에서 집중적인 치료가 이루어지도록 장단기 계획을 수립한다. 이때 교과과정 중심의 접근도 빼놓을 수 없다. 그러나 목표를 이루기 위해 지나치게 세부적인 부분에서 반복 연습을 하다 보면 '학습'에 치우치게 된다. 이럴 경우 치료 회기 동안에는 목표를 달성하는 듯 보이나 결과적으로는 전반적인 의사소통 능력에 미치는 영향이 적을 수 있다. 즉, 치료실에서는 목표를 달성해 가는 듯이 보이지만 실제 생활에서의 대화 능력이나 교실에서 보이는 언어 능력의 변화가 아주 적은 경우를 들 수 있다. 단순한 학습 이상으로 의사소통 능력을 높이기 위해서는 부모나 학교 선생님으로부터의 정보에 주의를 기울이면서 장단기 목표, 활동 및 접근법 등을 살펴보고 수정할 수 있어야 한다.

듣기 영역의 회기 계획을 수립할 때는 윤미선(2003b), 윤미선 등(2004)과 우리청각재활연구소(2006)의 출판자료에서 도움을 받을 수 있다.

〈청각장애 아동의 회기 계획 수립 시 주의 사항〉

- 장단기 계획과 관련된 계획을 세운다.
- 회기 치료 목표는 아동의 현행 언어 수준에 근거해야 한다.
- 아동의 생활연령 및 의사소통 기술을 고려하여 치료도구 및 중재 방법을 결정한다.

〈이렇게 해 보세요!〉

언어치료 실습학생의 실수	임상감독자의 조언
잘 쓰이지 않는 어휘나 문장으로 듣기 영역의 회기 계획을 수립한다.	생산성(productivity) 있는, 즉 실생활에서 유용하게 쓰일 수 있는 어휘나 문장을 회기 목표로 한다.
문장 수준의 듣기를 단기목표로 하였으나 회기 계획에서 음소 수준의 듣기를 몇 개월 동안 계속 수립한다.	단기목표를 달성할 수 있도록 단계적으로 언어 수준을 높이며(음소, 단어, 문장) 듣기에 관련된 회기 목표를 수립한다.

6. 치료 실시

언어치료 실습학생은 임상감독자의 도움 없이 독립적인 치료를 하기 어렵다. 이럴 때는 먼저 언어임상실습을 시작하기 몇 개월 전부터 자신이 치료를 맡게 될 대상자를 종단 관찰하여 치료 대상자, 치료 방법, 치료 활동에 익숙해지도록 한다. 이에 대한 내용은 이 책의 '2장 임상관찰'을 참고한다.

치료를 진행할 때는 회기 목표에 충실하고, 목표에 없는 내용은 실시하지 않는 것이 원칙이다. 언어임상실습 전에 회기 계획서를 보면서 예행연습을 하도록 한다. 언어치료 실습학생은 치료 절차, 치료 방법 및 강화 절차 등을 숙지하고 있어야 한다.

청각장애 아동의 언어치료를 시작할 때 가장 먼저 확인해야 하는 것은 보장구의 정상 작동 여부다. 중 · 고등부 이상의 청소년일 경우는 소리가 평소와 다르게 들리면 스스로 감지하고 언어치료사에게 알려 주기도 한다. 그러나 소리를 감지하는 능력이 낮거나 어린 아동인 경우 보장구가 정상적으로 소리를 전달하지 못하는 것에 대해 반응이 없는 경우가 있기 때문에 언어치료사가 세심하게 확인해야 한다. 만약 아동의 소리에 대한 반응이 평소와 다르다면 그 원인을 찾아 조치를 취해야 한다. 그러므로 언어치료 실습학생은 보장구 배터리가 떨어졌을 때의 증상은 무엇인지, 스위치가 꺼져 있지는 않은지, 몰드는 잘 맞게 끼워졌는지, 튜브에는 이상이 없는지를 확인하고 조치하는 방법을 미리 숙지한다. 인공와우의 경우에는 배터리나 연결선을 살펴보고, 기종에 따라 볼륨이나 프로그램을 조절하는 부위가 평소 위치와 다른지 확인하는 방법을 미리 알고 있어야 한다. 이러한 확인과 조치를 할 수 없는 경우에는 청능사나 보호자의 도움을 받도록 한다.

다음으로 치료 절차를 대상자의 언어 수준에 맞추어 알려 준다. 그러나 '치료 절차 설명하기'가 회기 목표인 것처럼 대상자에게 오랫동안 치료 절차를 설명하는 실수는 하지 말아야 한다. 절차를 대상자에게 알려 줄 때는 순서대로 배열한 치료 자료, 시간표, 글로 만든 지시문 등을 사용하면 좋다.

치료를 하면서 주의할 사항을 대상자의 발달 시기별로 살펴보면 다음과 같다. 영유아나 초기 낱말 습득 이전의 청각장애 대상자라면 자연스럽게 강조해서 말소리를 들려준다. 강조하라고 하면 언어치료 실습학생은 딱딱하게 소리치듯이 들려주는 실수를 하는데 분명하지만 자연스럽게 말소리를 들려주면 된다.

청각장애 영유아는 치료 초기에 엉뚱한 행동을 하기도 하고 들려주는 말소리에 여러 회기 동안 반응을 하지 않기도 한다. 그러면 언어치료 실습학생은 '아이가 과연 듣고는 있을까?' '말은 배울 수 있을까?' 또는 '인지 능력이 낮으면 어떻게 하지?'라는 갖가지 불안과 의심이 들기도 한다. 경험이 있는 임상감독자의 지시를 계획대로 따르고 있다면 용기와 자신감을 가지고 진행한다. 자신감이 없고 불안해하는 언어치료 실습학생은 치료시간 중에 적절하지 못한 반응을 하게 되고 그만큼 치료 효과는 낮아진다. 지금 측정할 수 없는 사실로 인해 불안해하기보다 달성할 수 있는 목표를 위한 치료를 진행한다.

초기 문장 출현 후의 청각장애 아동을 치료할 때 언어치료 실습학생은 빠르게 목표 어휘를 바꾸어 가며 들려주거나 한 회기에 많은 수의 어휘를 치료 목표로 하는 실수를 자주 한다. 대상자가 기초 어휘를 습득하였다고 하더라도 반복해서 천천히 진행해야 한다. 기초 어휘와 구문을 습득하였다면 치료 환경에서 관련 어휘를 들려줄 필요가 있다.

어린이집이나 유치원 적응을 위한 기능적인 면도 고려해야 한다. 치료를 하는 동안 어른의 말과 또래의 말을 모두 경험할 수 있는 기회를 제공한다. 여러 유형의 언어 형태를 적게 경험한 청각장애 아동이 또래 친구한테 '안녕하세요' '네' '주세요' '가요'라고 하는 경우가 있다. 목표가 '가'라고 해서 한 회기 내내 '가'만을 들려주는 언어치료 실습학생도 있다. 특별한 이유가 있다면 그럴 수 있지만 '가' '가요' '가지' '갔어' '갔네'와 같이 여러 유형의 말을 들려주면 '가'를 자연스럽게 들려줄 수 있다. 이때는 문법 형태소가 목표가 아니라 '가'에 초점을 두고 들려준다는 점을 명심해야 한다.

건청 아동이라면 일상생활에서 자연스럽게 접하는 글자, 제스처 및 그림인데 청각장애 아동이기 때문에 시각 단서에 의존할까 걱정하여 사용을 꺼리는 언어치료 실습학생도 있다. 청각장애 아동이 시각 단서에 지나치게 의존한다면 조절이 필요하겠지만, 들으려는 태도가 갖추어진 청각장애 아동이라면 글자, 제스처 및 그림에 자연스럽게 노출되도록 한다. 오히려 아동이 좋아하고 잘 듣거나 읽을 수 있는 글자나 그림을 활용한다면 효과가 높아질 것이다.

영유아기 대상자를 치료할 때 주의해야 할 점이 하나 더 있다. 치료를 보호자에게 공개하는 문제다. 치료 모습을 보여 주면 보호자 교육 및 청각장애 아동의 치료 효과의 일반화에 좋지만 미숙한 치료를 공개하면 반대의 결과를 초래할 수 있다. 그러므로 보호자가 관찰할 시기 및 방법은 임상감독자의 결정에 따른다.

학령전기 아동 또는 이 수준의 청각장애 아동을 치료할 때는 다음과 같은 내용을 주의한다. 우선, 들으려는 태도를 형성하는 것이 무엇보다 중요하다. 듣고 있는 아동은 경험을 하면서 스스로 언어를 배워 나아갈 수 있기 때문이다. 대상자의 나이가 많고 언어 수준이 높아지면 '듣기는 그만하고 언어발달에만 충실하면 되겠다.'고 여기기 쉬운데, 이는 청각장애 아동에게 필요한 것을 소홀히 여기는 결과가 될 수 있다. 지속적으로 높은 수준의 언어 단위를 들어야 하고, 들은 내용에서 새로운 의미와 형식도 배워야 하기 때문이다.

이 시기에는 기능적인 면을 고려하여 다양한 품사의 낱말과 문장 유형을 들려주어야 한다. 즉, 구조화된 상황에서 경험하기 어렵고 일상생활에서는 청각적인 정보가 약하여 놓치기 쉬운 낱말이나 문장도 목표로 한다. 예를 들어, '이따가 우리 같이 해 보자.' '이건 아까 했던 건데.' '자기가 그래 놓고 안 했다고 우겼어.'와 같은 문장은 몇 개의 의미나 문법 요소를 놓치면 이해하기가 어렵다. 게다가 이러한 문장을 이해하지 못하면 또래와의 대화가 단절되기 쉽다. 그러므로 문장 목록을 작성해서 연습할 필요가 있다. 이러한 문장은 장단기 계획을 수립할 때 유치원 선생님이나 부모와 상의하여 목록을 작성하고 준거평가를 통해 기초선을 수립해 놓아야 한다. 회기를 진행하면서 대상자의 강점과 약점을 언어치료 실습학생이 확인하고 목록을 수정하거나 새롭게 작성할 수도 있다.

치료 내용을 글과 그림으로 정리하여 주면 좋다. 이렇게 정리해서 글 단서로 제공하면 자연스럽게 읽고 쓰기에 노출되기도 한다. 또 치료하는 동안 들었던 내용을 대상자가 확인할 수 있고, 치료 내용을 보호자에게 전달할 수 있어 가정에서의 연습을 유도함으로써 일반화도 촉진할 수 있다.

이야기를 산출할 수 있거나 초등학교에 입학한 청각장애 아동을 치료할 때는 학령전기에 배운 내용을 종합하면서 교과과정 중심의 치료 접근법도 적용하게 된다. 읽기 및 쓰기에 관련된 자료를 만들 때는 초등학교 교과서에 있는 문장이나 문단을 참고하여 사용하면 실수가 적다. 치료 전에 미리 초등학교 교과서의 몇 페이지를 분석해 보고 어휘를 분류해 보면 도움이 된다. 이밖에 '전산화된 읽기 평가-교수도구(C-RIC)'도 도움이 될 수 있다.

과제를 끝마칠 때는 대상자가 성공하는 경험을 하도록 한다. 언어치료 실습학생은 의욕이 앞서서 회기 끝부분이 되면 다그치듯이 대상자에게 회기 중 어려워했던 과제를 다시 제시하는 경우가 있는데, 과제가 너무 어렵다는 인상을 갖고 회기를 끝내게 되면 실패 후 부정적인 감정으로 인해 동기 부여에 어려움이 생길 수 있으므로 주의한다. 물론 그 반대의 경우도 있다. 학령기 아동이나 청소년은 치료 과제가 쉽게 끝나면 "시시하고 다 아는 거니까 다음에 오지 않아도 될 거 같아요!"라고 말하기도 한다. 이럴 때는 도전할 만한 과제로 진행을 하면서 대상자의 호기심을 유지하다가, 다음 회기에 할 내용이라며 조금 어려운 과제를 소개하면 동기 부여에 도움이 된다.

〈청각장애 아동 치료 시 주의 사항〉

- 치료 시작 전 보장구가 정상 작동하는가를 살펴본다.
- 대상자에게 과제 진행 방법을 설명한 후 과제를 진행한다.
- 성공적인 듣기 또는 말하기 경험을 끝으로 과제를 마치도록 한다.

〈이렇게 해 보세요!〉

언어치료 실습학생의 실수	임상감독자의 조언
과제 방법을 설명해 주어도 듣기 어려울 것이라고 지레 짐작하여 과제 방법을 설명하지 않고 과제를 시작한다.	그림, 글자 또는 몸짓 단서를 활용하여 설명하고, 그래도 대상자가 방법을 이해하지 못하면 모델을 제시하여 이해를 도와준다.
치료 전 보장구 작동 여부를 확인하지 않아서 치료시간 내내 보장구가 꺼져 있었다.	보장구 작동 여부를 치료 전에 언제나 확인한다.
대상자가 듣고 있지 않았는데도 반복해서 들려주었다.	청각적 주의 집중이 이루어진 후에 들려준다.
잘 들려주려는 의도로 지나치게 크고 일정한 톤으로 말하였다.	목소리를 지나치게 크게 하지 않고 자연스럽게 들려준다.

7. 진전(종결)평가

치료를 시작하고 일정 시간이 지나면 언어임상실습을 마치게 된다. 이때 언어치료의 효과를 평가하기 위해 진전평가를 실시한다. 진전평가는 기초선과 종결 시점의 수준을 비교하기 위해 대부분 초기 평가와 같은 도구와 방법을 이용해 재

평가한다. 초기 평가에서 특정 영역을 심화평가하고 목표를 수립했다면, 치료 목표가 되었던 부분의 진전을 볼 수 있도록 평가를 계획한다. 이때 초기에 사용한 것과 같은 영역이나 내용의 심화평가를 사용하는 것이 좋다. 만약 초기에 심화평가를 실시하지 않았으나 부득이 어떤 부분을 치료 목표로 설정하여 치료교육을 실시하였다면 회기별 진전 정도를 정리하여 진전 사항을 평가하도록 한다. 기타 자세한 내용은 다른 의사소통장애의 진전(종결)평가 부분을 참고한다.

참 고 문 헌

김영욱(2007). 청각장애아동 교육의 이해. 서울: 학지사.

김영태, 홍경훈, 김경희, 장혜성, 이주연(2009). 수용 · 표현 어휘력검사(Receptive and Expressive Vocabulary Test: REVT). 서울: 서울장애인종합복지관.

김희남, 박홍준, 채성원(2005). 귀가 좋아야 기가 산다. 서울: 서울문화사.

우리청각재활연구소(2006). 청각장애인을 위한 집에서 하는 듣기연습. 서울: 파라다이스복지재단.

윤미선(2003a). 선천성 심도 청각장애 아동의 와우이식 후 말 산출 능력의 예측 변인 및 말 산출 특성. 이화여자대학교 대학원 박사학위논문.

윤미선(2003b). 와우이식 청각장애인을 위한 듣기연습. 서울: 군자출판사.

윤미선, 한효섭, 김현정, 양수진(2004). 재미있는 듣기 연습. 서울: 군자출판사.

윤미선, 최은아, 구호림(2007). 청각장애 아동의 부모를 위한 지침서. 서울: 군자출판사.

이규식, 석동일, 국미경, 강창욱, 이상희, 박상희, 윤미선, 신혜정, 박희정(2006). 청각장애 아동 언어지도와 치료방법. 경산: 대구대학교 출판부.

이상흔, 박미혜, 이달희, 허명진(2006). 아동청능재활. 파주: 양서원.

Mahshie, J. J., Moseley, M. J., Scott, S. M., & Lee, J. (2006). *Enhancing communication skills of deaf and hard of hearing children in the mainstream*. New York: Thomson.

Tye-Murray, N. (2004). *Foundations of aural rehabilitation: Children, adults, and their family members* (2nd ed.). New York: Thomson.

참고자료

사례 1. 영유아기 청각장애 아동

기본 정보 및 현행 언어 수준

○○는 28개월 된 남자 아동으로 청각장애를 동반한 언어발달장애가 있다. 생후 8개월에 청각장애를 진단받고 18개월에 인공와우 시술을 받았다. 양쪽 귀의 평균 보청력은 40 dB HL이라고 한다. 시술 전 표현 어휘가 없었으나, 현재는 '엄마' '싫어' '집' '빵빵' '이거' 등 37개의 낱말을 말할 수 있다. '엄마 집' '이거 줘' 등 두 낱말을 이은 덩이말도 상황에 맞게 사용하고 있다. 자음 /ㅁ/ /ㅃ/ /ㅊ/를 드물게 산출하였고, 두 음절 이내의 낱말을 모방할 수 있다. 가리키기나 사물 이름 말하기로 요구하기, 제스처와 음성으로 대답하기 및 거부하기를 주로 사용하고 있다.

장단기 목표

- 장기목표 1. ○○에게 친숙한 상황에 관련된 명사와 동사를 표현할 수 있다.
- 단기목표
  1-1. 식사놀이 상황과 관련된 낱말 20개를 표현할 수 있다.
  1-2. 옷 입기 상황과 관련된 낱말 20개를 표현할 수 있다.
  1-3. 목욕하기 상황과 관련된 낱말 20개를 표현할 수 있다.
  1-4. 집놀이 상황과 관련된 낱말 20개를 표현할 수 있다.

- 장기목표 2. 자연스러운 놀이 상황에서 두 낱말 조합의 의미관계를 표현할 수 있다.
- 단기목표
  2-1. '소유자-소유'의 의미관계를 표현할 수 있다.
  2-2. '실체-서술'의 의미관계를 표현할 수 있다.
  2-3. '행위자-행위'의 의미관계를 표현할 수 있다.
  2-4. '대상-행위'의 의미관계를 표현할 수 있다.

- 장기목표 3. 두세 낱말 문장으로 초기 문법기에 출현하는 문법 형태소를 들려준다.
- 단기목표
  3-1. 주격조사 '이/가'가 있는 두세 낱말 문장을 들려준다.
  3-2. 보조사 '은/는' '도'가 있는 두세 낱말 문장을 들려준다.
  3-3. 종결어미 '-다, -지, -네'가 있는 두세 낱말 문장을 들려준다.

- 장기목표 4. 자연스러운 놀이 상황에서 ○○의 자음 목록 수를 증가시킨다.
- 단기목표

4-1. 음소 및 음절 수준에서 비음/파열음을 5회 중 3회 모방한다.

4-2. 치료실 놀이 상황에서 낱말의 초성에 오는 비음/파열음을 5회 중 3회 자발적으로 산출한다.

4-3. 자연스러운 상황에서 수집한 발성 목록에서 초성 /ㅁ/, /ㄴ/, /ㅂ/, /ㅃ/, /ㄷ/, /ㄸ/, /ㄱ/, /ㄲ/를 5번의 기회 중 3회 이상 산출한다. 단, 아동이 자발적으로 말할 수 있는 낱말을 기준으로 한다.

치료 전략

- 아동 중심 치료 접근을 한다. ○○은 적극적으로 의사 표현을 하는 아동이고 어머니나 언어치료사가 하는 말을 듣고 반응을 잘하고 있다. 그러므로 자연스러운 환경에서 아동이 의도가 있을 때 목표 언어를 평행적 발화 기법, 확장, 분리합성의 기법으로 들려준다.
- 장기목표는 한 낱말에서 초기 문법기로의 발달 시기이므로 '어휘, 발화 길이, 초기 문법 형태소 및 자음 목록 수'에 관련하여 수립한다. 현재 의사소통 태도나 유형이 생활연령이나 언어발달 수준에 상응하지만 주의해서 관찰하고 도움이 필요하다고 판단되면 치료 접근을 한다.
- 단기목표는 수평 또는 주기적 달성 전략을, 조음 영역은 수직적 달성 전략을 적용한다.
- 아동은 인공와우 착용 시 모든 음소를 감지할 수 있다고 하며 2음절 이내 낱말을 모방하고 있다고 한다. 그러므로 치료 초기의 목표 어휘는 2음절 이내로 선택한다.
- 두 낱말 조합을 들려줄 때는 따로따로 듣지 않도록 상황을 이해시킨 다음에 들려준다. 분리합성 기법을 적용할 때는 낱말 사이의 간격이나 운율에 주의한다.
- 듣기, 문법, 조음의 목표 어휘나 문장은 아동이 알고 있는 것으로 한다.

참고자료

사례 2. 학령기 청각장애 아동

기본 정보 및 현행 언어 수준

○○은 11세 5개월 된 남자 아이로 4학년 2학기에 다니고 있다. 만 4세부터 양쪽 귀에 지속적으로 보청기를 착용하다가 6개월 전부터 인공와우를 착용하고 있다. 소음 상황에서 말소리 듣기가 어려워서 교실에서는 FM 보청기를 함께 사용하고 있다. 공식 언어검사에서는 또래 수준이었고 같은 학년 수준으로 이야기를 구성할 수 있어서 일상생활이나 학습을 충분히 할 수 있었다. 그러나 때로 이야기에서 또래에게 잘 보이지 않는 어휘 및 문법 형태소 실수가 있었다. 학교 시험에서는 어휘 관련 문항에서 실패를 한다고 한다. 조음은 /ㅅ/ /ㅆ/ /ㅊ/에서 대치, 왜곡과 생략이 일관되게 있어서 때로 내용을 확인할 필요가 있지만 대부분 ○○의 말을 알아들을 수 있다. 인공와우 착용 이후 보청력이 높아져서 교실이나 다른 곳에서 대화 단절이 줄어들었다. 음소~문장 수준에서 /ㅅ/ /ㅆ/ /ㅊ/ 및 후속 모음이 /ㅣ/일 때의 /ㄱ/ /ㅋ/ /ㄲ/를 구별하여 듣기 어려워하고 있다.

장단기목표

- 장기목표 1. 초등학교 4학년 교과과정에서 다루는 한자어 및 합성어를 표현할 수 있다.
- 단기목표
  1-1. 초등학교 4학년 교과과정에서 다루는 한자어 30개를 표현한다.
  1-2. 초등학교 4학년 교과과정에서 다루는 합성어 30개를 표현한다.

- 장기목표 2. 3번의 대화에서 모두 /ㅅ/ /ㅆ/와 /ㅊ/를 60% 이상 정조음할 수 있다.
- 단기목표
  2-1. 유의미 낱말에서 /ㅅ/ /ㅆ/ /ㅊ/를 90% 이상 정조음한다.
  2-2. 문장 수준에서 /ㅅ/ /ㅆ/ /ㅊ/를 80% 이상 정조음한다.

- 장기목표 3. /ㅅ/ /ㅆ/ /ㅊ/ 및 후속 모음 'ㅣ' 앞의 /ㄱ/ /ㄲ/ /ㅋ/를 문장에서 80% 이상 변별 및 확인할 수 있다.
- 단기목표
  3-1. 구조화된 상황에서 /ㅅ/가 있는 낱말을 듣고 80% 이상 확인할 수 있다.

치료 전략

- 언어치료사 중심으로 치료를 진행한다.
- 초등학교 4학년 교과서 수준의 이야기 및 기사글과 그림을 사용한다.
- 〈어휘〉 문단을 읽고 추론하도록 하여 새 어휘의 정의를 알아가는 전략을 습득하도록 한다.

- 〈어휘〉 비슷한 말, 반대말, 관련 어휘와 연결 짓는 활동에서 어휘 개념을 익히게 한다.
- 〈어휘〉 상위 범주어와 하위 개념어를 연결시키는 활동으로 어휘 개념을 익히게 한다.
- 〈어휘〉 한 단계 웹을 만드는(webbing) 과정에서 이야기하도록 하여 어휘를 사용하게 한다.
- 〈조음〉 낱말 수준에서 정조음이 연속 3회 이상 산출되면 구/문장을 따라 말하도록 한다.
- 〈조음〉 낱말 수준에서 조음 훈련을 한 후 자발화에서 목표 낱말을 사용하여 발음할 기회를 준다.
- 〈조음〉 각 음소의 초기 단계에서는 여러 감각(시각, 청각, 촉각)을 활용하여 치료한다. 목표음이 산출되기 시작하면 이를 점차 줄여 간다.
- 〈언어 듣기〉 목표 음소를 카드게임을 하면서 변별하는 과제로 시작한다. 점차 대립짝이 있는 낱말과 문장에서 확인하도록 한다. 음운 규칙이 적용되는 낱말(예: '같이, 각이, 있었다' 등)과 이러한 낱말이 있는 문장도 듣는 연습을 한다.
- 〈언어 듣기〉 문장에서 언어 듣기를 할 때는 문맥적으로 단서를 얻지 않도록 한다.

부록 1. 한국언어장애전문가협회의 언어치료사 자격증 수여 규정

제1장 총 칙

제1조 (목적)

본 규정은 한국언어장애전문가협회(이하 '협회'라고 한다)에서 수여하는 언어치료사 자격증(이하 '자격증'이라 한다) 취득의 자격과 절차를 규정하는 것을 목적으로 한다.

제2조 (자격증의 구분)

① 자격증은 언어치료사 자격증으로 하며 각 1급, 2급, 2급준, 준으로 구분한다.

② 자격증의 수여(자격증 갱신 포함)는 매년 4회 이내로 한다.

제3조 (언어치료사의 역할)

자격증을 소지한 언어치료사는 〈표 1〉의 역할을 수행할 수 있다.

〈표 1〉 급수 별 언어치료사의 역할 구분

역 할	세부 내용	수행 급수			
		1급	2급	2급준	준
선별검사	언어발달장애, 조음음운장애, 유창성장애, 신경언어장애, 중복장애(언어능력)	○	○	○	⊙
일차진단검사	언어발달장애, 조음음운장애, 유창성장애, 신경언어장애, 음성장애, 중복장애(언어능력)	○	○	⊙	⊙
언어치료	언어발달장애, 조음음운장애, 유창성장애, 신경언어장애, 음성장애, 중복장애	○	○	⊙	⊙
가정지도	말 · 언어 · 의사소통장애인의 가족상담 및 가정지도	○	○	⊙	⊙
심화검사1	언어발달장애, 영유아 위험군 언어진단, 조음음운장애	○	○		
학교 언어치료사	학교 내 언어장애아동의 언어평가 및 치료	○	○		
심화검사2	신경언어장애,신경언어학적 평가의 해독, 삼킴장애, 음성장애, 유창성장애, 읽기 및 쓰기장애	○			
연구개발	말 · 언어 · 의사소통 표준화 평가도구 및 치료 프로그램 개발	○			
수련과정 감독	언어치료사 수련과정의 감독 및 평가	●			
언어치료실 개원	개인 언어치료실의 개원 및 운영	○	◎		

○ : 독립적으로 수행할 수 있음
● : 수련과정(또는 수련교육) 또는 감독자 연수를 이수한 자에 한하여 허용함
⊙ : 1급 언어치료사의 지도하에 수행하여야 함
◎ : 언어치료학을 전공하여 2급 자격증을 취득하고, 2급 자격증 취득 이후 3년 이상의 전일제 임상 경력을 가진 사람에게만 허용됨

출처: 한국언어치료전문가협회(www.kaslpa.or.kr)

제2장 자격증 취득의 자격

제4조 (1급 자격증 취득의 자격)

① 협회의 이사장(이하 '이사장'이라고 한다)은 다음 각 호의 자격을 모두 갖춘 사람에게 언어치료사 1급 자격증을 수여할 수 있다.

1. 협회가 인정하는 국내외 대학원에서 언어치료학 석사 이상의 학위를 취득한 사람
2. 협회가 시행하는 언어치료사 2급 자격증 시험(이하 '2급 자격증시험' 이라고 한다)에 합격한 사람(이 항목은 2007년도 입학생부터 적용)
3. 협회가 시행하는 언어치료사 1급 자격증시험(이하 '1급 자격증시험' 이라고 한다)에 합격한 사람
4. 협회가 인정하는 국내 유관기관에서 이사장이 인정하는 1급 언어치료사의 지도와 감독하에 12개월(전일제) 이상의 언어임상의 수련과정(이하 '수련과정' 이라고 한다)을 마친 사람. 단, 4년제 대학에서 언어병리학을 전공하고, 대학원에서 언어병리학을 전공한 사람은 수련과정을 6개월 이상만 마치면 된다.

② 이사장은 다음 각 호의 자격을 모두 갖춘 국외 언어치료사 자격증 소지자에게 1급 자격증을 수여할 수 있다.

1. 협회가 인정하는 국내외 대학교에서 언어치료학 석사 이상의 학위를 취득한 사람
2. 협회가 인정하는 국외 언어치료사 자격증을 소지한 사람
3. 국내 언어장애의 임상경력(이하 '임상경력' 이라고 한다)이 12개월(전일제) 이상인 사람
4. 1급 자격증시험에 합격한 사람

제5조 (2급 자격증 취득의 자격)

① 이사장은 다음 각 호의 자격을 모두 갖춘 사람에게 언어치료사 2급 자격증(이하 '2급 자격증' 이라고 한다)을 수여할 수 있다.

1. 협회가 인정하는 국내외 대학교에서 언어치료학의 학사학위 이상을 취득한 사람 또는 협회가 인정하는 국내외 대학원에서 언어치료학의 석사학위를 수료한 사람
2. 협회가 시행하는 언어치료사 2급 자격증시험(이하 '2급 자격증시험' 이라고 한다)에 합격한 사람

② 이사장은 다음 각 호의 자격을 모두 갖춘 국외 언어치료사 자격증 소지자에게 2급 자격증을 수여할 수 있다.

1. 협회가 인정하는 국내외 대학에서 언어치료학의 전문학사 이상의 학위를 취득한 사람
2. 협회가 인정하는 국외 언어치료사 자격증을 소지한 사람
3. 국내 언어장애의 임상 경력(이하 '임상 경력'이라고 한다)이 12개월(전일제) 이상인 사람

4. 2급 자격증시험에 합격한 사람

제6조 (2급준 자격증)

① 이사장은 다음 각 호의 자격을 모두 갖춘 사람에게 언어치료사 2급준 자격증(이하 '2급준 자격증' 이라고 한다)을 수여할 수 있다.

1. 협회가 인정하는 국내의 대학에서 언어치료학의 전문학사 이상의 학위를 취득한 사람
2. 협회가 시행하는 언어치료사 2급준 자격증시험(이하 '2급준 자격증시험' 이라고 한다)에 합격한 사람

제7조 (이수과목)

① 제4조 제1항 제1호, 제5조 제1항 제1호 및 제6조 제1항 제1호에서 규정한 언어병리학의 학위를 취득한 사람이라 함은 대학원이나 대학교 또는 대학의 정규과정에서 전문학사 이상의 학위를 취득하고 다음 각 호의 교과목 중 제2항 또는 제3항에 규정한 교과목을 이수한 사람을 뜻한다.

1. 기초교과목: 교육학, 심리학, 언어학, 청각학, 기타(윤리학, 통계학 등) 분야의 교과목
2. 전공교과목: 언어발달장애, 신경언어장애, 조음음운장애, 음성장애, 유창성장애의 5개 분야의 교과목 및 기타 전공교과목
3. 실습교과목: 언어임상관찰 및 언어임상실습

단 ①항 1호 및 2호의 과목 명칭은 별도의 시행 세칙에 따른다.

② 제1항의 교과목 중 기초교과목은 15학점 이상, 전공교과목은 5개의 전공분야 당 최소 3학점 이상 이수를 필수조건으로 30학점 이상, 실습교과목은 언어임상관찰 및 실습과목을 3학점 이상 이수하여야 한다. 이를 요약하면 〈표 2〉와 같다.

③ 1급 언어치료사 자격증 취득의 대상자는 제1항의 과목 중 대학원에서 개설된 과목으로 24학점 이상 이수하여야 한다(실습교과목은 필수). 다만, 학부의 전공이 언어병리학이 아닌 경우에는 제1항 제1호 및 제2호에 명시된 교과목 중 21학점 이상의 보충교과목을 더 이수하여, 총 45학점 이상을 이수하여야 하며, 학부 또는 대학원에서 필수과목을 반드시 수강하여야 한다. 제1항 제3호의 실습교과목은 대학원에서 협회 언어치료사 1급 자격증 소지자의 감독하에 이수한 30시간(1학점) 이상의 언어임상관찰과 80시간(2학점) 이상의 언어임상실습이어야 한다. 다만, 학부에서 언어치료학을 전공하고 2급 언어치료사 자격증을 소지한 사람에게는 학부에서 인정한 실습교과목 45시간(15시간 관찰과 30시간 실습, 1학점)을 인정할 수 있다.

④ 2급 및 2급준 언어치료사 자격증 취득 대상자는 최소한 제1항의 기초교과목(15학점), 전공교과목(30학점), 실습교과목(3학점)을 이수하여야 한다. 제1항 제3호의 실습교과목은 30시간(1학점) 이상의 언어임상관찰과 60시간(2학점) 이상의 언어임상실습이어야 한다.

⑤ 제2항의 규정에도 불구하고 협회에서 시행하는 보수교육을 보충교과목으로 대신할 수 있다. 이 경우 교과목당 28시간(50분 단위)의 보수교육을 2학점으로 한다.

〈표 2〉 이수과목 및 필수 이수학점

학점 수	대학원(1급)		학부(2급)
	학부 전공자	학부 비전공자	전문대학(2급준)
정규과목	대학원 과목 24학점	대학원 과목 24학점	45학점
이수과목	대학원 과목 24학점 임상관찰: 15시간 임상실습: 50시간	기초과목: 15학점 전공과목: 30학점 임상관찰: 30시간(1학점) 임상실습: 80시간(2학점)	기초과목: 15학점 전공과목: 30학점 임상관찰: 30시간 임상실습: 60시간
합 계	학부 45학점+대학원 24학점= 합계 69학점	보충 21학점+대학원 24학점= 합계 45학점	합계 45학점

제8조 (자격증 등급의 변경)

① 구 특례규정 그룹 4(언어병리학 비전공 학사)의 조건으로 1급 자격증시험에 합격한 사람에게는 2급 자격증을 1급 자격증으로 변경 · 교부할 수 있다.

② 이사장은 다음 각 호의 자격을 모두 갖춘 2급준 자격증 소지자에게 2급준 자격증을 2급 자격증으로 변경 · 교부할 수 있다.

1. 협회의 회원으로 2급준 자격증을 소지한 사람
2. 2급준 자격증 시험 합격 후 2년(단, 3년제 전문대학은 1년) 이상의 전일제 임상 경력을 쌓고, 협회가 지정하는 고급과정 교육을 2년에 30시간(1년에 15시간) 이상 이수한 사람
3. 협회가 시행하는 2급 자격증시험에 합격한 사람

③ 구 특례규정 5(준 자격증을 취득한 사람)의 조건으로 2008년까지 2급 자격증시험에 합격한 후 협회가 인정하는 유관기관에서 2011년까지 2년 이상의 임상 경력을 쌓은 사람에게는 준 자격증을 2급 자격증으로 변경 · 교부할 수 있다.

제3장 자격증 시험

제9조 (자격증 시험의 종류, 실시 시기, 공지)

① 자격증 시험은 1급, 2급, 2급준으로 구분한다.

② 자격증 시험은 연 1회(겨울)에 실시한다(2010년까지는 연 2회, 1월과 7월에 실시한다.)

③ '협회 홈페이지' 및 중앙 일간 신문 한 곳을 통해 시험실시를 공고한다.

제10조 (응시자격)

① 1급 자격증 대상자는 대학원 제3학기 이상 수료한 자로서 2급 자격증 시험에 합격 후 응시할 수 있다.

② 2급 자격증 대상자는 학사학위과정 제4학년 재학 시부터 또는 석사학위과정 제3학기를 마친 후부터 응시할 수 있다. 또한 2급준 취득 후 자격증 수여 규정 제2장 제8조의 자격증 등급 변경 해당자는 해당 요건을 갖춘 후 응시할 수 있다.

③ 2급준 자격증 대상자는 전문학사 학위과정 2년제 4학기를 마친 후 또는 3년제는 6학기를 마친 후 응시할 수 있다.

④ 모든 급수에서 응시 횟수는 제한하지 아니한다.

제11조 (시험과목)

① 자격증 시험은 제2장 제7조 제1항에 명시한 기초교과목과 전공교과목의 지식을 검정할 수 있도록 세부 교과목(언어발달장애, 조음음운장애, 유창성장애, 음성장애, 신경언어장애)에서 출제하는 것을 원칙으로 한다.

② 시험과목의 세부 내용은 '언어치료사 직무분석'에 의거하여 공지한다.

제12조 (시험유형)

자격증 시험은 필답시험을 원칙으로 한다(단, 1급의 2차 시험은 2010년부터 실시한다).

제13조 (합격점수)

자격증 시험의 합격점수는 60.0점 이상으로 한다.

제4장 수련과정

제14조 (수련과정 시기)

① 수련과정은 자격증시험에 합격하고 해당 학위를 취득한 뒤에 이수하는 것을 원칙으로 한다.

② 자격증 시험 합격 후 3년 이내에 시작하여야 한다. 자격증 시험에 합격한 뒤 3년 이내에 수련과정을 시작하지 못한 사람은 자격증 시험에 다시 응시하여 합격하여야 한다.

제15조 (수련과정 지도 · 감독, 평가)

① 수련과정은 협회가 정한 '임상수련과정 시행세칙'을 따라야 한다.

② 수련과정의 지도 · 감독 및 평가를 맡은 언어치료사(이하 '수련과정 감독자'라고 한다)는 수련과정 대상자에 대한 평가보고서를 정기적으로 협회에 제출하여야 한다.

③ 한 사람의 1급 언어치료사가 동시에 감독할 수 있는 수련과정 대상자의 수는 3명을 초과할 수

없다.

④ 자격증심의위원회는 제3항의 평가보고서를 심의하도록 하여야 한다.

⑤ 제4항의 자격증심의위원회 심의에서 위원 3분의 2 이상의 찬성을 얻은 사람을 합격으로 하고, 그의 수련과정 이수를 인정한다.

제5장 자격증의 갱신

제16조 (자격증의 갱신)

① 자격증은 매 5년마다 갱신하여야 한다.

② 자격증 갱신의 기산일(起算日)은 자격증을 받은 다음 달 1일로 한다.

③ 자격증을 갱신하고자 하는 사람은 다음 각 호의 의무를 이행하여야 한다.

1. 5년간 60시간(50분 단위) 이상의 보완교육
2. 자격증연회비의 납부

④ 제3항 제1호의 보완교육과 인정시간은 다음 각 호와 같이 한다.

1. 협회 및 한국언어청각임상학회 또는 한국언어치료학회가 주관하는 교육이나 학술대회에 참여하였을 때는 협회가 정하는 시간을 인정한다. 단, 5년간 보완교육 60시간 중 20시간 이상은 본협회 교육시간이어야 한다.
2. 수련과정의 감독을 맡은 1급 언어치료사에게는 수련대상자 한 사람의 6개월간 감독을 보완교육 2시간으로 인정한다. 단, 수련감독을 통한 인정시간은 총 보완교육 시간의 10시간을 초과할 수 없다.
3. 지정학회(한국언어청각임상학회와 한국언어치료학회) 학술대회에서 논문(포스터 발표 포함)을 발표하였을 경우에는 논문 1편마다 3시간을, 제1저자는 2시간, 그 외 공동저자는 1시간을 인정한다. 이 경우 '보완교육인정 신청서' 와 해당 학술대회의 공식 프로그램을 협회에 제출하여야 한다.
4. 국내외 관련 학회 학술지에 논문을 게재하고 대표필자가 '보완교육인정 신청서'를 협회에 제출하였을 경우 논문 1편마다 제1저자에게는 2시간, 나머지 공동저자는 1시간을 인정한다.
5. 협회 및 지정학회의 각종 교육에서 강의를 하고 본인이 '보완교육인정 신청서'를 협회에 제출하였을 경우에는 강의 시간을 인정한다. 강의 교육시간은 총 보완교육 시간의 10시간을 초과할 수 없다.

〈표 3〉 보완교육의 종류 및 인정시간 요약표

주 관	보완시간 구분	인정시간	최대 인정시간	필수 이수시간	
협 회	전문요원교육	교육행사별 별도 공지	제한 없음	최소 20시간	60 시간
	보수교육	1과목당 28시간	제한 없음		
	수련감독 (1급 소지자)	수련대상자 한 사람의 6개월간 감독을 보완교육 2시간으로 인정함	5년간 최대 10시간		
	협회 임상논문지 논문 게재	'보완교육인정 신청서'를 제출하였을 경우 논문 1편마다 3시간: 제1저자에게는 2시간, 나머지 공동저자는 1시간씩 인정함	5년간 최대 10시간		
	협회 교육 강의	강의자가 '보완교육인정 신청서'를 협회에 제출하였을 경우에는 강의시간을 인정함	학회강의와 합산하여 최대 10시간		
	기타 교육 또는 총회	교육행사별 별도 공지	제한 없음		
지정 학회	양 학회가 주관하는 교육 및 학술대회	교육행사별 별도 공지	제한 없음	필수 조건 없음	
	양 학회 학술대회 및 학술지에 논문 (포스터 포함) 발표	'보완교육인정 신청서'를 제출하였을 경우 논문 1편마다 3시간: 제1저자는 2시간, 나머지 공동 저자는 1시간씩 인정함	5년간 최대 10시간		
	양 학회 교육 강의	강의자가 '보완교육인정 신청서'를 협회에 제출하였을 경우에는 강의시간을 인정함	협회강의와 합산하여 최대 10시간		

⑤ 제1항에 규정한 갱신기간 안에 자격증 갱신을 하지 않은 사람의 자격증과 회원자격을 취소한다. 다만, 장기간의 해외체류, 질병 등의 부득이한 사정이 있을 경우에는 자격증 심의위원회의 심의를 거쳐 갱신기간을 3년까지 유예할 수 있다. 이 경우 본인이 '자격증갱신 유예 신청서'를 협회에 제출하여야 하며 1회에 한하여 연장할 수 있다.

⑥ 자격증이 취소된 사람이 자격증을 재취득하고자 할 때는 밀린 자격증 연회비를 완납하고 해당 자격증 시험에 재응시하여 합격하여야 한다.

제6장 자격증심의위원회

제17조 (자격증심의위원회의 설치 등)

① 자격증의 수여, 갱신 등에 관한 심의를 위해 자격증심의위원회를 상설 운영한다.

② 자격증심의위원회는 이사장이 상임이사 가운데 선임한 6인의 위원으로 구성하며, 위원장은 위원 가운데서 이사장이 지명한다.

③ 자격증심의위원회는 위원 과반수 이상의 출석으로 개회하고 출석 인원의 과반수 이상의 찬성으로 의결한다.

④ 자격증심의위원회 위원의 임기는 2년으로 한다. 다만, 결원이 생겼을 경우에는 상임이사회에서 보선하되 보선된 위원의 임기는 전임자의 잔임 기간으로 한다.

⑤ 자격증심의위원회는 다음 각 호의 사항을 심의 또는 의결한다.

1. 자격증 대상자의 자격에 관한 사항(학력, 임상 경력, 보수교육, 연수교육, 자격증시험, 수련과정 또는 수련교육, 보완교육, 연구논문 등)
2. 자격증제도의 개선책
3. 자격증제도와 관련된 규정, 시행 세칙 등
4. 기타 자격증제도와 관련된 중요 사항

제7장 규정 및 세칙의 제정 및 개정

제18조 (세칙의 제정)

이 규정을 시행하는 데 필요한 세부 사항은 자격증심의위원회의 심의를 거쳐 상임이사회에서 따로 정한다.

제19조 (규정의 개정)

이 규정은 자격증심의위원회, 상임이사회 및 이사회의 심의를 거친 뒤 총회의 의결로 개정할 수 있다.

부록 2. 한국언어장애전문가협회의 언어치료사 임상윤리강령

언어치료사 임상윤리강령

한국언어장애전문가협회(이하 '협회' 라고 한다)는 언어치료 임상의 질적 향상과 말 · 언어장애인들을 위한 최선의 치료 재활 효과와 언어복지를 이룩하고자 다음과 같이 '언어치료사 윤리강령' 을 제정한다. 이 윤리강령은 협회의 모든 회원이 지켜야 하며, 협회 또는 학회 회원이 아니더라도 언어치료임상에 종사하고 있는 모든 사람과 언어병리학을 공부하고 있는 학부 및 대학원 학생들도 이 윤리강령을 숙지하고 규범으로 삼아야 한다. 윤리강령은 (1) 윤리강령 원칙과 (2) 윤리강령 규정의 두 부분으로 나눈다.

윤리강령 원칙

1. 언어치료사는 상담, 평가, 치료 재활 또는 보장구(補裝具)의 대상자(앞으로는 '대상자' 라고 한다)의 복지(福祉)와 복리(福利)를 위하여 모든 것에 우선하여 책임을 다하여야 한다.
2. 언어치료사는 자신의 전문적 지식과 임상 능력의 최고 수준을 유지하기 위한 노력을 계속 하여야 한다.
3. 언어치료사는 언어병리학에 대한 국민적 인식의 확산과 이의 학문적 · 임상적 발전을 위하여 최선의 노력을 하여야 한다.
4. 언어치료사는 전문직 직업인으로서의 권위와 품위를 유지 · 향상시키는 일에 최선을 다하여야 한다.
5. 언어치료사는 협회 그리고 동료, 학생 및 관련 분야의 전문인들과의 상호 신뢰를 형성하고, 조화롭고 유기적인 관계를 유지하며 협력하여야 한다.
6. 언어치료사는 의사소통장애(언어임상 분야 및 청각임상 분야 포함) 분야가 독립된 전문직 영역임을 인식하고 이의 독립성을 발전시키는 일에 최선의 노력을 하여야 한다.

윤리강령

1. 언어치료사는 대상자들에게 유능한 전문인으로서의 구실을 할 수 있어야 한다.
2. 언어치료사는 대상자를 위한 상담, 평가, 치료 재활 및 보장구의 사용(앞으로는 이 4가지 또는 그 일부를 '전문직봉사' 라고 한다)에 필요한 가능한 한 모든 자료와 정보를 동원하여 전문직봉사의 높은 수준을 성취하여야 한다.
3. 언어치료사는 자신의 전문 학문 분야 지식의 증대 및 심화와 임상 능력 및 기법의 향상을 위하여 임상에 종사하는 기간 내내 부단히 노력하여야 한다.

4. 언어치료사는 전문직봉사 수행에 있어서 대상자를 인종, 성별, 연령, 종교, 장애 유형 등에 따라 차별하여서는 안 된다.
5. 언어치료사는 전문직봉사의 성격과 내용, 있을 수 있는 부작용 등에 대하여 대상자에게 미리 충분히 설명하여야 한다.
6. 언어치료사는 특정 대상자를 위한 전문직봉사가 상당 수준의 긍정적인 효과가 있다고 합리적인 판단이 될 경우에만 이를 시행하여야 한다.
7. 언어치료사는 전문직봉사의 결과에 대하여 직접 또는 간접적으로라도 보장하거나 확언하여서는 안 된다. 다만, 필요할 경우에는 합리적인 근거에 의하여 가능성 있는 예후(豫後)를 설명하여 줄 수는 있다.
8. 언어치료사는 개별 대상자에게 제공한 전문직봉사의 내용을 정확하게 기록 · 유지하여야 하며, 관계 법령 또는 규정에 따라 합법적인 요청이 있을 경우에는 이를 제시할 수 있어야 한다. 전문직봉사에 대한 기록은 작성된 날로부터 20년 이상 보관하여야 한다.
9. 언어치료사는 개별 대상자에 대한 전문직봉사의 내용과 대상자에 대하여 알게 된 사적인 정보를 공개하거나 의도적 또는 비의도적으로 누설하여서는 안 된다. 다만, 관계 법령 또는 규정에 의하여 합법적인 요청이 있을 경우와 공개하는 것이 대상자 자신의 권익과 복리를 결정적으로 보호할 수 있다는 확신이 서는 경우는 예외로 한다.
10. 언어치료사는 제공되지 않은 전문직봉사에 대한 보상 또는 보수를 부과해서는 안 된다. 또한 제공된 전문직봉사의 내용을 왜곡시켜서도 안 된다(여기서 '왜곡' 이라 함은 사실과 다르거나 오해를 일으킬 수 있는 진술 또는 기록을 의미하며, 중요한 정보의 진술 또는 기록의 누락도 포함한다).
11. 언어치료사는 실험연구 또는 교육목적의 시범을 위하여 대상자를 참여시킬 경우에는 실험연구 또는 시범의 목적과 내용을 대상자 또는 대상자의 법적 보호자에게 충분히 설명하고 대상자 또는 대상자의 법적 보호자의 서면 승낙서를 얻은 후에만 이들을 참여시킬 수 있다.
12. 언어치료사들은 상호 협력하여야 하며, 필요할 경우에는 대상자를 상호 의뢰(referral)하는 일을 적극적으로 하여야 한다.
13. 언어치료사는 자신의 능력 밖의 장애를 가진 대상자를 다루어서는 안 된다. 이러한 대상자가 있을 경우에는 해당 장애를 더 전문적으로 치료 재활할 수 있는 치료사에게 의뢰하여야 한다.
14. 언어치료사는 한국언어장애전문가협회 및 협회의 언어치료사 자격증 소지자의 권익을 서로 보호하는 노력을 하여야 하며, 협회의 자격증을 소지하지 않은 사람이 언어치료에 종사하는 것을 최대한 막는 노력을 하여야 한다.
15. 언어치료사는 전문직봉사에 사용하는 각종 기기의 정상적인 기능이 유지되도록 정비하고 정상적인 기능을 하는 기기만을 사용하여야 한다.

17. 언어치료사는 이해관계의 분쟁에 관여하여서는 안 된다. 다만, 정상적인 법 절차에 따른 요청이 있을 경우에는 법원에서 증인 또는 참고인으로서 증언을 할 수 있다.
18. 언어치료사는 연구 결과의 발표, 대상자들과의 상담, 대중매체를 통한 자기 선전, 치료실 안내 등에서 사실과 다른 내용을, 또는 시 · 청 · 독자들을 오도(誤導)하거나 오도할 가능성이 있는 내용을 진술 또는 게재하여서는 안 된다.
19. 언어치료사는 본 윤리강령을 어기는 타 치료사가 있을 경우에는 이를 즉시 협회 이사장에게 통지하여야 한다.

부록 3. 장애 영역별 사례면담지

1 언어발달장애, 아동 조음음운장애

이 름: ________________ (남, 여) 생년월일: ________년 ____월 ____일
작성자: ________________ 면 담 일: ________년 ____월 ____일 (나이:)
주 소: ________________________________ 연 락 처: ________________
누구 소개로 왔습니까? ________________________________

1. 검사실을 찾은 이유는 무엇입니까?

어휘나 문장 구사력이 부족해서 ( ) 발음이 부정확해서 ( ) (단어 예: ____________)
또래와 어울리지 못해서 ( ) 행동 문제가 있어서 ( ) (예: ________________)
언제부터 또래와 다르다고 느꼈습니까?

____

검사를 받고자 결심한 특별한 계기가 있습니까?

____

문제의 원인이 무엇이라고 생각하십니까?

____

2. 위의 이유로 검사를 받은 적이 있습니까? ( )

받았다면 언제, 어디서 받았으며 그 결과는 어떠하였습니까?

____

받지 않았다면 그 이유는 무엇입니까?

____

3. 가족에 관하여

관계	연령	학력	직업	관계	연령	비고
아버지				형제/자매		
어머니				기타		

가족이나 친척 중에 말 또는 언어에 문제가 있었거나 현재 문제가 있는 사람이 있습니까? ( )
있다면 누구이고 ____________ 어떤 문제입니까? (언어장애, 학습장애, 발음 문제, 말더듬)
아동은 누가 주로 키웠습니까? __________ 주양육자가 방언을 사용합니까? ( )

4. 아동의 건강에 관하여

임신중이나 출생시에 문제가 있었습니까? (   )

있었다면 어떤 문제? ______

아동에게 특별한 병이 있습니까? (   )

있다면 어떤 병? ______

아동이 오랫동안 복용한 약이 있습니까? (   )

있다면 어떤 약? ______

아동이 사고를 겪은 적이 있습니까? (   )

있다면 어떤 사고? ______

청력이 좋은 편입니까? (예민함, 보통, 둔함)

시력이 좋은 편입니까? (좋음, 보통, 나쁨)

다음에 해당하는 것이 있습니까? (중이염, 축농증, 편도가 크다, 혀가 짧다, 목젖이 갈라졌다)

5. 아동의 발달에 관하여

낮 가리기: ______ 개월 걷기: ______ 개월 대소변 가리기: ______ 개월

아동이 사용하는 손은 어떤 것입니까? (왼손, 오른손, 양손)

옹알이는 많았습니까? (적음, 보통, 많음)

의미 있게 사용한 첫 낱말은 언제쯤이었고 무엇이었습니까?

______

두 개의 낱말을 붙여서 사용한 것은(예: 우유 먹어) 언제쯤이었습니까?

______

6. 아동의 생활에 관하여

집에서 주로 무엇을 하면서 놉니까? ______

좋아하는 장난감은 무엇입니까? ______

손가락은 잘 사용합니까? (두 손가락으로 물건 집기, 숟가락 사용, 탑 쌓기, 색칠, 가위질, 단추 끼우기)

놀이방이나 유치원에 다닙니까? (   ) 언제부터 다녔습니까? ______

엄마와 잘 떨어집니까? (   ) 또래와 잘 어울려 놉니까? (   )

학원에 다니거나 방문교육을 받고 있습니까? (   ) 있다면 어떤 내용? ______

의사소통 문제 때문에 유치원 생활이나 교육받는 데 어려움이 있습니까? (   )

있다면 어떤 어려움입니까?

______

7. 현재 아동의 언어 능력에 관하여

1) 현재 아동의 언어 이해는 어느 정도입니까? 해당 사항에 모두 표시하세요.

간단한 심부름 ( ) 사물의 이름 ( ) 문장 ( ) 긴 이야기 ( )

기타 ________________

2) 현재 아동의 언어 표현은 어느 정도입니까?

자신의 의도를 전달할 때 말보다는 몸짓이나 상황에 더 의존합니까? ( )

스스로 표현하는 어휘는 대략 몇 개입니까? (10개 이하, 10여 개, 50여 개, 100여 개, 500개 이상)

표현하는 보통의 문장 길이는 어느 정도입니까? (낱말, 짧은 문장, 긴 문장)

현재 사용하는 낱말이나 문장의 예를 적어 주세요.

____

3) 현재 아동의 언어 사용은 어느 정도입니까?

아동이 요구하기, 거부하기, 이름하기 등 다양한 상황에서 언어를 사용합니까? ( )

아동이 대화에 참여할 수 있다면 어떤 스타일로 대화에 참여합니까? ( )

아동의 대화 스타일은 어떻습니까? (적극형, 소극형, 무응답형, 자기주장형)

과거 사건에 대해 이야기할 수 있습니까? ( )

있다면 이야기 수준은 어떻습니까? (아주 간단한 이야기만 가능, 순서적이지만 논리적이지는 못함, 순서적이고 논리적임)

* 그밖에 중요하다고 생각되는 것을 써(말씀해) 주세요.

____

* 만일 언어치료를 받는다면 그 효과를 어느 정도 기대하십니까?

____

◈ 수고하셨습니다 ◈

2 말더듬 아동

이 름: ________________ (남, 여) 생년월일: ________년 ___월 ___일
작성자: ________________ 면 담 일: ________년 ___월 ___일 (나이:)
주 소: ________________________________ 연 락 처: ______________
누구 소개로 왔습니까? ________________________________

말더듬 때문에 검사나 치료를 받아 본 적이 있습니까? ( )
있다면 언제, 어디서 받았으며, 그 결과는 어떠하였습니까?
____

검사를 받지 않았다면 그 이유는 무엇입니까?
____

검사를 받고자 결심한 특별한 계기가 있습니까?
____

1. 가족에 관하여

관 계	연령	학력	직 업	관 계	연령	비 고
아버지				형제/자매		
어머니				기 타		

가족이나 친척 중에 말 또는 언어에 문제가 있었거나 현재 문제가 있는 사람이 있습니까? ( )
있다면 누구이고 ____________ 어떤 문제입니까? (언어장애, 학습장애, 발음 문제, 말더듬)
아동은 누가 주로 키웠습니까? __________ 주양육자가 방언을 사용합니까? ( )
아동의 말더듬에 대한 가족의 반응은 어떠합니까? ________________

2. 아동의 건강과 발달에 관하여

임신중이나 출생시에 문제가 있었습니까? ( )
있었다면 어떤 문제? ________________________
아동에게 특별한 병이 있습니까? ( )
있다면 어떤 병? ________________________
아동이 오랫동안 복용한 약이 있습니까? ( )
있다면 어떤 약? ________________________
아동이 사고를 겪은 적이 있습니까? ( )

있다면 어떤 사고? ______________________________

청력이 좋은 편입니까? (예민함, 보통, 둔함)

시력이 좋은 편입니까? (좋음, 보통, 나쁨)

아동이 주로 사용하는 손은 어떤 것입니까? (왼손, 오른손, 양손)

신체발달은 또래에 비해 어떠하였습니까? (빠른 편, 보통, 느린 편)

언어발달은 또래에 비해 어떠하였습니까? (빠른 편, 보통, 느린 편)

3. 아동의 생활에 관하여

유치원이나 학교에 다닙니까? ( )

그밖에 어떤 종류의 학원이나 방문 교육을 받고 있습니까? ______________________________

가장 좋아하는 활동이나 과목은 무엇입니까? ________ 가장 싫어하는 활동이나 과목은? ________

아동의 말더듬에 대한 또래의 반응은 어떻습니까? ______________________________

말더듬 때문에 아동의 일상생활, 친구관계, 학업 성취 면에서 어려움이 있습니까? ( )

있다면 어떤 어려움입니까? ______________________________

4. 말더듬 행동의 시작과 변화

말더듬을 언제, 어떤 상황에서, 누가 처음 발견했습니까?

____

말더듬이 시작되기 전 몇 개월 이내에 특별한 일이 있었습니까?

____

초기에 말을 더듬는 형태는 어떠하였습니까?

낱말 전체를 반복한다. ( ) 낱말의 첫소리나 음절을 반복한다. ( )

낱말의 첫소리를 길게 늘인다. ( ) 낱말 첫소리에서 막힌다. ( )

기타: ______________________________

처음 말을 더듬었을 때 아동은 편안해 보였습니까, 아니면 고통스러워했습니까?

말더듬이 처음 나타났을 때 아동이 어떤 반응을 보였습니까?

말이 다르다고 인식 ( ) 놀람 ( ) 무관심 ( ) 화남, 좌절 ( ) 부끄러움 ( )

다시 더듬을 것에 대한 두려움 ( ) 기타 ______________________________

주위의 누군가가 말더듬는 것을 놀리거나 벌 준 적이 있습니까?

____

말더듬을 고치려고 어떤 시도를 하였습니까?

____

처음과 비교하였을 때 현재 말더듬 행동에 변화가 있습니까? (심해졌다, 똑같다, 좋아졌다)
말더듬 빈도, 말이 막히는 시간, 한 낱말에서 반복하는 횟수 측면 ______________
말더듬을 때 힘이 들어가는 정도와 부위 측면 ______________
음성의 변화 및 말 속도 측면 ______________ 상대방 눈을 피하는 정도 ______________

말더듬을 때 신체의 한 부분을 특이하게 움직입니까? ( )
어떻게 움직입니까? ______________
말더듬 때문에 하려던 말을 피하기도 합니까? ( )
어떻게 피합니까? ______________
말더듬이 없었던 기간이 있었습니까? ( )
있었다면 어떤 상황? ______________
말더듬이 악화된 기간이 있었습니까? ( )
있었다면 어떤 상황? ______________
특별히 아동이 힘들어하는 상황이 있습니까? ______________
전혀 어려워하지 않는 상황이 있습니까? ______________
아동이 말을 더듬는 때에 표시하세요.

본인 이름을 말할 때 ( )	익숙하지 않은 낱말을 말할 때 ( )	질문할 때 ( )
질문에 대답할 때 ( )	큰 소리로 읽을 때 ( )	암송할 때 ( )
흥분되어 있을 때 ( )	피곤할 때 ( )	전화할 때 ( )
어린아이에게 말할 때 ( )	어른이나 선생님에게 말할 때 ( )	
낯선 사람에게 말할 때 ( )	친구에게 말할 때 ( )	가족에게 말할 때 ( )

아동이 말더듬는 다른 사람을 본 적이 있습니까? ( )
그때 아동의 반응은? ______________
말더듬 이외에 발음이나 언어 문제가 있습니까? ( )
어떤 문제? ______________
말더듬의 원인이 무엇이라고 생각하십니까? ______________
그밖에 중요하다고 생각되는 것을 써(말씀해) 주세요. ______________

* 만일 언어치료를 받는다면 그 효과를 어느 정도 기대하십니까?

____

◈ 수고하셨습니다 ◈

3 말더듬 성인

이 름: ____________________ (남, 여)　　생년월일: __________년 ____월 ____일
작성자: ____________________　　면 담 일: __________년 ____월 ____일 (나이:　　)
주 소: ____　　연 락 처: ____________________
누구 소개로 왔습니까? ____

말더듬 때문에 검사나 치료를 받아 본 적이 있습니까? (　)
　있다면 언제, 어디서 받았으며, 그 결과는 어떠하였습니까?

____

검사를 받지 않았다면 그 이유는 무엇입니까? ______________________
검사를 받고자 결심한 특별한 계기가 있습니까? ______________________

1. 가족에 관하여

관계	연령	학력	직업	관계	연령	비고
아버지				형제/자매		
어머니				기타		

가족이나 친척 중에 말 또는 언어에 문제가 있었거나 현재 문제가 있는 사람이 있습니까? (　)
　있다면 누구이고 어떤 문제입니까? (언어장애, 학습장애, 발음 문제, 말더듬)

____

가족 중에 말이 너무 빠른 사람이 있습니까? (　)
말더듬에 대한 가족의 반응은 어떠합니까?

____

2. 건강 및 신체에 관하여

출생시에 문제가 있었습니까? (　)
　　있었다면 어떤 문제? ______________________
특별한 병이 있습니까? (　)
　　있다면 어떤 병? ______________________
오랫동안 복용한 약이 있습니까? (　)
　　있다면 어떤 약? ______________________

사고를 겪은 적이 있습니까? ( )
있다면 어떤 사고? ____________________
청력이 좋은 편입니까? (예민함, 보통, 둔함)
시력이 좋은 편입니까? (좋음, 보통, 나쁨)
신체발달이나 언어발달은 어떠하였습니까? (빠른 편, 보통, 느린 편)
주로 사용하는 손은 어떤 것입니까? (왼손, 오른손, 양손)

3. 생활에 관하여

학력이 어떻게 됩니까? __________ 공부는 잘하는 편이었습니까? __________
직장생활을 했거나 하고 있습니까? _____ 주로 어떤 일입니까? __________
취미나 여가 활동은 무엇입니까? ____________________
가장 싫어하는 활동은 무엇입니까? ____________________
본인의 말더듬에 대한 친구, 직장 동료나 상사의 반응은 어떠합니까?
____
말더듬 때문에 본인의 직장생활, 일상생활, 학업성취 면에서 어려움이 있습니까? ( )
있다면 어떤 어려움입니까? ____________________

4. 말더듬 행동의 시작과 변화

말더듬은 언제부터 시작되었습니까? ____________________
특별한 일이 있었습니까? ____________________
초기에 말을 더듬는 형태는 어떠하였습니까?
낱말 전체를 반복한다. ( ) 낱말의 첫소리나 음절을 반복한다. ( )
낱말의 첫소리를 길게 늘인다. ( ) 낱말 첫소리에서 막힌다. ( )
기타: ____________________
처음 말을 더듬었을 때 어디에서 막혔습니까? (혀, 입술, 목, 가슴) 몇 초 동안 막혔습니까? _____
말더듬이 처음 나타났을 때 당신의 반응은 어떠했습니까?
말이 다르다고 인식 ( ) 놀람 ( ) 무관심 ( ) 화남, 좌절 ( ) 부끄러움 ( )
다시 더듬을 것에 대한 두려움 ( ) 기타 ____________________
주위의 누군가가 말더듬는 것을 놀리거나 벌 준 적이 있습니까?
____
말더듬을 고치려고 어떤 시도를 하였습니까?
____

현재의 말더듬 형태를 자세히 기술하세요.

____

처음과 비교하였을 때 현재 말더듬 행동에 변화가 있습니까? (심해졌다, 똑같다, 좋아졌다)
말더듬 빈도, 말이 막히는 시간, 한 낱말에서 반복하는 횟수 측면 ______________
말더듬을 때 힘이 들어가는 정도와 부위 측면 ______________
음성의 변화 및 말 속도 측면 ______________ 상대방 눈을 피하는 정도 ______________

말더듬을 때 신체의 한 부분을 특이하게 움직입니까? ( )
어떻게 움직입니까? ______________
말더듬 때문에 하려던 말을 피하기도 합니까? ( )
어떻게 피합니까? ______________
말더듬이 없었던 기간이 있었습니까? ( )
있었다면 어떤 상황? ______________
말더듬이 악화된 기간이 있었습니까? ( )
있었다면 어떤 상황? ______________
특별히 힘들어하는 상황이 있습니까? ( )
있다면 어떤 상황? ______________
전혀 어려워하지 않는 상황이 있습니까? ( )
있다면 어떤 상황? ______________
말을 더듬는 때에 표시하세요.
익숙하지 않은 낱말을 말할 때 ( ) 본인 이름을 말할 때 ( ) 질문할 때 ( )
질문에 대답할 때 ( ) 큰 소리로 읽을 때 ( ) 암송할 때 ( )
흥분되어 있을 때 ( ) 피곤할 때 ( ) 전화할 때 ( )
어린아이에게 말할 때 ( ) 어른이나 선생님에게 말할 때 ( )
낯선 사람에게 말할 때 ( ) 친구에게 말할 때 ( ) 가족에게 말할 때 ( )
말더듬는 다른 사람을 본 적이 있습니까? ( )
그때 느낌은? ______________
말더듬 이외에 발음 문제나 다른 언어 문제가 있습니까? ( )
어떤 문제? ______________
말더듬의 원인이 무엇이라고 생각하십니까?

____

그 밖에 중요하다고 생각되는 것을 써(말씀해) 주세요.

---

* 만일 언어치료를 받는다면 그 효과를 어느 정도 기대하십니까?

◈ 수고하셨습니다 ◈

4 신경언어장애

이 름: ________________ (남, 여) 생년월일: ________년 ___월 ___일
작성자: ________________ 면 담 일: ________년 ___월 ___일 (나이:)
주 소: ________________________________ 연 락 처: ________________
누구 소개로 왔습니까? ____

의사소통 문제 때문에 검사나 치료를 받아 본 적이 있습니까? ( )
있다면 언제, 어디서 받았으며, 그 결과는 어떠하였습니까?

____

검사를 받지 않았다면 그 이유는 무엇입니까? ________________________

검사를 받고자 결심한 특별한 계기가 있습니까? ______________________

1. 배경 정보

주로 사용했던 손은?

글씨 쓸 때 (오른손, 왼손) 식사할 때 (왼손, 오른손)

칼질이나 가위질 할 때 (왼손, 오른손) 던질 때 (오른손, 왼손)

익숙했던 언어는? (한글, 한문, 일어, 영어)

고향은? __________ 사투리를 사용합니까? __________

학력이 어떻게 됩니까? __________

직업이 무엇이었습니까? __________

발병 전에 말수가 많은 편이었습니까? (많음, 보통, 적음)

발병 전에 신문이나 책을 많이 읽는 편이었습니까? (많음, 보통, 적음, 읽지 못함)

발병 전에 글씨를 많이 쓰는 편이었습니까? (많음, 보통, 적음, 쓰지 못함)

발병은 언제 ________ 어떤 원인으로 ________ 일어났습니까? 수술을 했습니까? _____

손상된 뇌의 위치는 어디입니까? ______________ 크기는? ______________

담당 의사선생님은 누구입니까? ______________

2. 가족에 관하여

관계	연령	학력	직업	관계	연령	비고
아버지				형제/자매		
어머니				기타		

주로 누가 환자를 돌봅니까? ______________________________

환자로 인해 가족들의 역할, 감정, 사회생활, 경제력, 건강에 어떠한 영향을 미쳤습니까?

____

3. 건강 및 신체에 관하여

특별한 병이 있습니까? 고혈압 ( ) 당뇨 ( ) 심장병 ( ) 기타 ______________

최근의 건강 상태는 어떻습니까? ______________________________

다음 중 환자가 스스로 할 수 있는 일은 무엇입니까?

이동하기(혼자서, 약간의 도움 필요, 많은 도움 필요, 휠체어 사용, 지팡이 사용)

밥 먹기(혼자서, 약간 도움, 많은 도움) 옷 입기(혼자서, 약간 도움, 많은 도움)

씻기(혼자서, 약간 도움, 많은 도움) 대소변 처리(혼자서, 약간 도움, 많은 도움)

청력이 좋은 편입니까? (보통, 나쁨, 보청기) 시력이 좋은 편입니까? (보통, 나쁨, 안경)

4. 언어 능력에 관하여(해당하는 곳에 모두 표시하세요.)

다른 사람의 말을 잘 이해합니까?

일상적인 질문 ( ) 일상적이지 않은 질문 ( ) 간단한 지시 ( ) 복잡한 지시 ( )

다른 사람의 말을 잘 이해하지 못했을 때 어떻게 합니까?

웃음으로 넘김 ( ) 반복 요구 ( ) 이해하지 못했다고 인정함 ( )

부정확하지만 연관된 반응을 함 ( ) 전혀 관계없는 대답 ( )

숫자를 세거나 노래를 부를 수 있습니까? ( )

말로 표현하기보다는 몸짓이나 소리로 표현하는 경우가 많습니까? ( )

보통 어떤 문장 길이로 표현합니까? (낱말, 짧은 문장, 긴 문장) 더듬더듬 말합니까? ( )

과거나 미래의 일도 이야기합니까? ( )

문맥이나 상황에 맞게 이야기합니까? (대부분 맞음, 50% 정도 맞음, 대부분 틀림)

말을 하다가 막히면 포기합니까, 끝까지 이어갑니까? (포기한다, 끝까지 한다)

환자에게 친숙한 사람은 환자의 말을 어느 정도 이해합니까? (%) 낯선 사람의 경우는? (%)

따라 말할 수 있습니까? (낱말, 짧은 문장, 긴 문장)

대화할 때 상대방의 말끝을 따라 하는 경향이 있습니까? ( )

어휘를 생각해 내지 못하는 경우가 많습니까? (가끔, 자주)

특별히 말하기 어려워하는 낱말은? ______________________________

특별히 말하기 쉬워하는 낱말은? ______________________________

어휘가 생각이 나지 않을 때 환자의 반응은?

한참 생각 후에 정확히 말한다. ( ) 발음이나 뜻이 비슷한 다른 낱말로 말한다. ( )

그 낱말에 대해 설명한다. (　)　　항상 똑같은 말만 되풀이한다. (　)

환자는 자신의 실수를 압니까? (　)

그때 어떠한 반응을 보입니까?

____

5. 생활에 관하여

일반적으로 환자와 환자 가족 간의 관계가 어떠합니까? ______________

가족이 환자에게 말을 자주 겁니까? (　) 발병 이전보다 (많이, 똑같이, 적게) 건다.

환자가 가장 말을 많이 하는 사람은? (　)

언제, 어디서 말을 많이 합니까? ______________

전화를 받을 수 있습니까? (　) 전화를 걸 수 있습니까? (　) 전화번호를 외울 수 있습니까? (　)

신문이나 잡지, 책을 봅니까? (　)　　발병 이전보다 (많이, 똑같이, 적게) 읽는다.

TV를 발병 이전보다 (많이, 똑같이, 적게) 본다.

주로 보는 프로그램은? ______________

시장에 가곤 합니까? (　)　　친구를 만나곤 합니까? (　)

환자의 성격이 변했습니까? (　)

어떻게 변했습니까? ______________

가족에게 자주 화를 냅니까? (　)

무슨 일로 화를 냅니까? ______________

환자의 취미 활동이나 환자가 좋아하는 것은 무엇입니까? ______________

현재 받고 있는 재활치료가 있습니까? (물리치료, 직업치료, 심리치료, 기타 ______________)

그밖에 중요하다고 생각되는 것을 써(말씀해) 주세요.

____

* 당신은 신경언어장애에 대해서 들어본 적이 있습니까? (　)

들었다면 어떠한 내용입니까?

____

* 만일 언어치료를 받는다면 그 효과를 어느 정도 기대하십니까?

____

◈ 수고하셨습니다 ◈

5 음성장애

이 름: ________________ (남, 여) 생년월일: ________년 ____월 ____일
작성자: ________________ 면 담 일: ________년 ____월 ____일 (나이:)
주 소: ________________________________ 연 락 처: ________________
누구 소개로 왔습니까? ________________________________

현재 당신의 목소리에 어떤 문제가 있습니까?

____

목소리 때문에 이비인후과 진료나 음성치료를 받아 본 적이 있습니까? ( )
있다면 언제, 어디서 받았으며, 그 결과는 어떠하였습니까?

____

검사나 치료를 받지 않았다면 그 이유는 무엇입니까?

____

검사를 받고자 결심한 특별한 계기가 있습니까?

____

1. 음성에 대하여

위와 같은 증상이 언제 생겼습니까? ________________
그 당시 목소리에 무리가 갈 만한 특별한 사건이 있었습니까? ________________
위의 증상이 나타나는 양상은 어떻습니까?
(갑자기 생김, 서서히 나타남, 심해졌다 좋아졌다를 반복함)
위의 증상에 변화가 있습니까? (서서히 나빠짐, 서서히 좋아짐, 변화하지 않고 비슷함)
다음 목소리 증세 중 해당되는 것에 표시하십시오.

이틀 이상 쉰 목소리 지속됨 ( )
오래 말하면 목소리 내기 힘듦 ( )
평소 목소리가 저음(고음)으로 바뀜 ( )
하루 중 아침에 목이 더 잠기는 편임 ( )
말할 때 목 근처에 힘이 가고 아픔 ( )
기침을 자주 함 ( )
입으로 숨을 쉬어서 목이 자주 마름 ( )
말할 때 숨이 참 ( )
목소리가 전혀 안 나온 적이 있음 ( )
목에 통증이 있음 ( )
노래 부를 때 높거나 낮은 음을 내기 어려움 ( )
하루 중 오후에 목이 더 잠기는 편임 ( )
코가 목 뒤로 넘어가는 증상이 있음 ( )
목 가다듬기를 자주 함 ( )
코나 목이 조이는 듯한 느낌이 있음 ( )
신물이 넘어오는 등 소화장애가 있음 ( )

2. 건강에 관하여

다음에 해당되는 질환에 표시하십시오.

고혈압 ( ) 당뇨 ( ) 천식 ( ) 폐렴 ( ) 비염 ( )

갱년기 질환 ( ) 변비 ( ) 기타 ______

해당되는 질환이 몇 년 동안 지속되었습니까? ______

오랫동안 복용해 온 약이 있습니까? ( ) 있다면 어떤 약? ______

사고를 겪은 적이 있습니까? ( ) 있다면 어떤 사고? ______

청력이 좋은 편입니까? (예민함, 보통, 둔함, 보청기)

3. 생활에 관하여

직장생활을 했거나 하고 있습니까? ( )

주로 어떤 일을 했습니까? ______

전화로 긴 시간 통화하는 편입니까? ( )

여러 명(5~10명 이상) 앞에서 말할 기회가 많습니까? ( )

큰 소리를 낼 상황이 자주 있습니까? ( )

작업하는 곳이 소음이 많은 편입니까? ( )

작업하는 곳이 먼지가 많은 편입니까? ( )

작업하는 곳이 건조한 편입니까? ( )

집안 및 직업상 스트레스가 많은 편입니까? ( )

있다면 어떤 것? ______

본인의 음성에 대한 친구, 직장 동료나 상사의 반응은 어떠합니까?

______

현재 목소리 때문에 사회생활에 불편한 점이 있습니까? ( )

어떤 점이 불편합니까? ______

취미나 여가 활동은 무엇입니까? ______

평소 노래를 자주 부르는 편입니까? ( )

정규적으로 하는 운동이 있습니까? ( ) 있다면 어떤 운동? ______

다음 중 본인이 자주 먹는 기호품에 표시하세요.

담배 (______ 년간 하루에 ______ 개피(갑)씩, 담배를 끊은 시기 ______)

술 (______ 잔 / 한 번) 커피 (______ 잔 / 하루) 초콜릿 ( )

호두, 땅콩 등 견과류 ( ) 우유( ) 튀김류 ( )

아이스크림 ( ) 양념이 강한 음식 ( )

잠자기 전 마지막으로 먹는 시간은 언제입니까? ________ 시
취침시간은 언제입니까? ________ 시
성격이 꼼꼼한 편입니까? ( )

오늘 검사 시 목소리 상태가 평소와 달랐습니까? (비슷하다, 더 나쁘다, 더 좋다)
현재 감기에 걸린 상태입니까? ( )
그밖에 중요하다고 생각되는 것을 써(말씀해) 주세요.

---

* 음성치료에 대해서 들어본 적이 있습니까? ( )
* 만일 음성치료를 받는다면 그 효과를 어느 정도 기대하십니까?

◈ 수고하셨습니다 ◈

부록 4. 언어임상관찰 및 임상실습 보고서 양식

사례관찰 보고서

1. 관찰자: ________	2. 관찰기관: ________________________________
3. 감독자: ________	4. 관찰시간: ____년 __월 __일 __시 __분~ __시 __분 (시간 분)

5. 진단 또는 치료(진단명:)

6. 관찰 대상인의 의사소통 특성

7. 진단 / 치료 특성

8. 배운 점 및 느낀 점

9. 감독자 코멘트

임상관찰 시간 누적표

_________ 년 ____ 학기

학생 이름: 전체 감독자: _______________ (인)

날짜(월/일)	실습기관	치료/진단	아동/성인	언어장애 유형	시간(분)	누적(분)	해당 감독자	인

<table>
<tr><td rowspan="4">소계
(시간 분)</td><td rowspan="2">치료관찰
(시간 분)</td><td></td><td></td><td></td></tr>
<tr><td></td><td></td><td></td></tr>
<tr><td rowspan="2">진단관찰
(시간 분)</td><td></td><td></td><td></td></tr>
<tr><td></td><td></td><td></td></tr>
</table>

장단기 치료 계획서

이 름:	작 성 일:
생년월일:	치 료 사:
진 단 명:	감 독 자:

언어 □ 유창성 □ 음성 □ 조음음운 □ 청각재활 □

현행 수준

장기목표		
단기목표	세부 계획	강화 · 평가 계획
장기목표		
단기목표	세부 계획	강화 · 평가 계획
장기목표		
단기목표	세부 계획	강화 · 평가 계획

출처: 한국언어장애전문가협회

회기 치료 계획서

이　름: ________________	작 성 일: ________________
생년월일: ________________	치 료 사: ________________
진 단 명: ________________	감 독 자: ________________
치료시간: ________________	

장기목표:

1.

2.

단기목표	세부 활동 계획	목표 언어	치료 결과

출처: 한국언어장애전문가협회

치료 진전(종결)보고서 1

이　　름: ______________	작 성 일: ______________
생년월일: ______________	치 료 사: ______________
진 단 명: ______________	감 독 자: ______________

치료전 수준

장기목표		
단기목표	세부 계획	강화 · 평가 계획
장기목표		
단기목표	세부 계획	강화 · 평가 계획
장기목표		
단기목표	세부 계획	강화 · 평가 계획

출처: 한국언어장애전문가협회

치료 진전(종결)보고서 2

이　　름: ______________________	작 성 일: ______________________
생년월일: ______________________	치 료 사: ______________________
진 단 명: ______________________	감 독 자: ______________________

1. 치료기간

2. 총 치료 회기

3. 첫 진단 일시 및 진단명

4. 진단시 언어 수준

____

____

5. 장단기 치료 목표

____

____

6. 종료시 말 · 언어 능력

____

____

7. 앞으로의 계획

____

____

8. 기 타

____

____

20　.　.

평가자: ______________

감독자: ______________

출처: 한국언어장애전문가협회

찾아보기

저자 소개

이윤경
한림대학교 언어청각학부 교수
이화여자대학교 언어병리학 박사
한국언어장애전문가협회 1급 언어장애전문가

배소영
한림대학교 언어청각학부 교수
미국 캔자스 대학교 언어병리학 박사
한국언어장애전문가협회 1급 언어장애전문가

권유진
한림대학교 보건대학원 언어병리학과 겸임교수
한림대학교 언어청각협동과정 박사
한국언어장애전문가협회 1급 언어장애전문가

김민정
전 우송대학교 언어치료학과 교수
연세대학교 언어병리학 박사
한국언어장애전문가협회 1급 언어장애전문가

박혜진
미국 테네시 대학교 언어병리학 박사과정
한국언어장애전문가협회 1급 언어장애전문가

서경희
혜전대학 언어재활과 교수
한림대학교 언어청각협동과정 박사 수료
한국언어장애전문가협회 1급 언어장애전문가

윤효진
미국 테네시 대학교 언어병리학 박사과정

이옥분
전 한림대학교 언어청각학부 교수
대구대학교 언어병리학 박사
한국언어장애전문가협회 1급 언어장애전문가

이은주
단국대학교 특수교육학과 교수
이화여자대학교 언어병리학 박사
한국언어장애전문가협회 1급 언어장애전문가

정경희
한림대학교 언어청각학부 겸임교수
한림대학교 언어청각협동과정 박사
한국언어장애전문가협회 1급 언어장애전문가

정한진
혜전대학 언어재활과 교수
한림대학교 언어청각협동과정 박사 수료
한국언어장애전문가협회 1급 언어장애전문가

표화영
조선대학교 언어치료학과 교수
이화여자대학교 언어병리학 박사
한국언어장애전문가협회 1급 언어장애전문가

언어치료 임상실습 - 이론과 실제

2010년 10월 30일 1판 1쇄 발행
2021년 3월 25일 1판 9쇄 발행

지은이 • 이윤경 · 배소영 · 권유진 · 김민정 · 박혜진 · 서경희
윤효진 · 이옥분 · 이은주 · 정경희 · 정한진 · 표화영

펴낸이 • 김 진 환

펴낸곳 • (주) 학지사
04031 서울특별시 마포구 양화로 15길 20 마인드월드빌딩 5층

대표전화 • 02) 330-5114 팩스 • 02) 324-2345

등록번호 • 제313-2006-000265호

홈페이지 • http://www.hakjisa.co.kr
페이스북 • https://www.facebook.com/hakjisabook

ISBN 978-89-6330-449-6 93180

정가 **19,000**원

저자와의 협약으로 인지는 생략합니다.
파본은 구입처에서 교환하여 드립니다.

이 책을 무단으로 전재하거나 복제할 경우 저작권법에 따라 처벌을 받게 됩니다.

출판 · 교육 · 미디어기업 **학지사**

간호보건의학출판 **학지사메디컬** www.hakjisamd.co.kr
심리검사연구소 **인싸이트** www.inpsyt.co.kr
학술논문서비스 **뉴논문** www.newnonmun.com
원격교육연수원 **카운피아** www.counpia.com